■ 国家社会科学基金西部项目（批准号：11XMZ046）

西部地区旅游开发地
居民满意度实证研究

黄大勇 等著

中国社会科学出版社

图书在版编目（CIP）数据

西部地区旅游开发地居民满意度实证研究／黄大勇等著 . —北京：中国
社会科学出版社，2018.6

ISBN 978 - 7 - 5203 - 2141 - 9

Ⅰ.①西… Ⅱ.①黄… Ⅲ.①区域旅游—旅游资源开发—影响—居民生活—
生活满意度—研究—中国　Ⅳ.①F592.7②C913.3

中国版本图书馆 CIP 数据核字（2018）第 037807 号

出 版 人	赵剑英
责任编辑	孔继萍
责任校对	沈丁晨
责任印制	李寡寡

出　　版	中国社会科学出版社
社　　址	北京鼓楼西大街甲 158 号
邮　　编	100720
网　　址	http://www.csspw.cn
发 行 部	010 - 84083685
门 市 部	010 - 84029450
经　　销	新华书店及其他书店

印刷装订	北京明恒达印务有限公司
版　　次	2018 年 6 月第 1 版
印　　次	2018 年 6 月第 1 次印刷

开　　本	710 × 1000　1/16
印　　张	23.75
插　　页	2
字　　数	380 千字
定　　价	98.00 元

撰稿人名单

黄大勇　程　莉　宋湘琴　王志标
杨　玲　文　雪　杜懿然

前　言

　　西部少数民族地区是旅游资源富集区，在《中国旅游资源普查规范（试行稿）》所列六类 74 种旅游资源中，西部少数民族地区拥有 73 种，而在 73 种旅游资源中属于自然文化遗产的有 9 处，其中进入联合国人与生物圈名录的有 5 处。近年来，随着西部大开发的实施，西部少数民族地区旅游资源得到了深度开发，这既促进了民族地区经济、社会与文化的发展，也在一定程度上对民族地区的生态环境保护、民族文化传统、生产生活方式等造成了冲击。由于并未有效形成旅游开发的成本分摊和利益共享机制，民族地区居民难以分享到的地随旅游开发应得利益，因此，他们日益表露出消极情绪甚至抵触情绪，这对民族地区旅游业的可持续发展和民生改善造成了严重影响。随着新一轮西部大开发的实施，如何把西部少数民族地区的旅游资源开发与维护好、实现好、发展好当地居民的利益联系起来，增进两者的协调性和可持续性，是亟待研究和解决的问题。

　　本研究借鉴旅游影响理论、顾客满意理论、社区参与旅游发展理论、社区交换理论、期望欲望理论和公平理论，对西部少数民族地区旅游开发地的居民满意度进行了分析。首先对西部少数民族地区旅游开发地的经济社会发展现状进行分析，在此基础上测度了西部少数民族旅游开发地居民的满意度，分析了影响西部少数民族旅游开发地居民满意度的因素，并对西部典型少数民族地区旅游开发地进行了案例研究，最后提出了西部少数民族地区旅游开发地可持续发展的政策建议。具体内容如下：

　　1. 西部少数民族地区旅游开发现状及旅游开发地居民满意度调查

　　在述评国内外旅游满意度的研究进展，以及厘清和界定旅游开发地居民满意度内涵的基础上，对西部少数民族地区旅游开发现状进行了分析，并调查研究旅游开发地居民满意度，包括开发地建设发展历史、现状调查与制约障碍因素，为构建测度模型和居民满意度影响因素研究奠定了基础。

2. 西部少数民族地区旅游开发地居民满意度测度

通过构建居民满意度的测度体系，选取居民期望、少数民族居民社区归属感、居民正面旅游影响感知、居民负面旅游影响感知、旅游利益分配等影响居民满意度的关键变量，构建西部少数民族地区旅游开发地居民满意度测度指标体系，并运用层次分析法和变异系数法对西部少数民族地区旅游开发地居民满意度进行了实证分析。

3. 西部少数民族地区典型旅游开发地居民满意度实证研究

在西部少数民族地区旅游开发背景、现状及居民满意度调查和满意度测度模型基础上，选取贵州、云南、广西、四川、重庆、内蒙古等省、市、自治区的少数民族旅游地区的典型案例，通过对居民满意度指数的科学测评和对比分析得出了西部少数民族地区旅游开发地居民满意度模型结论与启示。

4. 西部少数民族地区旅游开发地居民满意度的影响因素与驱动机制分析

在理论和实证研究基础上，结合新一轮西部大开发战略的新要求和民族地区实际，对西部少数民族地区居民满意度的影响因素进行实证分析。西部少数民族地区旅游开发地居民的综合满意度涵盖和体现为经济影响感知、社会影响感知、环境影响感知、政策影响感知，也受到经济、社会、环境和政策的影响，并且还受到民族、年龄、受教育程度、职业、收入等人口统计学微观层面因素的影响。在此基础上，构建西部少数民族地区旅游开发地居民满意度的驱动机制，为西部少数民族地区旅游开发政策制定提供了理论依据。

5. 西部少数民族地区旅游开发地的利益协调与分享机制

利益分享不均或不公是引起各利益相关者产生冲突和矛盾的主要原因。在明确西部少数民族地区旅游开发地利益相关主体的前提条件下，对利益相关主体的责、权、利进行了科学划分，本着效率优先、兼顾公平的原则，建立合理的利益分享机制，以有效发挥激励作用。通过分析西部少数民族旅游开发地居民与利益相关者之间的关系及其现状认为，在利益协调机制上，应建立产权协调机制、社区委员会顾问机制、社区旅游大学制度等；在利益分享机制的构建上，政府部门应该创立和完善利益协调约束和目标反馈机制、民族文化的产权管理机制、居民参与旅游的经营管理机制和就业保障机制，以及旅游开发地发展的投融资机制。

6. 西部少数民族地区旅游开发地居民满意度提升对策研究

以西部少数民族地区旅游开发与民生改善、生态保护、文化传承与保护的相互关系为研究重点，从影响居民满意度的内在和外在影响因素出发，为加强对西部少数民族地区旅游开发动态调控，实现西部少数民族地区旅游可持续发展，确立了西部少数民族地区旅游开发地居民满意度的提升对策，这包括完善制度建设、促进旅游产品开发、增强社区居民文化素质、保护生态环境和传统文化、提高居民经济收益和社会福利等，为决策者和管理者提供了决策参考。

本书的创新性主要体现在三个方面：

一是研究视角创新。从西部少数民族地区旅游开发的视角研究了当地居民的满意度——经济影响感知、社会影响感知、环境影响感知和政策影响感知，创新了满意度研究在旅游经济中的运用，弥补了在新形势下满意度对应主体研究的不足。

二是研究方法创新。运用层次分析方法测度了西部少数民族地区旅游开发的居民满意度，为西部少数民族典型地区旅游开发地居民满意度指数测评及其调控提供科学依据；采用灰色关联模型、交叉列连表等数量方法实证分析了西部少数民族地区旅游开发地居民满意度的影响因素，在研究方法上有一定的创新，也为研究结论的得出创造了条件。

三是在研究内容创新。系统研究了西部少数民族地区及其旅游开发地旅游发展现状、调查分析了西部少数民族地区典型旅游开发地居民参与旅游的情况、构建了西部少数民族地区旅游开发地居民满意度的指标体系，并且基于旅游开发典型地区实证分析了当地居民满意度及其影响因素，构建了居民满意度的驱动机制、利益分享机制，为西部少数民族地区旅游开发地居民满意度的提升提供了理论依据和实证支持。

为完成本书，我们做了大量的基础性工作，在查阅了大量文献资料的基础上到西部省、区、市的地（区）、市（州）、县的旅游部门和各旅游景区、景点进行了实地考察和访问，收集了数百万字的文字资料。为了完成实证分析，我们还调查了西部地区6个省市，走访了重庆酉阳、秀山、彭水，云南大理喜洲、大理古城、广西桂林象山、阳朔、贵州青岩古镇、千户苗寨、四川茂县、松潘、九寨沟，以及内蒙古的满洲里等16个旅游景区、景点的居民，从经济、社会和生态环境三个维度进行了广泛的田野调查，收集了1112个有效样本，较好地测度了西部民族地区旅游开发地居民的满意度，为研究奠定了坚实基础。

我们在工作和教学十分繁忙的情况下，怀着对科学研究的热情，凭着对西部旅游事业发展尽一份力的执着精神，辛勤劳作，先后用了三年多的时间，几易其稿，方才完成了《西部地区旅游开发地居民满意度实证研究》一书。如果该书能为西部地区旅游业的发展、提升西部地区旅游业及开发地居民的满意度有一些帮助的话，我们将感到十分的欣慰和满足。

《西部地区旅游开发地居民满意度实证研究》一书撰写的分工如下：由黄大勇（长江师范学院院长、党委副书记、教授、硕士生导师）负责全书的总体构架和内容策划，设计编写体例，安排章节条目，确定内容取舍，并具体担任前言、第一章、第二章、第三章（部分）、第八章（部分）、第九章（部分）的撰写工作。由程莉（重庆工商大学经济学院博士、副教授）担任第四章（部分）、第五章（部分）、第六章（部分）、第八章（部分）、第十章的撰写工作。由宋湘琴（重庆工商大学融智学院商务系总支副书记、讲师、硕士）担任第四章（部分）、第五章（部分）、第六章（部分）、第七章（部分）的撰写工作。由杨玲（重庆工商大学设计艺术学院讲师、硕士）担任第三章（部分）、第五章（部分）、第六章（部分）、第八章（部分）的撰写工作。由文雪（重庆工商大学经济学院硕士研究生）担任第六章（部分）、第九章（部分）的撰写工作。由杜懿然（重庆工商大学旅游学院硕士研究生）担任第七章（部分）的撰写工作。全书成稿后，由黄大勇、程莉、宋湘琴、王志标（长江师范学院教授、博士）对各章进行了两次统稿工作，最后由黄大勇审定书稿后交出版社出版。

在本书的撰写过程中，吸收了国内外相关研究领域专家学者的有关研究成果，受到了他们的较多启发，对此在书中均已注明，在此也一并向这些作者表示感谢！

旅游开发居民地满意度研究是一个新课题，在研究中常常感到力不从心。受笔者水平、可掌握资料及调研范围、样本的限制，书中可能存在不少缺陷和疏漏，热忱欢迎学界前辈、研究同人和读者批评指正。

学无止境，对我们来说，西部旅游开发地居民满意度的研究，还仅仅是一个开端。今后，我们还将做进一步的深入研究，以指导日益发展的西部旅游开发实践。

本书在成书过程中得到了长江师范学院、重庆工商大学长江上游经济研究中心、统计学院、旅游学院、人文社科处的领导和工作人员的关心和支持。在出版过程中，得到中国社会科学出版社的大力支持。在此，谨向关心支持和帮助过我们的同志们、朋友们致以衷心的感谢。

黄大勇

2018 年 1 月于重庆涪陵

目　　录

第一章

绪　论

第一节　研究背景与意义

一　研究背景

西部少数民族地区是旅游资源富集区，在《中国旅游资源普查规范（试行稿）》所列六类 74 种旅游资源中，西部少数民族地区拥有 73 种，而在 73 种旅游资源中属于自然文化遗产的有 9 处，其中进入联合国人与生物圈名录的有 5 处。近年来，随着西部大开发的实施，西部少数民族地区旅游资源得到了深度开发，这既促进了民族地区经济、社会与文化的发展，也在一定程度上对民族地区的生态环境保护、民族文化传统、生产生活方式等造成了冲击。旅游开发地居民是社区民俗文化的载体，其言行、装束、习俗、信仰等都承载着深厚的民俗文化，对游客有着很强的吸引力；同时，旅游开发地居民是一种旅游产品，是社区民俗旅游产品系统中"活"的部分，他们的举止神态都有可能深深地吸引游客，成为他们欣赏、拍摄或合影的对象。[①] 因此，民族旅游发展的出发点和归宿都是实现当地社区及社区居民的利益。然而，由于并未有效形成旅游开发的利益分享机制，现实的旅游发展并未能满足社区居民的期望，民族地区居民也未能很好地随旅游开发分享到应得利益，从而产生了对现有投资商和管理者的不满，其消极情绪甚至抵触情绪日益显露，对民族地区旅游业可持续发展和民生改善都构成了严重影响。

[①] 卢彦红：《民族村寨旅游开发社区居民满意战略研究》，硕士学位论文，桂林理工大学，2010 年。

2014 年 8 月，《国务院关于促进旅游业改革发展的若干意见》明确指出，"加快旅游业改革发展，是适应人民群众消费升级和产业结构调整的必然要求，对于扩就业、增收入，推动中西部发展和贫困地区脱贫致富，促进经济平稳增长和生态环境改善意义重大，对于提高人民生活质量、培育和践行社会主义核心价值观具有重要作用"。随着新一轮西部大开发的实施，如何把西部少数民族地区旅游资源开发同维护好、实现好、发展好当地居民的利益联系起来，增进两者的协调性和可持续性，在开发民族旅游的过程当中，充分地重视当地社区居民，将之纳入旅游开发的主体当中，使之在旅游发展中的角色由配角转变发展为主角，拥有对旅游发展的发言权和决策权，进而提升他们的满意度，是亟待研究和解决的问题。

本课题将研究视角放在西部少数民族地区旅游开发地居民满意度的测度及影响居民满意度的各种因素之上，旨在构建基于民族地区实际的旅游开发的利益共享机制，提出有效促进旅游开发与居民满意度两者协调性和可持续性的政策建议，研究成果将有助于促进西部少数民族地区旅游开发和民生改善，促进民族平等团结、发展进步和共同繁荣。

二　研究意义

西部少数民族地区旅游发展与当地社区居民密切相关。民族旅游是通过把民族地区的习俗以及居民包装成为旅游产品以满足旅游者消费需求的一种旅游形式，它与其他旅游形式的最大不同之处就是，少数民族习俗、风情以及少数民族人群本身，包括少数民族家庭和社区的生产和生活，都是民族旅游的吸引物。因此，对于开发西部少数民族地区旅游地而言，其社区居民是旅游社区的主人和最终受益人，没有社区居民对社区的建设，也就不会形成优美迷人且具独特文化的社区旅游。良好的社区旅游环境和社区居民的集体活动相互促进，相互制约。

（1）进一步丰富和拓展民族经济乃至于民族学的理论研究范畴

当前，旅游开发已成为很多少数民族地区居民脱贫致富的重要手段，对于相对较为落后的西部少数民族地区来说，居民关于旅游开发的满意度对旅游目的的可持续发展意义重大。本课题系统分析了关于西部少数民族地区旅游开发的居民满意度的影响因素、形成机理及其变化特征，在

"人—环境—旅游资源"可持续发展的框架下，积极探讨了如何提高少数
民族居民的满意度，从而为少数民族地区进行旅游扶贫和旅游开发提供了
科学依据，有利于进一步丰富和拓展民族经济乃至于民族学的理论研究
范畴。

（2）为制定促进西部民族地区和谐、稳定和共同繁荣的政策制定提
供理论支撑

2010年1月胡锦涛在第五次西藏工作座谈会上明确提出了衡量民族
工作成效的重要标准，是有利于民族平等团结进步、有利于各民族共同繁
荣发展、有利于民族交往交流交融、有利于国家统一和社会稳定。因此，
通过对西部少数民族地区旅游开发地居民满意度的影响因素以及驱动机制
机理的研究，可为国家和西部各民族地区在"十三五"时期以及新一轮
西部大开发的战略机遇期制定科学可行的"民族平等团结、共同繁荣、
交往交流交融和民族稳定"政策提供坚实的理论依据。

（3）为评价西部少数民族地区旅游发展质量提供评判依据

目前，在评价旅游发展质量的主要指标当中，尚没有将旅游开发的核
心利益主体之一——居民的满意度加以考虑，因此，相关评价不够全面和
科学。本研究通过探讨西部少数民族地区旅游开发地居民满意度的影响因
素，构建西部少数民族地区旅游开发地居民满意度指数测评指标体系，可
以更加全面客观地评价旅游发展质量，为实现旅游地可持续发展提供保
证，具有较强的实践价值。

第二节　国内外研究现状

在旅游业竞争激烈的今天，伴随旅游地的不断开发，旅游者有了更多
的选择机会，但是如何提高旅游满意度，以提高旅游者重游率和市场吸引
力，成为旅游地可持续发展的关键所在。毕竟，对于旅游地来说，旅游满
意度是衡量其经营成功与否的尺度之一。而国内外关于旅游满意度的研究
起步较晚，主要集中在游客满意度、旅游企业员工满意度以及旅游地区居
民满意度三个方面，其中对于旅游地区居民满意度的研究还处于起步阶
段。将满意度理论应用在旅游业当中就产生了旅游满意度的研究，相对应
地延伸出游客满意度、旅游企业员工满意度以及旅游地居民满意度三大

部分。

一 游客满意度研究述评

从 1990 年全球可持续发展大会到 1997 年世界旅游组织颁布的《关于旅游业的 21 世纪议程》，均提及将民族地区居民作为关怀对象，以实现民族旅游地可持续发展。2006 年国家旅游局颁布的《中国最佳旅游城市创建指南》，也明确提出将民族地区居民满意度作为优秀旅游城市评定依据之一。然而，现有研究中针对旅游目的地少数民族居民满意度的研究明显不足。当前，国外关于旅游地居民满意度的测算研究主要包括美国的"幸福指数"（GNH）、英国的"国民发展指数"（MDP）以及日本的"国民幸福总值"（GNC）等指标，这些指标均以居民满意度作为其调查研究的主要内容。在中国，居民满意度也逐渐成为考核旅游业发展健康度及区域和谐社会建设程度的重要"风向标"之一。但关于西部少数民族旅游地居民的研究目前仍主要集中在居民旅游影响感知等方面，对于西部少数民族地区旅游开发地居民满意度的研究还比较缺乏。总体而言，国内外有关居民满意度研究主要体现在以下三个方面。

1. 游客满意度的定义

游客满意理论是涉及游客消费行为和景区服务管理的重要理论。旅游满意度从顾客满意度发展而来，关于游客满意度概念的界定，国内外不同学者有着不同的看法，本书将具有代表性的概念归纳如下。

20 世纪 70 年代，美国学者皮扎姆（Pizam）等对旅游目的地游客满意度的研究奠定了该领域研究的理论基础。他提出游客满意度是游客将对目的地的期望和在目的地的体验相互比较的结果：若体验与期望比较的结果使游客感觉满意，则游客是满意的；反之，则游客是不满意的。[1] 哈特曼（Hartman，1973）发展了旅游满意度的概念，认为其由认知、情感、系统三个部分组成。[2] 恩格尔（Engel）、布莱克威尔（Blackwell）和米尼

① A. Pizam, Neumann, A. Reichel, Dimensions of Tourist Satisfaction with a Destination Area [J]. *Annals of Tourism Research*, 1978, 5: 314—322.

② R. S. Hartman, *The Hartman Value Profiee* (*HVP*): *Manuae of Interpretation*, *Research Concepts* [M]. Southern Illinois, US: Muskegon, 1973.

阿德（Miniard）[1] 定义满意度为顾客对于产品是否满足或超出期望的主观评价。肖恩（Chon）研究旅游目的地形象在游客满意中的作用时提出了一个解释游客满意度的调和理论框架，认为游客满意包括功能调和一致和形象调和一致。[2] 功能调和一致是指游客期望与感知之间的调和一致，形象调和一致是指游客自我印象和目的地形象之间的调和一致。贝克（Baker）等人提出游客满意度是指在购买了旅游产品之后，游客因与旅游目的地之间互相作用所形成的一种心理状态。[3] 具体来说，游客满意度是指游客对旅游地的旅游景观、基础设施、娱乐、环境和接待服务等方面满足其旅游活动需求程度的综合评价。

国内学者李智虎等认为游客满意是一种心理活动，是游客的需要得到满足后的愉悦感，满意水平是可感知的效果和期望值之间的差异函数，游客是否满意取决于游客期望与实际感知效果之间的关系。[4] 万绪才等将游客满意度定义为游客对旅游地的旅游景观、基础设施、旅游环境和社会服务等方面满足其旅游活动需求程度的综合心理评价。[5] 符全胜等认为保护地游客满意是在保护地进行旅游和游憩活动的游客所达到的心理满足状态，如游客所感知的保护地关于设施、服务项目、服务、环境和风景等的质量达到或超过期望水平即表现为满意，低于期望水平即表现为不满意，游客满意的程度是用游客满意度来衡量的。[6]

综上所述，我们可以认为，从形成的机理来看旅游目的地游客满意是游客期望和感知相比较的结果，是对消费活动或经历的反馈，即游客根据其期望或需要是否被满足而对旅游目的地各要素进行的评价。

---

① P. F. J. Eagle, S. F. Mccool, C. D. Haynes, *Sustainable Tourism in Protected Areas：Guidelines for Planning and Management* ［M］. UK：IUCN Gland, Switzerland and Cambridge, 2002.

② K. S. Chon, M. D. Olsen, Functional Congruity and Self Congruity Approaches to Consumer Satisfaction/Dissatisfaction in Tourism ［J］. *Journal of the International Academy of Hospitality Research*, 1991, 3, 2 –18.

③ S. M. Wang, C. C. Lin, Quality, Satisfaction and Behavioral Intensions ［J］. *Annals of Tourism Research*, 2000, 3 (27)：785—804.

④ 李智虎：《谈旅游景区游客服务满意度的提升》，《企业活力》2003 年第 4 期。

⑤ 万绪才、丁敏、宋平：《南京市国内游客满意度评估及其区域差异性研究》，《经济师》2004 年第 1 期。

⑥ 符全胜：《旅游目的地游客满意理论研究综述》，《地理与地理信息科学》2005 年第 5 期。

2. 游客满意度的影响因素

游客满意度具有丰富的内涵，包含许多旅游目的地和游客之间相互传递和沟通的信息，因而受多方面因素的影响，这些影响因素的研究对提高游客满意度起着关键作用。

皮扎姆等研究了美国麻省的科德角（Cape Cod）海滨旅游地游客满意的要素结构，首次提出了海滩、（游憩）机会、成本、好客度、餐饮设施、住宿设施、环境、商业化程度八个游客满意因子。[1] 多尔夫曼（Dorfman）在研究野营活动时发现，游憩满意受个人目的、环境条件（如天气、风景和拥挤度）和期望参与活动能力的影响。[2] 克朗普顿（Crompton）和洛夫（Love）认为，指标因素包括有形商品与无形服务所表现的价格、当地居民的态度[3]。戴维·鲍恩（David Bowen）将游客满意的影响因素归纳为期望、绩效、不一致、特性、情绪和公平六种属性。[4] 陈桓敦。李贤升认为，游憩行为、游憩体验与满意度的影响因素包括个人属性、游憩活动、旅游动机、过去经验、游憩偏好与态度、旅游次数等主观因素，而旅游地的拥挤度、交通状况、游伴性质、停留时间、旅游信息、游憩与餐饮等服务设施与品质等客观因素也会影响游客的体验。

综上所述，本书认为研究游客满意的影响因素不能仅局限于目的地的设施和软件服务因素。由于满意是对期望和感知比较的结果，期望表现出较强的个人因素，而个人因素是游客满意影响因素中难以控制甚至不可控制的。

3. 游客满意度的测度

游客满意度包括总体满意度和单项满意度，其测度涉及指标体系和测度模型，其中指标体系的设定建立在对游客满意影响因素及其特征分析的

---

① A. Pizam, Y. Neumann, A. Reichel, Dimensions of Tourist Satisfaction with a Destination Area [J]. *Annals of Tourism Research*, 1978, 5: 314—322

② P. W. Dorfman, Measurement and Meaning of Recreation Satisfaction: A Case Study in Camping [J]. *Environmental and Behavior*, 1979, 11 (4): 483—510.

③ S. M. Wang, C. C. Lin, Quality, Satisfaction and Behavioral Intensions [J]. *Annals of Tourism Research*, 2000, 3 (27): 785—804.

④ D. Bowen, Antecedents of Consumer Satisfaction and Dissatisfaction (CS/D) on Long-haul Inclusive Tours-A Reality Check on Theoretical Considerations [J]., 2001, 22 (1): 49—61.

基础上。由于影响游客满意因素的复杂性，游客满意度是多维度、动态和难测度的。

（1）游客满意度的指标体系

达纳赫（Danaher）和哈德洛尔（Haddrell）认为游客满意度作为游客满意的定量表述，是衡量旅游景区经营绩效（经济和社会效益）的综合性指标，是旅游相关产业者考察旅游产业发展情况的标准之一，对于旅游业的发展有着举足轻重的作用，为旅游业的发展提供了管理指导。[①] 德尔·博斯克（del Bosque）等从旅行社角度切入，通过建立结构方程模型考察出游期望对满意度的影响，对出游期望赋予了四个评价因子，即形象、过去经历、交流、有形性，其研究结果表明，形象对于满意度有最显著的影响，而满意度对忠诚度有显著影响。[②] 黄桐城等指出，关于旅游满意度的测量一般使用游客满意度指标体系，该体系是一系列相互联系的能敏感地反映游客满意状态及存在问题的指标构成的有机整体，关键在于单因素变量的选择。[③] 董观志、杨凤影应用层次分析法构建了景区游客满意度的模糊综合评价体系，将模糊体系分为一级和二级模糊综合评判指标。[④] 张素梅、王建梅运用关于顾客满意的卡诺模型对北戴河游客满意度进行了测评，考察了游客在北戴河旅游期间对游、购、设施、旅游环境及价格等方面的满意度。[⑤] 亓玲玲选取景区环境、游客消费、景区工作人员服务、景区支持系统及景区景观满意程度五个方面的指标为二级指标，并将这五个二级指标扩展为 20 个三级指标，以此对景区游客满意度进行分析评价，提出建议。[⑥]

---

① P. J. Danaher, V. Haddrell, A Comparison of Question Scales Used for Measuring Customer Satisfaction [J]. *International Journal of Service Industry Management*, 1996, 7 (4): 4–26.

② I. A. R. Del Bosque, H. S. Martin, J. Collado, The Role of Expectations in the Consumer Satisfaction Formation Process: Empirical Evidence in the Travel Agency Sector [J]. *Tourism Management*, 2006, 27 (3): 410—419.

③ 黄桐城等：《顾客满意度多层次模糊测评模型及其应用》，《系统工程理论方法应用》2002 年第 4 期。

④ 董观志、杨凤影：《旅游景区游客满意度测评体系研究》，《旅游学刊》2005 年第 1 期。

⑤ 张素梅、王建梅：《旅游地游客满意度测评研究——以北戴河为例》，《市场论坛》2008 年第 12 期。

⑥ 亓玲玲：《景区游客满意度研究》，硕士学位论文，重庆工商大学，2011 年。

（2）游客满意度的测度模型

帕拉苏拉玛（Parasurama）、蔡特哈姆尔（Zeithaml）、贝里（Berry）最早提出的 SERVQUAL 测量模型被认为是适用于评估各类服务质量的典型方法。[①] SERVQUAL 测量模型共包括 22 个条目，被用来对服务质量进行评价。帕拉苏拉玛等人通过对 SERVQUAL 标尺的 22 条分析提出了服务质量的五大属性，这五大属性的提出受到了国际服务质量研究界专家的广泛认可。蒋（Jang）与冯（Feng）将重游意向分为短期、中期、长期，通过建立结构方程模型分别考察了满意度和新奇度对不同时间尺度重游意向的影响，结果表明，满意度对短期重游意向有显著影响，新奇度对中、长期重游意向有显著影响。[②] 谢彦君、吴凯在对旅游期望的定义、影响因素及特点研究的基础上提出了旅游体验质量的交互模型。[③] 连漪、汪侠根据费耐尔（Fornell）教授的顾客满意度指数理论和旅游业的"食、住、行、游、娱、购"六大要素特点构建了旅游地顾客满意度指数的测评模型（TDCSI），建立了测评标准。[④] 江波、郑红花在旅游六大要素的基础上加上了社区和人员服务两大要素，构建了旅游目的地服务质量评价模型（TDSQE）。[⑤]

综上可知，国内外学者通过建立不同的指标体系或模型对旅游满意度进行研究，得出了相应的结论。部分学者将理论研究与具体景点相结合，加强了旅游满意度理论在旅游业中的应用，促进了对实际问题的解决。

二 旅游企业员工满意度研究述评

1. 员工满意度的定义

国外员工满意度的研究始于 20 世纪 30 年代，先驱者是霍波克（Hop-

① A. Parasuraman, V. A. Zeithaml, L. L. Berry, SERVOUAL: A Multiple-Item Scale for Measuring Customer Perceptions of Service Quality [J]. *Journal of Retailing*, 1988, 64 (1): 12 – 40.

② S. Jang, R. Feng, Temporal Aestination Revisist Intension: The Effects of Novelty Seeking and Satisfaction [J]. *Management*, 28 (2): 580—590.

③ 谢彦君、吴凯：《期望与感受旅游体验质量的交互模型》，《旅游科学》2000 年第 2 期。

④ 连漪、汪侠：《旅游地顾客满意度测评指标体系的研究及应用》，《旅游学刊》2004 年第 5 期。

⑤ 江波、郑红花：《基于旅游目的地八要素的服务质量评价模型构建研究》，《商业研究》2007 年第 8 期。

pock）。1935 年，他提出员工满意度是员工在心理与生理两方面对环境因素的满足感受，也就是员工对工作环境的主观感受。洛克（Locke）认为，员工满意度是个人对其工作所持的愉悦的或积极的感情状态。① 舒尔茨（Schultz）将员工满意度定义为"人们对其工作的心理感受——涉及诸多与态度和感觉相关的因素"。② 贝里（Berry）认为，工作满意度是一个人对其工作经历的心理反应。③ 张平、崔永胜将员工满意度的定义归纳为综合型定义、期望型定义、参考型定义和层面型定义四大类。④ 本课题研究者认为，员工满意度是指员工通过对企业可感知的效果与他的期望值相比较后形成的感觉状态。

2. 员工满意度的影响因素

国内外学者普遍认为工作满意度是一个多维的概念，它是由许多重要的因素决定的。弗罗姆（Vroom）认为工作满意度有七个维度，即组织本身、升迁、工作内容、直接主管、待遇、工作环境与工作伙伴。⑤ 洛克对工作满意度的决定因素进行了大量的研究，验证了满意度的三类相关理论，即期望理论、需要理论和价值理论；提出了工作满意度的十个维度，即工作本身、报酬、提升、认可、工作条件、福利、自我、上司、同事和组织外成员。⑥ 谢永珍、赵京玲提出员工满意度的评价指标体系包括以下16 个因素：对工作本身的满意度（工作合适度、责任匹配度、工作挑战性、工作胜任度）；对工作回报的满意度（工作认可度、事业成就感、薪酬公平感、晋升机会）；对工作背景的满意度（工作空间质量、工作时间制度、工作配备齐全度、福利待遇满意度）；对工作人际关系的满意度（合作和谐度、信息开放度）；对企业整体的满意度（企业了解度、组织

① E. A. Locke, The Nature and Causes of Job Satisfaction［A］. In：M. P. Dunnette, *Handbook of Industrial and Organizational Psychology*［C］. Chicago, IL：Rand McNally, 1976.

② D. P. Schultz, *Psychology and Industry Today*［M］. New York：Macmillan, 1982.

③ L. M. Berry, *Psychology at Work：An Introclution to Industrial and Organizational Psychology*［M］. San Francisco：Mc Graw Hill Companies Inc, 1997.

④ 张平、崔永胜：《员工满意度影响因素的研究进展》，《企业研究》2005 年第 2 期。

⑤ V. H. Vroom, *Work and Motivation*（Rev.. ed）［M］. San Francisco, Calif：Jossey-Bass, 1994.

⑥ E. A. Locke, The Nature and Causes of Job Satisfaction［A］. In：M. P. Dunnette, *Handbook of Industrial and Organizational Psychology*［C］. Chicago, IL：Rand McNally, 1976.

参与度)。① 这种划分涵盖了员工满意度的各个方面。胡蓓认为员工工作满意度影响因素包括三类：工作本身、工作关系、工作环境。工作本身包括工作内容和工作自主权；工作关系包括同事关系、上下级关系以及组织内的集体活动；工作环境包括工作条件、工作时间、组织文化和管理政策。② 南剑飞等研究发现，员工满意度是员工需要、员工期望、符合需要和员工基本感知、员工价值感知等多个变量直接或间接共同作用的结果或函数。③ 李莎莎等通过对无锡市星级饭店进行的抽样调查得出，工作回报、工作环境、上级领导、工作本身、人际关系和酒店管理是影响饭店员工满意度的六个主要因素。④

3. 旅游企业员工满意度研究

国外旅游企业员工满意理论的研究是在顾客满意度理论基础上发展起来的，到 20 世纪 80 年代末才逐步受到重视。我国学者从 20 世纪 90 年代初开始关注该领域的研究，而在与旅游"吃、行、住、游、购、娱"六大基本要素相关的企业员工的研究方面，目前在酒店业和旅行社工作人员满意度方面有一定的研究，但是对导游、景区工作人员及其他旅游相关企业研究甚少。

（1）酒店员工满意度

饭店的服务质量、顾客满意度和企业利润与员工满意度有着直接的关联。马明的研究表明：与饭店的服务质量、顾客满意度和企业利润直接相关联的是员工的工作努力程度而不是工作满意度，因此建议以后应该加强员工努力度研究，以更好地提升人力资源管理。⑤ 吴萍、苏勤以芜湖市饭店业为例，采用实证研究方法对芜湖市 12 家饭店的员工满意度进行了调查，并对相关的企业因素、个人因素和工作因素做了比较分析，发现员工

---

① 谢永珍、赵京玲：《企业员工满意度指标体系的建立与评价模型》，《技术经济与管理研究》2001 年第 5 期。

② 胡蓓、陈建安：《脑力劳动者工作满意度实证研究》，《科研管理》2003 年第 4 期。

③ 南剑飞：《员工满意度模型研究》，《世界标准化与质量管理》2004 年第 2 期。

④ 李莎莎：《无锡市星级饭店员工满意度评价实证研究》，硕士学位论文，江南大学，2010 年。

⑤ 马明：《饭店员工满意度与努力度关系实证研究》，《旅游科学》2005 年第 12 期。

满意度普遍较低。① 翁丽玲以九寨天堂洲际大饭店为研究对象，选择了五个影响员工满意度的关键因素设计了调查问卷，在对问卷的信度和效度进行检验的基础上通过实证分析发现，在薪酬与待遇、环境与条件、考评与激励、工作与培训、领导与管理五个影响因素中只有环境与条件这一因素达到了让员工满意的程度，并就此提出了提升饭店员工满意度的相应措施。② 赵良涛指出，员工是饭店的内部顾客，是创造顾客的智力资本，是饭店服务质量的保证，是饭店文化的载体，且是饭店价值增长的源泉；提出了提升饭店员工满意度的重要性，且认为建立公平合理的薪酬制度无疑是提升员工满意度的最直接方法。③ 戴斌等以首批创建的白金五星级试点饭店为例，抽取相关饭店员工问卷样本对我国豪华饭店员工满意度现状进行了评析，并提出了相关改进建议。④ 田喜洲、蒲永健通过对饭店员工满意度及其影响因素重要度的比较研究提出了提高员工满意度与忠诚度的具体建议。⑤ 纪国明以大连三星级酒店为例，采取抽样调查的方法对影响员工满意度的人际关系、工作成就感、工作挑战性、工作环境、工资待遇、提升机会、进修提高等因素进行了分析，并对提高员工满意度提出了相关建议。⑥

　　蒋丽娜通过专家咨询法和层次分析法（AHP）且辅之以模糊数学的相关原理和方法构建了饭店员工满意度评价模型，并将该评价模型应用于南京市星级饭店员工满意度的研究中；根据计算结果，分析和评价了各因素和指标的满意情况，最后提出了提高员工满意度的对策建议。⑦ 鲁永祥研究了工作满意度的各种理论，通过综合调查和数据分析处理发现，环境

---

　　① 吴萍、苏勤：《饭店业员工满意度实证研究与对策分析——以芜湖市为例》，《安徽师范大学学报》（自然科学版）2007 年第 4 期。

　　② 翁丽玲：《饭店员工满意度影响因素的实证分析》，《商场现代化》2008 年第 34 期。

　　③ 赵良涛：《论提升饭店员工满意度》，《企业研究》2008 年第 12 期。

　　④ 戴斌、常俊娜、李薇等：《中国豪华饭店员工满意度研究——基于首批白金五星级饭店创建试点单位的调查报告》，《旅游科学》2007 年第 4 期。

　　⑤ 田喜洲、蒲永健：《饭店员工满意度及其影响因素实证研究》，《中国地质大学学报》（社会科学版）2007 年第 5 期。

　　⑥ 纪国明：《大连三星级饭店员工满意度提升对策探析》，《黑龙江对外经贸》2010 年第 10 期。

　　⑦ 蒋丽娜：《饭店员工满意度研究》，硕士学位论文，南京师范大学，2008 年。

与群体、领导与管理、薪酬与待遇、激励与考评、工作与培训等五个因素影响了南京饭店员工的满意度。[①] 辜应康等以上海酒店员工为样本，采用探索性因子分析法和单因素方差分析法对酒店员工满意度影响因素及其感知差异进行了实证研究；其研究表明，薪资福利、个人发展、工作本身、上级领导、人际关系、管理体系、工作环境等因素对酒店员工满意度有显著影响，不同类型员工群体对各因素感知存在差异。[②] 李丹基于双因素理论，以长沙市多家酒店员工为例，从酒店员工的薪酬福利、人际关系、培训、个人发展情况以及酒店的规章制度五个方面探究了酒店员工满意度的现状及其影响因素。[③]

综上所述，我国学者根据不同的影响因素、运用不同的测量指标及模型对酒店员工满意度进行了研究，取得了丰硕的成果。本书认为，对员工的尊重、良好的人际关系、有效的薪酬福利制度、完善的员工培训体制、良好的沟通与管理对提升员工满意度起着重要作用。

（2）旅行社员工满意度研究

旅行社员工的工作满意度直接影响到旅行社的服务质量，是衡量旅行社管理成功与否的一个重要指标。随着我国旅行社行业的对外开放和对内开放，旅行社之间的竞争愈演愈烈，以致人才流失率和流动率高，旅行社员工的满意度可作为一种有力的解释。但具体针对旅游企业员工满意度的研究较少，对其研究的关注程度远远低于对旅游者满意度的研究。

田喜洲、蒲永健用结构方程模型测评导游满意度，分析了导游人员工作满意度较低的原因，并针对其中的问题提出了具体建议。[④] 郭燕从工作内容与环境、工作回报、个人、企业和社会认知、稳定性与安全性、企业形象以及个人职业发展前景的满意程度六个维度对导游员工满意度进行了调查分析，并对如何提高导游员工满意度提出了建议。[⑤] 段红艳对长沙市

---

① 鲁永祥：《南京饭店员工满意度实证研究》，硕士学位论文，大连海事大学，2011年。
② 辜应康：《酒店员工满意度影响因素及其感知差异研究》，《企业经济》2012年第5期。
③ 李丹：《基于双因素理论的酒店员工满意度研究》，《科协论坛》（下半月）2012年第5期。
④ 田喜洲、蒲永健：《导游工作满意度分析与实证测评》，《旅游学刊》2006年第6期。
⑤ 郭燕：《导游员满意度调查分析及对策研究——以江西为例》，硕士学位论文，江西财经大学，2006年。

区旅行社员工满意度的现状以及样本的基本结构进行了描述性统计分析，研究结果表明，企业自身、工作回报、工作本身、人际关系、旅行社企业类型、婚姻状况等因素对旅行社员工满意度有显著影响。① 马珂将员工满意度与心理契约相结合，从个人属性因素、工作本身、人际关系、薪酬待遇、环境因素以及发展因素五个方面构建了旅行社员工满意度互动模型，并运用二级模糊综合评价法得出了旅行社员工满意度评价结论。② 敬丽丽等基于层次分析法构建出影响导游工作满意度因素的指标体系，对影响因素进行了评估研究，得出了影响导游工作满意度因素的排序，并有针对性地提出了提高导游满意度的建议。③ 袁俊以武汉市 8 家旅行社为实证对象，对影响武汉市旅行社员工满意度的因素进行了归纳，并提出了相应的对策。④ 王文杰对导游员工工作满意度和离职倾向进行了研究，研究结果表明，导游对其工作的满意度和离职倾向之间呈现出显著的负相关关系，工作满意度越低，离职倾向越强。⑤ 范英杰等从旅行社业绩形成动因的逻辑分析入手构建了以员工满意度和员工服务效率结构指标为核心的旅行社业绩评价体系。⑥

综上可知，对于旅行社企业的特征及由此形成的员工满意度，不同学者有不同的见解。不同学者建立了不同的维度并运用模型进行了分析，这对提高旅行社员工满意度、降低员工流失及流动率起着非常重要的作用。

三　旅游地居民满意度研究进展

相对于游客满意度及旅游企业员工满意度的研究来讲，国外在旅游地

---

① 段红艳：《旅行社员工满意度研究》，硕士学位论文，湖南师范大学，2007 年。

② 马珂：《旅行社员工满意度与心里契约的关系研究》，硕士学位论文，厦门大学，2008年。

③ 敬丽丽、李晓东、邓方江：《导游工作满意度影响因素的排序研究》，《中国管理信息化》2009 年第 2 期。

④ 袁俊：《影响旅行社员工满意度的因子分析和对策——以武汉市旅行社为例》，《武汉船舶职业技术学院学报》2009 年第 6 期。

⑤ 王文杰：《导游工作满意度与离职倾向的关系研究》，硕士学位论文，山东大学，2010年。

⑥ 范英杰、赵玉宗、马晓芳：《基于员工维度的旅行社业绩评价体系研究》，《旅游学刊》2011 年第 2 期。

居民满意度的研究方面起步最晚，而且直接对旅游地居民满意度进行有系统的、直接测量的研究并不多，很多研究都是在研究旅游地居民的社区生活满意度与旅游影响的感知、旅游发展态度之间的关系时涉及居民满意度的相关内容。在该领域艾伦（Allen）、隆恩（Long）、普度（Perdue）是最重要的研究者和先驱者，1988 年三位学者在《旅行研究杂志》发表了一篇名为《旅游发展对居民社区生活感知的影响》的文章，首次对旅游发展和目的地居民的生活满意度进行了研究。

国内对旅游地居民满意度的研究数量很少，而且对国外在该领域研究的关注也不够，只出现零散的研究成果。如吴忠军、唐晓云在国内最早对居民旅游满意度指标体系和评价进行了研究，他们以广西桂林龙脊平安寨为例对农村社区生态旅游开发的居民满意度及其影响进行了分析，提出了包括 3 个维度 8 个指标的居民满意度评价体系，指出社区（含居民）是社区旅游发展中最关键的群体，是社区旅游发展能否实现持续发展的决定因素，社区居民对旅游开发的满意程度将直接影响其发展前景。[①] 陈晓艳在其硕士论文中以南京江心洲为例对农业旅游目的地居民满意度及其影响进行了研究。[②] 杨凯凯则研究了乡村旅游对目的地居民社区满意度的影响。[③] 卢彦红以皇都侗文化村为例，从民族村寨社区居民对村寨开发和发展旅游的感知状况，以及最终对当地开展民族旅游是否满意的关系着手对社区居民满意度进行了研究。[④] 汪侠等以广西阳朔为例，运用结构方程模型方法，构建了旅游开发居民满意度假设模型，对旅游开发居民满意度的关键驱动因素（居民期望、居民社区归属感、旅游获益和利益分配、正面旅游影响感知、负面旅游影响感知）进行了探讨并得出了相关结论。[⑤]

① 吴忠军、唐晓云：《农村社区生态旅游开发的居民满意度及其影响——以广西桂林龙脊平安寨为例》，《经济地理》2006 年第 5 期。
② 陈晓艳：《农业旅游目的地居民满意度及其影响研究——以南京江心洲为例》，硕士学位论文，南京师范大学，2008 年。
③ 杨凯凯：《乡村旅游对目的地居民社区满意度的影响》，硕士学位论文，浙江大学，2008年。
④ 卢彦红：《民族村寨旅游开发社区居民满意战略研究——以皇都侗文化村为例》，硕士学位论文，桂林理工大学，2010 年。
⑤ 汪侠、甄峰等：《旅游开发的居民满意度驱动因素——以广西阳朔县为例》，《地理研究》2010 年第 5 期。

汪侠等择取了 10 个引起旅游开发居民满意度差异的因素，对桂林市 5 个贫困村落进行了实地调查，运用方差分析方法分别考察了这些因素对贫困地区旅游开发居民满意度的影响，并对其成因进行了分析。[①] 李倩选取了四川省九寨沟景区居民为研究对象，通过因子分析与线性回归两种方法对地震后自然旅游地社区的居民满意度进行了研究。[②]

综上可知，国内外对旅游地区居民满意度的研究相对滞后，对居民满意度的研究大多是结合具体的旅游景点进行研究。作为旅游开发地利益相关主体的居民，其满意度对旅游地能否实现可持续发展起着关键作用。为实现旅游地区更好更快地发展，加强对居民满意度的研究、提高其满意度，显得非常重要。

通过上述文献可知，国内外对游客满意度和旅游企业员工满意度的研究较多，而对于旅游地区居民满意度的研究还不成熟，有待提高。例如，旅游开发对居民满意度的影响因素大多限于旅游影响感知等因素，而对旅游开发期望、旅游利益分配、社区归属感等与居民满意度的因果关系及其驱动机制研究的探讨较少。对旅游满意度的研究存在着定性分析多、定量分析少，理论分析多、数据分析少，研究方法和手段较为简单，缺乏深度等诸多问题。国内有关旅游企业员工满意度的研究及旅游地居民满意度问题的研究还处于初期阶段，与国外相比仍有很大差距，有待进一步扩展和深入；并且关注游客满意度的成果较多，而关注旅游目的地居民，尤其是我国西部少数民族地区旅游开发地居民满意度影响及驱动机制的研究则严重不足，但是，对后者的研究正逐步成为国内民族问题及民族地区旅游研究颇受瞩目的热点。

总之，该领域的研究还处于探索阶段，理论研究与政策研究尚存较多薄弱环节。因此，如何实现旅游开发与少数民族地区民生改善、自然生态环境多样性保护及少数民族传统文化传承与保护的有机结合，如何通过满意度测评及实证研究剖析在满意度驱动机制及旅游开发中存在的深层次问

---

① 汪侠、吴小根等：《贫困地区旅游开发居民满意度：差异及其成因——以桂林市的 5 个贫困村落为例》，《旅游科学》2011 年第 3 期。

② 李倩：《自然灾害对旅游地社区满意度影响探究——以四川省九寨沟景区为例》，《江西农业学报》2012 年第 3 期。

题，提出有针对性和可操作性的政策建议，以实现对旅游开发动态调控和政策调整，是亟待研究、亟待解决的问题。

第三节　研究内容和框架结构

一　研究内容

本书主要包括九章内容：

第一章：绪论。介绍本书的研究背景、研究意义、国内外研究述评、研究思路与方法、主要观点和创新之处。

第二章：研究的相关理论基础。对旅游开发地居民、旅游开发地居民满意度进行了概念界定，并梳理了与研究相关的理论，即顾客满意度理论、社会满意度理论、社区参与旅游发展理论、社区交换理论、利益相关者理论、期望欲望理论以及公平理论。对相关理论的梳理为进一步的研究奠定了基础。

第三章：西部少数民族地区旅游开发现状及旅游开发地居民满意度调查。在述评国内外旅游满意度的研究进展，以及厘清和界定旅游开发居民满意度内涵的基础上，对西部少数民族地区旅游开发现状及旅游开发地居民满意度进行了调查与分析，调查与分析内容包括西部少数民族地区旅游开发的现状及存在的问题，以及典型旅游开发地旅游发展现状与制约因素，从而为构建测度模型和居民满意度影响因素研究奠定了基础。

第四章：西部少数民族地区旅游开发地居民满意度的测度。选取了居民期望、少数民族居民社区归属感、居民正面旅游影响感知、居民负面旅游影响感知、旅游利益分配等影响居民满意度的关键变量，构建了西部少数民族旅游开发居民满意度测度指标体系，并运用层次分析法和变异系数法对西部少数民族旅游开发地居民满意度进行了实证分析。

第五章：西部少数民族地区旅游开发地居民满意度典型案例实证分析。在西部少数民族旅游开发背景、现状及居民满意度调查和满意度测度模型基础上，选取贵州、云南、广西、四川、重庆、内蒙古等省、市、自治区的少数民族旅游地区的典型案例，通过对居民满意度指数的科学测评和对比分析得出了少数民族地区旅游开发的居民满意度结论。

第六章：西部少数民族地区旅游开发地居民满意度的影响因素与驱动

机制分析。在理论和实证研究基础上，结合新一轮西部大开发战略的新要求和民族地区实际情况，对少数民族地区居民满意度的影响因素进行了实证分析。少数民族地区旅游开发地居民的综合满意度涵盖和体现为经济影响感知、社会影响感知、环境影响感知、政策影响感知，受到了经济、社会、环境和政策的影响，还受到了民族、年龄、受教育程度、职业、收入等人口统计学微观层面因素的影响。基于影响因素，进一步研究了西部少数民族地区旅游开发地居民满意度的驱动机制，为西部少数民族旅游开发政策制定提供了理论依据。

第七章：西南少数民族地区旅游开发地的利益协调与分享机制。合理的利益分享机制不仅能促进景区正常有序的运转，保证运营的稳定性和良好的服务质量，还能调动利益相关者参与景区管理的积极性，激发其工作热情，不断提高西部少数民族地区旅游开发地的旅游综合效益和各主体的经济效益。主要包括基于利益协调机制的产权协调机制、社区委员会顾问机制、社区旅游大学制度等；基于利益分享的旅游开发的相关法律管理机制、利益协调约束和目标信息反馈机制、民族文化的产权管理机制、多元化的利益补偿机制、居民参与旅游的经济管理机制、增收创益的股份合作制、政府财政扶持机制。

第八章：西部少数民族地区旅游开发地居民满意度提升对策研究。以西部少数民族旅游开发与民生改善、生态保护、文化传承与保护的相互关系为研究重点，从影响居民满意度的内在和外在影响因素出发，就加强对西部少数民族旅游开发动态调控，实现西部少数民族地区旅游可持续发展，进一步明确了西部少数民族地区旅游开发地居民满意度的提升对策，所提对策包括完善制度建设、促进旅游产品开发、增强社区居民文化素质、保护生态环境和传统文化、提高居民经济收益和社会福利等，为决策者和管理者提供了决策参考。

第九章：基于重庆和云南旅游开发地居民满意度提升的实例再分析。在前文研究的基础上，再以重庆和云南为例，对开发地居民满意度及其影响因素以问卷形式进行了调查，利用灰色关联分析法分析了各景区居民总体满意度，并利用因子分析法研究了各因素对居民满意度的影响程度，提出了针对重庆和云南旅游开发地居民满意度提升的具体政策建议。

第十章：结论与展望。这一部分的内容主要包括两个方面，一方面是对全书的研究做总结；另一方面则是根据研究结论在现有研究基础上提出进一步研究的展望。

二　框架结构

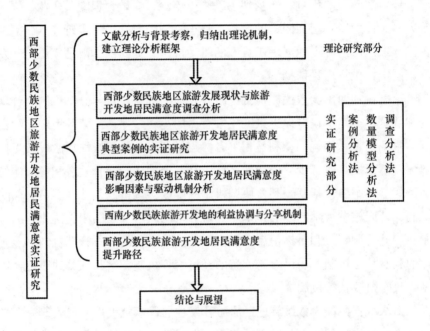

第四节　研究思路与方法

一　研究思路

本课题拟沿着规范研究—实证研究—对策研究的路径展开。主要思路为：借鉴旅游影响理论、顾客满意度理论、社区参与旅游发展理论、社区交换理论、期望欲望理论和公平理论，对西部少数民族地区旅游开发地居民满意度展开分析。通过对西部少数民族地区旅游开发地的经济社会发展现状进行分析，运用层次分析方法构建西部少数民族地区旅游开发地居民满意度模型，并运用灰色关联理论等方法对比分析贵州、云南、广西、四川、重庆、内蒙古等省、市、自治区的少数民族地区旅游开发地居民满意度，分析影响西部少数民族旅游开发地居民满意度的因素，最后提出促进西部少数民族地区旅游开发地可持续发展的政策建议，为西部少数民族地区统筹兼顾旅游业可持续发展与旅游目的地民生改善提供理论依据和决策参考。

二 研究方法

本课题综合运用旅游管理学、民族学、经济学等多学科知识与研究方法，具体采用：

（1）文献分析法

对国内外相关理论研究与实践操作进行文献检索，运用比较研究总结和梳理旅游开发地居民满意度理论与实践方面的研究。

（2）实地调研与案例分析法

实地考察、调研西部少数民族地区旅游开发地居民满意度的具体情况，采集数据，掌握西部少数民族地区旅游开发的居民满意度现状、问题与可能性解决方案；特别是对典型案例地区进行跟踪分析，了解西部少数民族地区旅游开发地居民满意度在该地区的最新进展情况。

（3）数量与统计分析法

通过选取较多的地区、较多的时点，利用统计分析方法对相关统计数据进行分析，综合运用层次分析方法、灰色关联分析方法构建西部少数民族地区旅游开发地居民满意度模型，进行满意度评测。

（4）比较分析法

比较不同国家与地区旅游开发地居民满意度研究现状与变动趋势，确定西部少数民族居民满意度影响因素，通过实证分析得出促进西部少数民族地区旅游可持续发展的对策与建议。

第五节 主要观点和创新

一 主要观点

首先，由于西部少数民族地区较为封闭，又多处于"老、少、边、贫"地区，尽管旅游资源十分丰富，在大量旅游者涌入而带来的人流、物流、信息流冲击下，少数民族原住民容易产生心理、社会文化与经济利益的失衡感，对发展旅游业抱有消极情绪，由此会阻碍旅游的发展，甚至影响民族团结、社会稳定。

其次，西部少数民族地区基础设施较为落后、人才短缺现象突出，发展旅游业是当地少数民族居民摆脱贫困和转变经济发展方式的重要举措。同时，西部少数民族地区居民对于旅游业的期望值、积极性、参与性、依存度较高，少数民族居民的生活质量与旅游业的发展息息相关，其满意度的高低对于地方旅游业能否实现可持续发展关系重大。

最后，在旅游开发过程中，少数民族居民是旅游发展的关键利益主体，必须参与其中。忽视少数民族居民满意度的旅游开发是难以实现西部少数民族地区旅游可持续发展的，甚至有可能使当地少数民族居民陷人民族文化消失、更加贫困的境地，由此引发一系列少数民族社会稳定和政治稳定问题。

二　特色与创新之处

一是在研究视角创新从西部少数民族地区旅游开发地视角研究了当地居民的满意度——经济影响感知、社会影响感知、环境影响感知和政策影响感知，创新了满意度研究在旅游经济中的运用，弥补了在新形势下满意度对应主体研究的不足。

二是研究方法创新。运用层次分析法测度了西部少数民族地区旅游开发地居民满意度，为西部少数民族典型地区旅游开发居民满意度指数测评及其调控提供了科学依据；采用灰色关联模型、交叉列连表等数量方法实证分析了西部少数民族地区旅游开发地居民满意度的影响因素，为研究结论的得出创造了条件。

三是研究内容创新。系统研究了西部少数民族地区及其旅游开发地旅游发展现状，调查分析了典型旅游开发地的居民参与旅游的情况，构建了西部少数民族地区旅游开发地居民满意度的指标体系，基于典型地区实证分析了当地的居民满意度以及影响因素，构建了居民满意度的驱动机制和利益分享机制，为西部少数民族地区旅游开发地居民满意度的提升提供了理论依据和实证支持。

第 二 章

研究的相关理论基础

第一节　相关概念界定

一　旅游开发地居民

一般意义上，居民即居住于特定时间和空间范围内，生活在一定社会生产方式下，具有一定数量和质量，并表现为一定结构的有生命的个人所组成的不断运动的社会群体。旅游开发地居民的含义只不过在地域上有了更为明确的空间上的限制，即指由居住在某一旅游开发地内全部个体所组成的具有一定纽带联结关系的社会群体。相对于一般人口，旅游开发地居民由于其生活空间的特定性，因而体现出自身的特点：①具有较强的地域性，除行政区划更具体、确定，一般生活在城市常住1年以上；②具有规模的有限性，虽然社区自身大小不同，但社区居民数量是有限的；③具有一定的同质性，由于生活在特定的区域，面对共同的社会经济环境，而且个体之间具有一定的关联，旅游开发地居民的某些特征往往具有一定的同质性；④具有居民活动的关联性，旅游开发地内的管理机构、群众团体、服务系统、邻里家庭等各种组织形成彼此关联的活动网络，旅游开发地居民依赖这些组织并在组织内活动，故形成彼此之间的关联性；⑤具有共同的文化和心理特征，旅游开发地经济、文化、服务等发展水平决定着旅游开发地成员的心态和思维方式，表现出某种共同的心理特征。

根据旅游开发地居民的概念和特点可见，旅游开发地是供给方，居民是需求方。没有旅游开发地就没有居民；反之没有居民，旅游开发地也就难以存在。旅游开发地与居民密切相关，双方构成一个有机统一体。[①] 两者的关系主要体现在两个方面。第一，旅游开发地与居民相互依存、相互制约。旅游开发地是服务的供给者，居民是接受服务或参与服务的需求者。没有旅游开发地的供给，居民的需求就无法得到实现，因而会对旅游开发地进行抱怨甚至离开旅游开发地；没有居民的需求，旅游开发地就彻底沦为政府的工具，丧失了旅游开发地存在的本义。同时，居民需求的满足，以及生活的质量、幸福感等，都受到旅游开发地提供的环境、设施以及服务质量和水平的制约，高水平的供给会使居民满意、生活愉悦，提高居民生活质量，因而居民对旅游开发地的归属感强。反过来看，居民需求及需求程度，决定着旅游开发地的生存和发展，所以说，用系统论的观点看，两者是相互依存、共生的关系。第二，居民与旅游开发地是相对的，在某种情况下可以转化。也就是说，在相同的时空环境中，随着时间、空间的变化，原来旅游开发地的人员会变为居民，居民也可能成为旅游开发地成员。这种相对性意味着旅游开发地是属于居民的，而居民需要管理和经营自己的家园——旅游开发地。

二　旅游开发地居民满意度

按照传统心理学理论，满意度的核心要素强调关系、付出与回报、期望和公正知觉。将其应用到经济学领域，形成了著名的顾客满意度理论，即满意强调要求或期望与结果的关系。20 世纪 60—90 年代，国外学者将满意度理论应用到了社会学范畴，其中"社区居民满意度"是研究较多的领域。从我国的研究看，心理学者集中于微观层次的生活满意度，如顾客满意度、社区居民满意度，其中涉及旅游开发地居民满意度的研究很少，国内仅陈晓艳对农业旅游目的地居民满意度进行了研究，[②] 以及周运瑜、尹华光等对旅游地社区居民满意度理论模型构建及

---

① 赵东霞：《城市社区居民满意度模型与评价指标体系研究》，博士学位论文，大连理工大学，2010 年。

② 陈晓艳：《农业旅游目的地居民满意度及其影响研究——以南京江心洲为例》，硕士学位论文，南京师范大学，2008 年。

其应用进行了研究。① 但是，仅就这一重要的社会心理指标而言，理论的思考和独立的研究都有待继续深入。尤其是旅游开发地的建设，作为一种经济社会运动正在我国旅游地蓬勃发展，得到了政府和当地居民双方的全力推动，所以对旅游开发地居民满意度的研究正当其时。

满意度作为一个心理学的概念，反映的是一个人对某一事物总的感受和看法。基于心理学理论、顾客满意度概念以及国外学者对旅游开发地居民满意度的研究成果，本研究将旅游开发地居民满意度定义为旅游地居民将其对本地旅游开发的期望与实际感受相比较所产生的愉悦或者失望的心理状态。② 如果将体验与期望相比较而产生满足感，那么居民便感到满意；如果这种比较使居民产生不愉快的感觉，那么居民就感到不满意。旅游开发地居民满意度是旅游开发地的居民对当地开展旅游的感知状况，反映了他们对当地开展旅游是否满意。③

第二节　旅游开发地居民满意度的相关理论

一　顾客满意理论

顾客满意理论首先由美国的消费心理学家提出，其后迅速在发达国家得到了广泛应用。顾客满意与否，取决于顾客接受产品或服务的感知同顾客在接受之前的期望相比较后的体验。顾客满意度的核心思想强调企业的生存之本不是产品或服务，而是顾客，只有顾客满意才可以提高顾客对企业提供的产品或服务的忠诚度，进而转化为实际的重复购买行为或推荐购买行为，最终体现为企业的利润增加。顾客满意包括对商品满意、服务满意和社会满意三个层次：①商品满意，是指商品带给顾客的满足状态，包括对商品质量、功能、价格、设计、包装、时间等方面的满意；②服务满意，是指服务带给顾客的满足状态；③社会满意，是指顾客在商品和服务

　　① 周运瑜、尹华光、曾丽云：《旅游地社区居民满意度理论模型构建及其应用》，《中国旅游科学年会论文集》，2014 年。

　　② 汪侠等：《贫困地区旅游开发居民满意度：差异及其成因——以桂林市的 5 个贫困村落为例》，《旅游科学》2011 年第 3 期。

　　③ 陈晓艳：《农业旅游目的地居民满意度及其影响研究——以南京江心洲为例》，硕士学位论文，南京师范大学，2008 年。

的消费过程中体验到社会利益的保护，即经济组织的各项经营活动要有利于促进社会进步、维护社会稳定、保护生态环境，由此会带给顾客一定的满足程度。①

常见的顾客满意度模型主要有瑞典顾客满意指数（SCSB）模型、美国顾客满意指数（ACSI）模型、欧洲顾客满意指数（ECSI）模型和中国顾客满意指数（CCSI）模型。

1. 瑞典顾客满意指数模型

瑞典是世界上第一个在全国范围内进行顾客满意度调查的国家，瑞典顾客满意指数模型（见图 2-1）共有 5 个结构变量，分别是感知价值（Perceived Performance）、预期质量（Expected Quality）、顾客满意度（Customer Satisfaction）、顾客抱怨（Customer Complaint）和顾客忠诚（Customer Loyalty），其中感知价值和预期质量是用户满意度的两个原因变量，并与用户满意度呈正相关关系；感知价值与预期质量呈正相关关系，用户满意度与用户抱怨呈负相关关系，与用户忠诚呈正相关关系；用户抱怨与用户忠诚之间可以是正相关、也可以是负相关的关系，这取决于组织的顾客抱怨处理系统。

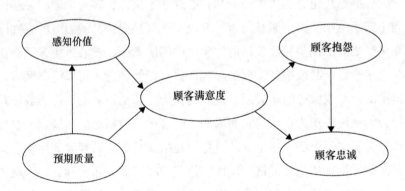

图 2-1 瑞典顾客满意指数模型

---

① 潘丽琴：《民族村寨旅游开发中居民满意度评价指标体系研究》，硕士学位论文，桂林理工大学，2009 年。

2. 美国顾客满意指数模型

美国顾客满意指数模型（见图 2 - 2）与瑞典模型相比，不同之处在于增加了感知质量这个结构变量。这种模型认为顾客满意有三个前提，即预期质量、感知质量和感知价值，而顾客满意度又与顾客忠诚、顾客抱怨相联系。前三个方面都对顾客满意度产生了影响，而顾客忠诚度则受顾客满意度的影响。

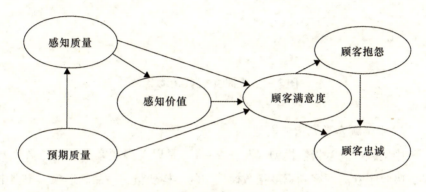

图 2 - 2　美国顾客满意指数模型

3. 欧洲顾客满意指数模型

欧洲顾客满意指数模型（见图 2 - 3）借鉴了美国顾客满意指数测量模型。同美国模型相比，欧洲模型中增加了形象这个结构变量，去掉了顾客抱怨，将感知质量分成两个部分：感知质量 1 和感知质量 2。感知质量 1 为感知硬件质量，感知质量 2 为感知软件质量。对于有形产品来说，感知硬件质量为产品本身质量，感知软件质量为服务质量；对于服务产品来说，感知硬件质量为服务属性质量，感知软件质量代表在服务过程中同顾客交互作用的一些因素，如服务提供人员的行为、语言、态度、服务环境等因素。欧洲顾客满意度模型没有把抱怨行为视为不满意的结果，认为应当把顾客抱怨以及企业对抱怨的处理作为服务的一个环节，它们是影响顾客满意度的因素，而不是结果。

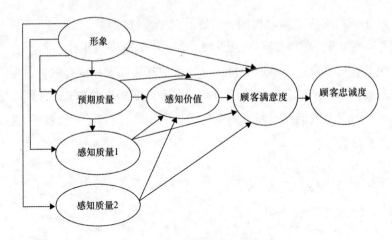

图 2-3　欧洲顾客满意指数模型

4. 中国顾客满意指数模型

中国顾客满意指数模型（见图 2-4）是以美国顾客满意度指数为基础，吸收了欧洲顾客满意度指数模型中的结构变量——品牌形象，根据中国国情对模型结构和测评指标体系进行必要改造后而建立起来的具有我国特色的质量测评方法。目前，我国的研究大多是对于具体行业或企业产品与服务的满意度测定，对不同行业产品与服务在中国的可比较性还没有探讨。且各行业、企业测量顾客满意度的方法有较大差异，没有统一的机构组织相关的实证研究，尚未形成中国顾客满意度指数的体系，与国际上的顾客满意度指数体系还存在较大差距。

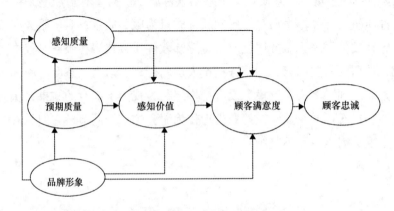

图 2-4　中国顾客满意指数模型

从以上四种顾客满意指数模型①可以看出，它们的差异在于：瑞典模型是最早使用的模型，美国、欧洲和中国的模型是在它的基础上发展起来的，美国模型增加了感知质量这个结构变量，欧洲模型中增加了形象和感知质量这两个结构变量，同时还区别了有形产品和服务产品，认为顾客抱怨并不是顾客满意的结果，中国模型中强调了品牌形象对感知价值的影响。同样可以看出，四种模型的基本理念是一致的，共同点很明显，即都包含了预期质量、感知价值、顾客满意度和顾客忠诚这四个方面内容，顾客的预期质量和感知价值是顾客满意度的原因变量，与顾客满意度呈正相关关系，从而直接影响到顾客忠诚。本研究可以借用上述顾客满意模型的理念，将居民视为旅游开发地区的"内部顾客"，模型对本研究中居民满意度评价指标体系构建的借鉴之处在于，居民满意度由居民将预期质量和实际感知价值相比较而产生，居民满意度会进一步影响到居民忠诚度，居民满意度与忠诚度呈正相关关系，居民满意度高，则他们会积极支持旅游开发，从而保持对旅游开发地忠诚。②

二　社会满意度理论

从 20 世纪 60 年代开始，社会满意度作为衡量社会发展的一个重要指标，就已经引起某些社会学者、心理学者和管理学者的重视，与此相关的实证研究也逐渐增多。国内学者陈志霞认为社会满意度是一个内涵丰富并且具有多重层次含义的概念，包括三个基本层次：①宏观层次，即社会成员对整个社会生活较大范围内的社会满意度，主要涉及对社会的政治、经济、文化生活和社会风尚等方面的满意度；②中观层次，即居民的城市和社区居民满意度，具体涉及对城市和社区的生活环境、人际关系、社会地位、社会治安、交通状况、社区和城市形象、基层管理等方面的满意度；③微观层次，即社会成员的个人生活满意度，如婚姻满意度、家庭满意度、工作满意度等。③ 国外学者研究较多的则是第二个层次。

---

① 裴飞汤、万金成、奎桐：《顾客满意度研究与应用综述》，《企业管理》2006 年第 10 期。

② 潘丽琴：《民族村寨旅游开发中居民满意度评价指标体系研究》，硕士学位论文，桂林理工大学，2009 年。

③ 陈志霞：《社会满意度的概念层次与结构》，《华中科技大学学报》（社会科学版）2004年第 2 期，第 88 页。

社会满意度的两项基本的结构因素是自身需求的满意度与环境需求的满意度。在马斯洛的需要层次理论中，自身需求根据生存需要、适应性需要与发展性需要按照潜力相对原理由低到高排列；环境需求则由物理环境需求、经济环境需求与社会环境需求构成，它们是人们的直接需求得以实现的前提条件，其强度因此与人们的直接需求相联系。在需求得不到满足的情况下，自身需求所处的层次越低，所激起的不满意程度越高；而在需求得以满足的情况下，自身需求所处的层次越高，所产生的满意度也越高。因此，应当对人们生存需要的满足给予高度的关注，并积极创造条件推动人们的需求向高层次发展。①

总之，居民是社区的主体，社区提供的一切服务和设施都是为了满足居民的需求和愿望，居民只有满意才能对社区产生忠诚，最终体现出社区存在的价值。从研究对象、内容和范围来看，社会满意度与旅游开发地居民满意度更相近，区别于顾客满意度属于私域部门范畴的研究，它们同属于公域部门，都是对公共产品或服务的心理感受。因此，社会满意度的研究成果也应当作为旅游开发地居民满意度研究的理论基础。

三 社区参与旅游发展理论

社区旅游的主要内涵是从社区的角度考虑旅游目的地建设，以社区的互动理论指导旅游区的总体规划和布局，通过优化旅游社区的结构提高旅游流的效率，谋求旅游业及旅游目的地经济效益、环境效益和社会效益的协调统一和最优化。社区参与旅游发展是指在旅游发展的决策、开发、规划、管理、监督等过程中，充分考虑社区的意见和需要，并将其作为主要的开发主体和参与主体，以便在保证旅游可持续发展的前提下实现社区的全面发展。②

之所以将社区参与旅游发展作为旅游可持续发展的一个重要内容和评判依据，主要是因为旅游发展改变了目的地的区域结构，当地社区作为直接利益相关者会深刻地影响可持续旅游的实现，成为决定旅游产业化速度

---

① 赵东霞：《城市社区居民满意度模型与评价指标体系研究》，博士学位论文，大连理工大学，2010 年。

② 李炳宽：《试分析社区参与旅游发展的类型和层次》，《林业经济问题》2008 年第 4 期。

与质量的重要力量。社区参与旅游发展是旅游目的地区域实现可持续发展的重要路径，近年来已成为国内外学界研究的热点。国外学者主要从社区参与旅游发展的本质和内涵、与可持续发展的关系、不同类型社区参与的比较以及治理结构等领域展开研究，而国内学者则主要关注社区参与旅游发展的概念释义、实践意义、经营模式及其存在问题以及多角度理论透析等方面的命题。①

社区参与理论认为旅游目的地社区是旅游开发的主体而非客体，而社区居民扮演的角色是当局者和主人翁，提倡应该将社区居民作为目的地旅游开发和发展的主体纳入旅游规划、开发等重大事项的决策执行体系中。

社区参与旅游发展是一种与传统方法相区别的决策过程，社区参与的实质是社区居民试图影响有关的旅游决策过程，使相关政府决策考虑居民利益，并使这一决策结果对当地社区有利。随着旅游的发展，社区参与旅游的机会日渐增多，社区参与旅游的方式也日趋多样化，社区私人和集体旅游企业逐渐发展起来，旅游管理委员会、管理办公室成立并发挥作用，而这一切是否真能促进社区的发展尚未可知，也不确定其对社区带来的影响究竟是积极的还是消极的，所以有必要对此进行分析。龙梅、张扬对民族村寨社区参与旅游发展的扶贫效应进行了研究，认为社区参与旅游发展对于民族村寨的扶贫工作具有一定的积极效应。② 任啸在《社区参与的理论与模式探讨》中详细阐述了九寨沟的案例。九寨沟充分利用"参与性"概念，强调参与的过程性、目的性和真实性，从政府、管理者到当地居民形成了一个公平的利益分配机制，打破了传统的股份制产权设置的管理，使社区利益得到最大化，推动了当地旅游的可持续发展。③ 李鹏、杨桂华从雨崩藏族村典型案例入手，通过公平与效率视角对中西方关于社区参与旅游发展中认知和安排差异及其原因进行了分析。④ 他们认为，社区主角

① 孙凤芝、许峰：《社区参与旅游发展研究评述与展望》，《中国人口·资源与环境》2013年第7期。

② 龙梅、张扬：《民族村寨社区参与旅游发展的扶贫效应研究》，《农业经济》2014年第5期。

③ 任啸：《社区参与的理论与模式探讨——以九寨沟自然保护区为例》，《财经科学》2006年第6期。

④ 李鹏、杨桂华：《社区参与旅游发展中公平与效率问题研究——以云南梅里雪山雨崩藏族村为例》，《林业经济》2010年第8期。

模式主导了社区旅游发展模式，在这种模式下参与机会和收入分配具有较高的公平性，却存在旅游经济发展效率低下的缺陷。国内其他旅游社区所发展的社区配角模式虽难以主导旅游业发展模式，却使当地旅游业获得了极大发展。参与过程本身会出现各种问题，但随着旅游开发的深入和社区居民自身素质的提高，在与参与旅游开发的其他主体博弈的过程中，社区的利益最终将得到尊重和维护。陈永昶认为，把社区旅游参与者的利益与资源的明智使用协调起来，是社区旅游稳健发展的前提。[①] 对于规划人员来说，不仅观念上要认识社区参与的价值，还要在实际规划操作中把社区方法作为规划的基本方法，在开发主题、项目设计等方面切实征求社区居民意见，做好制度设计和组织安排，从而使社区在发展旅游的同时能实现自身建设和持续发展，这样才有利于改善当地社区居民的生产、生活条件，增进其自我发展能力。[②]

四　社区交换理论

社会交换理论（Social Exchange Theory）产生于 20 世纪 50 年代末期的美国，是当代西方社会学理论流派之一，主要代表人物有美国社会学家霍曼斯、布劳和埃默森等人。社会交换理论主要指出人们在人际关系中所付出的成本及获得的酬赏是决定人际关系发展的重要条件。人们在发展与他人关系时，选择能给自己最大酬赏的人，为了获得酬赏还必须付出一定的成本。根据社会交换理论，交换行为属于行动者之间的社会互动，互动中每一行动者都处于一定的社会地位，扮演一定的社会角色。角色关系多种多样，依照其性质可归纳为四类：亲密性、疏冷性、互利性、对抗性。与此相适应，交换行为有四种类型：第一，利他型行动者，双方皆以满足对方的利益为目的；第二，利己型行动者，双方只考虑自己的利益，不考虑对方的利益；第三，合作型行动者，双方在考虑自己利益的同时还必须考虑对方的利益，并且认为自己利益的实现应以对方利益实现为前提；第四，冲突型行动者，双方皆以损害对方的利益为实现己方利益的前提，视

---

① 陈永昶：《社区旅游发展中的问题及对策》，《桂林旅游高等专科学校学报》2006 年第 17 卷第 3 期。

② 李炳宽：《试分析社区参与旅游发展的类型和层次》，《林业经济问题》2008 年第 4 期。

彻底危害对方为目的。

20 世纪 80 年代末，社会交换理论被应用到旅游研究中，认为人与社会之间的关系都是相互作用、相互回报的，人们都想利益最大、支出最小。艾普（Ap）提出了社会交换过程模型，解释了居民开始参与旅游交换、延续旅游交换以及退出交换的过程。① 社会交换理论被认为是解释居民对发展旅游的态度最合适的理论体系，它能解释居民为什么对旅游有积极的或消极的感知。② 个人对交换的评价与交换的收益和成本有关。如果居民获得的利益大于其付出的成本，那么居民对旅游就会持支持的态度；如果居民的获益小于其付出的成本，那么居民会持相反的态度。在旅游方面，居民感知到个人从旅游中的受益大于个人付出的成本，则会支持旅游的发展。从旅游的角度来说，社会交换理论假定个体对旅游业的态度和随后对旅游业发展的支持程度与个体对社区可能出现的后果的评价有关系。交换引致旅游在社区的发展，居民必须开发和发展旅游，且要满足旅游者的需求。一部分社区居民可能得到旅游带来的利益，而另一部分有可能受到负面的影响。社会交换理论认为人们用交换中发生的成本和利益作为评价交换的基础。从交换中感知到利益的个体大多对交换持肯定的态度，对旅游的发展表现出支持的态度；相反，在交换中感知到成本的个体则对发展旅游持否定态度，反对发展旅游。居民通过建立交换关系、实践交换过程、评价交换结果，形成了对交换的态度：或支持或反对旅游发展。此外，影响居民对交换和旅游态度的因素有经济因素、社会因素、环境因素、心理因素，起决定作用的是本体的价值观。③ 这些因素应该得到综合的考虑。居民对交换和旅游的态度反过来对他参与旅游发展的可能性产生影响：持肯定态度的居民参与可能性较大，并且参与的程度较深、层次较高；持否定态度的居民参与的可能性较小，甚至为零。

社会交换理论建立在理性、利益、公平等基础上。理性表明，旅游地居民是以追求报酬为基础的理性的人。因此，如旅游地把维持或提高居民

① J. Ap, Residents, Perceptions on Tourism Impacts [J]. *Annals of Tourism Research*, 1992, 19: 665—690.

② 卢彦红：《民族村寨旅游开发社区居民满意战略研究——以皇都侗文化村为例》，硕士学位论文，桂林理工大学，2010 年。

③ 张文：《旅游影响——理论与实践》，社会科学文献出版社 2007 年版。

的社会与经济财富作为目标，那么通常会得到他们的积极支持。满足利益表明，居民可能意识到旅游的消极影响，但当感知积极影响超过其所付出的成本时，居民总体上会接纳旅游开发。双赢表明，如果居民与旅游组织者的资源交换和心理感知是平等的，居民一般愿意承受基础设施费用、与游客共享设施、等候等负面的影响，对这些采取容忍的态度。①

五　利益相关者理论

"利益相关者"（Stakeholder）一词最早是1963年由斯坦福研究所的一些学者提出的，他们对利益相关者的定义是"对企业来说存在这样一些利益群体，如果没有他们的支持，企业就无法生存"。② 弗里曼（Freeman）给"利益相关者"下的定义为人们广泛接受："利益相关者是指那些能影响企业目标的实现或被企业目标的实现所影响的个人或群体。"③利益相关者理论强调对企业的剩余索取权和剩余控制权进行重新分配。

随着利益相关者理论的发展，它也被用到旅游研究中来。20世纪80年代中后期，在一些旅游文献中开始出现"利益相关者"这一词，1987年马什（Marsh）和亨歇尔（Henshall）就旅游者——居民的期望及相互影响在旅游发展规划中的战略价值进行了探讨，之后海伍德（Haywood）、基奥（Keogh）和尼尔·利珀（Neil Leiper）讨论了旅游规划中社区参与问题并对目的地进行了旅游流分析。90年代中后期，这一理论开始引起旅游学者的深入研究和思考。1999年，"利益相关者"这一概念出现在世界旅游组织制定的《全球旅游伦理规范》这一旅游官方文献中。

如图2-5所示，罗布森（Robson）④ 从旅游经营商角度分析出旅游经营商利益相关者包括：旅行者、社区居民、当地政府、外来投资商、企业雇工、非政府组织、酒店、旅游代理人、旅游交通服务商、媒体等。惠

---

① 陈晓艳：《农业旅游目的地居民满意度及其影响研究——以南京江心洲为例》，硕士学位论文，南京师范大学，2008年。

② 参见杨修发、许刚《利益相关者理论及其治理机制》，《湖南商学院学报》2004年第5期。

③ R. E. Freeman, *Strategic Management: A Stakeholder Approach* [M]. Boston: Pitman, 1984.

④ J. Robson, From Shareholders to Stakeholders: Critical Issues for Tourism Marketers [J]. *Tourism Management*, 1996 (7): 533—540.

勒（Wheeler）基于第三方管理者的视野对利益相关者进行了分级：一级旅游利益者相关者为当地政府、市议会部门主管、议员投资商、旅游专业机构；次级利益相关者包括中央政府、国家旅游局、当地企业和环境。

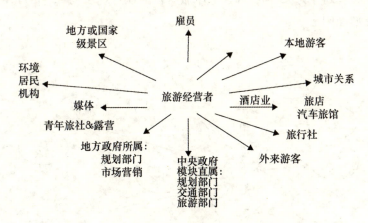

图 2 - 5　罗布森基于旅游经营商的利益相关者

赖安（Ryan）[①] 在罗布森等人的基础之上对旅游经营商利益相关者模型进行了丰富与优化，提出了基于旅游经营者的潜在利益相关者（见图 2 - 6），明确了不同利益相关者对核心利益主体的影响度，将实证方法引入旅游利益相关者的研究之中。

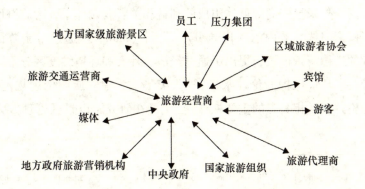

图 2 - 6　赖安基于旅游经营商的利益相关者

① C. Ryan, Equity, Management, Power Sharing and Sustainability – Issues of the " New Tourism" [J] . *Tourism Management*, 2002（1）: 17—26.

　　希恩（Sheehan）、里奇（Ritchie）认为多数对利益相关者的界定文献，只是指出了利益相关者界定理论，但对不同利益相关者的影响力大小，并没有提供科学、客观的依据。① 因此，延续赖安的实证方法，他将利益相关者划分为 13 种，并建立了旅游目的地管理机构（DMO）的相关影响模型（图 2-7）。

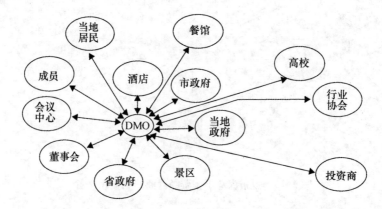

图 2-7　旅游目的地利益相关者界定与影响显著性实证

　　此后，国外的一些学者尝试从伦理学的角度，运用企业伦理管理旅游运行中的利益相关者问题。以 1999 年世界旅游组织制定《全球旅游伦理规范》为里程碑，认为需要建立由游客、景区所在地政府、旅行社、旅游经营商、外来投资商等群体组成的利益相关者规制体系，为旅游伦理学提供了探索路线。芬内尔（Fennell）、莫利（Malloy）通过对旅游目的地经营者的道德情景模拟，提出了通过经济、社会和环境维度区分不同利益相关者关于环境保护的伦理水平。② 张芙华认为建立旅游伦理规范体系，是管理旅游利益相关者的重要杠杆。③ 黄昆在研究了以景区管理方为核心

　　① L. R. Sheehan, J. R. B. Ritchie, Destination Stakeholders Exploring Identity and Salience [J]. *Annals of Tourism Research*, 2005 (3): 711—734.

　　② D. C. Malloy, D. A. Fennell, Codes of Ethics and Tourism: An Exploratory Content Analysis [J]. *Tourism Management*, 1998 (5): 453—461.

　　③ 张芙华：《旅游活动中的伦理支撑点——正确处理旅游利益与旅游道德的关系》，《广西社会科学》2009 年第 1 期。

利益相关者的景区环境管理模型后，提出了景区管理者的伦理感建设。①

在西方早期旅游规划的利益相关者研究中，普遍强调规划者应在规划中重视利益相关者对规划实施有效性的影响，应充分重视利益相关者的诉求，因为它关系到旅游规划的效果。例如墨菲（Murphy）《旅游：一种社区规划方法》一书中提出，应在规划时充分考虑利益相关者利益，以保证经济、社会、文化等方面的平衡。② 贾马尔（Jamal）认为有关旅游利益相关者的规划要能够让利益相关者实际感知并付诸实现，为此将协作理论运用于社区旅游规划中，要求社区旅游规划做到规划实施过程中让具体的景区利益相关者实际参与和协作。③ 在贾马尔等协作理念的指导下，20世纪后西方研究者开始关注在规划时即展开与利益相关者的谈判与协作。例如林德伯格（Lindermberg）对巴西卡斯塔旅游区的实证研究发现，虽然主要利益相关者均涉及前期旅游规划，但由于受自身参与能力的影响，参与者仍限制在各政府 NGOs、投资企业，当地居民参与不足，需要建立更为有效的参与机制予以破局。④ 这更是验证了利益相关者参与旅游规划的重要性。

在国内研究中，保继刚钟新民在桂林市旅游发展总体规划中讨论了旅游地的游客、政府、商业部门、本地居民、景点开发商等利益相关者，对他们的利益表现、决策过程与行为、相互制约和相互影响关系进行了初步分析，并结合系统动力学分析了主要利益群体在桂林市旅游业中的促进作用和限制作用，剖析了桂林市旅游业发展的内部结构和深层制约机制。⑤ 陈岩峰以利益相关者为主线，以旅游景区可持续发展的全生命周期为研究

---

① 黄昆：《利益相关者共同参与的景区环境管理模式研究》，《湖北社会科学》2003 年第 9 期。

② P. E. Murphy, *Tourism: A Community Approach* [M]. London: Metheuen, 1985.

③ 张伟、吴必虎：《利益主体（stakeholders）理论在区域旅游规划中的应用——以四川省乐山市为例》，《旅游学刊》2002 年第 4 期。

④ L. M. De Araujo, B. Bramwell, Partnership and Regional Tourism in Brazil [J]. *Annals of Tourism Research*, 2002 (4): 1138—1164.

⑤ 保继刚、钟新民：《桂林市旅游发展总体规划（2001—2020）》，中国旅游出版社 2002 年版。

脉络，对旅游景区可持续发展问题进行了研究。[①] 黄昆对利益相关者共同参与的景区环境管理模式进行了研究，他认为旅游景区的可持续发展有赖于实行利益相关者共同参与的景区战略性环境管理模式，要建立景区环境管理与利益相关者良好的双向互动机制，以协调旅游利益相关者的利益。[②] 王兆峰、腾飞在研究西部民族地区社区旅游利益相关者之间的冲突时，提出了以利益均衡机制和文化整合机制为一体的旅游利益相关者冲突协调机制模型。[③] 张伟、吴必虎通过对乐山市旅游规划的研究使用利益主体理论来构建框架体系，得出了旅游利益主体主要涉及景区管理、政策法规、旅游培训、旅游产品、环境保护五个方面的论据。[④] 李正欢、郑向敏从理论应用层面划分了利益相关者管理理论与管理方法研究、规划与景区的利益相关者管理理论及其对应的评价标准体系。[⑤]

总体而言，学界对旅游利益相关者问题的研究主要集中在旅游利益相关者的概念界定与分类、利益相关者与旅游可持续发展、利益相关者与旅游管理、规划及营销、利益相关者与社区旅游方面。[⑥]

实证研究表明，关键利益相关者的"支持"和"反对"对社区旅游发展有重要影响。旅游开发地旅游实质上是以旅游开发地社区内集体所有的土地及其地上物、民俗风情、文化为核心旅游吸引物的旅游活动。因此，旅游开发地及其居民凭借地方文化知识和技能专用性资产，且作为社区核心旅游资源的所有权主体，理所当然地应参与当地旅游的发展决策和收益分配，并获得适当的当地旅游经济体的剩余索取权和剩余控制权。

对于利益相关者的认定多采用利益相关者图解法。利益相关者图解法

---

① 陈岩峰：《基于利益相关者理论的旅游景区可持续发展研究》，博士学位论文，西南交通大学，2008 年。

② 黄昆：《利益相关者共同参与的景区环境管理模式研究》，《湖北社会科学》2003 年第 9 期。

③ 王兆峰、腾飞：《西部民族地区旅游利益相关者冲突及协调机制研究》，《江西社会科学》2012 年第 1 期。

④ 张伟、吴必虎：《利益主体（Stakeholders）理论在区域旅游规划中的应用——以四川省乐山市为例》，《旅游学刊》2002 年第 4 期。

⑤ 李正欢、郑向敏：《国外旅游研究领域利益相关者的研究综述》，《旅游学刊》2006 年第 10 期。

⑥ 郭华：《国外旅游利益相关者研究综述与启示》，《人文地理》2008 年第 2 期。

是一种分析工具，它利用一个二维矩阵图来描述两个属性或变量（如权力、财富、支持和参与等）之间的关系，从而实现对利益相关群体的分类。首先，根据如下三个问题列出相关者群体：①"问题"将影响谁的利益或谁的行为将强烈影响"问题"；②谁拥有"问题"发展战略设计及实施的信息、资源和专门技能；③谁控制项目实施的相关设施。此处列出旅游开发地旅游的相关者群体为：居民、投资者、政府部门、竞争者、顾客、周边居民、旅游规划师及非政府组织。然后，绘制利益相关者关系矩阵，对相关者进行分类（见表2-1）。最后，确定重要的利益相关者及最关键群体。

表2-1　　　　　　　　旅游开发地旅游影响力与利益关系矩阵

影响力 利益	低	高
低	非政府组织、周边居民	政府部门、旅游规划师
高	投资者、竞争者、顾客	当地居民

资料来源：唐晓云、吴忠军：《农村社区生态旅游开发的居民满意度及其影响——以广西桂林龙脊平安寨为例》，《经济地理》2006年第5期。

　　旅游开发地主要利益相关者是当地居民、政府部门、投资者、竞争者、顾客和旅游规划师（见表2-1）。其中，当地居民是旅游开发地旅游发展中最关键的群体，是当地旅游能否实现持续发展的决定因素，而不是政府政令下的被支配者或旅游发展的边缘化群体。

　　随着利益相关者研究角度的日益多元化，与之结合的理论基础也必然越来越丰富。这也正是旅游业实现可持续发展必须要顺应的和谐之路。伯德（Byrd）研究表明，在社区旅游发展中，利益相关者对旅游的参与程度、"支持"和"反对"的态度对社区旅游发展影响深远。[1] 平游植（Yooshik Yoon）在其博士论文中指出，"利益相关者的支持是旅游成功运作、持续发展的必要条件"。[2] 因此，对旅游业发展的研究，以利益相关

---

① E. T. J. Byrd, *An Analysis of Variables that Influence Stakeholder Participation and Support for Sustainable Tourism Development in Rural North Carolina* [D]. North Carolina State University, 2003.

② Y. Yoon, *Development of a Structural Model for Tourism Destination Competitiveness From Stakeholders Perspectives* [D]. Virgin Polytechnic Institute and State University, 2002.

者视角综合考虑旅游对旅游地经济、社会和环境等各方面的相互影响，如何协调好各个利益相关者之间的关系，这为旅游开发地居民满意度的研究奠定了基础。

六　期望欲望理论

顾客满意或不满意的形成过程始于产品的使用，包括对其他品牌的同类产品的使用。由于这种使用行为，以及与公司及其他人的交流，消费者对该类产品有怎样的性能有了一定的期望值。

顾客会将这些性能预期和产品实际性能进行比较。如果质量不如期望的那样，就会产生不满情绪。如果超过预期，顾客会产生满意情绪。如果性能与期望相符，顾客会体验到期望证实。实际上，当预期与实际相符合时，有证据表明，顾客可能不会有意识地去考虑他们对产品的满意程度。因此，尽管期望证实是一种积极状态，但它们通常不会引发强烈的满足感。只有当真正的性能远远超过预期时，顾客才能体验到强烈的满足感。

产品预期是评估产品真正性能的标准。一件产品性能的预期水平受到产品自身性质、促销因素、其他产品等的影响，还有很重要的一点就是会受到顾客自身特征的影响，如有的顾客可能比他人期望得更多，同样地，一些顾客会比他人更易于接受；那些容忍度较小的顾客当然会比那些胸襟宽广的顾客更易于产生不满。[1]

七　公平理论

公平理论认为：人们经常会把自己的收获与投入之比与交易中另一方收获与投入之比进行比较，如果发现别人的比值较高，他们就会体会到不公平。根据该理论，公平情况下应满足以下等式：

$$A\ 的收获/A\ 的投入 = B\ 的收获/B\ 的投入$$

A 的交易收获除以 A 的交易投入，应该等于 B 的交易收获除以 B 的交易投入。

交易双方的准则是应该被公平对待的。当各方用于交易的收获与投入

---

[1]　陈晓艳：《农业旅游目的地居民满意度及其影响研究——以南京江心洲为例》，硕士学位论文，南京师范大学，2008 年。

之比大约相等时，大家均感满足。当买方认为他的收获与投入之比低于卖方时，买方会体会到不公平并产生不满情绪。

公平理论在解释满意或不满意时有别于期望未证实模型。在期望未证实模型中，顾客是否满意是由实际性能与期望性能相比较而产生的；而公平理论认为，满意是由一个人的投入和收获与其他人相比较而产生的。有关研究还表明，对公平与公正的认识，与对期望未证实的认识相比，对总体满意度有着更大的影响作用。

公平原则表明，每一次交换是以公正为标准，以确保居民为支持或参与而获得合理公平的回报。依据公平理论，在社区参与旅游的背景下，旅游公平是指政府或旅游企业与旅游社区居民这一利益关系主体之间在旅游资源开发、旅游权力和旅游收益等的使用和分配上的公平性。[①]

陈晓艳认为，若对旅游组织和开发者信任或获得参与旅游规划的机会，居民可能持积极的态度。另外，交换关系不是静止的，在一个动态的社会背景下，在整个旅游开发的过程中，农户不断评价交换结果，若他们认为结果有利于进一步的交换行为，将对旅游开发持积极的态度。[②]

从旅游实践来看，对于政府管理部门或者旅游景区的管理层而言，应该认识到旅游社区及其居民的发展才是社区参与旅游发展的终极目标，只有在旅游发展制度和政策上充分保证社区的利益分享和决策参与，营造公平的旅游发展环境，才能有效抑制社区居民的报复行为，实现旅游景区的可持续发展。

顾客满意度理论、社会满意度理论、社区参与旅游发展理论、社区交换理论、期望欲望理论、公平理论，对于分析西部少数民族地区旅游开发地居民满意度，以及当地居民与其他利益主体的协调和分享机制的研究奠定了基础。

[①]　刘好强：《旅游公平对旅游社区居民社会排斥感与组织报复行为的影响》，《商业时代》2014 年第 13 期。

[②]　陈晓艳：《农业旅游目的地居民满意度及其影响研究——以南京江心洲为例》，硕士学位论文，南京师范大学，2008 年。

第 三 章

西部少数民族地区旅游开发现状及
旅游开发地居民满意度调查

西部少数民族地区旅游资源丰富，近年来，其旅游也在不断得以开发，旅游开发在取得一定成效的同时，相应地也带来了许多问题。在分析西部少数民族地区旅游开发地的居民满意度之前，有必要了解西部少数民族地区及其旅游开发地的旅游发展现状，以及旅游开发地调研的基本情况。

第一节 西部少数民族地区旅游
开发现状及存在问题

一 西部少数民族地区旅游开发现状

旅游资源开发是指通过人类的活动开拓、发现、利用旅游资源，使旅游资源产生经济效益、社会效益和环境效益，即促进旅游业发展的各种人为行为。景区景点、旅游客源、旅游业发展是其核心内容。以下我们主要从这三方面分析西部民族地区旅游开发现状。

1. 旅游资源开发分析

景区建设是旅游资源开发的最重要内容，从全国层面而言，高等级的旅游地具有真正的旅游价值。西部民族地区高等级旅游资源比较丰富，从总量上看，4A 景区 548 个，占全国的 27.87%；5A 景区 41 个，占全国的 27.89%。但由于西部民族地区人口稀少，因而相对人口而言的高等级旅游地人口密度则较大，在 4A 景区方面，高于中部而仅次于东部；在 5A

景区方面，为全国最高，远大于中部。与东部和中部相比，西部旅游资源并不匮乏，就人口相对指标而言还十分丰富。但是由于西部土地辽阔（土地面积占全国的 71.5%），距离经济较为发达、出游能力较强的东部、中部较远，旅游开发面临着一定的困难。在省区内部，高等级旅游地的分布不平衡性较大。西部 12 省区中，4A 景区由于总量较大，省区之间的差异性相对较小，但是其区域差异性仍十分明显。4A 景区最多的四川达 98 个，其次为广西和云南，分别达到 88 个和 58 个；而最少的宁夏只有 10 个，最后为西藏，为 11 个；其余 7 个省区 4A 景区数量在 15—56 个，差异也较大。在 5A 景区方面，由于数量较少，其不平衡性表现出与世界遗产相类似的特点，但两相比较，5A 景区的区域差异性较小。5A 景区最多的省区为四川、重庆、云南、陕西、新疆，其中云南有 6 个，其余均为 5 个，西部其他地区 5A 景区较少。

就旅游景区开发水平而言，在全国层面上，西部民族地区旅游景区开发水平较低，与其所具有的土地规模和人口规模不成比例，与其所拥有的丰富的旅游资源更不匹配。西部地区地域辽阔，人口规模较大，但其主要旅游景区的固定资产原值仅占全国的 19.08%，营业收入仅占全国的 17.71%。与此形成鲜明对比的是东部地区，东部地区国土面积和人口分别占全国的 17.78% 和 44.9%，但其主要旅游景区的固定原值却占全国的 67.9%，营业收入占全国的 68.34%。整体上看，东部地区所开发的旅游景区占据全国一半之多。中部地区土地面积较小，人口不多，主要旅游景区的固定资产原值和营业收入表现出与其土地规模和人口规模基本上相适应的特点。

对于西部民族地区内部各省而言，省际的旅游景区开发水平差异也较大。2012 年西部 12 省区旅游景区的固定资产原值的平均值为 758107.9 万元，最小值为青海，仅有 162990.1 万元，最大值为四川，可达 1564946 万元，两者差别达到 9.6 倍。在营业收入方面，差距也悬殊，最小值的西藏只有 58084.8 万元，最大值的四川可达 805187.1 万元，两者差别达到 13.9 倍。总体而言，这样的差距主要在于西南地区自然条件较好，旅游资源丰富，距离东部发达地区相对较近，地方政府采取的旅游发展战略富有成效，使其旅游业得到了较好的发展。青藏地区自然条件比较恶劣，交通不便，可达性较差，距离东部人口稠密区和经济发达地区较远，因而旅游业比较落后。

2. 旅游客源分析

旅游客源是指具有一定人口规模和经济能力，能够向旅游目的地提供一定数量旅游者的地区或国家，即游客产生的地方。根据游客产生的地区范围，可分为海外客源市场和国内客源市场两类。[①] 旅游客源是旅游业发展的基础，也是旅游资源开发水平的重要标志。以接待入境过夜外国游客人数为例，2012 年西部民族地区接待外国过夜游客人数为 1487.40 万人次，中部地区为 763.54 万人次，东部地区则为 3457.43 万人次，分别占全国接待外国过夜游客人数总量的 23.27%、11.94% 和 54.09%。[②] 考虑人均相对指标，2012 年东部地区人均接待外国过夜游客人数为 54.09 人次，中部地区人均接待外国过夜游客人数为 0.02 人次，西部民族地区人均接待外国过夜游客人数为 0.04 人次。[③] 无论从接待外国过夜游客人数的总量指标还是人均指标而言，西部少数民族地区接待人数虽然高于中部地区，但低于东部地区。

在西部民族地区内部各省区之间，2012 年接待外国过夜游客人数主要集中分布于云南、陕西、广西、重庆、内蒙古和四川，云南接待外国过夜游客人数占据西部地区接待外国过夜游客人数的 24.98%，陕西为 17.70%，广西为 14.59%，重庆为 11.56%，内蒙古为 11.47%，四川为 11.46%，在这六个地区中，重庆地区在近年来旅游业获得较快发展，打破了以往接待游客较低的状况。宁夏接待外国过夜游客人数占西部地区接待外国过夜游客总人数仅为 0.11%，旅游发展相对滞后。具体情况如表 3 − 1 所示。

---

① 谢燕娜：《西部民族地区旅游资源开发格局优化研究》，硕士学位论文，西北师范大学，2010 年.

② 根据《中国旅游统计年鉴 2013》计算，将全国划分为东部、中部、东北、西部四大版块，其中东部包括北京、河北、天津、山东、上海、江苏、浙江、福建、广东、海南十省（市），中部包括山西、河南、湖北、湖南、江西等六省，西部包括四川、重庆、贵州、云南、西藏、陕西、甘肃、宁夏、青海、新疆等省（市、自治区），东北包括黑龙江、吉林、辽宁三省。

③ 数据通过 2013 年《中国旅游年鉴》和 2013 年《中国统计年鉴》相关数据整理计算而得，各地区人口按常住人口数计。

表 3 - 1　　　　　　西部各地区接待外国过夜游客人数及占比

地区	接待人数（人次）	占比（%）	地区	接待人数（人）	占比（%）
重庆	1526320	11.56	甘肃	66940	0.51
四川	1512930	11.46	青海	38431	0.29
贵州	304168	2.30	宁夏	14300	0.11
云南	3297746	24.98	新疆	490182	3.71
西藏	174631	1.32	内蒙古	1514632	11.47
陕西	2336622	17.70	广西	1927007	14.59

资料来源：据 2013 年《中国旅游年鉴》和 2013 年《中国统计年鉴》相关数据整理计算得出。

3. 旅游业发展水平分析

在旅游收入水平上，与海外客源市场相对应，西部民族地区的国际旅游收入在近十年间增长较慢，在全国所占比重有下降的趋势。2000 年西部民族地区国际旅游收入为 158500 万美元，占全国的比重为 11.06%，到 2012 年，该两项指标分别为 843900 万美元和 12.69%，平均年增长率为 14.9%，从绝对数量上看，西部民族地区获得了两位数的较快增长。

西部民族地区旅游业比较发达的省区主要集中在西南地区，首先为云南、广西和四川，其次为西北地区的陕西和内蒙古，此外的地区旅游业发展相对不足。云南 2013 年接待海外旅游者达到 533.5 万人次，超四川 1.5 倍还多，居西部之首，排在全国前列。据统计，2013 年云南累计接待海外旅游者 533.5 万人次，增长 16.5%；接待国内旅游者 2.397 亿人次，同比增长 22.1%。在海外游客市场方面，通过努力，使亚洲客源市场入滇游客达 254.7 万人次，同比增长 13.9%；欧洲入滇游客达 81.6 万人次，同比增长 17.3%；美洲入滇游客达 29.1 万人次，同比增长 19.4%；大洋洲市场入滇游客达 11.5 万人次，同比增长 21.6%。国内过夜游客 1.308 亿人次，同比增长 22.3%；一日游游客 1.089 亿人次，同比增长 22%。2013 年，四川省共接待入境旅游者 209.56 万人次，同比下降 7.8%。云南接待入境游客 533.5 万人次，比四川多了 323.94 万人次。而广西 2014 年前三季度入境游客就达到 296.22 万人次，也已经超过四川。贵州相对少一些，2013 年贵州接待入境游客 77.7 万人次，同比增长 10.21%。[①]

在旅游饭店发展方面，2012 年西部民族地区拥有星级饭店 3264 家，床位数 666457 张，星级饭店固定资产 9097294 万元，分别占全国的 28.71%、24.89% 和 19.08%；其营业收入为 4034234.2 万元，占全国的 17.71%；这说明西部民族地区星级饭店经济效益较低，营业收入与饭店规模不匹配，客房的入住率较低。根据统计，西部民族地区 2012 年的平均客房出租率为58%，而中部地区为 61.94%，东部为 56.77%。可见，西部地区平均客房出租率虽然低于中部地区，但却高于东部地区。东部地区星级饭店、床位数、星级饭店固定资产分别占全国的 56.62%、58.33% 和 67.88%，营业收入占全国的 68.34%。可见，东西部在旅游饭店发展上总体差距还较大。表3 - 2 为全国各地区 2012 年星级饭店发展情况。

表 3 - 2　　　　　　　中国 2012 年星级饭店发展基本情况

地区	饭店数（家）	床位数（张）	客房出租率（%）	营业收入（千元）	固定资产原价（千元）
北京	584	205522	60.63	29536630	64089670
天津	103	28975	49.58	2825902	4408191
河北	404	95183	50.79	7162847	16088660
辽宁	399	104194	56.32	7278601	18212790
吉林	192	34745	51.55	2790979	6957472
黑龙江	236	44363	48.89	2570187	5804239
上海	281	95921	56.77	18115880	44383040
江苏	732	150873	61.05	18636850	29529190
浙江	783	269609	59.45	20409830	35438930
广东	927	225488	58.48	25834040	43607720
福建	390	88876	60.79	9675166	13124470
山东	796	165628	63.54	16474080	31348760
海南	155	52491	60.19	4778235	10657820
山西	280	57285	61.14	5254318	10817870

---

① 《云南接待入境游客居西部首位》，云南网（http://www.yunnan.cn），2014 年 2 月 26日。

续表

地区	饭店数（家）	床位数（张）	客房出租率（%）	营业收入（千元）	固定资产原价（千元）
江西	303	69083	57.76	3481829	6723066
安徽	383	80582	57.38	5893007	11554640
河南	339	74529	60.67	5024801	9069674
湖北	367	71472	57.84	5617266	10311140
湖南	449	96160	76.85	8618787	13654060
重庆	240	70757	60.93	4927703	7966675
四川	396	81132	66.25	8051871	15649460
贵州	290	42876	64.24	2452655	4459009
云南	480	85439	58.00	4368904	10092160
西藏	102	19240	58.24	580848.5	4129401
陕西	283	70506	59.28	5354931	10697470
甘肃	287	54449	55.76	2558673	6203471
青海	84	15461	48.2	704553.8	1629901
宁夏	77	14707	55.13	1105488	2742243
新疆	441	90201	59.18	5291550	11254562
内蒙古	245	42745	52.18	3212103	7325368
广西	339	78944	58.56	4433061	8823226
总计	11367	2677436	59.46	243021576.2	476754348.2

资料来源：2013 年《中国旅游统计年鉴》。

二　西部少数民族地区旅游开发存在的问题

西部民族地区具有发展旅游业的独特优势，但旅游业发展总体上却处于落后状态。与东部地区相比，由于历史和生态的原因，这一地区自然、经济和社会条件恶劣，形成了地广人稀、内部市场需求规模小的局面，由此制约了生产性投入及投资市场的形成。进而言之，造成了如下不利结果：生产力水平低下、基础设施不足、社会进步发育程度不够、相对封闭；科技文化水平偏低、人才外流；市场经济意识淡漠，商品经济不发达；城镇化水平较低，工业结构比较单一；等等。可以说，西部民族地区优势明显，劣势也明显，而且在一定条件下，优势和劣势还会相互转化。因此，必须全面辩证地评价这一地区发展旅游业的优势和劣势，以此提出科学的应对措施，指导西部民族地区旅游业的健康发展。西部少数民族地区旅游开发存在的问题主要体现在以下七个方面。

1. 区位偏僻，对外开放程度低

西部民族地区位于祖国的边陲，远离中心城市和经济发达区域，加之高山峡谷大漠的分割阻隔形成了封闭单一的生存环境。这种恶劣的地理区位条件极大地制约着西部民族地区经济和社会的发展。

第一，市场狭小，不利于旅游商品经济的发展。西部经济要进一步发展，必须依托全国和全世界的大市场。但是由于偏远的地理位置，西部企业单位产品的运输成本大大高于东、中部企业。即使产品质量相同，西部企业产品在全国和国际市场上也将没有价格竞争力。旅游市场更是如此，由于西部位置偏僻，东中部的游客需要支付额外的旅游交通成本。

第二，远离经济发达中心城市（省区），所受扩散效应微弱。我国东部大部分地区是带动中国旅游经济高速增长的增长中心，而在西部地区，除了云南以外，其他地区旅游发展落后。经济增长理论和实践都证明，在中心城市周边及其扩散效应圈内会带动一批旅游企业成长，形成经济高速增长的区域，这就是中心城市的扩散效应。然而，西部距离这些旅游增长极较远，所受扩散效应微弱，其发展主要依靠自身的自生能力。

第三，市场信息短缺，影响旅游企业的发展。充分准确的信息是旅游企业在激烈的市场竞争中生存发展的重要条件。在旅游企业发展中，市场信息和技术信息显得越来越重要。在中心城市和发达地区到处充斥着各种各样的广告，有各种商品展览、促销活动，有各种各样的学术会议和商业洽谈会，企业获得经济信息的速度快、成本低；而在偏远的边疆地区，旅游企业往往得不到这种便利，西部的许多旅游企业甚至只能靠从买方获得信息，信息短缺成为制约西部经济和旅游业发展的重要原因。

2. 资金短缺，旅游基础设施薄弱

旅游资源的开发需要强大的资本做后盾，西部旅游资源开发更需要大量资金做支撑。由于自然条件的影响和经济开发相对滞后，西部民族地区不少为我国贫困地区。落后的经济，有限的财力，使旅游发展的硬件设施建设落后，基础设施建设薄弱。交通不便、可进入性差等问题更是严重制约着西部民族地区旅游资源的开发和旅游业的发展。目前尚未建立多元化的旅游基础设施投资渠道，投资严重依赖政府。西部民族地区薄弱的经济基础决定了其旅游基础设施滞后、投资效益低下的现状，加之现有旅游投资体制不能适应市场经济条件下的旅游资源开发速度与开发规模，因而旅游资源的开发建设不足，旅游景观建设薄弱，不少处于潜在或半开发状态，没有完全形成现实的旅游资源，发挥出应有的效益。

3. 旅游人才匮乏，旅游企业经营管理水平低

东西部旅游业发展的最大差距在于是人才因素，人才缺乏是制约西部民族地区旅游业发展的主要因素。目前，西部民族地区国际旅游业从业人员总和仅占全国的12.14%。2007年，西部12个省份毕业的旅游专业毕业生占全国的25%，与同年北京市培养的旅游人才数量相近，旅游人力资源总量和后备力量明显满足不了西部民族地区旅游业发展的需要。另外，这一地区旅游从业人员整体素质不高，经验不足，旅游企业内部经营管理不善，服务质量不高，不能适应旅游业发展的需要。西部民族地区要实现旅游业的快速发展，客观上需要造就一支规模宏大、高素质的旅游专业人才大军，倘能如此，对解决这一地区的就业问题意义非凡。

4. 开发深度不够，产品结构单一

西部民族地区旅游资源具有突出的多元化特征，但西部民族地区对旅游资源开发利用不深，许多旅游资源的开发仍然是较浅层次的开发，景点较为单一。各地资源重复开发、低档次开发、滥上项目等现象较为突出，大大降低了西部旅游资源作为整体的优势，并产生了在同一层次低水平竞争的问题，尤其是在精品旅游资源开发上，缺乏深层次的开发以及对文化内涵的发掘，还未真正形成上规模的名牌旅游产品。在东部地区，旅游现已形成了观光旅游、度假旅游和特种旅游产品并存的多元化产品供给结构。而西部旅游的产品仍以观光旅游产品为主，而且在景点设置、旅游产品的推销上只是单纯模仿东部，并没有突出自己景点的特色和优势。即使在观光旅游产品中也存在着大量的重复现象。如此一来，旅游产品间的特色无法形成互补效应，产品的市场吸引力在相互抵消中下降。在激烈的国际和国内竞争中，西部资源优势被开发不足的劣势所抵消。

5. 盲目开发，缺乏科学的区域性旅游规划

西部地区多为少数民族聚居区，其面积之大、民族之多，都需要从宏观上加以管理和规划。西部不少地区已进行了旅游资源的开发，许多省份还把旅游业作为其支柱产业，已制定了各自的旅游规划。但是，西部民族

地区缺乏宏观上的区域性旅游开发规划，旅游开发各自为政，把目光放在本地，强调自己的资源优势，简单规划，盲目上马，很少从整个西部乃至全国的角度考虑，导致西部旅游开发"遍地开花"，数量多而质量差，缺乏旅游精品和拳头产品，重复建设导致趋同性强，从而缺乏竞争力。同时，由于资金不足等方面的问题，存在着严重的资源破坏现象。如敦煌莫高窟自开发以来，取得了良好的社会经济效益。但由于多数洞窟空间狭小，壁画、彩塑都是土质文物，加之年代久远，已经处于非常脆弱的状态，如不及时投入资金采取相应保护措施，这一堪称"世界石窟之最"的文物古迹将不复存在。此外，因旅游开发带来一系列环境污染问题，这不仅破坏了旅游资源的生态平衡，也大大影响了旅游资源的生命和价值。

6. 宣传力度不够，旅游形象不够突出

西部民族地区深居我国内陆腹地，加之其旅游业起步较晚，宣传对旅游发展就显得尤为重要。西部旅游资源数量多，品位高，垄断性强且极具特色和吸引力，但是因为缺乏足够的旅游宣传，这就使许多旅游资源还不为人知，还没有在旅游者心目中占据明确的、独特的地位。因缺乏统一规划与协调，没有形成区域旅游资源的整体优势和功能，尤其是在跨省区旅游项目开发、促销与综合服务网络的形成上还有待增强。西部旅游发展的第一步就是要加强旅游宣传，通过宣传和促销实现旅游目的地整体品牌提升，宣传时要统筹规划，整合资源，搭建西部旅游宣传促销的大平台。应鼓励省、市、县及企业做好宣传工作，从整体上提高西部旅游资源的知名度[①]。

7. 旅游法律、法规建设滞后

从整体来看，由于我国旅游业起步晚，旅游法律、法规建设相对滞后。较为成形的是旅行社方面的法规，但也只停留于行政法规的层次上。与旅游相关的法律、法规如涉及旅游交通、餐饮、购物、娱乐、旅游资源等诸方面的法律、法规则稍多一些。西部民族地区的旅游法律、法规建设与全国其他地区相比，更加滞后。这主要表现于：首先，由于立法技术、民族理论、民族法学研究相对落后，人员素质相对偏低，这一地区民族法

---

① 谢燕娜：《西部民族地区旅游资源开发格局优化研究》，硕士学位论文，西北师范大学，2010 年。

制跟不上当前经济和社会的发展。其次，该地区旅游立法不平衡，法律体系不配套。现行民族法制多是针对大范围的，而针对地方性的法律较少。民族地区之间立法也存在着明显的不平衡，针对地方民族地区特点的立法和法律内容较少，民族特色和针对性不强。①

第二节　西部少数民族地区典型旅游开发地旅游发展现状

西部少数民族地区是我国的旅游资源富集区，具有原始性、独特性、垄断性和地区分布差异性的特点。随着对西部少数民族地区旅游资源的深度开发，开发地的经济、社会与文化都得到了较快发展。为了解西部少数民族地区旅游开发地居民的满意度，课题组于 2012 年 7 月展开了调研活动。此次调研涵盖重庆、云南、广西、贵州、四川、内蒙古共 6 个西部地区，覆盖到秀山洪安边城、彭水阿依河、酉阳龚滩古镇、云南丽江、大理古城、喜洲白族民居、泸沽湖、桂林象鼻山、阳朔月亮山，贵州贵阳青岩古镇、西江千户苗寨、四川白石头羌寨、叠溪、九寨沟、平头羌寨、松潘古城、松潘川主寺，内蒙古满洲里共 18 个景区。

一　重庆秀山、酉阳、彭水基本情况

调研组在重庆选择了三个少数民族地区旅游开发地作为调研点，即秀山洪安边城、酉阳龚滩古镇、彭水阿依河。

1. 秀山洪安古镇

洪安古镇距秀山县城 47 公里，位于重庆、湖南和贵州的交界处，东与湖南省花垣县的边城镇隔河相望，南与贵州省松桃县的迓驾镇山水相连，素称"一脚踏三省"，为渝东南门户。清代章恺曾写过这样的诗句："蜀道有近时，春风几处分；吹来黔地雨，卷入楚天云。"洪安老街为石级梯街、"封火桶子"，清江两岸的吊脚竹楼、垂杨麻柳，铁索相连、频繁迎送过客的洪茶渡口，漫江漂游的乌篷渔船，洪茶大桥上的车水马龙，正在开发的"三不管岛"，给边城古镇平添了无尽的风采。

---

① 唐官莹：《西部民族地区旅游业发展问题研究》，硕士学位论文，天津大学，2008 年。

洪安镇辖 5 个村 1 个居委会，35 个村（居）民小组，3978 户，15442 人（其中镇区人口 2650 人），全镇辖区面积 52 平方公里，人口 1.6 万人，镇区面积 1.5 平方公里，是一个土家族、苗族、汉族等多民族的杂居地。主产水稻、玉米、小麦、红薯和杂粮；猪、牛、羊是养殖业的骨干品种，同时盛产茶叶、楠竹、油桐和药材；乡镇企业以建工建材和农副产品加工为主。

目前，小城镇建设已完成投资 3800 万元，完成了一、二、三期工程。以"十二个一"工程建设为重点，完成了渝湘黔边城贸易市场、河滨路、洪安车站至镇政府的街道扩宽硬化、拉拉渡、"三不管"风雨桥、"二野进军西南纪念碑"、语录塔工程；开工建设了"三不管"岛，开发恢复了二野司令部旧址、"一脚踏三省"景观亭、边城宾馆。

洪安镇把发展旅游业与小城镇建设有机结合起来，促进了小城镇建设与旅游业的良性互动，提升了小城镇人气。镇上挖掘民族文化，加快景点培植，与边城镇携手开发边城旅游；壮大第三产业，推进城镇化进程，壮大饮食服务业，做大做强洪安豆腐鱼品牌（洪安腌菜鱼），建成餐饮一条街；加强对镇内大小四合院 24 座、隔火墙 40 堵、青石条砌阶梯 24 级 480 步的保护，保持古镇风貌；培植象鼻吸水、洪安贵塘坝观光生态农业园等景点。边城交通便捷，有渝东南大门石碑、"渝东南第一门"牌坊、浓郁民族特色的古建筑——吊脚楼、"封火桶子"、洪安茶河互市、沈从文笔下的翠翠岛、清澈见底的清水河等景点，当地建筑古朴，民风纯正。多姿多彩的边贸交易，龙舟竞赛，情歌对唱，像一壶浓烈的陈酿，令人陶醉不已。这是一个已经开发了的景点，不过现在有一些地方也正在建设中，当地居民比较期待旅游开发。

2. 酉阳龚滩古镇

酉阳土家族苗族自治县地处渝东南边陲的武陵山区，渝、鄂、湘、黔四省（市）在此接壤，是渝东南重要门户。全县面积 5173 平方公里，是重庆市面积最大的县，辖 39 个乡镇，人口 73 万人，其中土家族 44.5 万人，苗族 16.5 万人，还有满、彝、回、黎等 16 个民族，少数民族人口占全县总人口的 83.6%，是土家族苗族的主要聚居地。

龚滩古镇位于重庆市酉阳土家族苗族自治县境内，坐落于乌江与阿蓬江交汇处的乌江东岸，是一座具有 1700 多年历史的古镇。龚滩古镇附近的居民多为土家族。这个景点正在开发中，游客还不是很多，在当地做生意的居民都期待政府能加大投入，修建一些基础设施，更好地吸引游客。

古镇地处乌江、阿蓬江的交汇处，据酉阳城区 70 余公里，与重庆彭水县和贵州省沿河县毗邻。景区主要包括龚滩古镇、乌江山峡百里画廊、阿蓬江峡谷以及其他特色景点（马鞍城、桃花湖、红花洞）。龚滩古镇的青石板街青幽如玉，串连全镇，街边是古色古香、临崖高挑的木制吊楼，是访古、猎奇、探险的理想景区。

古镇现存长约三公里的石板街、150 余堵别具一格的封火墙、200 多个古朴幽静的四合院、50 多座形态各异的吊脚楼，独具地方特色，是国内保存完好且颇具规模的明清建筑群。专家学者考察后认为，龚滩古镇堪称乌江画廊之精华，可与世界文化遗产丽江古镇媲美。

龚滩古镇三教寺是庙非庙——没有一座神像，没有一根香烛，神殿早已经成了民居。相传三寺庙曾经是明末清初著名的巾帼英雄秦良玉的故居。明崇祯三年（1636），秦良玉奉旨率精兵北上收复了华北永平（今唐山市）四城。崇祯皇帝在平台召见秦良玉和五百四川僧兵。这些僧兵婉言谢绝了皇上的赐官封赏，一致要求皇上恩准和尚可以娶妻为室，可以开戒吃荤。崇祯皇帝慷慨应允。勤王有功的僧兵回到石柱、酉阳等地之后，照常当和尚，但从此可以娶妻，可以吃肉。他们既信奉佛教，也信奉道教，同时对于儒家的学说也非常尊崇。因此，他们所在的寺庙，就被称为三教寺。

3. 彭水阿依河

彭水苗族土家族自治县位于重庆直辖市东南部，地处武陵山区，居乌江下游。北接湖北，南连贵州。全县辖 10 镇 29 乡，共 300 个村、社区，人口 63 万人。境内居住着苗、土家、蒙古、回、仡佬、侗、藏、彝、哈尼、壮、满共 11 个少数民族。

阿依河景区位于彭水汉葭镇柏香村一组，距彭水县城 21 公里。附近居民多为土家族和苗族。汉葭镇位于彭水县中部乌江、郁江交汇处，海拔 245 米。管辖原汉葭镇和城郊乡、下塘、下岩西 3 个乡所属行政区域，面积 217.61 平方公里，总人口 70059 人，其中非农业人口 49848 人。这是一个正在开发的景区，当地居民非常配合旅游调查，他们都希望能得到更多的支持，加大当地旅游的投入。

阿依河原名长溪河，发源于贵州省务川县分水乡，向东北蜿蜒而入重庆市彭水县境内，经长旗坝、舟子沱、三江口，最后由万足乡长溪滩处注入乌江。阿依河是一处很有特色的原生态景区，山上可观自然风光，山下可赏民俗风情。民居建筑风格古朴典雅，与自然山水和民族风情完美结合。

二 云南大理喜洲、古城基本情况

大理白族自治州是典型的农业州，山区面积占全州面积的 93.4%，山地农业是大理州农业的一大特点。州内最低海拔 730 米、最高海拔 4295.3 米，海拔高差 3565.3 米，具有低纬度高原季风气候特点，雨热同季、干冷同季，立体气候明显。

1. 大理喜洲

大理喜洲镇位于云南省西北大理白族自治州大理市的北部，距大理下关 34 公里，东临洱海，西枕苍山，地势西高东低，214 国道、大丽（大理—丽江）公路、新环海西路（环洱海）从喜洲镇西面、中部、东部南北贯通。

喜洲村隶属大理市喜洲镇，地处喜洲镇中心，交通便利，距市区 34 公里。东邻洱海，南邻寺里村，西邻文阁村，北邻永兴村。现有农户 910 户，乡村人口 3474 人，其中农业人口 2329 人，劳动力 1600 人，其中从事第一产业人数 530 人。喜洲主要是白族聚居地，其他民族的人口相当少，基本为外来人口。

村国土面积 1.78 平方公里，海拔 1990.00 米，年平均气温 15.10℃，年降水量 1080.10 毫米，适合种植水稻、蚕豆等农作物。全村耕地面积 1477.00 亩，人均耕地 0.6 亩，林地 1178.00 亩。2006 年全村经济总收入 14600.00 万元，农民人均纯收入 4396.00 元。农民收入主要以第二产业、第三产业为主。

喜洲村距今有 1000 多年的历史，是南诏古城中留存下来的古城之一。南诏时期，城池建筑宏伟，仅次于太和城和羊苴咩城，能在军事上北防吐蕃，是佛教和商业贸易的重镇。相传，南诏王及其一家，经常离开王都，到此居住。喜洲是大理文化的发祥地之一，早在六诏与河蛮并存时就已是白族聚居之地，原为大理河蛮的城邑，隋史万岁曾驻兵于此，因而称

"史城"或"史赕"，唐时南诏王筑宫殿于此，时称大厘城，当时已然"邑居人户尤众"，是南诏时期"十睑之一"。大理籍的商人，尤以喜洲为多，号称喜洲帮，主要经营药材、布匹、茶叶。喜洲是历史名城，又是白族典型的商业集镇，是白族民族资本主义的发源地之一，云南著名的侨乡之一，也是电影"五朵金花"的故乡。

与其他地方的民居相比，大理的白族民居，特别是喜洲的白族民居，更趋向于一种纯朴之美，一种飘逸之美，一种隐忍之美。它是悠久而深厚的白族历史文化的一面"镜子"，是生活在苍山洱海间的白族人民伦理学、民俗学、建筑学的历史缩影，是人类最为亲近的一种背景文化，是凝固于时间之河的多重性艺术。不过，这里的旅游开发还不是很完善，当地居民对于旅游开发都充满了希望。

2. 大理古城

大理古城又称紫城，其历史可追溯至唐天宝年间，南诏王阁罗凤筑的羊苴咩城（今城之西三塔附近），为其新都。现在的古城始建于明洪武十五年（1382），方圆12公里，城墙高二丈五尺，厚二丈。东西南北各设一门，均有城楼，四角还有角楼。解放初，城墙均被拆毁。1982年，重修南城门，门头"大理"二字是集郭沫若书法而成。大理古城东临碧波荡漾的洱海，西倚常年青翠的苍山，形成了"一水绕苍山，苍山抱古城"的城市格局。从779年南诏王异牟寻迁都羊苴咩城，已有1200年的建造历史。现存的大理古城是明朝初年在羊苴咩城的基础上恢复的，城呈方形，开四门，上建城楼，下有卫城，更有南北三条溪水作为天然屏障，城墙外层是砖砌的；城内由南到北横贯着五条大街，自西向东纵穿了八条街巷，整个城市呈棋盘式布局。由于这个景区开发相对完善，很多外来人口在这里经商，不过还是以白族居民为主，他们希望古城再开发些新的旅游景点。

三　广西桂林象山、阳朔基本情况

1. 象鼻山

象山区是广西壮族自治区桂林市的一个市辖区，区人民政府驻银锭路。桂林象山区千峰环立，一水抱城，山清水秀，洞奇石美，古扑执着的象鼻山更是巧夺天工，令世人赞叹。以象鼻山而得名的象山区是桂林市最大的城区，位于城市南部，辖二塘乡及象山、南门、平山 3 个街道办事处，两个经济管理委员会；共 34 个居民委员会，8 个行政村；总面积 87.6 平方公里，人口 23.63 万人。象山街道下辖五美、西城、文明、虹桥、文新、安新、安家洲 7 个社区居委会。除了壮族以外，还有土家族、白族、汉族等多民族混居此处。

象鼻山原名漓山，又叫仪山、沉水山，简称象山，位于桂林市内桃花江与漓江汇流处，山因酷似一只站在江边伸鼻豪饮漓江甘泉的巨象而得名，被人们称为桂林山水的象征。象鼻山主要景点有水月洞、象眼岩、普贤塔、宏峰寺及寺内的太平天国革命遗址陈列馆等。

象鼻山的来历有两种传说。第一种传说：传说玉皇大帝有一头大象坐骑，有一天玉帝带它下人间，待到要回去的时候，大象留恋桂林的美景，不愿回去，便到漓江喝水。玉帝很生气，拔出腰间的宝剑向大象刺去，大象化为石山，即象鼻山，宝剑的剑柄便成了象山上的普贤塔。

第二种传说：传说很久以前桂林有一头大象，在地上横行霸道，毁坏田地，使得民不聊生。玉帝知后，派人趁大象在漓江边喝水之时，用剑将大象杀死，后化为石山，剑变成了宝塔。

象山公园地处桂林市中心的漓江与桃花江汇流处，占地面积 11.88 公顷，园内自然山水与人文景观交相辉映，山、水、洞、岛、亭、台、坪、径、文物、古迹相映成画，美不胜收，令人心驰神往。

这里的开发相对比较完善，但是居民觉得生活质量还有待提高。

2. 阳朔

以风景秀丽著称的阳朔县，位于广西壮族自治区东北部，与平乐县交界，位于桂林市区南面，属桂林市管辖，县城距桂林市区 65 公里。建县始于隋开皇十年（公元 590），距今已 1400 余年。全县总面积 1428 平方公里，有耕地 2 万公顷，全县总人口 30 万人，辖 6 镇 3 乡，有汉、壮、瑶、回等 11 个民族。

阳朔月亮山位于大榕树南 0.5 公里处，高 230 米，山顶石壁如屏，当中一洞穿透，宛如明月高挂碧空，故名月亮山。从山脚有直通山洞的蜿蜒小路，游人拾 800 级可达"月洞"，洞高 50 米，洞内有石似玉兔、嫦娥、吴刚，皆为天然。洞西北侧有一略低于月亮山的圆顶状山峰，因此，如果走山南的赏月路从不同角度观看月洞，会发现步移景换，月随人变，观察到圆月、半月、眉月的不同景象，发现月亮"由圆变缺，由缺变圆"的盈缺变化奇观，世上唯有此处才有如此惟妙惟肖地宛若明月高悬的天然景观。

登上月亮山远眺周围景色，可见群山玉立，清流蜿蜒，翠竹临风，绿野平芜，含诗孕画，令人叹为观止。1972 年，据说美国总统尼克松夫妇登上月亮山，赞叹"上帝给阳朔太多了"，为月亮山留下了美谈。有民谣曰："西边月亮挂山头，东边猛虎追九牛。鸭子饮水不抬头，古医采药上山头。村边现出狮子头，玉女梳妆在田头。邀月赏景喜心头，黑岩美景乐悠悠。"

这是一个开发相对较久的景区，居民对于这里的开发比较满意，不过有部分原住民对于治安、社会风气等表示了担忧。

四　贵州青岩古镇、千户苗寨基本情况

1. 青岩古镇

青岩镇始建于明洪武十年（公元 1378），至今已有六百多年历史。因其是军事要塞和所占的地理位置特殊，其后数百年经多次修筑扩建，土城垣已改为石砌城墙，街巷被用石铺砌而成，青岩镇成为一座具有深厚的历史文化、建筑文化、宗教文化、农耕文化、饮食文化、革命传统文化底蕴的历史古镇。在青岩镇多民族聚居，汉族占全镇总人口数的 61%，少数民族占总口数的 39%。少数民族人口中，苗族、布依族占绝大多数。

从青岩镇的地貌特征和风格来看，由于青岩镇靠山，所以整个青岩镇都是用石头砌成的，石板房、石头墙、石坊、石街和石巷色勒出了青岩镇的基本特质。青岩镇很大，"迷魂阵"一样的石巷遍布全镇，在这些青石巷子之间有无数的门脸，门脸上的风格以主人的品位而定。门脸上贴的年画具有浓郁的贵州特色。青岩人为之自豪的是历史上曾出现过的一位"伟人"，即贵州第一状元赵以炯。赵以炯的"赵状元府第"已成为青岩镇的著名观光点。

外来文化通过小路悄悄地溜进这座古镇。宗教的影响在此尤为典型，在中国的古镇中已很难再有青岩这样"四教合一"的风景了。在青岩，佛教和道教寺庙的香火很旺。佛教寺庙虽然谈不上规模宏大，但布局严谨，有不少工艺精湛的佳作，如慈云寺的石雕、寿佛寺的木雕均为贵阳市仅见的精品。出庙门不远是基督教堂，教堂里教徒们聆听着白发苍苍的老先生讲解《圣经》。还有道教的宫观，在袅袅的青烟中传出道家的祷文。

牌坊是青岩古镇的标志。古镇原建有 8 座石牌坊，现在仅存三座。北门外的"赵彩章百岁坊"、定门外的"周王氏媳妇刘氏节孝坊"、南门内的"赵理伦百岁坊"，均是南北向的，高 9.5 米、宽 9 米，呈四柱三间四阿顶式。四立柱南北两面有石鼓护柱或石狮护柱。节孝坊的正中横梁上刻有透雕"二龙抢宝""五龙图"，雕刻十分精美，中间还嵌有圣旨立匾。

青岩古镇的民居依山就势，就地取材，石砌的围墙、路面、柜台、庭院及石碓、石磨、石碾、石缸随处可见，石砌的院墙据说是由糯米熬浆黏合而成，极富地方风貌，因此，青岩古镇又被誉为青岩石头城。

青岩古镇主街相对开发完善，但是还有很多景点正在开发中，当地居民对于外来的投资表现出很大的兴趣，对于加大旅游投入的期望很大。

2. 西江苗寨

西江千户苗寨，位于贵州省黔东南苗族侗族自治州雷山县东北部的雷公山麓，距离县城 36 公里，距离黔东南州州府凯里 35 公里，距离省会贵阳市约 260 公里。由十余个依山而建的自然村寨相连成片，是目前中国乃至全世界最大的苗族聚居村寨。西江拥有远近闻名的银匠村，苗族银饰全为手工制作，其工艺具有超高水平，能打造各式各样装饰银品。

据相关历史记载，在清朝咸丰年间（公元 1729），西江千户苗寨有600 多户，1964 年第二次人口普查为 1040 户，1990 年第四次人口普查增至 1115 户，1997 年为 1227 户。据 2005 年的最新统计，西江千户苗寨现共有住户 1288 户，人口近 6000 人，其中苗族人口占 99.5%。

西江千户苗寨是一个保存苗族"原始生态"文化完整的地方，一直以来，西江苗寨的人们都过着没有被外界干扰的恬静生活。这里是领略和认识中国苗族漫长历史与发展的首选之地。西江每年的苗年节、吃薪节、十三年一次的牯藏节等均名扬四海，西江千户苗寨，一座露天博物馆，展览着一部苗族发展的史诗，成为观赏和研究苗族传统文化的大看台。

西江千户苗寨是典型的山区农业村寨，虽然近年来不少村民外出务工或就地从事旅游接待，但绝大多数居民主要的经济来源仍然是农业生产，依然沿袭着小农经济的生产方式。苗寨上游的大片耕地是全寨居民主要的生活来源，主要种植水稻、玉米、土豆、红薯以及辣椒等。

西江苗族是黔东南苗族的重要组成部分之一，现主要居住的是苗族的

"西"氏族。西江千户苗寨是世界上最大的苗寨,拥有深厚的苗族文化底蕴,这里的苗族建筑、服饰、银饰、语言、饮食、传统习俗不但典型,而且保存较好。西江苗族过去穿长袍,包头巾头帕,颜色都是黑色的,故称"黑苗",也称"长裙苗"。在西江千户苗寨,能欣赏到原汁原味、精彩绝伦的苗家舞蹈。

这个景区开发已有几年了,但很多地方还不是很完善,当地居民很希望能加大投入,继续完善开发。

五　四川茂县、松潘、九寨基本情况

1. 茂县

茂县位于四川省阿坝藏族羌族自治州东南部,四周与北川、安县、绵竹、什邡、彭县、汶川、理县、松潘9县相邻。南北宽94.8公里,东西长116.5公里,面积3885.6平方公里。地处青藏高原向川西平原过渡地带,高山耸峙、峰峦叠嶂、河谷深邃、悬崖壁立,北有岷山、南有龙门山、西有邛崃山诸山脉,有"峭峰插汉多阴谷"之称。地势西北高,东南低,山脉海拔多在4000米。西部最高峰万年雪峰海拔5230米,东部土门河下游谷底海拔890米,为境内最低点。全县辖3个镇,19个乡,149个村民委员会,472个村民小组;辖2个居民委员会,4个居民小组。

茂县是我国最大的羌族聚居地,全县现有羌族约10万人,羌族人口占全县人口的90%,占全国羌族总人口的30.5%。羌族为炎帝后裔,有着历史悠久、源远流长的羌民族文化。从建筑到服饰,从宗教到歌舞,都有原生态的远古痕迹:神奇的黑虎"邛笼"古碉、激越的莎朗、婆娑的羌红、醇美的咂酒、神秘的祭祀、苍凉的羌笛、悠扬的口弦、充满吉祥的婚俗、趣味的体育活动和悲壮的丧葬,在羌乡的每一个角落都飘荡着自然的生命激情。羌族"释比"文化和祭祀远古凯甲舞正在申报"世界文化遗产"。羌族一年还有大型"歌节""祭山会""议话坪""瓦尔俄足节"等活动。

茂县羌乡古寨景区是国家4A级景区,茂县是世界最大的羌族核心聚居地。羌乡古寨是"5·12"地震后通过整合两个保留历史传统羌文化精髓的古寨资源,在恢复重建基础上,精心规划的新兴旅游景区。景区由两寨一廊构成,两寨为坪头寨和牟托寨,一廊为两寨之间沿213国道和岷江延伸的跨度25公里的景观长廊。景区内拥有大量历史古迹,如商周石棺、

战国古墓、庄王墓、千年神树、土司衙门、茶马古道、宗教庙宇等。景区风景秀丽，拥有溶洞、幽谷、瀑布等奇观，可观青山连绵，江水浩荡。景区内可感受历史悠久的土司官寨文化、原生态羌族民俗文化、羌族饮食文化、羌绣艺术文化等古羌民族各种领域的非物质文化遗产，因此，羌乡古寨可谓绝无仅有的世界羌文化活态博物馆。传统的羌族歌舞、服饰、刺绣，清醇的"咂酒"、古朴的唢呐迎宾调、传统的羌族风味菜肴、动人的羌寨山歌、欢快的"萨朗舞"，依山而建、呈台阶状分布、错落有致的民居……这一系列浓郁的民族气息和厚重的羌族文化让人沉醉流连。

坪头村是灾后恢复重建的新羌寨，开发有三年多的时间，海拔1688米，全村500余户，近2000人，95%是羌族。村庄的房屋依山居止，沿袭了羌族传统建筑风格，村内流水潺潺，小巷通幽，栈道连接着房前屋后。羌寨一直保留着古老而独特的传统文化，民风古朴、风情浓郁。充满传说故事的药沟、驴子坪、金龟包、天马山、龙池等景点围绕在四周，风光旖旎，既是风景区，又是羌城、远山近水的观赏点，更是眺望九顶山的理想之地。寨内服务设施齐备，已按星级标准建成接待中心一家、各具特色的乡村酒店30余家，还有一些家庭式旅游客栈。在羌寨可以品羌餐、饮咂酒、跳莎朗，参加推杆、筛糠等充满情趣的文化活动。坪头寨已是理想的休闲度假、特色观光、生态旅居、感受羌族文化的旅游观光体验地。

因为坪头羌寨是旅游定点景点，到九寨沟的旅游者多在此过夜。当地居民觉得旅游开发很有价值，希望不远处的金龟羌寨与羌族博物馆等早日建设完毕，让更多的游客留下来。但非旅游定点的小旅馆与餐饮店及小商品店对旅游定点的看法比较负面，觉得这只是方便了导游吃回扣，是一种懒政的表现，因而对该管理方式认同度很低。这样的看法是四川一线非定点经营者的共同看法。

白石头羌寨与坪头羌寨同处于凤仪镇，在213国道旁边，是2012年4月才开发出来的景点，交通方便，前往九寨沟的旅游车返回时基本都会在此歇一歇。比较有特色的是羌寨建筑、巫师、羌绣、银器制作等。

白石头羌寨居民对于旅游开发很认同，但是一部分群众感到，在开发的时候，村务不公开、不透明。

2. 松潘

松潘位于四川省阿坝藏族羌族自治州东北部，东接平武县，南依茂县，东南与北川县相邻，西及西南紧靠红原县、黑水县，北与九寨沟县、若尔盖县接壤。

松潘，古名松州，是四川省历史名城、历史上有名的边陲重镇，被称作"川西门户"。全县有林地 574 万亩，木材蓄积量 5200 万立方米，森林覆盖率 37.2%；有农耕地 16.8 万亩（其中粮食耕地 14.33 万亩）。人均耕地面积 2.5 亩，平均每平方公里 7.8 人。全县农耕地皆系旱地，占土地总面积的 1.34%，农业人口人均 3.53 亩。松潘县以藏族、羌族、回族、汉族为主，另外还有苗、彝、蒙古、土家、傈僳、满、瑶、侗、纳西、布依、白、壮、傣等其他民族。根据第五次人口普查数据，全县总人口近 8 万人，藏族占 43.34%，羌族占 10.30%，回族占 15.10%，汉族占 31.15%，其他民族占 0.11%。非农业人口 14169 人，农业人口 59019 人；人口出生率 10.58‰，人口自然增长率 6.17‰。1990 年松潘被列为国家青稞商品粮生产基地。粮食总产量 25004 吨，全县农村人口人均有粮食 459.6 公斤。松潘有天然草地 568 万亩（含疏林草地），其中可利用草地 440 万亩，草原理论载畜量 73.5 万个羊单位。草原类型多样，以高寒草甸草地为主。有优良牧草 21 种，普遍喜食牧草有 220 种，可食牧草占全县牧草总数的 82.43%。天然草原平均鲜草产量为 370 公斤/亩左右。

松潘是历史上内地与氐羌吐蕃等民族茶马互市的集散地，商业较为繁荣。当地旅游业的发展带动了商业、服务行业等第三产业的发展。全县公路总里程已达 726 公里，其中国道 141 公里，省道 44 公里，县道 281 公里，村道 260 公里，已有 100 个村通公路。黄龙风景区、牟尼沟景区和 11 个乡镇开通了程控电话，装机 4530 门；2003 年开通了县城所在地和川主寺镇的 PHS 小灵通电话。全县现有移动用户 3834 户，建立移动信号传输基站 24 座，实现了九环线松潘境内移动信号 85% 的覆盖率，以及旅游景区 100% 的覆盖率。

川主寺镇是通往九寨沟、黄龙风景区和川西北大草原的必经之地。川主寺镇位于松潘县城东北 17 公里处，是川西北众多风景名胜区的重要交通枢纽和四条旅游干线的十字交会点。地理位置优越，旅游资源丰富。在川西北发达的旅游业带动下，目前川主寺镇区建设已初具规模，旅游业兴旺，已形成吃、住、游为一体的新高原旅游集镇。岷江源数条支流、溪流在这里汇集，奔腾向南；地势平坦，地域开阔，藏羌小寨散落于河畔两旁，川流不息的旅行车呼啸而过，区位优势突出，居"大九寨"国际旅游区的中心位置。从此以东 39 公里是黄龙风景名胜区，并延至雪宝鼎、丹云峡风景区；以北 87 公里是九寨沟风景名胜区；以西 40 公里是大草原，并延至黄河九曲第一湾；以南 17 公里处是松潘古城，并延至牟尼沟风景区；以北 15 公里是红石公园。从这里向南 300 余公里可直达省会成都，向北经九寨，可直达广元、西安；向西经大草原可达甘肃兰州；向东经黄龙、丹云峡，可直达绵阳。该镇主要景点有川主寺、长征纪念总碑等。

居民希望能开发民族文化资源吸引游客过夜，现在以旅游商品主打的定位，效果不是很好，因为旅游商品同质化严重，哪里都可以买，再加上旅游定点方式的存在，一般商户生意不好做。同时，居民希望能进一步加强基础设施建设，为前往黄龙、九寨等地自助游客、残疾游客提供更多服务，以便能在旅游旺季获得更多的收益。

3. 九寨

九寨，指分布在九寨沟地区的九个藏族寨子，即盘信寨、鼓布寨、尖盘寨、故洼寨、盘亚那寨、荷叶寨、树正寨、黑果坎寨、则查洼寨。在四川省西北部阿坝州九寨沟县境内，地处岷山山脉南段尕尔纳峰北麓，是长江水系嘉陵江源头的一条支沟，海拔 2000—4300 米，距省会成都市 435 公里。九寨沟少数民族很多，以藏、羌、回、彝、汉为主，是个多民族集聚地，但是无论哪个少数民族，性格大都比较豪爽，喜欢唱歌、跳舞，以歌舞表达自己的情感。在举世闻名的九寨沟风景区，草泽丰富，风景如画，山峦竞秀，河流密布，瀑声雷鸣，飞珠溅玉，这里可谓旅游观光的天堂。每年夏季，其山水、瀑布、彩池、钙堤、蓝天、白云、民居等独特景观与藏族文化吸引了成千游客前往游览。沟内的居民收益很多，沟外一般民众因较少享受到旅游收益而有很大心理落差。当地居民希望政府能够加大住宿、娱乐的开发投入。

六 内蒙古满洲里基本情况

满洲里原称"霍勒津布拉格"，蒙语意为"旺盛的泉水"。1901 年因东清铁路的修建而得名，俄语为"满洲里亚"，音译成汉语变成了"满洲里"，是一座拥有百年历史的口岸城市，素有"东亚之窗"的美誉。满洲里是我国最大的陆路口岸，背靠我国东北和华北经济区，北邻俄罗斯，西连蒙古国。2013 年年末，满洲里总人口 30 万人，常住人口 25 万人。按行政区划分，市区人口为 73873 人，扎赉诺尔区人口 90614 人，东湖区 7086 人。全市总面积 736 平方公里，居住着蒙古、汉、回、朝鲜、鄂温克、鄂伦春、俄罗斯等 20 多个民族。下辖国家级的中俄互市贸易区、边境经济技术合作区、国家大型煤炭能源基地扎赉诺尔矿区和自治区级东湖创汇农业区。

满洲里口岸地处亚欧第一大陆桥的交通要冲，是我国环渤海港口通往俄罗斯等独联体国家和欧洲的最便捷、最经济、最重要的陆海联运大通道，承担着中俄贸易 60% 以上的陆路运输任务。2002 年喜获全国精神文明创建先进城市殊荣，2003 年获得"中国优秀旅游城市"称号，三次荣获"全国双拥模范城"称号，荣获自治区七星级文明城市等荣誉称号。

满洲里市的旅游资源得天独厚，国门魅力无穷，被誉为"北疆明珠"。绿草如茵的呼伦贝尔大草原，辽远无际；碧波荡漾的呼伦湖，纤尘不染；巍峨耸立的国门，庄严肃穆；热情奔放的蒙古族风情，雄浑厚重；承继远古文明的扎赉诺尔文化，源远流长；中西交融的城市风格，独具魅力。这一切编织成一幅幅自然生态与现代景观、远古文化与现代文明、民族文化与异域风情交融和谐的优美画面，令无数海内外游人心驰神往。

经过百年风雨洗礼和二十多年开放的磨砺，满洲里市已经成为一个蜚声中外的口岸名城。20 世纪二三十年代，满洲里是中国共产党与共产国际联络的红色通道；40 年代，苏联红军从这里打响了欧洲战场支援太平洋战场的第一枪；解放战争和抗美援朝战争时期，满洲里口岸曾把大批苏联军援物资运往前线；新中国成立初期，面对帝国主义的海上封锁，满洲里作为共和国的主要外贸通道，有力地支持了全国的经济建设。

1992 年被国务院批准为首批沿边开放城市后，满洲里经济和社会各项事业实现了历史性跨越。边境贸易持续健康发展，与俄罗斯、波兰、匈牙利、日本、新加坡等 40 多个国家和地区建立了广泛的贸易关系；形成了贸易、金融、运输、仓储等综合发展的对外贸易和经济技术合作体系；构建起了易货贸易、现汇贸易、旅游贸易、转口贸易并存的对外贸易格局。口岸基础设施建设不断加强，铁路、公路、管道和航空并举的立体化运输体系日臻完善。旅游产业独具特色，异域风情游、跨国商务游、自然生态游并重的旅游产业框架正在形成。沿边开放 25 年来，满洲里口岸共输运进出口物资 3.6 亿多万吨, 上缴关税、代征税 760 多亿元, 为我国的改革开放和现代化建设做出了重要贡献。[①] 今日的满洲里正以中国改革的缩影、向北开放的窗口、亚欧陆桥的枢纽的崭新形象屹立于祖国北疆。

第三节　西部少数民族地区旅游
开发地调研的基本情况

此次调研共印制问卷 1300 份, 使用问卷 1150 份, 回收 1120 份, 通过审核, 得到有效问卷 1113 份, 回收有效率为 99.37%。具体各景区的样本量分布如表 3 – 3 所示。

表 3 – 3　　　　　　　　　　　样本量分布

调研地区	样本量（份）	调研地区	样本量（份）
重庆秀山洪安边城	129	四川白石头羌寨	28
重庆酉阳龚滩古镇	108	四川叠溪	23
重庆彭水阿依河	118	四川平头羌寨	20
云南大理古城	42	四川松潘川主寺	36
云南大理喜洲	235	四川松潘古城	28
云南丽江	24	四川九寨沟	17
云南丽江泸沽湖	18	贵州西江苗寨	59
桂林月亮山	59	贵州青岩古镇	68
桂林象鼻山	51	内蒙古满洲里	50

表 3 – 4 给出了被调查者的人口学特征, 具体如下。

（1）民族构成

此次调查涵盖了 19 个民族。其中, 以白族、汉族最多, 分别占到了 21.38% 和 26.86%；其次是苗族和土家族, 占比分别为 16.26% 和 15.81%；其他的 15 个民族占比相对较少, 合计不足 20%。

---

① 林妍：《满洲里开放潮涌势如虹》,《实践》（党的教育版）2017 年第 8 期。

（2）性别特征

本次调查以个人为单位，共有效调查 1113 人。其中，男性 606 人，占 54.45%；女性 507，占 45.55%。男女性别比基本合理。

（3）年龄特征

被调查者的年龄主要集中在 18—60 岁，所占比例为 84.27%；18 岁以下的占 2.34%，18—35 岁的占 34.05%，35—60 岁的占 50.22%，60 岁以上的占 13.39%。这表明大部分调查对象属于青壮年，对旅游开发地的认知度较强。

（4）文化特征

小学及以下的占 27.94%，初中、高中或职高的占 60.11%，大学、大专、硕士及以上的占 11.95%。从中可以看出，此次被调查者的文化素质总体较高，对问卷的理解没有太大困难，便于填写问卷，保证了答卷的质量。

（5）职业类型

受调查对象的职业类型较为集中，主要为农民和个体商户，这两类对象所占比例分别为 32% 和 30.2%；其次是服务行业从业人员，占比 17.2%；剩余的行业人数总共仅占 20.6%。在所有被调查者中，从事与旅游业相关的占 44.6%。

（6）政治面貌

接受调查的人群大多数为群众，占比 76.8%；其次是共青团员和中共党员，分别占比 12.2% 和 10.5%。

（7）收入特征

受调查对象的总体收入水平偏低。月收入 800 元以下的占 23.9%，月收入在 800—1500 元的占 38.1%，月收入在 1500—2500 元的占 21.5%，月收入在 2500—5000 元的占 10.9%，月收入 5000 元及以上的仅为 5.7%。

（8）家庭人口数

主要集中为 5 口人以下，所占比为 53.28%。

（9）在本地居住时间及离主要旅游景区的距离

绝大多数被访者的居住地离旅游景区的距离在 5 公里以内，对景区的了解和感受具有一定的代表性。在本地的居住时间大都在 15 年以上，居住 15 年以上者占比为 80.14%。

表3-4　　　　　　　　受调查对象的人口学特征

人口学特征		百分比（%）	人口学特征		百分比（%）
民族构成	土家族	15.81	职业类型	公务人员	3.86
	苗族	16.26		企业管理者	2.07
	汉族	26.86		服务行业人员	17.16
	壮族	2.52		专业技术人员	3.41
	傈僳族	0.36		个体商户	31.99
	羌族	6.56		农民	30.19
	回族	3.50		工人	6.56
	纳西族	0.72		教育文化工作者	2.79
	布依族	2.16		其他	1.98
	藏族	1.98	职业是否与旅游业相关	是	44.60
	摩梭人	0.63		否	55.40
	普米族	0.63	政治面貌	中共党员	10.51
	白族	21.38		共青团员	12.22
	彝族	0.27		民主党派	0.45
	侗族	0.09		群众	76.82
	蒙古族	0.09	收入特征	800元以下	23.90
	黎族	0.09		800—1500元	38.10
	瑶族	0.09		1500—2500元	21.47
性别特征	男	54.45		2500—5000元	10.87
	女	45.55		5000元以上	5.66
年龄特征	18岁以下	2.34	家庭人口数	5人以下	53.28
	18—35岁	34.05		5—10人	44.74
	35—60岁	50.22		10人及以上	1.98
	60岁以上	13.39	文化特征	小学及以下	27.94
本地居住时间	1—5年	8.98		初中	37.92
	5—10年	5.48		高中/职高	22.19
	10—15年	5.39		大学/大专	11.86
	15年以上	80.14		硕士及以上	0.09

第四节 西部少数民族地区旅游开发地
居民参与旅游的基本情况

调研结果表明，34.86%被访者的家庭从事旅游经营活动，其从事旅游业的平均时间为4.6年，上下四分位数分别为2年和5年。受访家庭投资的平均金额为12.5万元，上下四分位数分别为2万元和10万元。

对于从事旅游经营的家庭来说，家庭从事经营活动的种类分布情况如图3-1所示。由图3-1可以看出，被访家庭从事的经营活动主要是旅游商品的买卖，占比为45.47%；其次是餐饮和住宿，占比分别为27.37%和15.37%。相比较而言，从事农艺馆、观光农园、旅游中介、旅游交通的较少，所占比例均不足5%。

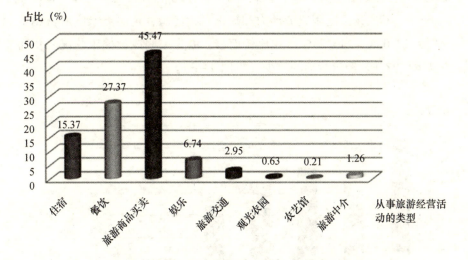

图3-1 家庭从事经营活动的种类分布情况

通过调研了解到，对于从事旅游经营活动的家庭来说，近六成家庭的总收入主要来源于此。具体数据如图3-2所示。家庭经营旅游活动的收入占总收入比重达80%及以上的占比31.19%；比重在50%—80%的占比为28.61%；比重在20%—50%的占比为22.94%；比重在10%—20%的占比为13.14%；比重在10%以下的占比为4.12%。

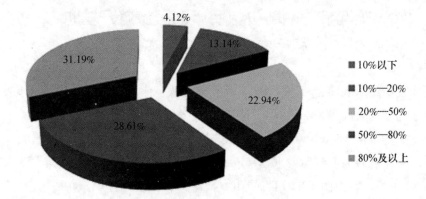

图 3-2 家庭经营旅游收入占家庭总收入比重

对于不从事旅游经营的家庭来说，其未参与本地旅游开发经营活动的最主要原因是缺乏资金和没有找到合适项目，所占比重分别达 26.45% 和 21.69%。其次是缺乏闲置劳动力和缺乏经营经验，这两类家庭所占比重分别为 19.03% 和 15.73%。相比较而言，因为家庭成员健康状况恶化而未从事旅游开发经营活动的较少（见图 3-3）。

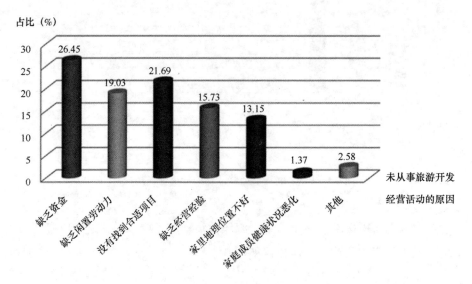

图 3-3 未参与旅游开发经营活动原因情况分布

　　总体上，近年来西部少数民族地区旅游资源得到了不断开发，由此促进了地方旅游经济的迅速发展，然而仍存在着对外开放程度低、资金短缺、旅游人才匮乏、开发深度不够、缺乏科学的区域性旅游规划等问题。旅游开发地居民主要从事旅游商品的买卖工作，在从事旅游经营活动的家庭中近六成家庭的总收入主要来源于此；但由于缺乏资金和没有找到合适的项目，也有近半数的居民未从事旅游经营活动。这些问题的发现，有助于我们更好地了解西部少数民族地区旅游开发地的旅游开发现状和当地从事旅游居民的状况，为下一章分析西部少数民族旅游开发地居民满意度奠定现实基础。

第 四 章

西部少数民族地区旅游开发地
居民满意度的测度

　　旅游开发地的满意度受当地居民对旅游影响的感知态度所影响，居民满意度研究有利于当地旅游的进一步规划和发展。本章构建了居民满意度的测度体系，并运用层次分析法和变异系数法对西部少数民族旅游开发地居民满意度进行了实证研究。

第一节　居民满意度评价指标体系的建立

一　指标权重的确定方法

　　可以把指标体系理解为能够全面反映事物特征信息，由相互联系的"标识"组成的整体，是对总体诸方面数量特征的全方位概括。指标体系一般有三个功能：描述和反映任何一个时间上（或时期内）各方面发展的水平或状况；评价和监测一定时期内各方面发展的趋势及速度，以及综合衡量发展整体的各领域之间的协调程度。指标体系属于主观范畴，本质上是人们对客观事物的认识。因而，我们应该用动态的眼光来看待指标体系。

　　1. 两类指标权重的确定方法

　　指标权重的确定方法有两类：一是主观赋权法；二是客观赋权法。主观赋权法是根据人们主观上对各指标的重视程度来决定权重的方法，主要有权值因子判断表法、层次分析法等。客观赋权法是依据各指标标准化后的数据，按照一定的规律或规则进行自动赋权的方法，主要有主成分分析法、熵值法、多目标规划法等。

前一类方法集中了研究人员的经验及专家的知识积累，但不可避免地掺杂着主观随意性。后一类方法注重客观性，但由于原始数据的收集、整理及分析上难度较大，以及数据提供者的主观性等，也存在不足之处。因此，较好的方法是将两类方法有机地结合进而确定指标权重。本书主要采用层次分析法来确定指标的权重。

2. 层次分析法

在进行社会、经济以及科学管理领域问题的系统分析中，人们面临的常常是一个由相互关联、相互制约的众多因素构成的复杂而往往缺少定量数据的系统。层次分析法（Analytic Hierarchy Process，AHP）是对一些较为复杂、较为模糊的问题做出决策的简易方法，它特别适用于那些难以完全定量分析的问题。它是美国运筹学家、匹茨堡大学教授萨蒂在20世纪70年代初提出的一种定量与定性分析相结合的层次权重决策分析方法。这种方法把复杂问题中的各种因素通过划分为相互联系的有序层次，使之条理化，并把数据、专家意见和分析者的主客观判断直接而有效地结合起来，就每一层次的相对重要性给予定量表示。然后利用数学方法确定表达每一层次全部要素的相对重要性权值。也就是说，层次分析法是在一个多层次的分析结构中，最终被系统分析归结为最低层相对于最高层的相对重要性数值的确定或相对优劣次序的排序问题。

层次分析法的基本原理是排序的原理，即最终通过各方法或措施排出优劣次序，以其作为决策的依据。首先将决策的问题看作受多种因素影响的大系统，可以按照隶属关系将这些相互关联、相互制约的因素排成从高到低的若干层次，叫作构造递阶层次结构。其次请专家、学者、权威人士对各因素两两比较重要性，再利用数学方法，对各因素层层排序。最后对排序结果进行分析，以辅助决策。

构造递阶层次结构是层次分析法的基础。因此深入分析问题，找出影响因素及其相互关系，从而准确构造递阶层次结构就显得十分重要。

准确构造递阶层次结构一般有以下要点：

（1）合理确定因素及相互关系

在深入分析问题后，首先详细找出各个影响因素。这时目标层因素和措施层因素一般都比较明确，而准则层因素通常较多，需要仔细分析它们之间的相互关系、上下层次关系和同组关系。如果对于有关因素及因素间的相互关系不能明确，通常是因为对决策问题缺乏深入认识，这时需要重新分析问题，把握问题是关键。

（2）合理分组（每一因素所支配的元素不超过 9 个）

在层次分析法中，对于因素总个数及总层次数没有要求，即对复杂的问题也能用多层次分析来解决。但一般要求每一因素所支配的元素不超过 9 个，这是因为心理学研究表明，只有一组事物个数在 9 个以内，普通人对其属性进行辨别时才较为清晰。因此，当同一层次因素较多时，就需要对其进行分组归类，在增加层次数的同时减少每组个数，以保证后面两两判断的准确性。

二 指标体系构建的原则

构建指标体系应遵循如下四个原则。

系统性原则：指在评价指标体系的选择中，应当保持指标体系之间有一定的逻辑关系，而不是杂乱无章地罗列。特别要突出研究对象的层次性、指标同质、逻辑关系。应当充分考虑研究对象的各个层次评价。

全面性原则：指综合评价指标体系的设置应尽可能地从不同侧面反应事物的全程。应当在分析研究的基础上全面反映研究对象的各个方面和各个组成部分。

可比性原则：指综合评价指标体系的每个层次在指标的构成要素上要有可比性，比如在口径上的可比性，在范围上的可比性，在时间上的可比性；在计算方法上的可比性等。

简洁性原则：指选择的综合评价指标体系中应当尽可能删除那些相互重复、相互关联的指标，并把反应研究对象特征时敏感性最大的指标作为首选指标。同时，使用尽量少的指标和层次来构造综合评价指标体系。

三 大指标体系的构建

通过查阅相关文献了解到，国内外研究旅游地居民满意度的学者一般从经济、社会、环境、政策等方面进行分析。本研究结合实际，选取了居民对景区基本情况的满意度、对旅游基础设施状况的满意度、对政府服务与管理水平的满意度、对旅游开发所带来的经济收入的满意度等指标。其中，对景区基本情况的满意度又分为景区主题和特色、景区风光、活动种类、景区布局、景区质量和景区规模6个指标；对旅游基础设施状况的满意度指标分为公共设施、旅游接待设施2个指标；对政府服务与管理水平的满意度分为政府开发管理旅游的水平、旅游培训与教育服务2个指标；对旅游开发所带来的经济收入的满意度分为经济收入增长程度、实际收入与预期间的差距2个指标，如表4-1所示。

表4-1 居民对旅游开发现状满意度的指标体系

一级指标	二级指标	三级指标
居民对旅游开发现状的满意度	对景区基本情况的满意度	景区主题和特色
		景区风光
		活动种类
		景区布局
		景区质量
		景区规模
	对旅游基础设施状况的满意度	公共设施
		旅游接待设施
	对政府服务与管理水平的满意度	政府开发管理旅游的水平
		旅游培训与教育服务
	对旅游开发所带来的经济收入的满意度	经济收入增长程度
		实际收入与预期间的差距

在构建上述评价指标体系的基础上，可综合运用主观与客观赋权法来确定权重，再用乘法合成法将两种赋权结果综合起来加以考察。

第二节 指标权数的确定

一 运用层次分析法确定权数

1. 构造判断矩阵并计算权重

根据Saaty提出的九分位比例标度法，对各指标进行两两比较，构建出各层判断矩阵，并运用方根法计算出其权重。具体如矩阵4-1至矩阵

4 - 5 所示。

$$
\begin{bmatrix}
 & x_{11} & x_{12} & x_{13} & x_{14} & x_{15} & x_{16} & M_i & \omega_i^{'} & \omega_i \\
x_{11} & 1 & 5 & 5 & 5 & 2 & 5 & 1250 & 3.282 & 0.427 \\
x_{12} & \frac{1}{5} & 1 & 1 & 1 & \frac{1}{3} & 1 & \frac{1}{15} & 0.637 & 0.083 \\
x_{13} & \frac{1}{5} & 1 & 1 & 1 & \frac{1}{3} & 1 & \frac{1}{15} & 0.637 & 0.083 \\
x_{14} & \frac{1}{5} & 1 & 1 & 1 & \frac{1}{3} & 1 & \frac{1}{15} & 0.637 & 0.083 \\
x_{15} & \frac{1}{2} & 3 & 3 & 3 & 1 & 3 & \frac{81}{2} & 1.853 & 0.241 \\
x_{16} & \frac{1}{5} & 1 & 1 & 1 & \frac{1}{3} & 1 & \frac{1}{15} & 0.637 & 0.083
\end{bmatrix}
$$

矩阵 4 - 1 景区基本情况的判断矩阵

$$
\begin{bmatrix}
 & x_{21} & x_{22} & M_i & \omega_i^{'} & \omega_i \\
x_{21} & 1 & 2 & 2 & 1.414 & 0.667 \\
x_{22} & \frac{1}{2} & 1 & \frac{1}{2} & 0.707 & 0.333
\end{bmatrix}
$$

矩阵 4 - 2 旅游基础设施状况的判断矩阵

$$
\begin{bmatrix}
 & x_{31} & x_{32} & M_i & \omega_i^{'} & \omega_i \\
x_{31} & 1 & 5 & 5 & 2.236 & 0.833 \\
x_{32} & \frac{1}{5} & 1 & \frac{1}{5} & 0.447 & 0.167
\end{bmatrix}
$$

矩阵 4 - 3 政府服务和管理水平的判断矩阵

$$
\begin{bmatrix}
 & x_1 & x_2 & x_3 & x_4 & M_i & \omega_i^{'} & \omega_i \\
x_1 & 1 & 3 & 3 & \dfrac{3}{5} & \dfrac{27}{5} & 1.524 & 0.3 \\
x_2 & \dfrac{1}{3} & 1 & 1 & \dfrac{1}{5} & \dfrac{1}{15} & 0.508 & 0.1 \\
x_3 & \dfrac{1}{3} & 1 & 1 & \dfrac{1}{5} & \dfrac{1}{15} & 0.508 & 0.1 \\
x_4 & \dfrac{5}{3} & 5 & 5 & 1 & \dfrac{125}{3} & 2.541 & 0.5
\end{bmatrix}
$$

矩阵 4-4　居民对旅游开发现状的判断矩阵

$$
\begin{bmatrix}
 & x_{41} & x_{42} & M_i & \omega_i^{'} & \omega_i \\
x_{41} & 1 & 2 & 2 & 1.414 & 0.667 \\
x_{42} & \dfrac{1}{2} & 1 & \dfrac{1}{2} & 0.707 & 0.333
\end{bmatrix}
$$

矩阵 4-5　旅游开发带来的经济收入的判断矩阵

其中，M 为判断矩阵每一行元素的积，计算公式为

$$
M_i = \prod_{j=1}^{p} b_{ij} \quad i = 1,2,\cdots,p ;
$$

式中 p 值表示指标个数，$\omega_i^{'}$ 为各行 M_i 的 p 次方根，计算公式为

$$
\omega_i^{'} = \sqrt[p]{M_i} \quad i = 1,2,\cdots,p ;
$$

ω_i 是对 $\omega_i^{'}$ 做归一化处理后所得到的各指标的权数，计算公式为

$$
\omega_i = \frac{\omega_i^{'}}{\sum\limits_{j=1}^{p} \omega_j^{'}} \quad i = 1,2,\cdots,p 。
$$

2. 对判断矩阵进行一致性检验

计算判断矩阵的最大特征根 $\lambda_{\max}$，$\lambda_{\max} = \dfrac{1}{p} \sum\limits_{i=1}^{p} \dfrac{(BW)_i}{\omega_i}$，其中，$p$ 为指标个数；W 为权数向量，$W = (\omega_1, \omega_2, \cdots, \omega_p)$；$B$ 表示判断矩阵。然后，计算衡量判断矩阵偏离一致性的指标 CI，$CI = \dfrac{\lambda_{\max} - p}{p - 1}$，其中，$p$ 为指标个

数;λ_{max} 为判断矩阵的最大特征根。最后,计算一致性比率 CR,$CR = \frac{CI}{RI}$,其中,RI 为随机一致性的标准。计算得判断矩阵的一致性比率 CR 都小于0.1,这说明5个判断矩阵都通过了一致性检验,即可以认定上述指标权数的确定具有合理性。

3. 权重合成

综合各层次的权数,得到主观赋权法的合成权数如表4-2所示。

表4-2　　　　居民对旅游开发现状满意度各项指标的主观权重

一级指标	二级指标	三级指标	主观权重
居民对旅游开发现状的满意度	对景区基本情况的满意度	景区主题和特色	0.128
		景区风光	0.025
		活动种类	0.025
		景区布局	0.025
		景区质量	0.072
		景区规模	0.025
	对旅游基础设施状况的满意度	公共设施	0.067
		旅游接待设施	0.033
	对政府服务与管理水平的满意度	政府开发管理旅游的水平	0.083
		旅游培训与教育服务	0.016
	对旅游开发所带来的经济收入的满意度	经济收入增长程度	0.333
		实际收入与预期间的差距	0.167

二　运用变异系数法确定权数

变异系数方法是指根据各个评价指标数值的变异程度来确定评价指标权数值的方法。变异系数法的基本步骤是:

设有 n 个被评价对象,被评价对象由 p 个指标来描述,显然各指标的均值 $\bar{x_i}$ 和方差 s_i^2 满足

$$\bar{x_i} = \frac{1}{n}\sum_{j=1}^{n} x_{ji} \qquad\qquad s_i^2 = \frac{1}{n-1}\sum_{j=1}^{n} (x_{ji} - \bar{x_i})^2$$

式中,x_{ji} 表示第 j 个被评价对象在第 i 项指标上的取值。

则各指标的变异系数 v_i 为

$$\nu_i = \frac{s_i}{\bar{x}_i} \qquad i = 1,2,\cdots,p$$

对 ν_i 做归一化处理，便可得个指标的权数

$$\upsilon_i = \frac{\nu_i}{\sum_{j=1}^{p} \nu_j} \qquad i = 1,2,\cdots,p$$

结合调研所得数据，根据公式可得居民对旅游开发现状满意度各项指标的客观权重，如表4-3所示。

表4-3　　　　居民对旅游开发现状满意度各项指标的客观权重

指标	标准差	均值	变异系数	客观权重
景区主题和特色	1.374	5.392	0.255	0.068
景区风光	1.374	5.435	0.253	0.067
活动种类	1.532	4.975	0.308	0.082
景区布局	1.456	5.125	0.284	0.075
景区质量	1.501	5.099	0.294	0.078
景区规模	1.375	5.010	0.274	0.073
公共设施	1.572	4.931	0.319	0.085
旅游接待设施	1.557	4.825	0.323	0.086
政府开发管理旅游的水平	1.573	4.654	0.338	0.090
旅游培训与教育服务	1.675	4.477	0.374	0.099
经济收入增长程度	1.621	4.582	0.354	0.094
实际收入与预期间的差距	1.710	4.299	0.398	0.105

三　主观赋权结果与客观赋权结果的合成

由于主、客观赋权结果之间的相互补偿作用甚弱，因此，可用乘法将两种赋权结果综合起来，即指标 x_i 的组合权数为 $\alpha_i \beta_i$，然后将它们做归一化处理，得到最终组合权数 ω_i，$\omega_i = \dfrac{\alpha_i \beta_i}{\sum_{i=1}^{p} \alpha_i \beta_i}$　其中，α_i 为指标 x_i 的主观赋权结果，β_i 为客观赋权结果。根据公式可得居民对旅游开发现状满意度综合评价指标体系的最终合成权数如表4-4所示。

表 4 - 4　　　　　　　居民对旅游开发现状满意度的最终合成权数

指标	主观权重	客观权重	综合权重
景区主题和特色	0.128	0.068	0.098
景区风光	0.025	0.067	0.019
活动种类	0.025	0.082	0.023
景区布局	0.025	0.075	0.021
景区质量	0.072	0.078	0.064
景区规模	0.025	0.073	0.021
公共设施	0.067	0.085	0.064
旅游接待设施	0.033	0.086	0.032
政府开发管理旅游的水平	0.083	0.090	0.085
旅游培训与教育服务	0.016	0.099	0.019
经济收入增长程度	0.333	0.094	0.355
实际收入与预期间的差距	0.167	0.105	0.199

根据综合权重值，我们可以把各个变量分为三类（见表 4 - 5）：

表 4 - 5　　　　　　　　　　综合权重值分类

综合权重值	变量
0.040 以上	景区质量、公共设施、政府开发管理旅游的水平、经济收入增长程度、实际收入与预期间的差距 5 个
0.020—0.040	活动种类、景区布局、经济规模、旅游接待设施 4 个
0.010—0.020	景区主题和特色、景区风光、旅游培训与教育服务 3 个

根据表 4 - 5 可以得出旅游开发地的景区质量、公共设施、政府开发管理旅游的水平、经济收入增长程度、实际收入与预期间的差距 5 个变量综合权重值在 0.040 以上，对居民满意度评价影响最大，活动种类、景区布局、经济规模、旅游接待设施 4 个变量综合权重值在 0.020—0.040，对居民满意度评价影响次之；旅游开发地的景区主题和特色、景区风光、

旅游培训与教育服务 3 个变量的综合权重值在 0.010—0.020，对居民满意度评价影响最小。根据综合权重的设定，下一章将在此基础上对各旅游开发地景区居民满意度进行测度。

第 五 章

西部少数民族地区旅游开发地居民
满意度典型案例实证分析

本章主要从经济、社会、环境和政策四个维度，以云南、广西、贵州、四川、内蒙古、重庆6个西部地区的典型少数民族为例，对旅游开发地居民满意度进行度量。

第一节　云南少数民族地区旅游
开发地居民满意度分析

一　居民对旅游开发的影响感知现状

在居民对旅游开发的影响感知中，本次调研从经济影响感知、社会影响感知、环境影响感知、政策环境影响感知四个方面进行差异分析。其中，用1—7等级方法表明居民感知程度的大小，然后进行差异分析（7表示完全同意，4表示中立，1表示完全不同意）。

表5-1的数据表明，旅游促进云南少数民族地区旅游开发地景区经济发展、开发前景可观、购物娱乐及服务条件改善、生活环境质量提高、旅游经营收入增加这5项的感知平均值均大于5，且变异系数都在0.3左右。这表明云南少数民族地区旅游开发地景区居民对旅游所带来的经济的正面影响感知都比较强，且离散程度较小，居民对此的感知还是比较集中的。同时，云南少数民族地区当地居民对旅游收入季节性明显的感知也比较大，为5.20。由于旅游开发日渐成熟，当地住宅物价相对以往也存在走高的趋势。

表5-1　　　　　云南少数民族地区居民对旅游开发地经济影响感知

指标	平均数	标准差	变异系数
旅游促进经济发展感知	5.51	1.71	0.31
旅游经营收入增加感知	5.05	1.84	0.37
购物、娱乐条件及服务质量改善感知	5.09	1.57	0.31
居住生活环境质量提高感知	5.08	1.71	0.34
旅游开发经济前景可观感知	5.43	1.45	0.27
指标	平均数	标准差	变异系数
旅游收入季节性明显感知	5.20	1.71	0.33
住宅物价大幅上涨感知	5.25	1.74	0.33
旅游收入分配不公感知	4.71	1.80	0.38
地区贫富差距变大感知	4.79	1.83	0.38
基本生活用品价格上涨影响生活质量感知	4.99	1.67	0.34
农用肥等生产资料价格上涨感知	4.79	1.62	0.34
外来投资增多感知	4.83	1.69	0.35
外出打工人数减少感知	4.43	1.78	0.40

另外，云南少数民族地区当地居民对外出打工人数减少、旅游收入分配不公、农用肥料价格上涨、地区贫富差距变大等的感知程度相对较小，均小于5。

表5-2的数据表明，旅游提高云南少数民族地区旅游开发地景区社会知名度、解决本地剩余劳动力和丰富居民生活的感知强烈，均大于5；其中，解决本地剩余劳动力感知的离散系数较大。旅游引发居民与游客、外来经营者之间冲突，犯罪和不良现象增加，日常生活受到干扰等负面社会影响感知都不大，均在5以下。

表5-2　　　　　云南居民对旅游开发地社会影响感知

指标	平均数	标准差	变异系数
旅游提高了本地社会知名度感知	5.70	1.44	0.25
旅游解决了本地剩余劳动力感知	5.35	3.76	0.70
游客丰富了本地居民生活感知	5.23	1.63	0.31

续表

指标	平均数	标准差	变异系数
客源竞争影响了本地居民间关系感知	4.06	2.03	0.50
有接受旅游职业技能培训的机会感知	4.37	1.88	0.43
旅游提高了当地风俗文化的流传感知	4.68	1.92	0.41
传统文化资源开发商业化、庸俗化感知	4.11	1.76	0.43
旅游使居民淳朴诚实的品质流失感知	3.80	1.98	0.52
居民日常生活受到干扰感知	3.62	2.00	0.55
犯罪和不良现象增加感知	3.48	2.08	0.60
旅游引发居民与游客间冲突感知	3.40	2.04	0.60
引发居民与旅游公司等外来经营者冲突感知	3.46	1.96	0.57

由表 5 – 3 数据可以看到，云南少数民族地区当地居民对改善了交通条件、自然环境得到有效开发和保护、投资环境大大改善等正面影响感知程度较大，且认识较一致，其感知的平均值均大于 5 而变异系数都小于0.4，这说明云南少数民族地区居民对旅游地普遍认同，感知比较理性。事实上，旅游开发会带来源源商机，也会借此改善当地的基础设施建设水平、公共服务水平。云南少数民族地区当地居民对噪音污染增多以及交通和人口过度拥挤这些负面影响的感知都比较小，这说明旅游开发给云南少数民族地区当地居民带来的负面影响在可控制的范围之内。

表 5 – 3　　　云南少数民族地区居民对旅游开发地环境影响感知

指标	平均数	标准差	变异系数
投资环境大大改善感知	5.33	1.60	0.30
自然环境得到有效开发和保护感知	5.37	1.60	0.30
旅游改善了当地交通条件感知	5.48	1.54	0.28
环境卫生状况改善感知	5.23	1.71	0.33
居民环保意识增强感知	5.14	1.75	0.34
交通和人口过度拥挤感知	4.30	1.88	0.44
噪声污染大幅增多感知	4.19	2.02	0.48

表 5 – 4 的数据表明，在政策环境影响感知这一方面，令云南少数民

族地区当地居民感知程度比较大的有国家政策支持与资金支持、政府大力宣传和开发商着力打造这三项，这说明国家政府部门对云南少数民族地区旅游业的支持和重视程度较高。而对于居民利益分配合理、拆迁政策公平合理以及提供旅游服务培训等具体政策的感知程度相对较小，这反映出在开发云南旅游的发展过程中，在居民利益分配上、拆迁政策的公平合理性上做得还较为欠缺，因而在开发后期对当地的旅游服务培训有待增加力度。

表5-4　　云南少数民族地区居民对旅游开发地政策环境影响感知

指标	平均数	标准差	变异系数
国家政策支持与资金支持感知	5.12	1.73	0.34
开发商着力打造旅游景区感知	5.07	1.66	0.33
政府鼓励旅游开发给予优惠感知	4.94	1.80	0.36
政府大力宣传感知	5.11	1.79	0.35
招商引资完善基础设施感知	4.90	1.85	0.38
居民对开发旅游的意识提高感知	4.95	1.68	0.34
政府为居民提供了旅游服务培训感知	4.42	1.93	0.44
政府的拆迁政策公平合理感知	4.36	1.96	0.45
政府、开发商、旅游公司、居民利益分配合理感知	4.35	1.90	0.44

二　居民对旅游开发现状的满意度

从居民对旅游开发现状的满意度（见图5-1）来看，云南少数民族地区居民对当地旅游开发现状还是很满意的，其综合满意度达到5.788。从各部分数据来看，居民对景区基本情况满意程度最高，对政府服务与管理水平的满意程度最低，这说明政府在相关方面还应有所加强，以改善当地旅游开发状况。

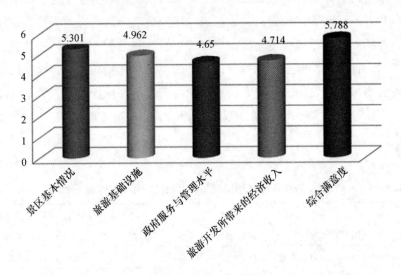

图5-1 云南少数民族地区居民对当地旅游开发的满意度情况

第二节 广西少数民族地区旅游
开发地居民满意度分析

一 居民对旅游开发的影响感知现状

在广西少数民族地区旅游开发地景区居民对旅游开发的影响感知中，本书调研从经济影响感知、社会影响感知、环境影响感知、政策环境影响感知四个方面进行了差异分析。其中，用1—7等级方法表明其感知程度的大小，然后进行了差异分析（7表示完全同意，4表示中立，1表示完全不同意）。

表5-5的数据表明，广西少数民族地区旅游开发地旅游促进经济发展、开发经济前景可观、经营收入增加、购物娱乐及服务条件改善、居住生活环境质量提高这5个方面的感知平均值均大于5，且变异系数都在0.3以下。这表明广西少数民族地区旅游开发地景区居民对旅游为经济所带来的正面影响感知都比较强，且离散程度较小。同时，广西少数民族地区当地居民对旅游收入季节性明显的感知比云南少数民族地区居民对此的感知更强烈，为5.69。广西少数民族地区居民对当地住宅物价大幅上涨

的感知为5.14，感知程度稍小于云南少数民族地区居民。

表5-5　　　　广西少数民族地区居民对旅游开发地经济影响感知

指标	平均数	标准差	变异系数
旅游促进经济发展感知	5.98	1.27	0.21
旅游经营收入增加感知	5.66	1.51	0.27
购物娱乐条件及服务质量改善感知	5.40	1.53	0.28
居住生活环境质量提高感知	5.36	1.58	0.29
旅游开发经济前景可观感知	5.77	1.15	0.20
旅游收入季节性明显感知	5.69	1.24	0.22
住宅物价大幅上涨感知	5.14	1.63	0.32
旅游收入分配不公感知	4.75	1.68	0.35
地区贫富差距变大感知	4.87	1.64	0.34
生活用品价格上涨影响生活质量感知	4.58	1.69	0.37
农用肥等生产资料价格上涨感知	4.77	1.57	0.33
外来投资增多感知	4.96	1.65	0.33
外出打工人数减少感知	4.70	1.83	0.39

另外，广西少数民族地区当地居民对于基本生活用品价格上涨影响生活质量、外出打工人数减少、旅游收入分配不公、农用肥等生产资料价格上涨、地区贫富差距变大、外来投资增多的感知程度依次递增，但感知程度均小于5。从表5-5中数据还可以看出，感知程度相对较小的方面其离散系数相对较大。

其中，少数民族地区居民对基本生活用品价格上涨影响生活质量的感知程度为4.58，小于云南少数民族地区居民对此的感知程度4.99。这与他们对住宅物价大幅上涨的感知差异是相对应的。

表5-6的数据表明，广西当地居民对旅游提高了本地社会知名度、解决本地剩余劳动力和丰富了居民生活的感知强烈，均大于5；对旅游提高了当地风俗文化的流传的感知为4.67。犯罪和不良现象增加、旅游引发居民与外来经营者、游客之间冲突、日常生活受到干扰以及客源竞争影响了本地居民间关系感知等负面社会影响感知依次递增，最小的为3.53，最大的为4.3。从表中数据可知，广西少数民族地区当地居民对社会影响

正面感知的变异系数小于负面感知，这说明旅游地的正面影响还是比较明显的，当地居民都比较明显地感知到了。

表5-6 广西少数民族地区居民对旅游开发地社会影响感知

指标	平均数	标准差	变异系数
旅游提高了本地社会知名度感知	5.65	1.56	0.28
旅游解决了本地剩余劳动力感知	5.11	1.62	0.32
游客丰富了本地居民生活感知	5.02	1.72	0.34
客源竞争影响了本地居民间关系感知	4.30	1.97	0.46
有接受旅游职业技能培训的机会感知	4.30	1.92	0.45
旅游提高了当地风俗文化的流传感知	4.67	1.74	0.37
传统文化资源开发商业化、庸俗化感知	4.10	1.70	0.41
旅游使居民淳朴诚实的品质流失感知	3.73	1.93	0.52
居民日常生活受到干扰感知	3.71	2.03	0.55
犯罪和不良现象增加感知	3.53	2.04	0.58
旅游引发居民与游客间冲突感知	3.57	1.90	0.53
引发居民与旅游公司等外来经营者冲突感知	3.54	1.89	0.53

由表5-7数据可以看到，广西少数民族地区当地居民对投资环境大大改善、自然环境得到有效开发和保护、环境卫生状况改善、改善了当地交通条件、居民环保意识增强这些正面的影响感知程度较大，且认识较一致，其感知的平均值均大于5，而变异系数都小于0.33。广西少数民族地区当地居民对噪音污染大幅增多以及交通和人口过度拥挤这些负面影响的感知比较小，分别为4.31和4.48，且两者的变异系数均在0.4以上。

表5-7 广西少数民族地区居民对旅游开发地环境影响感知

指标	平均数	标准差	变异系数
投资环境大大改善感知	5.34	1.61	0.30
自然环境得到有效开发和保护感知	5.29	1.66	0.31
旅游改善了当地交通条件感知	5.15	1.71	0.33
环境卫生状况改善感知	5.23	1.60	0.31

续表

指标	平均数	标准差	变异系数
居民环保意识增强感知	5.11	1.68	0.33
交通和人口过度拥挤感知	4.48	1.80	0.40
噪声污染大幅增多感知	4.31	1.93	0.45

表5－8的数据表明，在政策环境影响感知这一方面，广西少数民族地区当地居民感知程度比较大的有政府大力宣传、开发商着力打造、国家政策支持和资金支持这三项，其感知的均值分别是5.25、5.14及5.06。当地居民对于居民利益分配合理、拆迁政策公平合理、提供旅游服务培训的感知较小，均在4.5左右。感知程度在4.9左右的三项分别为政府鼓励旅游开发给予优惠、招商引资完善基础设施和居民对开发旅游的意识提高。

表5－8　　广西少数民族地区居民对旅游开发地政策环境影响感知

指标	平均数	标准差	变异系数
国家政策支持与资金支持感知	5.06	1.70	0.34
开发商着力打造旅游景区感知	5.14	1.64	0.32
政府鼓励旅游开发给予优惠感知	4.95	1.74	0.35
政府大力宣传感知	5.25	1.71	0.33
招商引资完善基础设施感知	4.92	1.85	0.38
居民对开发旅游的意识提高感知	4.90	1.83	0.37
政府为居民提供了旅游服务培训感知	4.57	1.99	0.44
政府的拆迁政策公平合理感知	4.45	1.91	0.43
政府、开发商、旅游公司、居民利益分配合理感知	4.41	1.97	0.45

二　居民对旅游开发现状的满意度

从居民对旅游开发现状的满意度（见图5－2）来看，广西少数民族地区居民对当地旅游开发现状仍不太满意，其综合满意度为4.742。从各部分数据来看，居民对景区基本情况满意程度最高，对旅游开发所带来的经济收入的满意程度最低，但这些数值都比综合满意度高。

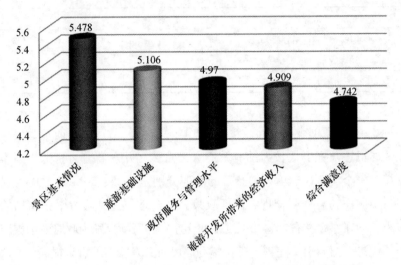

图 5 - 2 广西少数民族地区居民对当地旅游开发的满意度情况

第三节 贵州少数民族地区旅游
开发地居民满意度分析

一 居民对旅游开发的影响感知现状

在贵州少数民族地区旅游开发地居民对旅游开发的影响感知中，本书调研从经济影响感知、社会影响感知、环境影响感知、政策环境影响感知四个方面进行了差异分析。其中，用1—7等级方法表明其感知程度的大小，然后进行了差异分析（7表示完全同意，4表示中立，1表示完全不同意）。

表5-9的数据表明，贵州少数民族地区旅游开发地旅游促进经济发展、经济开发前景可观、经营收入增加、购物娱乐条件及服务质量改善、居住生活环境质量提高这5个方面的感知大小依次递减，平均值都大于5，最大值为5.65、最小值为5.02，且变异系数都在0.28以下。这表明贵州少数民族地区旅游开发地景区居民对旅游给经济所带来的正面影响感知都比较强，且离散程度较小。同时，贵州少数民族地区当地居民对旅游收入季节性明显的感知比较强，为5.62。贵州少数民族地区居民对住宅物价大幅上涨的感知为4.99，感知程度小于云南和广西两省的少数民

族地区居民。

表 5 - 9　　　贵州少数民族地区居民对旅游开发地经济影响感知

指标	平均数	标准差	变异系数
旅游促进经济发展感知	5.65	1.03	0.18
旅游经营收入增加感知	5.29	1.24	0.23
购物、娱乐条件及服务质量改善感知	5.18	1.21	0.23
居住生活环境质量提高感知	5.02	1.38	0.28
旅游开发经济前景可观感知	5.42	1.12	0.21
旅游收入季节性明显感知	5.62	1.22	0.22
住宅物价大幅上涨感知	4.99	1.24	0.25
旅游收入分配不公感知	4.41	1.47	0.33
地区贫富差距变大感知	4.42	1.44	0.33
基本生活用品价格上涨影响生活质量感知	4.43	1.31	0.29
农用肥等生产资料价格上涨感知	4.39	1.37	0.31
外来投资增多感知	4.94	1.34	0.27
外出打工人数减少感知	4.37	1.57	0.36

另外，贵州少数民族地区当地居民对于外出打工人数减少、农用肥等生产资料价格上涨、旅游收入分配不公、地区贫富差距变大、基本生活用品价格上涨影响生活质量、外来投资增多的感知程度依次递增，但均在 5 以下。

其中，贵州少数民族地区居民对基本生活用品价格上涨影响生活质量的感知程度为 4.43，小于广西少数民族地区居民对此的感知程度 4.58。这与他们对住宅物价大幅上涨的感知差异是相对应的。

由表 5 - 10 的数据表明，贵州少数民族地区当地居民对旅游提高社会知名度和解决了本地剩余劳动力的感知强烈，分别为 5.58 和 5.05；其次，对旅游丰富了本地区居民生活的感知，以及旅游提高了当地风俗文化的流传的感知次之，大小分别为 4.80 和 4.09；对旅游引发居民与旅游公司等外来经营者、与游客之间冲突的感知程度最小，分别为 3.06 和 3.13。

表5－10   贵州少数民族地区居民对旅游开发地社会影响感知

指标	平均数	标准差	变异系数
旅游提高了本地社会知名度感知	5.58	1.37	0.25
旅游解决了本地剩余劳动力感知	5.05	1.52	0.30
旅游丰富了本地居民生活感知	4.80	1.45	0.30
客源竞争影响了本地居民间关系感知	3.69	1.78	0.48
有接受旅游职业技能培训的机会感知	3.33	1.80	0.54
旅游提高了当地风俗文化的流传感知	4.09	1.44	0.35
传统文化资源开发商业化、庸俗化感知	3.79	1.30	0.34
旅游使本地居民淳朴诚实的品质流失感知	3.17	1.66	0.52
居民日常生活受到干扰感知	3.22	1.78	0.55
犯罪和不良现象增加感知	3.20	1.72	0.54
旅游引发居民与游客间冲突感知	3.13	1.73	0.55
引发居民与旅游公司等外来经营者冲突感知	3.06	1.68	0.55

从表5－10中数据可知，贵州少数民族地区当地居民对社会影响正面感知的均值基本上都要大于负面感知，而变异系数小于负面感知。与云南、广西少数民族地区的数据比较可知，在社会影响感知中，其感知大小在整体上要更小。

由表5－11数据可以看到，贵州少数民族地区当地居民对投资环境大大改善、环境卫生状况有所改善、自然环境得到有效开发和保护、改善了当地交通条件、居民环保意识增强这些正面影响感知程度较大，且认识较一致，其感知的平均值在4.99以上，而变异系数都小于0.27。当地居民对噪音污染大幅增多以及交通和人口过度拥挤这些负面影响的感知都比较小，分别为3.70和3.95，且两者的变异系数均在0.40以上。

表5－11   贵州少数民族地区居民对旅游开发地环境影响感知

指标	平均数	标准差	变异系数
投资环境大大改善感知	5.52	1.28	0.23
自然环境得到有效开发和保护感知	5.05	1.36	0.27
旅游改善了当地交通条件感知	5.02	1.38	0.27

指标	平均数	标准差	变异系数
环境卫生状况改善感知	5.16	1.34	0.26
居民环保意识增强感知	4.99	1.32	0.26
交通和人口过度拥挤感知	3.95	1.64	0.42
噪音污染大幅增多感知	3.70	1.65	0.45

表 5 - 12 的数据表明，在政策环境影响感知这一方面，贵州少数民族地区居民感知程度都比较小，均在 5 以下。其中，感知最强烈的为国家政策支持和资金支持感知，为 4.84。感知最小的为政府、开发商、旅游公司、居民利益分配合理感知，大小为 3.80。

表 5 - 12　　贵州少数民族地区居民对旅游开发地政策环境影响感知

指标	平均数	标准差	变异系数
国家政策支持与资金支持感知	4.84	1.54	0.32
开发商着力打造旅游景区感知	4.63	1.40	0.30
政府鼓励旅游开发给予优惠感知	4.29	1.68	0.39
政府大力宣传感知	4.65	1.55	0.33
招商引资完善基础设施感知	4.39	1.45	0.33
居民对开发旅游的意识提高感知	4.43	1.46	0.33
政府为居民提供了旅游服务培训感知	3.95	1.58	0.40
政府的拆迁政策公平合理感知	3.80	1.49	0.39
政府、开发商、旅游公司、居民利益分配合理感知	3.80	1.45	0.38

二　居民对旅游开发现状的满意度

从居民对旅游开发现状的满意度（见图 5 - 3）来看，贵州少数民族地区居民对当地旅游开发现状基本满意，其综合满意度为 5.068。从各部分数据来看，居民对景区基本情况满意程度最高，对政府服务与管理水平的满意程度最低。

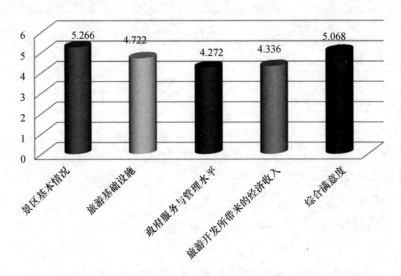

图5-3 贵州少数民族地区居民对当地旅游开发的满意度情况

第四节 四川少数民族地区旅游
开发地居民满意度分析

一 居民对旅游开发的影响感知现状

在四川少数民族地区旅游开发地居民对旅游开发的影响感知中，本书分别从经济影响感知、社会影响感知、环境影响感知、政策环境影响感知四个方面进行了差异分析。其中，用1—7等级方法表明其感知程度的大小，然后进行了差异分析（7表示完全同意，4表示中立，1表示完全不同意）。

从表5-13数据来看，四川少数民族地区在旅游收入季节性明显、旅游收入分配不公这两方面的感知度均大于6，且变异系数仅在0.2左右，这说明居民对此的感知强烈且集中。由此也说明当地旅游收入分配不公平度比较大。

另外，地区贫富差距变大、旅游促进经济发展、旅游经营收入增加、旅游开发经济前景可观这四个方面的感知平均值均大于5，且变异系数都在0.2左右。这表明旅游开发为当地带来了正面经济影响，但也造成了贫富差距的扩大。

表 5 – 13　　　四川少数民族地区居民对旅游开发地经济影响感知

指标	平均数	标准差	变异系数
旅游促进经济发展感知	5.36	0.97	0.18
旅游经营收入增加感知	5.16	0.99	0.19
购物、娱乐条件及服务质量改善感知	4.84	1.04	0.21
居住生活环境质量提高感知	4.80	1.03	0.21
旅游开发经济前景可观感知	5.05	1.00	0.20
旅游收入季节性明显感知	6.30	1.18	0.19
住宅物价大幅上涨感知	4.30	1.04	0.24
旅游收入分配不公感知	6.15	1.43	0.23
地区贫富差距变大感知	5.91	1.57	0.27
基本生活用品价格上涨影响生活质量感知	3.89	0.90	0.23
农用肥等生产资料价格上涨感知	3.71	0.80	0.22
外来投资增多感知	3.64	0.92	0.25
外出打工人数减少感知	3.49	0.97	0.28

　　相对而言，购物、娱乐条件及服务质量改善、居住生活环境质量提高、住宅物价大幅上涨、基本生活用品价格上涨影响生活质量、农用肥等生产资料价格上涨、外来投资增多、外出打工人数减少等这几方面的感知不是很强烈，这说明旅游开发为当地带来的负面经济影响不明显。

　　表 5 – 14 的数据表明，四川少数民族地区旅游社会影响整体感知比较低，其中旅游提高了本地社会知名度、旅游解决了本地剩余劳动力、游客丰富了本地居民生活、客源竞争影响了本地居民间关系这四方面的感知相对强烈一些。此外，有接受旅游职业技能培训的机会、旅游提高了当地风俗文化的流传、旅游使本地居民淳朴诚实的品质流失、传统文化资源开发商业化、庸俗化、居民日常生活受到干扰、犯罪和不良现象增加、旅游引发居民与游客间冲突这几方面的感知不强烈，且变异系数在 0.3 左右，这说明居民对此的感知较为集中。由以上分析可以看出旅游开发为当地带来的社会效应总体上很不明显。因此，当地政府和居民应在这方面加强自己的特色。

表5－14　　　　四川少数民族地区居民对旅游开发地社会影响感知

指标	平均数	标准差	变异系数
旅游提高了本地社会知名度感知	3.88	0.91	0.23
旅游解决了本地剩余劳动力感知	3.82	0.85	0.22
游客丰富了本地居民生活感知	3.64	0.86	0.24
客源竞争影响了本地居民间关系感知	3.54	0.88	0.25
有接受旅游职业技能培训的机会感知	3.43	0.89	0.26
旅游提高了当地风俗文化的流传感知	3.31	0.96	0.29
传统文化资源开发商业化、庸俗化感知	3.30	0.89	0.27
旅游使本地居民淳朴诚实的品质流失感知	3.30	0.93	0.28
居民日常生活受到干扰感知	3.21	0.90	0.28
犯罪和不良现象增加感知	3.02	0.93	0.31
旅游引发居民与游客间冲突感知	2.74	0.98	0.36
引发居民与旅游公司等外来经营者冲突感知	2.59	1.25	0.48

　　由表5－15中数据可以看到，四川少数民族地区居民对投资环境大大改善、旅游改善了当地交通条件、自然环境得到有效开发和保护、环境卫生状况改善、居民环保意识增强这五方面的感知相对较强烈。这说明旅游开发为当地带来了一定的正向环境效应。

表5－15　　　　四川少数民族地区居民对旅游开发地环境影响感知

指标	平均数	标准差	变异系数
投资环境大大改善感知	4.24	0.88	0.21
自然环境得到有效开发和保护感知	4.23	0.89	0.21
旅游改善了当地交通条件感知	4.24	0.87	0.20
环境卫生状况改善感知	4.08	0.94	0.23
居民环保意识增强感知	3.99	0.87	0.22
交通和人口过度拥挤感知	3.78	0.89	0.24
噪声污染大幅增多感知	3.58	1.01	0.28

　　相对而言，交通和人口过度拥挤、噪声污染大幅增多这两方面的感知不是很强烈，这说明旅游开发为当地带来的负向环境效应不是很明显。

表 5-16 的数据表明，在政策环境影响感知这一方面，四川少数民族地区当地居民感知程度比较大的是政府鼓励旅游开发给予优惠、开发商着力打造旅游景区、国家政策支持与资金支持、政府大力宣传这四项。其次是招商引资完善基础设施、居民对开发旅游的意识提高这两项。而对于政府为居民提供了旅游服务培训、政府的拆迁政策公平合理、政府开发商旅游公司居民利益分配合理等具体的政策感知程度相对较小。这些数据表明，四川少数民族地区政府对当地旅游开发的支持力度还是值得肯定的，但旅游开发商与居民的利益分配和政府的拆迁政策还有待合理化。最后，政府应为居民提供更多的旅游服务培训，以进一步提高当地的旅游开发水平。

表 5-16　　四川少数民族地区居民对旅游开发地政策环境影响感知

指标	平均数	标准差	变异系数
国家政策支持与资金支持感知	4.33	0.94	0.22
开发商着力打造旅游景区感知	4.40	0.89	0.20
政府鼓励旅游开发给予优惠感知	4.47	0.95	0.21
政府大力宣传感知	4.28	0.99	0.23
招商引资完善基础设施感知	3.97	1.07	0.27
居民对开发旅游的意识提高感知	3.61	1.07	0.30
政府为居民提供了旅游服务培训感知	3.39	1.12	0.33
政府的拆迁政策公平合理感知	3.10	1.17	0.38
政府、开发商、旅游公司、居民利益分配合理感知	2.46	1.36	0.55

二　居民对旅游开发现状的满意度

从居民对旅游开发现状的满意度（见图 5-4）来看，四川少数民族地区居民对当地旅游开发现状的综合满意度还比较低，其综合满意度仅为 4.869。从各部分数据看来，居民对景区基本情况满意程度最高，对旅游开发所带来的经济收入的满意度最低，这说明政府在促进旅游增加居民收入方面的作用还应有所加强，以改善当地旅游开发的状况。

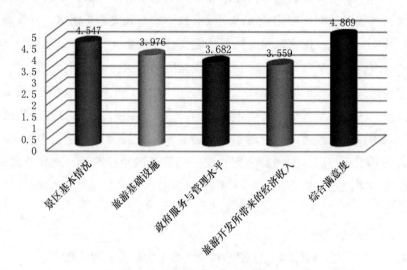

图5-4　四川少数民族地区居民对当地旅游开发的满意度情况

第五节　内蒙古少数民族地区旅游开发地居民满意度分析

一　居民对旅游开发的影响感知现状

在内蒙古少数民族地区旅游开发地居民对旅游开发的影响感知中,本书调研从经济影响感知、社会影响感知、环境影响感知、政策环境影响感知四个方面进行了差异分析。其中,用1—7等级方法表明其感知程度的大小,然后进行了差异分析(7表示完全同意,4表示中立,1表示完全不同意)。

表5-17的数据表明,内蒙古少数民族地区在旅游促进经济发展、旅游经营收入增加、旅游收入季节性明显、旅游开发经济前景可观这四方面的感知度均大于6,且变异系数仅在0.1左右,这说明居民对此的感知强烈且集中。另外,购物、娱乐条件及服务质量改善、居住生活环境质量提高、住宅物价大幅上涨这三个方面的感知平均值均大于5,且变异系数都在0.2以上。这表明旅游开发为当地带来的正面经济影响显著,但住宅价格大幅上涨也会使贫困人口居住困难。

表5–17　　　内蒙古少数民族地区居民对旅游开发地经济影响感知

指标	平均数	标准差	变异系数
旅游促进经济发展感知	6.96	0.20	0.03
旅游经营收入增加感知	6.82	0.48	0.07
购物、娱乐条件及服务质量改善感知	5.80	1.16	0.20
居住生活环境质量提高感知	5.48	1.20	0.22
旅游开发经济前景可观感知	6.32	0.96	0.15
旅游收入季节性明显感知	6.66	0.87	0.13
住宅物价大幅上涨感知	5.34	1.15	0.22
旅游收入分配不公感知	4.96	1.18	0.24
地区贫富差距变大感知	4.46	1.27	0.28
基本生活用品价格上涨影响生活质量感知	4.22	1.27	0.30
农用肥等生产资料价格上涨感知	3.18	1.71	0.54
外来投资增多感知	4.22	1.56	0.37
外出打工人数减少感知	3.54	1.37	0.39

　　同时，旅游收入分配不公、地区贫富差距变大、外来投资增多、基本生活用品价格上涨影响生活质量、外出打工人数减少、农用肥等生产资料价格上涨这几方面的感知不是很强烈，这说明旅游开发给当地带来的负面经济影响不明显。

　　在社会感知方面，从表5–18数据来看，旅游提高社会知名度的感知最强烈，感知程度为6.88且变异系数仅为0.06，这说明旅游开发确实提高了当地的社会知名度；此外，旅游解决了本地剩余劳动力、游客丰富了本地居民生活、传统文化资源开发商业化庸俗化、旅游提高了当地风俗文化的流传、客源竞争影响了本地居民间关系这五方面的感知也比较强，且变异系数在0.3左右，这说明居民对此的感知较为集中。由以上六方面可以看出，旅游开发为当地带来的正向社会效应是值得肯定的，但也应看到旅游开发使当地传统文化资源被商业化、庸俗化了。

表5－18   内蒙古少数民族地区居民对旅游开发地社会影响感知

指标	平均数	标准差	变异系数
旅游提高了本地社会知名度感知	6.88	0.44	0.06
旅游解决了本地剩余劳动力感知	4.92	1.44	0.29
游客丰富了本地居民生活感知	4.68	1.66	0.35
客源竞争影响了本地居民间关系感知	4.16	1.50	0.36
有接受旅游职业技能培训的机会感知	3.90	1.56	0.40
旅游提高了当地风俗文化的流传感知	4.28	1.20	0.28
传统文化资源开发商业化、庸俗化感知	4.52	1.63	0.36
旅游使本地居民淳朴诚实的品质流失感知	3.06	1.86	0.61
居民日常生活受到干扰感知	2.54	1.74	0.69
犯罪和不良现象增加感知	2.38	1.48	0.62
旅游引发居民与游客间冲突感知	2.26	1.40	0.62
引发居民与旅游公司等外来经营者冲突感知	2.26	1.35	0.60

　　相对来说，有接受旅游职业技能培训的机会、旅游使本地居民淳朴诚实的品质流失、居民日常生活受到干扰、犯罪和不良现象增加、旅游引发居民与游客间冲突、引发居民与旅游公司等外来经营者冲突这六方面的感知不是很强烈，这说明旅游开发给当地带来的负面经济影响不明显。

　　在环境感知方面，由表5－19中数据可以看到，内蒙古少数民族地区由于旅游开发使投资环境大大改善，居民对此的感知强烈且集中。而且，自然环境得到有效开发和保护、旅游改善了当地交通条件、环境卫生状况改善这三方面的感知也比较强烈，且感知的变异系数比较小，这说明居民对这三方面的感知比较集中。因此，旅游开发为当地带来的正向环境效应是值得肯定的。

　　相对而言，居民环保意识增强、交通和人口过度拥挤、噪声污染大幅增多这三方面的感知不是很强烈，这说明旅游开发给当地带来的负向环境效应不是很明显。

表5-19　　　内蒙古少数民族地区居民对旅游开发地环境影响感知

指标	平均数	标准差	变异系数
投资环境大大改善感知	5.98	1.19	0.20
自然环境得到有效开发和保护感知	4.84	1.48	0.31
旅游改善了当地交通条件感知	4.70	1.37	0.29
环境卫生状况改善感知	4.22	1.71	0.41
居民环保意识增强感知	3.70	1.40	0.38
交通和人口过度拥挤感知	2.66	1.49	0.56
噪声污染大幅增多感知	2.34	1.80	0.77

在政策环境影响感知方面，从表5-20数据来看，内蒙古少数民族地区当地居民感知程度最大的是开发商着力打造旅游景区和国家政策支持与资金支持这两项。其次是政府大力宣传、政府鼓励旅游开发给予优惠、招商引资完善基础设施、居民对开发旅游的意识提高这四项。而对于政府开发商旅游公司居民利益分配合理、政府的拆迁政策公平合理、政府为居民提供了旅游服务培训等具体的政策感知程度相对较小。

表5-20　　　内蒙古少数民族地区古居民对旅游开发地政策影响感知

指标	平均数	标准差	变异系数
国家政策支持与资金支持感知	6.24	1.33	0.21
开发商着力打造旅游景区感知	6.32	0.94	0.15
政府鼓励旅游开发给予优惠感知	5.54	1.36	0.25
政府大力宣传感知	5.88	1.45	0.25
招商引资完善基础设施感知	5.38	1.47	0.27
居民对开发旅游的意识提高感知	5.18	1.76	0.34
政府为居民提供了旅游服务培训感知	4.26	1.74	0.41
政府的拆迁政策公平合理感知	4.40	1.68	0.38
政府、开发商、旅游公司、居民利益分配合理感知	4.76	1.68	0.35

这些数据表明，内蒙古少数民族地区政府对当地旅游开发的支持力度是值得肯定的，但旅游开发商与居民的利益分配和政府的拆迁政策还有待

合理化。此外，政府应为居民提供更多的旅游服务培训，以进一步提高当地的旅游开发水平。

二 居民对旅游开发现状的满意度

从居民对旅游开发现状的满意度（见图 5 - 5）来看，内蒙古地区居民对当地旅游开发现状的综合满意度还比较低，其综合满意度仅为4.584。从各部分数据看来，居民对旅游基础设施满意程度最高，对旅游开发所带来的经济收入满意度最低，这说明政府应着力促进旅游开发对当地居民的增收效应。

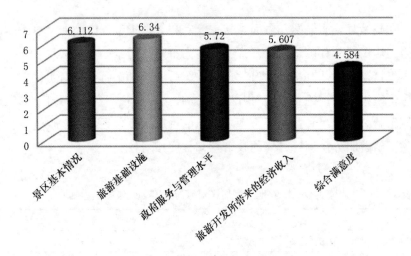

图 5 - 5　内蒙古少数民族地区居民对当地旅游开发的满意度情况

第六节　重庆少数民族地区旅游
开发地居民满意度分析

一 居民对旅游开发的影响感知现状

在居民对旅游开发的影响感知中，本书分别从经济影响感知、社会影响感知、环境影响感知、政策环境影响感知四个方面进行了差异分析。其中，用1—7 等级方法表明其感知程度的大小，然后进行了差异分析（7表示完全同意，4 表示中立，1 表示完全不同意）。

从表 5 - 21 数据分析可知，在经济影响感知上，重庆少数民族地区旅游开发经济前景可观的感知最强，变异系数仅为 0.24，这说明其离散系数最小，居民对此的感知很集中。另外，旅游促进经济发展、购物娱乐条件及服务质量改善、居住生活环境质量提高这三个方面的感知平均值均大于 5，且变异系数都在 0.3 左右。这几个数据表明，居民对旅游为经济所带来的正面影响感知都比较强，且离散程度较小，因此，居民对此的感知还是比较集中的。

表 5 - 21　　　　重庆少数民族地区居民对旅游开发地经济影响感知

指标	平均数	标准差	变异系数
旅游促进经济发展感知	5.31	1.60	0.30
旅游经营收入增加感知	4.97	1.61	0.32
购物、娱乐条件及服务质量改善感知	5.02	1.46	0.29
居住生活环境质量提高感知	5.16	1.46	0.28
旅游开发经济前景可观感知	5.47	1.30	0.24
旅游收入季节性明显感知	4.87	1.46	0.30
住宅物价大幅上涨感知	4.79	1.49	0.31
旅游收入分配不公感知	4.17	1.59	0.38
地区贫富差距变大感知	4.37	1.76	0.40
基本生活用品价格上涨影响生活质量感知	4.33	1.67	0.39
农用肥等生产资料价格上涨感知	4.38	1.55	0.35
外来投资增多感知	4.23	1.72	0.41
外出打工人数减少感知	4.13	1.88	0.45

在社会影响感知上，表 5 - 22 数据分析表明，旅游提高社会知名度的感知最强烈，感知程度为 5.64，且变异系数较小，这说明旅游开发确实提高了当地的社会知名度；游客丰富了本地居民生活、旅游解决了本地剩余劳动力这两方面的感知也比较强，且变异系数在 0.3 以上，这说明居民对此的感知较为集中。由以上三方面可以看出，旅游开发为当地带来的正向社会效应是值得肯定的。

同时，旅游提高了当地风俗文化的流传、有接受旅游职业技能培训的机会、传统文化资源开发商业化庸俗化、客源竞争影响了本地居民间关系、居民日常生活受到干扰、旅游使本地居民淳朴诚实的品质流失、犯罪和不良现象增加、引发居民与旅游公司等外来经营者冲突、旅游引发居民与游客间冲突这九方面的感知不是很强烈。

犯罪和不良现象增加、引发居民与旅游公司等外来经营者冲突、旅游引发居民与游客间冲突这三方面虽感知较弱，但变异系数较大。这说明旅游开发所带来的负面影响还是存在的，这些方面的问题还有待解决或改进。

表 5 -22   重庆少数民族地区居民对旅游开发地社会影响感知

指标	平均数	标准差	变异系数
旅游提高了本地社会知名度感知	5.64	1.28	0.23
旅游解决了本地剩余劳动力感知	4.73	1.69	0.36
游客丰富了本地居民生活感知	4.87	1.70	0.35
客源竞争影响了本地居民间关系感知	3.60	2.04	0.57
有接受旅游职业技能培训的机会感知	3.92	1.97	0.50
旅游提高了当地风俗文化的流传感知	4.27	1.93	0.45
传统文化资源开发商业化、庸俗化感知	3.64	1.84	0.51
旅游使本地居民淳朴诚实的品质流失感知	3.05	2.03	0.66
居民日常生活受到干扰感知	3.12	2.14	0.69
犯罪和不良现象增加感知	2.60	1.99	0.76
旅游引发居民与游客间冲突感知	2.53	1.81	0.71
引发居民与旅游公司等外来经营者冲突感知	2.60	1.89	0.73

在环境感知方面，由表 5 -23 中数据可以看到，重庆少数民族地区自然环境得到有效开发和保护、环境卫生状况改善、投资环境大大改善、旅游改善了当地交通条件、居民环保意识增强这五方面的感知程度均大于5，且变异系数均小于0.3，这说明居民对这五方面的感知强烈且集中。因此，旅游开发为当地带来的正向环境效应是值得肯定的。而且，交通和人口过度拥挤、噪声污染大幅增多两方面的感知不是很强烈且变异系数较大，这说明旅游开发给当地带来的负向环境效应不是很明显。

表5－23　　　　重庆少数民族地区居民对旅游开发地环境影响感知

指标	平均数	标准差	变异系数
投资环境大大改善感知	5.35	1.49	0.28
自然环境得到有效开发和保护感知	5.43	1.33	0.24
旅游改善了当地交通条件感知	5.35	1.43	0.27
环境卫生状况改善感知	5.38	1.45	0.27
居民环保意识增强感知	5.23	1.48	0.28
交通和人口过度拥挤感知	3.40	1.98	0.58
噪声污染大幅增多感知	3.12	1.93	0.62

　　在政策影响感知上，表5－24的数据表明，在政策影响感知这一方面，重庆少数民族地区当地居民感知程度比较大的有政府大力宣传、国家政策支持和资金支持与开发商着力打造旅游景区这三项。而对于政府开发商旅游公司居民利益分配合理、政府的拆迁政策公平合理以及政府为居民提供了旅游服务培训等具体的政策感知程度相对较小。

表5－24　　　　重庆少数民族地区居民对旅游开发地政策影响感知

指标	平均数	标准差	变异系数
国家政策支持与资金支持感知	4.83	1.60	0.33
开发商着力打造旅游景区感知	4.97	1.51	0.30
政府鼓励旅游开发给予优惠感知	4.77	1.65	0.35
政府大力宣传感知	4.98	1.56	0.31
招商引资完善基础设施感知	4.72	1.59	0.34
居民对开发旅游的意识提高感知	4.74	1.50	0.32
政府为居民提供了旅游服务培训感知	4.25	1.86	0.44
政府的拆迁政策公平合理感知	4.14	1.77	0.43
政府、开发商、旅游公司、居民利益分配合理感知	4.11	1.77	0.43

二　居民对旅游开发现状的满意度

　　从居民对旅游开发现状的满意度（见图5－6）来看，重庆少数民族地区居民对当地旅游开发现状的综合满意度还比较低，其综合满意度仅为

3.853。从各部分数据看来，居民对景区基本情况满意程度最高，对旅游开发所带来的经济收入的满意度最低，这说明政府应着力促进旅游开发对当地居民的增收效应。

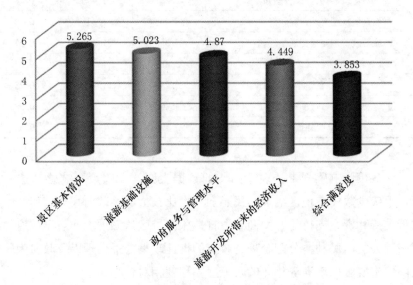

图5-6 重庆少数民族地区居民对当地旅游开发的满意度情况

第七节 六个地区的对比分析

由表5-25中数据可以看出，在所调研的六个地区中，通过模型分析出的综合满意度来看，云南地区排名第一，贵州排名第二，四川排名第三。这与我们实际调研中得出的满意度是一致的，一方面验证了所建模型的正确性，另一方面也说明了云南、贵州少数民族地区的开发现状较好。重庆、内蒙古少数民族地区的满意度总体较低，当地政府、居民应从自己的实际出发，找出问题所在，多向云南、贵州等地学习，尽快将当地的旅游开发水平提升一个档次，提高当地居民对旅游开发的满意度。四川、广西少数民族地区的综合满意度在所调研的六个地区中处于中间地带，这两个地区也应向云南、贵州学习，提升当地的旅游开发水平，从而提高当地居民对旅游开发的满意度。

表 5 - 25 六个地区满意度的对比分析

排名	地区	综合满意度
1	云南	5.788
2	贵州	5.068
3	四川	4.869
4	广西	4.742
5	内蒙古	4.584
6	重庆	3.853

第六章

西部少数民族地区旅游开发地居民
满意度的影响因素与驱动机制分析

上一章对西部6个省、市、自治区少数民族地区典型旅游开发地居民满意度进行了实证分析，那么影响这些地区居民满意度的因素有哪些呢？本章在前文研究的基础上，对这些少数民族地区旅游开发地居民满意度影响因素做进一步的分析。

第一节　基于灰色关联理论的居民
满意度影响因素分析

一　关联度分析的理论

关联度是事物之间、因素之间关联性大小的量度。它定量地描述了事物或因素之间相对变化的情况，即变化的大小、方向与速度等的相对性。关联系数仅起到排序比较的作用，系数本身的大小不能说明任何问题。

用灰色关联度分析方法进行综合评价的具体步骤是：

（1）构造参考序列

参考序列是指用来作为标准或者依据的数据体系。

本文的参考序列设为 $\{x_0(t)\} = \{x_{01}, x_{02}, \cdots, x_{0n}\}$

（2）构造比较矩阵

比较矩阵由比较数列构成。比较数列是指用于与参考数列进行对比的数列。

与参考数列构造进行关联程度比较的 p 个数列（常称为比较数列）

结构为:

$$\left\{X_1(t),X_2(t),\cdots X_n(t) = \begin{bmatrix} X_{11} & X_{12} & \cdots & X_{1n} \\ X_{21} & X_{22} & \cdots & X_{2n} \\ \cdots & \cdots & \cdots & \cdots \\ X_{n1} & X_{n2} & \cdots & X_{nn} \end{bmatrix}\right\}$$

上式中, X ——数据值; i ——第 i 个对象; t ——第 t 时期; j ——第 j 个指标; $i=0$ 时为参考值; x_{ij} ——比较数列各个数据; p ——第 p 个对象; n ——数列的数据长度, 即数据的个数。

(3) 求两级最大差 $\Delta(\max)$ 和两级最小差 $\Delta(\min)$

①要先计算各被评价对象序列与参考序列间的绝对差序列, 计算公式为

$$\Delta_{ij} = x_{ij} - 1 \quad i = 1,2,\cdots,n\ ;\ j = 1,2,\cdots,n$$

②在此基础上, 依公式

$$\Delta(\max) = \max \max (\Delta_{ij})$$

$$\Delta(\min) = \min \min (\Delta_{ij})$$

就可求得两级最大差 $\Delta(\max)$ 和两级最小差 $\Delta(\min)$

(4) 计算关联度

先计算关联系数

$$\xi_{ij} = \frac{\Delta(\min) + \rho\Delta(\max)}{\Delta_{ij} + \rho\Delta(\max)}$$

其中 ρ 为分辨系数, $0 < \rho < 1$

然后按公式

$$\gamma_i = \frac{1}{P}\sum_{j=1} \zeta_{ij}$$

计算第 i 个被评价对象与最优参考序列间的关联度。

(5) 计算综合评价系数 E_i

计算公式为 $E_i = \gamma_i * 100$

(6) 比较和排序

γ_i 反映的是第 i 个被评价对象与评价标准序列 γ_{oi} 相互关联的程度。

因此，如果 $E_i > E_j$，则表明第 i 个样本比第 j 个样本好。根据 $\{E_i\}$ 就可以对被评价对象做出排序和比较分析。

二　居民满意度与经济因素的关联度分析

根据前文对 6 个省、市、自治区所调查地区旅游开发地居民满意度的测度，采用灰色关联度方法分析总体的居民满意度与经济因素的关联度，实证结果如图 6 - 1 所示。从图 6 - 1 可以看出，居住生活环境质量提高和旅游促进经济发展与居民总体满意度的关联度最高，其次是旅游开发经济前景可观与居民总体满意度的关联度，这表明西部少数民族地区旅游开发地景区周围居民最关心的是自己的生活质量和当地经济发展。相比较而言，外出打工人数减少、农用肥等生产资料价格上涨、地区贫富差距变大的感知与其满意度的关联度较小。

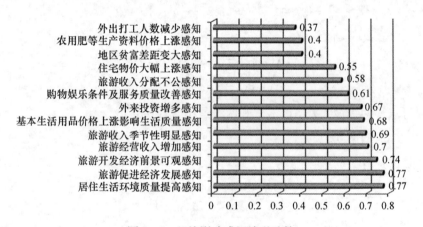

图 6 - 1　经济影响感知关联系数

三　居民满意度与社会因素的关联度分析

调研结果显示，旅游开发对传统文化资源开发的商业化、庸俗化与当地居民总体满意度有很大的关系，其关联系数达到 0.79；其次，旅游提高了本地社会知名度和游客丰富了本地居民生活与居民总体满意度也有很大的关联，关联系数都达到了 0.75。这说明随着传统文化资源的开发，旅游提高了本地社会知名度，游客也丰富了居民的日常生活，相应地，当地居民的满意度也会增加。相比较而言，引发居民与旅游公司等外来经营者冲突、犯罪和不良现象增加、旅游使本地居民淳朴诚实的品质流失与其满意度的关联度较小。具体关联度数据如图6-2所示。

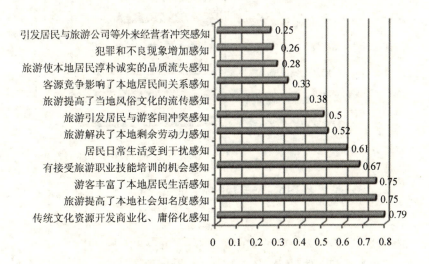

引发居民与旅游公司等外来经营者冲突感知 0.25
犯罪和不良现象增加感知 0.26
旅游使本地居民淳朴诚实的品质流失感知 0.28
客源竞争影响了本地居民间关系感知 0.33
旅游提高了当地风俗文化的流传感知 0.38
旅游引发居民与游客间冲突感知 0.5
旅游解决了本地剩余劳动力感知 0.52
居民日常生活受到干扰感知 0.61
有接受旅游职业技能培训的机会感知 0.67
游客丰富了本地居民生活感知 0.75
旅游提高了本地社会知名度感知 0.75
传统文化资源开发商业化、庸俗化感知 0.79

0 0.1 0.2 0.3 0.4 0.5 0.6 0.7 0.8

图6-2 社会影响感知关联系数

四 居民满意度与环境因素的关联度分析

从调研结果中可以看出，投资环境大大改善与当地居民总体满意度有很大的关系，它会提高当地居民总体满意度；其次，旅游改善了当地交通条件与当地居民总体满意度有很大的关联。最后，居民环保意识增强也与当地居民总体满意度有很大的联系。相比较而言，与交通和人口过度拥挤、噪声污染大幅增多的关联度较小。具体数据如图6-3所示。

五 居民满意度与政策环境的关联度分析

由图6-4可以看出，居民对开发旅游的意识提高与当地居民总体满意度的关联度最高，政府的拆迁政策公平合理和政府大力宣传与当地居民总体满意度的关联度相同。开发商着力打造旅游景区与当地居民总体满意度的关联度也比较高。相比较而言，政府开发商旅游公司居民利益分配的合理性、政府为居民提供了旅游服务培训与居民总体满意度的关联度较小。

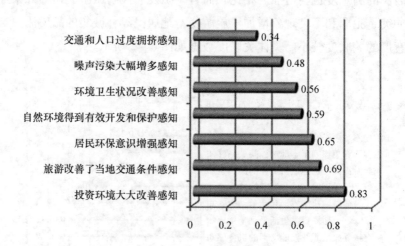

图 6 – 3　环境影响感知关联系数

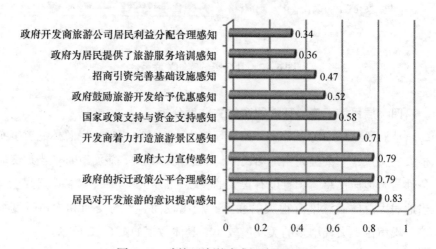

图 6 – 4　政策环境影响感知关联系数

六　总体满意度与经济、社会、环境、政策的关联度

由图 6 – 5 可以看出，政策影响感知与总体满意度的关联度最高，其次是环境影响和社会影响与总体满意度的关联度。经济影响与总体满意度的关联度最低。

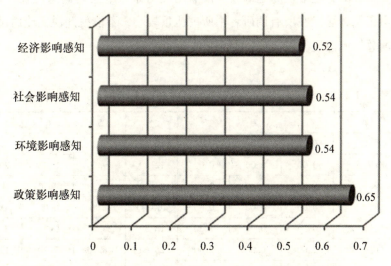

图 6-5　总体满意度与经济、社会、环境、政策等的关联度

第二节　影响居民满意度的交叉列联表分析

如果把居民感知看作一种特定环境下对旅游开发的"反应"，那么引致个体间反应不同的原因就在于不同的个体特征，通常可将这些特征划分为物质资本、人力资本、社区因素、政治资本、地理位置等，它们在很大程度上决定着个体在旅游开发中所扮演的角色及感知。根据样本范围，本书选取民族、年龄、受教育程度、职业、月收入为影响因素，分别通过与居民满意度的交叉列联表分析得出对居民满意度的影响程度。

一　居民满意度与居民民族的交叉列联表分析

通过居民民族与总体满意度的交叉列联表分析（见表 6-1）发现，除了羌族以外，其他 9 个居民民族对景区的总体满意度在 5 以上的均有一半以上的人口，羌族居民对景区的总体满意度在 5 以上的仅占 31.5%。黎族、蒙古族、瑶族、普米族的居民对景区的总体满意度全部都在 5 以上。其次是布依族居民，他们对景区的总体满意度在 5 以上的占 87.6%；最后是摩梭人和壮族居民，他们对景区的总体满意度在 5 以上的占

85.7%。满意度最低的是侗族，没有居民对景区的总体满意度在5以上。但由于侗族居民在所有调研者中所占比重较小，不能就此说侗族居民对景区的总体满意度很低。

表6-1　　　　　　　居民民族与满意度的列联表分析

民族	1	2	3	4	5	6	7
白族	6.70	4.20	4.20	10.90	17.20	29.70	27.20
布依族	0.00	0.00	0.00	12.50	29.20	29.20	29.20
藏族	0.00	0.00	9.10	27.30	54.50	4.50	4.50
侗族	0.00	0.00	0.00	100.00	0.00	0.00	0.00
汉族	0.30	0.70	1.30	16.80	24.20	18.90	37.70
回族	2.60	0.00	2.60	25.60	48.70	7.70	12.80
黎族	0.00	0.00	0.00	0.00	0.00	100.00	0.00
傈僳族	0.00	0.00	0.00	25.00	0.00	50.00	25.00
蒙古族	0.00	0.00	0.00	0.00	0.00	0.00	100.00
苗族	2.80	3.30	1.10	7.70	19.90	27.10	38.10
摩梭人	0.00	0.00	0.00	14.30	57.10	0.00	28.60
纳西族	0.00	12.50	0.00	12.50	37.50	25.00	12.50
普米族	0.00	0.00	0.00	0.00	28.60	42.90	28.60
羌族	0.00	1.40	19.20	47.90	31.50	0.00	0.00
土家族	1.70	1.10	3.40	9.10	33.00	29.50	22.20
瑶族	0.00	0.00	0.00	0.00	0.00	0.00	100.00
彝族	0.00	0.00	0.00	33.30	33.30	0.00	33.30
壮族	0.00	0.00	3.60	10.70	21.40	17.90	46.40
合计	2.30	2.00	3.60	15.10	25.50	22.70	28.80

二　居民满意度与居民年龄的交叉列联表分析

居民年龄对景区的总体满意度的影响不大，各年龄段均有一半以上的居民对景区的总体满意度在5以上。其中年龄在18岁以下的居民满意度最高，他们对景区的总体满意度在5以上的占100%；再次是年龄在18—35岁的居民，他们对景区的总体满意度在5以上的占82.9%；其次是年龄在60岁以上的居民，他们对景区的总体满意度在5以上的占82.5%；

最后是 35—60 岁的居民，他们对景区的总体满意度在 5 以上的占 71%（见表 6 - 2）。

表6 - 2		居民年龄与满意度的列联表分析				单位:%	
年龄	1	2	3	4	5	6	7
18 岁以下	0.00	0.00	0.00	0.00	15.40	15.40	69.20
18—35 岁	1.60	1.60	2.60	11.30	22.40	25.90	34.60
35—60 岁	3.40	2.20	4.80	18.60	28.10	22.10	20.80
60 岁以上	0.00	2.50	1.70	13.30	25.00	16.70	40.80
合计	2.30	2.00	3.60	15.10	25.50	22.70	28.80

三　居民满意度与居民受教育程度的交叉列联表分析

居民受教育程度对景区的总体满意度的影响不大，各个教育阶段均有一半以上的居民对景区的总体满意度在 5 以上。其中，受教育程度为高中或职高的居民对景区的总体满意度最高，他们对景区的总体满意度在 5 以上的占 81.7%；其次是受教育程度为初中的居民，他们对景区的总体满意度在 5 以上的占 77.2%；再次是受教育程度为小学以下的居民，他们对景区的总体满意度在 5 以上的占 74.2%；最后满意度最低的是受教育程度为大学或大专的居民，他们对景区的总体满意度在 5 以上的占 73.5%（见表 6 - 3）。

表6 - 3		居民受教育程度与满意度的列联表分析				单位:%	
受教育程度	1	2	3	4	5	6	7
小学及以下	1.60	1.60	4.20	18.40	28.40	16.80	29.00
初中	3.30	2.40	3.10	14.00	25.10	25.10	27.00
高中/职高	2.40	2.00	4.00	9.70	24.30	28.30	29.10
大学/大专	0.80	1.50	3.00	21.20	22.70	18.20	32.60
硕士及以上	0.00	0.00	0.00	0.00	0.00	0.00	100.00
合计	2.30	2.00	3.60	15.10	25.50	22.70	28.80

四 居民满意度与居民职业的交叉列联表分析

从表6-4可知，居民职业对景区的总体满意度的影响不大，各种职业居民对景区的总体满意度在5以上的均有一半以上。其中，公务员对景区的总体满意度最高，他们对景区的总体满意度在5以上的占88.4%；其次是工人，他们对景区的总体满意度在5以上的占86.2%；再次是专业技术人员，他们对景区的总体满意度在5以上的占81.6%；最后是其他行业的居民，他们对景区的总体满意度在5以上的仅占57.1%。

表6-4　　　　　　　　　　居民职业与满意度的列联表分析　　　　　　　单位:%

职业	1	2	3	4	5	6	7
公务员	0.00	0.00	2.30	9.30	20.90	34.90	32.60
企业管理者	0.00	0.00	4.30	17.40	17.40	17.40	43.50
服务行业人员	2.60	2.10	7.30	13.60	25.10	27.20	22.00
专业技术人员	0.00	0.00	0.00	18.40	21.10	15.80	44.70
个体商户	3.70	2.00	3.40	18.80	30.60	17.70	23.90
农民	1.50	2.10	2.40	12.80	24.10	23.20	33.90
工人	2.70	2.70	2.70	5.50	20.50	31.50	34.20
教育文化工作者	0.00	0.00	6.50	22.60	25.80	22.60	22.60
其他	4.80	9.50	0.00	28.60	9.50	19.00	28.60
合计	2.30	2.00	3.60	15.10	25.50	22.70	28.80

五 居民满意度与居民月收入的交叉列联表分析

居民月收入对景区的总体满意度的影响不大，各收入阶段居民对景区的总体满意度在5以上的均有一半以上。其中，月收入在800—1500元的居民对景区的总体满意度在5以上的占81.5%；其次是月收入在1500—2500元的居民，他们对景区的总体满意度在5以上的占80.7%；再次是月收入在5000元以上的居民，他们对景区的总体满意度在5以上的占77.7%；最后是月收入在2500—5000元的居民，他们对景区的总体满意度在5以上的占65.3%（见表6-5）。

表6-5　　　　　　　　居民月收入与满意度的列联表分析　　　　　单位:%

月收入	1	2	3	4	5	6	7
800 元以下	3.00	3.00	4.90	17.70	23.30	19.90	28.20
800—1500 元	1.70	1.90	2.80	12.10	26.00	24.10	31.40
1500—2500 元	3.30	1.30	2.10	12.60	27.60	25.90	27.20
2500—5000 元	0.80	1.70	6.60	25.60	24.80	18.20	22.30
5000 元以上	3.20	1.60	3.20	14.30	25.40	20.60	31.70
合计	2.30	2.00	3.60	15.10	25.50	22.70	28.80

第三节　结果分析

有关居民旅游感知影响因素的研究一直是旅游感知研究的一个焦点问题，少数民族地区旅游开发地居民的综合满意度涵盖和体现为经济影响感知、社会影响感知、环境影响感知、政策影响感知，受到了经济、社会、环境和政策的影响，同时受到了民族、年龄、受教育程度、职业、收入等人口统计学微观层面因素的影响。基于上述对影响西部少数民族旅游开发地居民满意度因素的实证分析，下面总结了影响居民满意度的几个因素。

一　经济因素

从上文实证研究可以看出，居民生活质量提高和旅游促进经济发展与居民总体满意度的关联度最高，其次是旅游开发经济前景可观与居民总体满意度的关联度。相比较而言，外出打工人数减少、农用肥等生产资料价格上涨、地区贫富差距变大等与居民总体满意度的关联度较小。一方面，这说明了提高居民生活质量、促进经济发展、提高旅游开发经济前景等都能够有效提高居的满意度。另一方面，这也说明了地区贫富差距变大与居民满意度关联性较小，所以调整地区贫富差距可能对提高居民的满意度影响较小。

二　社会因素

实证研究表明，增强旅游对传统文化资源的开发，有利于提高当地居民的满意度；其次，通过提高当地社会知名度、增加游客丰富本地居民生活有利于提高本地居民的满意度。然而，引发居民与旅游公司等外来经营者冲突、犯罪和不良现象的增加、旅游使本地居民淳朴诚实的品质流失等负面社会感知因素与居民较小的满意度关联性，则一定程度上说明了这些因素的增强对增加当地居民的满意度影响较小。

三　环境因素

良好的环境对于改善旅游开发地居民的满意度具有正向效应。从实证结果中可以了解到，如果大力改善当地投资环境、改善当地交通条件等，则能显著增加当地居民的满意度。另外，增强居民的环保意识有助于提高当地居民的总体满意度。反之，交通和人口过度拥挤、噪声污染大幅增多，则对提高当地居民的满意度影响较小。

四　政策因素

旅游业能够为政府提供大量的经济利益，包括吸引外来投资、创造就业机会以及增强影响力等。反过来，政府也应为旅游业的发展创造良好的环境和条件，如提高居民对旅游的开发意识，提供公平合理的拆迁政策，加大对当地旅游开发的宣传力度，以及促进政府、开发商、旅游公司、居民利益分配的合理性等。由上文实证研究结果可以看出，提高居民对旅游的开发意识、公平合理的政府拆迁政策、加大政府对当地旅游开发的宣传力度，都有利于提高当地居民的总体满意度。相比较而言，如果旅游利益在政府、开发商、旅游公司和居民利益之间的分配不合理，以及政府对居民提供旅游服务培训等，对增强当地居民的满意度影响较小。

五　人口统计学因素

（1）民族

我们可以从实证研究分析中看到，对于黎族、蒙古族、瑶族、普米族居民来说，对旅游业的总体满意度较高；而对于其他民族而言，满意度则相对较低。不同的民族有不同的文化，由此带来的认知就不一样。

（2）年龄

越年轻的居民满意度越高，年老的居民满意度相对较低，这可以用经济学中的"边际效用递减"规律来说明。例如，政府给旅游地带来一单位的投资，给老年人带来的满意度可能就要比年轻人弱一些，因为政府带来的投资可能给予年轻人更多的就业和发展机会。

（3）受教育程度

总体上，受教育程度越高，其满意度越高。受教育水平的高低不仅关系到就业、收入等物质层面，还会影响认知等精神层面，受教育程度越高，在经济、社会、环境方面的感知也越强烈。但是，如果旅游地的发展状况与高学历者（如调查中涉及的大学及以上学历者）对旅游地满意感知相违背时，那么受教育程度越高，则会出现满意度较低的现象。因为在一般意义上，受教育程度越高的人，看待事物就会越显客观和理性，并且对事物的品位和发展要求较高。一旦旅游开发地出现经济社会发展受阻、生态遭受破坏和政策支持力度不够的情况，受教育程度高的人就容易在头脑中形成"现实和理想"之间的落差，从而形成高学历者满意度最低的悖论。

（4）职业和收入

对职业而言，总体上满意度从高到低依次为公务员、工人、专业技术人员、其他行业的居民，这主要是因为靠前的从业者收入和社会福利较好，故满意度较高。从月收入而言，家庭月收入越高的个体，其总体满意度越高。这说明收入的增加有利于提高居民的满意度。

第四节　提高西部少数民族地区旅游开发地居民满意度的驱动机制

一　经济发展机制

旅游开发地居民满意度更多地取决于收入，较高的收入能够提升当地居民的生活质量，从而提高其整体满意度。从宏观层面而言，良好的经济发展水平能够提升当地居民的收入和满意度。因此，首先要注意不断引进外来投资，这有助于解决部分当地居民的就业，增加其收入，实现旅游发展和居民满意度提升的双赢。其次，在旅游开发中，要营造良好的发展环境，提高旅游开发所带来的经济前景的可观性。

另外，少数民族地区旅游开发地的收入，随着当地的经济发展也会存在不均等的现象。当地经济增长的成果如果不能够合理地进行分配，居民生活满意度同样不能随人均收入的增加而提高。因此，政府部门首先应该采取相应措施来缩小旅游收入差距，维护社会心理平衡；其次要建立相应的监管与分配机制，正确处理好当地居民与旅游公司之间的旅游收益分配问题。另外，当地居民要提高自身的文化素质，系统学习旅游业经营的知识，相互交流学习，先富帮后富，有经验的帮经验少或者没经验的；当然，政府也应该积极提供硬条件和软条件，比如改善基础设施以及聘请专家讲座等。

二　社会发展机制

良好的社会发展有利于提高居民满意度。西部少数民族地区旅游开发地的社会发展内容丰富，包含了传统文化、民俗文化旅游的挖掘，以及在旅游发展中带来的治安问题的改善等，因此，加强对传统民俗文化的挖掘，不断壮大对传统文化旅游的发展，有利于吸引外来投资者或游客，提升当地旅游知名度，提高当地居民的满意度。当然，旅游开发也有一定的负面影响，因为传统民俗文化可能会遭到破坏，这就要求当地政府建立健全旅游开发与传统民俗文化融合协调的发展机制。

此外，随着外来人口的增多，也会在一定程度上给当地的治安环境带来影响，而平安稳定是百姓之福、发展之本、执政之基、为政之责，因此，应该以维护当地居民的根本利益为出发点和落脚点，以民意为导向，深化平安建设，对各类违法犯罪活动进行严厉打击，创造良好的治安环境，从而有利于更好地促进当地旅游上的发展和提升居民的安全感和满意度。

三　环境改善机制

在旅游开发初期，如果政府适当增加少数民族地区旅游开发地的基础设施建设和服务水平改善的资金投入，方便游客的出行和旅游活动，就可以增加旅游收入；旅游收入的提升又可以吸引旅游企业的加入，从而进一步改善当地的基础设施建设和服务水平，形成一个良性循环。基础设施建设和服务水平的加强不仅有利于提升少数民族地区旅游开发地的吸引力，增加游客数量，促进旅游业的发展，而且有利于当地村民更好地融入现代文化中，吸收现代文化的元素，促进传统文化的持续发展和传承，有效提升少数民族地区旅游开发地的居民满意度。

　　总之，旅游交通条件的好坏对旅游业的发展起到至关重要的作用，会进一步影响当地居民的满意度。旅游交通部门应以游客为核心，以便利为原则，以舒适为目标，以安全、可靠、便捷为特色，不断改善经营，提高服务质量，以各省市区政府为核心，进行统一领导，理顺各交通单位之间的关系，加强各单位之间的合作。只有从规划、建设到管理都得到这些单位的支持和配合，才能促进旅游业健康永续发展，有效提升当地居民的满意度。

　　另外，在旅游发展中，不可避免会带来环境污染，环境污染不仅会导致经济发展的不可持续性，而且可能影响人们的健康，而健康对当地居民的满意度具有重要的影响，因此在旅游开发中，要注意旅游发展与环境保护的协调。

四　制度完善机制

　　西部少数民族地区旅游开发地居民的满意度建设和工作开展主要来自于政府推动。因此，政府部门需要完善旅游开发地的管理，增强对居民的宣传力度，形成良好而畅通的旅游地居民参与旅游的渠道，提高居民对旅游参与的意识性，主动关心当地的旅游发展，不断完善当地居民的权益保障。应建立覆盖旅游各要素的居民满意度调查评价体系，制定调查评价的标准和实施办法；依托专业调查机构进行调查评价，定期分级发布居民满意度评价报告。

第 七 章

西南少数民族地区旅游开发地的
利益协调与分享机制

　　西南少数民族地区旅游开发过程中，涉及的核心利益相关者包括当地政府、当地居民、旅游开发商及经营商、旅游者。这些利益相关者有着各自的利益追求及价值取向，由于他们各自利益追求的重点不同，在旅游开发过程中各利益相关者往往会采取不同的博弈策略和博弈行为。[①]

　　利益分享不均或不公是引起各利益相关者产生冲突和矛盾的主要原因。在明确西南少数民族地区旅游开发地利益相关主体的前提条件下，对利益相关主体的责、权、利进行科学划分，本着效率优先、兼顾公平的原则，建立合理的利益分享机制，有效发挥激励作用。因此，健全利益分享制度就显得尤为重要。合理的利益分享机制不仅能促进景区正常有序地运转，保证运营的稳定性和良好的服务质量，还能调动利益相关者参与景区管理的积极性，激发其工作热情，不断提高西南少数民族地区旅游开发地的旅游综合效益和各主体的经济效益。

第一节　西南少数民族景区的利益分配现状

一　西南少数民族地区旅游开发地利益相关者的构成

　　根据不同的分类方法将景区的利益相关者，可划分为多种类型。本章涉及的利益相关者类型指西南少数民族景区的核心利益相关方，主要包括

---

　　① 刘三英：《基于利益相关者动态博弈的秦俑博物馆旅游开发实证研究》，硕士学位论文，西北大学，2010 年。

地方政府、社区居民、旅游投资商（含本土及外来投资、经营企业）等与景区存在直接、紧密的经济、社会、政治等联系的利益群体。其他群体如环保组织、旅客等虽属于利益相关者的范畴，但与本书研究的利益分享机制关联度不高，故不做详细论述。

第一类利益相关方是政府。这里的政府指景区所在地的地方政府、景区基层政府、基层村委会等带有政府权力性质或代表政府行使权力的机构及组织。

调研发现，西南少数民族地区旅游开发地景区的起步多数偏晚，由于缺乏成熟的市场环境和整合资源能力较强的投资企业，加之如九寨沟、大理古镇等国家重点景区对环境保护的社会要求，不适合实行完全的市场化经营管理方式，因此普遍实行政府主导型的旅游发展战略。虽然存在一些企业自主开发管理的景区，但多属于国有企业或集体所有制的企业，景区所在地的政府是实质上的开发者、管理者与监督者。当地政府作为旅游早期的经营主体，通过旅游的开发活动和发展产生的税收及费用等方式获取财政收入，再通过资金的原始积累和收入的二次分配促进经济发展和旅游就业，并提高当地居民的实际收入。此外，在多数少数民族地方政府肩负了扶贫与维稳的双重社会责任，政府有责任保护自然与社会文化资源，保护整个地区的生态和社会环境。[①] 政府基于资源分配权与资源监督权构建景区的开发经营秩序，既参与经营，又主导管理。在早期的旅游开发中，由于高度的权力统一，能够有效克服旅游持续性投入造成的短期资本外逃效应，能够在各个不同阶段持续推进景区的发展。因此，政府在旅游景区发展初期起到了内核的稳定作用。随着旅游景区的日趋成熟与资本市场的开发，越来越多的当地居民与外来投资商有参与开发旅游景区的需求，而前一个阶段造成的权力过分集中，这就需要政府配置权力，让其他群体获得参与旅游开发的资格，但政府作为既得利益者，不愿意放弃原先自身的权力，从而产生了旅游管理者与旅游参与各方的矛盾。

第二类利益相关方是投资商。随着旅游景区开发经营体制改革，旅游景区开发引进社会资本与外来资本的趋势逐渐显现。西南少数民族景区资源非常丰富，但多地处较偏远、经济较为落后、交通相对不便的老少边穷地区，

---

① 李慧新：《黑色旅游利益相关者探析》，《现代经济信息》2011 年第 12 期。

当地政府有限的财政投入无法支撑景区的投资需求，难以保障景区建设的长期投资要求，导致一些景区的开发因财政原因而停滞，甚至烂尾的情况发生。为了弥补政府资金投入的不足，避免政府单纯"输血"式的开发模式，解决当地政府无法完全独立承担景区的开发与保护工作，吸纳社会资本开发成为旅游开发改革的时代趋势。如调研的重庆龚滩古镇由重庆交旅集团投资 1.08 亿元，修建景区主要的星级酒店。政府开始基于一定的政策文件与法律契约与企业实现合作，使企业以资本及管理输入方式介入旅游景区的规划、投资、开发、运营等板块，政府逐步退出开发，以政策、税收实现价值。进入 21 世纪，越来越多的外来企业及社会投资者开始向旅游业注入资本，实施管理，并且出现了"一体式"开发的新趋势，即由企业投资建设包括配套基础设施、旅游吸引物、酒店以及组团旅行社等在内的环节，实现覆盖整个旅游目的地的开发目标。外来投资企业与当地政府的合作逐渐形成了以政府为引导、企业及投资资本为主体、社区居民直接参与旅游活动的旅游投资、开发经营体系和商业模式。外来投资商主要有两类。一类是有政府投资背景的国有企业或集体企业，其往往具有较强的资金实力，在政策支持、抗风险能力、投入开发的持续性、景区长远规划等方面优势明显，但在市场开拓、产品创新、经营灵活性方面存在不足；另一类是以民间企业或个人为代表的旅游开发企业，在吸引客源、市场营销、产品创新方面具有优势，但在持续投入、抗风险能力、景区长远规划、环境保护等方面能力偏弱，容易出现一些短期的牟利行为以及市场投入资金不稳定等情况。

第三类利益相关方是居民。社区居民在景区的发展中起着关键性的作用。首先，居民创造了景区的前身，是旅游开发的前提和基础，构成了旅游景区的基本主体，没有居民的参与，景区就没有开发的可行性。根据调研反映，一些西南少数民族景区本身是由世世代代居住于此的当地居民创造的。例如，重庆秀山洪安古镇景区，是由社区居民经营港口功能的洪茶渡口、乌篷渔船等形成的贸易港区；贵州西江千户苗寨早期是苗族居住的山区农业村寨，至今还延续着农业生产的传统；四川松潘古镇是历史上内地与氐羌吐蕃等民族茶马互市的集散地，商业较为繁荣。其次，居民本身就是旅游资源，是景区旅游的重要开发对象。王德刚等认为居民对于旅游景区而言并不是一个实体，而是属于旅游景区系统下的自组织，它以景区及景区周边的社区为要素组成，在旅游过程中与旅游者进行直接交流互动，既是旅游环境也直接提供部分旅游产品；景区社区作为景区活动的纽带，承担转换上游旅游企业的旅游资源和加工成旅游吸引物的功能，从旅客消费获取收益，并与旅游企业实现利益分成。① 最后，社区居民既是旅游开发负面成本的主要承担者，又是旅游开发正面收益的弱势分享者。旅游景区的开发难以避免环境的破坏、外来文化入侵和人口的流出。如九寨沟、西江苗寨的一些传统建筑结构也被改造成了更像酒店的布局；随着游客涌入，社区受到了外来文化的冲击，社区的一些居民开始外出打工或就近从事旅游工作或活动，而这些旅游开发所带来的消极影响主要由居民承担。值得注意的是，居民没有感受到旅游开发所带来的收益增长。在调研的景区，居民对于旅游带来经济收入的增长和相关拆迁政策的评分是普遍偏低的。还存在一些制度排斥情况。例如，四川坪头羌寨存在定点和非定点的情况，这类情况破坏了旅游经营的公平性；九寨沟沟内外居民收入差距较大，沟外民众有很大心理落差，认为政府对沟外的投入明显不够。

二　西南少数民族景区的利益分配现状

表 7-1，展示了西南少数民族景区主要的几种开发模式和对应的利益分配方式，更多体现为政府主导模式，当地居民常常处于被动地位。具体而论，广西桂林阳朔景区的旅游开发时间较早，在开发模式、居民参与、利益分配方面显得更加合理和具有灵活性；而开发时间相对较晚的景区，如贵州西江苗寨采取的是政府加企业的管理模式，社区居民的实际收入水平不高，而政府对社区居民参与旅游的保障条件不足，居民不满意偏多。

表 7-1　　　　　　西南部分景区居民参与方式与利益分配方式

开发模式	居民参与方式	利益分配方式
政府主导	民俗表演	景区、政府
社区自主	农家乐、家庭旅馆	公分制分配
政府＋公司	旅游公司雇工	景区公司＋投资法人＋政府
企业主导＋社区	工艺品	景区公司＋居民自营
政府＋公司＋旅行社＋旅游协会	旅游协会	政府＋景区公司＋旅行社＋旅游协会＋居民

---

① 王德刚、邢鹤龄：《旅游利益论》，《旅游科学》2011 年第 2 期。

西南少数民族景区的开发现状不容乐观，问题主要体现在：一是某些西南民族景区的开发依然处于早期阶段，景区初期的收入主要反哺政府及投资商的投资成本，居民获取的收入较低；二是民族景区的旅游吸引物产权模糊，社区居民无法获取基于产权的合法收益权；三是旅游活动的居民参与度低，居民参与水平较低，也难以参与涉及管理层的旅游活动；四是利益分配机制不合理，大部分村民被排除在分配主体之外，不同生产方式的收益差异较大，容易产生内部矛盾；五是旅游开发对景区环境、传统生产方式、风俗文化保护具有消极作用。

三 西南少数民族景区的分配方式

目前西南少数民族景区的旅游开发和利益分配方式较多，不同景区会根据具体条件应用具有地方特色的开发形式。主要有三类：一是政府主导的旅游开发形式，即当地政府通过财政资金，对景区吸引物景区化开发，如贵州千户苗寨等；二是景区自筹资金的自主开发形式，如上泸沽湖景区开发；三是通过对外招商引资吸引专业旅游开发企业的开发形式，由于在开发之初很多地方缺乏基础设施建设的前期投入，采用这种模式的比较多，如云南大理古镇即为其一。这些民族景区旅游开发形式各有特点，但涉及景区利益分配时主要执行产权和投资主体原则。民族景区作为物质文化遗产与非物质文化遗产的双重载体，既存在排他性的个体产权，又存在公共性的集体产权，作为非物质文化遗产的重要文化风俗应由景区聚落所有，因此在产权上难以对多数非物质的旅游产品进行主权的认定；但在物质遗产方面，少数民族景区中的民居对其居住的寨体是拥有主权的，且这些寨体是其进行旅游活动的主要物质财产。以西江苗寨为例，社区居民利用其居住的历史建筑进行民族风俗的表演从而获取旅游收入，就是产权原则的体现。但是多数未开发的民族景区不具备旅游开发所需要的短期大量资金以及持续投入资金的实力，需要通过吸引投资商进行旅游开发。外来投资商通过资本投入获取了景区经营权以及使用权，主导景区开发及管理，这一点就体现了投资主体的原则。

第二节　西南少数民族景区利益
相关者间的相互关系

一　西南少数民族景区利益相关者间的权力关系

旅游开发是政府主导的一种开发方式，是将乡村社区转变成旅游消费空间，而地方政府通过旅游规划师和专家引导或控制农民的生产和生活。乡村空间成为各级地方政府与社区农民演绎权力关系、展开利益博弈的"场域"。依照国家相关法规，乡村社区通过自治组织——村民自治委会代表村民办理村内事务，维护村民权益。然而，村主任和村支书领导职位的双轨制，实际上使社区受社区权力和国家行政等级权力的交叠影响。现实情况下，许多农民认为村民委员会更多承担着隶属乡镇政府基层机构的角色，不能代表农民利益。

西南民族景区的当地社区同时具有环境保护和社会价值实现的双重目标，社区享有对集体土地（包括耕地、林地、草地、养殖水面等）的占有权、使用权、收益权和处分权。从此种意义上讲，乡村农民应当具有社区空间生产控制权及旅游收益的主动权。然而集体土地的管理机构——村委会受地方政府等级权力的辖制，在农村集体土地征地过程中，往往容易出现政府行政权对集体土地所有权的严重侵蚀。虽然地方政府借助行政力量的"征地、拆迁"等空间转移或置换方式获得了乡村社区的生产控制权，但最终可能造成乡村社区失去旅游收益权，形成空间权力"悖论"。王维艳认为，从乡村空间角度分析，社区居民的社交网络、地方自然形成的潜在规则、较高的民族认可度和民族凝聚力能够成为有效的管理权力，进而制衡政府权力，尤其对那些拥有历史文化旅游资源所有权的特色社区而言，历史文化资源的传承性根深蒂固，长期的居住历史亦赋予了社区居民强大的社区主导权和话语权。盖因于此，这股强大的地方势力会推动地方政府解决民生问题，维护区域内的稳定，缓解社区冲突，从而实现居民增权，准许村民利用自身条件和资源参与旅游活动，并为居民提供参与旅游所必需的物质条件。①

部分乡村社区因具有空间优势，搭上了政府或旅游企业提供的"顺风车"，在旅游发展中获得了可观的经济利益。旅游发展过程中，市场对于旅游资源的消费呈现出多样性，旅游产品开发及旅游设施布局具有非均衡性这为景区的旅游生产提供了新秩序，旅游利益随之出现了多样性，从而可能进一步破除原来的权力核心及权力分布，实现景区权力的"洗牌"，之后产生新的权力主体和景区旅游核心。为此，我们梳理了政府权力与居民权力的来源及空间关系，如表7-2所示。

表7-2   居民与政府的权力描述

类型	权力来源	空间关系	居民利益影响
政府权力	国家和地方法律法规，省—县—乡 镇—村的等级治理，政府主导的旅游规划	法律法规的地方适应性，旅游规划产生空间秩序（旅游设施布局、旅游核心景观空间分布）	社区利益补偿和分享机制（房屋拆迁、土地征用补偿机制，社区旅游参与机制）
居民权力	乡村自然旅游资源经营权，历史文化旅游资源所有权，乡规民约的约束性及社区凝聚力	当政者生产生活所关联的社区空间，旅游产品的空间非均衡性，历史文化资源的空间根植性，乡规民约的地方性，社区生产和消费中心重构引发的权力空间迁移或强化	

二 西南少数民族景区利益相关者间的经济关系

通过对政府、投资商、社区居民等西南少数民族地区主要利益相关者经济关系的分析可知，政府与投资商的关系比政府与社区居民、投资商与社区居民的关系更为紧密，政府与投资商在经济方面的关系制约了居民的权益，政府、投资商可以在达成高度一致的情况下，排除居民的参与权

---

① 王维艳：《跨界民族文化景区核心利益相关者的共生整合机制——以泸沽湖景区为例》，《地理研究》2007年第4期。

益。三者的经济关系如表7－3所示。

表7－3　　　　　　　利益相关者权力权益关系

利益创造方 利益收益方	政府	投资商	社区居民
政府	—	开发、税收、知名度	稳定、满意、税收
投资商	吸引、扶持、	—	利润、运行、管理
居民	脱贫、鼓励、	增收、雇用、控制	—

第三节　西南少数民族景区利益相关者的利益分析

一　政府的利益分析

政府利益涉及开发利益与社会利益两个维度。首先是开发利益。西南少数民族景区政府及其管理机构的利益，伴随着旅游地生命周期的不同阶段而各有不同。旅游产业的特殊属性决定了旅游开发具有开发周期长、成本回收缓慢、资本与技术密集、持续投入等特点。而西南少数民族地区的旅游资源主要以景区为主，有别于自然资源类的景区，除了具备旅游业的共同属性外，还涉及旅游吸引物本身的建设问题。因此，在西南少数民族地区旅游业的探索及参与阶段，往往以政府主导下的保护性开发与扶贫性开发为特征，此阶段的核心利益是投入财政资金，推进景区吸引物建设，完善基础设施，大力招商引资，从而实现景区的快速发展。当地旅游业进入发展阶段后，政府会逐步让渡经营权，以实现开发主体较移，但由于在市场培育阶段的投入成本与风险，政府会保留对经营主体一定的控制权。政府该阶段的核心利益是评估与调整景区的发展模式，提高景区知名度等，以实现景区经营权的平稳过渡，吸引具有较强开发实力的个人或组织接手经营权。当景区发展至成熟阶段后，旅游景区的市场化程度较高，经营权实现多元化与市场化，外来资本与当地居民成为市场主体，政府在该阶段的核心利益是维护市场秩序、保护环境、优化基础设施、出台管理规范、寻找景区发展新动力等，以实现景区的平稳发展，为景区未来可能面临的停滞未雨绸缪。

其次是社会利益。社会利益主要包含六个方面，即公共秩序的平稳、弱势群体的保护、社会资源的合理利用、公共事业的发展、经济秩序的健康以及效率和伦理的创立。① 西南少数民族地区的旅游开发除经济利益外，还需实现民族和谐、社会稳定、旅游秩序平稳、增加居民收入等社会利益。由于单纯的市场经济无法提供有效的公共产品，在无 NEO 组织的情况下，需要政府补充提供公共产品，以满足大众对公共产品的需求。旅游开发对原有土地的功能进行转换，改变了基于土地的生产方式，当地居民通过参与旅游经营实现收入增加的目标。因此培育旅游市场，提供旅游知识培训，维护旅游市场的健康发展，传播良好的环境保护意识，合理保护当地居民的参与权与经济利益，实现农业生产用地向旅游开发用地的过渡，是旅游开发过程中政府应提供的重要社会利益。但是，由于多数西南少数民族景区处于相对偏远的贫困地区，地方政府对景区公共资源的有效利用与长远发展重视不够，更重视通过景区开发促进当地经济发展，追求财政收入、政绩、知名度等，这使公共产品无法得到有效提供，从而降低了旅游景区的社会价值，这种问题在西南少数民族景区中是普遍存在的，严重降低了居民对旅游景区开发的满意度和增加收入的期望值。单纯追求地方经济的发展，忽视当地居民的利益，不够重视社会利益与经济利益的均衡实现，是造成很多西南少数民族景区出现利益矛盾甚至冲突的根源。

二 外来投资商的利益分析

从本质上讲，外来投资商的核心利益即获取收益，对当地的旅游开发的前提是对未来的收益预期水平能超出投入的成本。随着全域旅游时代的到来，目前中国的旅游开发正逐步从半政府半企业模式向纯企业纯市场模式转变。由于我国同时并存国有资本与社会资本两种开发方式，因此其利益点各有不同，国有企业在一定程度上属于政府保护性开发的延续，对公共利益有一定的贡献要求，但自身仍保留获利的基本利益。

社会企业或个人对旅游景区的诉求表现为经济利益和品牌知名度的利益，社会投资是一种纯市场行为，因此，投资者对当地政府提供的投资环境、参与经营的居民培训及一些风险项目较为谨慎。投入景区建设之后，

---

① 孙笑侠：《民意与司法互动的八种情形》，《北京日报》2013 年 6 月 8 日。

迫切希望景区尽早完善功能，尽快投入市场，以实现早日盈利。同时，企业十分看重开发初期当地政府的财政支持，会积极争取补贴和税收方面的优惠；会积极开展对当地居民、所招聘人才等旅游从业人员的管理、培训；会严格景区的运行秩序。社会投资者这样做的目的是形成一种良好的旅游经营环境，保证景区的盈利持续性和投入产出效果。

三　社区居民的利益分析

社区参与旅游发展是指景区的社区利益相关者通过一定的形式参与旅游活动的策划、决策、实施、管理和监督等步骤，充分表达自身的意见和需要，成为开发主体和决策主体，从而保证旅游可持续发展和社区发展。[①] 西南少数民族旅游景区的当地社区与国内其他类型的旅游社区存在本质性的区别，即少数民族旅游景区的吸引物既包括了整个景区的民风民俗，亦包括了居民的私有住宅。这种特点决定了居民必须高度参与旅游开发过程，居民及居住地是旅游资源的组成部分。少数民族景区的居民不仅有着经济利益的追求，还有民族文化保护传承、自然环境保护、外来文化的隔绝入侵和景区建筑的修缮维护等方面的诉求。通过调研发现，目前西南少数民族景区居民的核心利益保障还不够。虽然少数民族地区居民旅游活动的参与度相对较高，但只是参与总量的相对偏高，而收益获取比例仍维持在较低水平。此外，还存在收益分配政策的不合理问题，没有建立有效的按劳分配机制。在对贵州、四川、重庆、云南四个西南省市的多个少数民族景区居民调研发现，居民对利益分配和拆迁政策的认可程度分值均是最低，并且受限于自身的文化水平及对旅游活动的认识水平，多数居民对旅游开发的相关政策、参与方式、投入成本、收益管理等旅游经营知识不足。因此，由于以上原因西南地区少数民族景区居民对利益分配的参与度较低，从而对当地的"政府为居民提供了旅游服务培训感知"这一指标的评分值较低。这从侧面也反映了当地居民在实现自身利益的过程中的问题更多体现在参与方式、参与条件与参与程度方面。

---

① 保继刚、孙九霞：《社区参与旅游发展的中西差异》，《地理学报》2006 年第 4 期。

四　利益冲突的形成

利益冲突的形成主要有以下三个方面的原因。

一是整个旅游景区区域内的权力失衡,当地旅游发展的决策权集中在政府机构。景区作为一种受限的公共资源,是建立在民族文化加工基础上的自然资源。景区的政府管理机构普遍存在对景区开发干涉过多、经营活动参与过高的问题,对景区的实际主体——居民——存在权力、参与度、利益等方面的"挤出效应"。而根源在于政府对于景区的实际投入和相关扶持政策的机会成本。即便景区引入市场化的运营机制,政府也难以退出市场。同时政府对景区经营权的长期控制亦阻碍了民间资本的进入,导致了经营主体与监管主体的过度集中化,使其他参与者难以获得相应的参与权与决策权,客观上造成了区域内的权力失衡,诱发了各利益相关者的利益冲突。短期之内这种状况不会改变。有一些景区尝试推行让政府退出市场、由社会资本主导开发的模式,但是政府依然会以合资的形式保持对景区开发和经营的较大影响力。

二是"公地悲剧"效应。哈丁 1968 年提出了公共资源所在地相关方对公共资源浪费的悲剧:每一个参与者均可以通过增加生产要素投入获取个人最大价值,参与者无法阻止其他竞争者的进入,结果导致了资源透支直至枯竭,产生了共有资源的"悲剧"。[①] 目前中国旅游景区普遍存在"公地悲剧"的情况,症结在于旅游地居民对旅游开发认识、环境保护理念、自身文化素质等主观原因所产出的"内在性"影响。更深层次的原因是旅游开发的相关法律法规不完善、监督管理机制不健全、政府干预过度等"外在性"因素。随着旅游开发过程的推进和旅游目的地发展的日趋成熟,居民逐渐深入参与其中,越来越多的当地居民变更了原有以耕作为主的生产方式,将旅游经营转变为自身的主要生产方式,旅游经营类活动成为旅游地区居民的主要收入来源。由于没有有效的市场组织以及存在大量信息不对称的情况,居民的旅游经营往往处于个体形式,在一定的旅游客源环境下,只需要尽可能地增加生产资料投入(如客房数量、拉客数量、导游分成)即可以增加自身收入,其他竞争者无法阻止某一经营

---

① Hardin G, The Tragedy of the commons [J] . *Science*, 1968, 162: 1243 – 1248.

者的上述行为，从而造成景区居民之间的恶性竞争。出于维护自身权益的本能，其他竞争者也会加入恶性竞争之中，从而引发经营者之间的利益冲突。此外，政府也存在"公地悲剧"的情况。如果景区所在的地方政府存在单纯地提高门票价格即可增加财政收入的观念，居民、投资商无法阻止政府制定门票价格政策，短期内政府通过提高门票价格获得边际收益递增的"价格增长期"，那么政府将会在一定长的时间内持续提高门票价格，从而获取持续增长的门票收入，直至由此引发的游客下降、景区影响下降等边际成本大于增加门票价格产生的边际收益为止。但旅游经营者与政府上述行为一旦出现即会产生"公地悲剧"效应，对整体旅游市场的市场秩序、景区形象、旅游品质、各方满意度造成消极影响。

三是缺乏有效的合作管理机制流程。由于民族景区存在的"公地悲剧"效应，公共资源的单一使用群体无法排除其他群体的进入，并且单个群体的消费会降低其他群体的消费能力。奥普尔斯 1973 年提出由政府"看得见的手"通过行政干预规范秩序。① 但我国的具体国情决定了，如果政府参与公用资源的使用管理，将无法形成一个有效的管控体系，出现利益冲突的情况下缺乏一个各方认可的协调机制，从而无法引导和控制利益相关者的矛盾，会导致利益冲突的积累与升级。因此，需要采用一种合作管理机制。这种合作管理机制，可以是协商会议机制、行业组织、社区组织，亦可以是更高级的合资、委托管理等形式。但其核心不是合作方式，而是在明确各方"资源使用权"前提下的平等、公平、共同参与的合作管理原则。目前国内已探索了联合景区开发管理公司、居民与政府共同参股公司、旅游经营协会等形式，这些形式虽建立了由政府、居民、旅游投资商等利益相关者联合的企业法人或组织，却仍缺乏有效的利益协调机制与第三方监督机制。

五 利益矛盾的类型

1. 政府与投资商的利益冲突

政府作为旅游开发的推动者，在旅游开发的探索阶段集合了开发与监

---

① Ophuls W. Leviathan or Oblivion [A] . In Daly HE（ed.）. *Toward A Steady State Economy* [C] . San Francisco：Freeman, 1973.

管职能。当外来投资商介入后，政府出让权力，退出经营。但多数中国旅游景区所在政府往往并未完全退出市场，仍保留了相当大的影响力与决策权。首先，政府干预外来开发企业的经营，以防止外来企业短期利益最大化行为，避免因盲目开发引起环境破坏、市场混乱等；其次，政府不愿意完全放弃由景区发展带来的丰厚财政收入，以借此回收为建设基础配套设施投入的财政资金；最后，某些旅游景区在地理分布上跨区域或跨行政区，由多个不同聚落组成，存在多个管理主体及经营主体，由此引发了利益冲突，因此目前当地政府对旅游景区的干预程度依旧较高。近年来，外来投资商社会资本化趋势明显，越来越多的旅游开发企业是完全市场化的非公有制企业，市场化水平较高，经营能力较强，因此在进入旅游景区开发后，往往进行全要素的大量投入，对开发、经营和管理的效率要求较高。地方政府既实际参与管理又行使监管权的情况，对企业的正常经营和发展会造成干扰，导致企业的战略决策无法落实；同时，企业要耗费大量的时间、精力与政府进行沟通，这会降低企业的经营效率，增加企业的开发成本，影响了企业战略的实施。因此，基于这种干预与反干预的博弈，产生了旅游景区政府与外来投资商的利益冲突。

2. 社区居民与政府的利益冲突

由于政府长期处于特殊的主导地位，一旦景区进入获利阶段，政府会产生回收前期投入成本的经济考虑。同时，因社会利益最大化与实现财政利益最大化的基本诉求不变，政府容易陷入片面追求政绩的困境。相反，当地居民与政府的权力与信息严重不对称，所以居民无法及时准确获悉政府与外来投资商的管理行为，从而在当地旅游开发中处于相对弱势地位。外来投资商仅需与政府达成利益妥协，即可决定景区的重大决策，而当地居民的利益长期被忽略。此外，由于少数民族景区地处偏远，对外联系方式相对单一，教育资源配套落后，居民参与旅游景区的活动层次偏低，多种因素造成居民维权意识较低。政府发布的相关政策方针和法律法规忽略了居民的参政问政权利，无法保证政策法规的告知与解释工作，这导致了社区居民对相关内容的疑惑。当这些政策和法律法规实施过程中损害到当地居民的利益时，居民难以做到有法可依，合理维权，从而引起了当地居民与政府机构之间的冲突。典型案例之一为 2013 年凤凰古城收费事件。从未收费的凤凰古城景区，推出了高达 148 元的多景区捆绑门票，而这一决策参与者为凤凰县政府、凤凰古城文化旅游投资有限公司和南华山公司。据统计，每 148 元中政府机构共计收取约 60 元的费用，政府的短期谋利行为凸显，对景区的游客数量造成了巨大的冲击。在这一系列行政措施出台后，以往爆满的家庭旅馆入住率不到 50%，而其中又有近 30% 的门店关门，从而给当地居民和旅游投资商带来了重大的经济损失，严重影响了凤凰景区的市场形象。

3. 投资商与社区居民的利益冲突

投资商与社区居民利益冲突的根源是两者信息和权力的不对称。首先，通过调研西南少数民族景区发现，政府加企业是主要的开发模式。在这种背景下，社区居民无法影响投资商在景区的投资行为，既无对投资、经营活动的参与权，又无对投资商行为的约束权。投资商无须顾忌居民的利益，仅需与景区当地政府达成协议，即可顺利实现投资。其次，投资商作为理性人，核心目标是追求利益最大化，因而会自动忽略追求经济利益过程中产生的外部性，造成诸如藐视当地风俗、利益分配不公、环境破坏、文化入侵等问题。最后，政府成本的考虑会向投资商妥协。旅游投资具有短期大量资本投入、长期持续资本投入和成本回收缓慢的特点，因此投资企业在与政府的投资谈判中处于强势地位。一旦投资商与居民的矛盾冲突激化，政府便会陷入"投鼠忌器"的两难困境，在权衡利弊后，政府多数情况下会选择向投资企业妥协。基于这些原因，居民与投资商的利益冲突，实质上是景区开发的制度问题。

第四节　西南少数民族景区利益
协调机制分析与构建

利益分享机制的构建，需要建立在利益协调和利益分配两个子机制的基础之上。首先，通过有效的利益协调机制明确各利益相关方的权利与义务的关系，建立对应的沟通渠道与协调制度，重点是保障社区居民对景区事务的话语权、参与权、监督权，使涉及景区重大事件的信息能够实现透明化，提升对权力的监督；其次，在建立了完善的协调机制之后，需要确定具体的分配比例标准，本节根据调研的居民数据针对居民目前的收入情况进行了实证分析，尝试确定了西南少数民族地区旅游开发地景区居民的分配比例。

一 产权协调机制

在调查的景区发现，产权普遍存在较为严重的模糊性。旅游资源为国家所有，居住建筑为私人所有。但如西江千户苗寨、坪头羌寨这类的少数民族村寨景区的建筑，既是旅游资源，又是私有住宅，这导致了公权与民权的对立。正是产权主体的模糊性成为损害弱势方的主要法律漏洞。为此，需要明确吸引物产权。左冰保继刚认为，我国景区长期存在的旅游利益分配矛盾冲突的根源在于旅游利益分配的计算上忽略了土地以及其附着在土地之上的旅游吸引物的价值，忽略了转化而来的土地级差收益及其权利。[①] 原有单一的农业功能土地，在经过一系列旅游相关的生产资源投入后，实现了从农用功能到旅游兼顾农用功能的转换，这样旅游开发既在一定程度上保持了土地原有功能，又为土地的快速溢价奠定了基础。在这个过程中土地价值因旅游吸引物的建设而长期持续增加，土地的增值又会推动基础设施、服务业、资本收益和财政税收的增长，并将为该地区的旅游市场创造一个良好的投资环境与市场预期。当地居民与景区管理者及投资者的矛盾，显然源于土地增值后的巨大利益没有得到合理分配。居民作为土地功能的实际出让者，承受着功能转换所带来的相对机会时间成本，但旅游开发后的各项补贴及经营收益又无法弥补流转土地的收入损失，这就为矛盾冲突埋下伏笔。保继刚、左冰认为，旅游收益附着在原有土地上的旅游吸引物至今缺乏一个明确的法律定义与权益认定，这导致了农村土地上的旅游开发演变成一场无法可依的多方权力博弈，正是基于吸引物的权属关系不清，难以在法理范围内保障居民收入的分配。[②]

以调研景区为例，多年沿用每年 300 元/亩的补贴额度、每 5 年上浮 10% 的标准，这明显低于国民经济的通货膨胀速度，低于旅游开发给土地带来的高额溢价收益。景区开发涉及的居民出让土地供旅游开发

---

① 左冰，保继刚：《制度增权：社区参与旅游发展之土地权利变革》，《旅游学刊》2012年第 2 期。

② 保继刚、左冰：《为旅游吸引物权立法》，《旅游学刊》2012 年第 7 期。

的边际成本远远高于其所带来的边际收入，居民没能得到足够的收入补
偿，从而引发了一系列的"体制外"群体事件。此外，上述补贴仅计
算了土地的溢价价值，但随着旅游景区的知名度及门票价格的上涨，土
地上依附的旅游资源处于持续增值的过程，而多数景区对于这一部分收
益没有有效再分配，实际上就将景区的当地居民排除在了土地和景区收
入递增部分之外，其获得的补贴额度的增长速度远远低于吸引物溢价和
土地的资金时间价值。因此，一方面旅游开发限制了少数民族景区所在
地居民对土地的使用权利，另一方面又在主要的旅游收益分配上排除了
当地居民。

　　吸引物权的真正实现，除了依赖法律法规的保障外，还必须解决可衡
量性与市场化的问题。因此，必须建立一个基于吸引物权附着的土地价值
相关的评估制度，以解决可衡量性的难题。至此，引入资产评估制度显得
尤为关键。可使用的吸引物评估法大致如表7-4所示。

表7-4　　　　　　　　　　　　　景区吸引物评估制度

评估方法	特点	适用范围	景区适用方法
重置成本法	在现行条件下，按功能重置资产，并使资产处于在用状态所耗费的成本	用于开发周期较短的景区	按该景区的原设计开发规划套用现行的物价水平、通货膨胀水平评价成本
现行市价法	以与被评估对象相似的或可比的参照物的价格来确定被评估对象的价格	用于比较类似的景区	根据吸引物的国标等级及由历史年代所形成的文化价值进行评估
收益现值法	将被评估对象剩余寿命期间每年的预期收益用适当的折现率折现	用于吸引物整体的估价及非物质文化遗产估价	计算吸引物的可开发年限和景区容量，采用折现率计算

二　产权、管理权、经营权的剥离

　　西南少数民族景区涉及的政府和外来投资商已经突破了各自权力的规
则范围，它（他）们体现了所有权、管理权与经营权的高度集成。为了

实现合理的利益分配机制，缓解因为利益分配不公所导致的矛盾冲突，就必须建立严格明确的"三权"界限，防止权力过于集中。可将西南某些代表性少数民族景区的土地资源产权界定为国家产权、集体产权、村民小组产权和社区居民个人产权四种产权主体。①

多数情况下，村民小组产权和个人产权占景区主体产权的极小部分，而景区的主体产权部分归属于政府，景区投资商仅需要获得集体土地的流转承包经营权，即可实现对景区的有效控制。在此情况下，即便居民阻挠投资，也难以实现自身小产权的利益价值。因此，当地居民手中掌握的少数产权很容易被政府和景区投资商孤立、分割、低估与忽略，从而成为引发景区矛盾冲突的导火索。西南少数民族景区亟待实现所有权、管理权与经营权的剥离为此，可从以下两个方面入手。

首先，对于开发景区涉及的土地应严格贯彻国务院《关于引导农村产权交易市场健康发展的意见》，保证政府土地管理的公益性，避免政府通过行政手段进行土地流转后直接转让经营权给外来旅游投资商的行为。要保证当地居民的家庭承包权、承包经营权等产权占整个景区土地产权总量有一定的比例。为开发景区需进行土地流转时，应该避免直接流转集体土地，而要先委托居民实现土地承包经营权的流转，再通过与居民协商流转其手中的经营权，外来投资商流转的是利用旅游景区土地以及附着在土地上的吸引物进行的旅游景区经营权，而不是土地的承包权和经营权。上述举措通过增加土地流转的环节将提高居民对转流土地的议价能力；同时，外来投资商不再享受土地的承包权，可有效扩大居民的权利。

其次，政府应退出景区开发或者不再在开发中占据主导地位，而通过景区的税收和行政管理方式实现对景区的合理管理。采用社会公开招标，招募具有一定资质的旅游开发企业进行开发，并建立周期性的复核审查机制，一旦开发过程中出现问题，可依法依规进行处理，直至取消开发资格。从制度上规范开发企业的经营权，杜绝经营权干扰居民土地或吸引物产权的行为。

---

① 吴忠军、叶晔：《民族社区旅游利益分配与居民参与有效性探讨——以桂林龙胜龙脊梯田景区平安寨为例》，《广西经济管理干部学院学报》2005年第3期。

三　旅游社区问询制度

我国已建设了多年的"基层群众自治制度"，基层群众依照宪法和法律自主选举成员，这些经选举的成员组成了基层居民委员会，实行自我管理与监督。作为旅游管理实际主体的景区居民，参照可探索建立一种专门针对当地旅游社区管理实务的自治制度。这种"旅游自治制度"可大致分成自治制度、问询制度和追踪制度等三个部分。首先，"旅游自治制度"强调居民的核心地位，居民凭借个体及集体所拥有的旅游吸引物作为旅游自治的标的。在明确吸引物权属的基础上，成立所对应的旅游自治组织，该组织即由居民代表、政府旅游官员、外来投资商代表三方联合组成的景区旅游实物管理委员会，居民的实际决定权或投票权占委员会的2/3 以上。其次是问询制度。旅游自治组织的运作采取代表大会的形式，会期采取固定与灵活召开相结合的方式，如超过半数自治组织代表同意召开大会，即必须限期召开社区旅游代表大会，由代表大会处理景区相关事宜。政府代表及投资商代表必须固定参加每月固定时间或逢重大相关事件时所召集的问询会议，解答景区开发管理过程中居民提出的问题，接受对自身工作的监督与质询。对所有提出的问题需当场做出答复；若会上无法立即答复，需要公布答复的时间，并向全体居民发送答复资料。最后是追踪制度。对所有居民提出的问题需要在景区内指定的公示区域进行公示，并详细填写具体问题、解决办法、办理时间、办理效果等明细。

四　旅游社区委员会的顾问机制

谢莉·安斯汀 1969 年提出了社会参与的三个阶段，即非参与的参与、象征性的参与、实权的参与。发达国家的一些旅游开发中，已将当地的社区参与制度固定为旅游景区管理制度中十分重要的组成部分。公众听证会、景区事务咨询委员会、环境影响估价、景区调研、顾问委员制度以及这些方法的交互使用，是提高社区参与水平的主要方法，[①] 前文建议的"旅游自治制度"是指保障居民基本参与权，改变居民长期处于"非参与

---

① 参见张大华、刘金龙、彭世揆《中国和加拿大在发展中社区参与的比较》，《南京林业大学学报》（人文社会科学版）2002 年第 1 期。

的参与阶段"，但是居民自身还存在由历史文化造成的诸多局限性。保继刚、孙九霞[1]认为，中国的社区参与过于偏重经济利益的要求，如追求增加居民收入、为剩余劳动力提供就业机会、提高居民生活质量等。这种单纯对经济利益的追求使景区相关责任者无法理性地决策景区的重大问题，更无法应对瞬息万变的市场变化。因此，在为旅游景区居民增权的同时，还应该对其所赋予的"新权力"给予必要的指导。这里提出要建立支撑社区委员会的"顾问制度"，以帮助旅游社区在实现增权后能顺利实现权力的有效使用，防止权力滥用的风险。顾问制度正是解决居民自身局限性问题的有效办法。目前多数景区往往通过雇用一些具有较高专业水平的规划院、著名旅游规划学者及团队进行开发规划，当景区的规划计划完成后，双方也就不再进行合作。接下来，景区的运转完全取决于政府与外来投资商。居民在利益受到损失后不能找到有效的解决办法，只能采用体制外措施进行维权。而通过组建由环保志愿者、高校旅游研究学者、旅行家等不同地区不同行业的人士所组成的旅游社区委员会的专业顾问团，建立长效性的合作机制，可以有效地把旅游收入转化为财政资金，实现资源互换。这样既能为旅游相关专家学者对旅游社区的研究提供数据，搭建起科学、专业、前沿的制度，又可服务于社区委员会事关景区开发、管理的重大决策，有效弥补居民获得权力后因自身的局限性和信息不对称性所遭受的利益损失，维护景区的持续发展。

五　社区旅游大学制度

左冰、保继刚[2]曾提出，中国社区参与旅游发展失败的原因主要在于权利失败、能力匮乏或机会缺失。这里的能力匮乏主要是指旅游社区居民受到所在地域特殊历史条件的限制，总体文化程度不高。本书抽样调研了重庆、云南、广西、贵州、四川、内蒙古共6个西部地区的旅游社区。综合来看，居民的文化特征是：小学及以下占27.9%，初中、高中或职高占60.1%，大学、大专、硕士及以上占12%。半数以上的居民处于高中

---

① 保继刚、孙九霞：《社区参与旅游发展的中西差异》，《地理学报》2006年第4期。
② 左冰、保继刚：《制度增权：社区参与旅游发展之土地权利变革》，《旅游学刊》2012年第2期。

及以下的文化水平。居民的文化程度普遍偏低，导致他们对环境保护、法律法规、经营管理、维权方式等涉及景区开发方面的相关知识储备不足。居民自身并不甘于现有的文化水平，但是受限于地域偏远和教育资源匮乏，他们无法就近接受基础知识、旅游法规、经营管理方面的教育培训，这在客观上导致他们对旅游活动的参与度较低。国家现有的大学生支教、西南志愿者计划、希望小学等乡村教育扶持制度，只解决了初中以下的基层乡村教育问题，但职业化教育、高等教育在广大相对偏远的旅游开发区域还十分薄弱。若仅依靠国家教育财政投入建设旅游社区的教育基础问题，显然是杯水车薪。这就需要在旅游开发和旅游招商引资的过程中附加特定的要求，使开发投资商与政府能共同建设旨在为景区培养专业旅游经营及管理人才的教育基地——社区旅游大学，将其建设为景区参与经营的居民量身设计的专业培训机构和文化学习平台。社区旅游大学不是单纯财政投入性的援建项目，而是类似于民办大学的，采用有偿培训方式的专业体系完备、学科齐全、应用性强的市场化教育培训机构，与高校合作开设旅游管理、酒店管理、景区规划等旅游相关专业，通过聘请高校旅游专业学者、支教志愿者等高素质人才实现师资力量的储备。该机构面向参与或意向参与旅游经营的社区居民，每期定向培养特定专业方向的旅游经营管理人员。少数民族景区还可以邀请民委与扶贫机构等共同建设社区旅游大学，以实现多元化的支持体系。

第五节　西南少数民族景区的利益分配机制

一　西南少数民族景区的经营权分配

根据景区的管理经营主体性质，我国景区现行经营模式可分为非企业化经营模式和企业化经营模式。[①] 前者由国家管辖景区事务，政府部门负责景区管理、开发和经营，一些国家级以上、拥有世界重大自然或人文资源的旅游吸引物，如八达岭长城、故宫等都采用这种模式；后者是属于现阶段的改革方向及未来发展趋势。目前我国正处于建立健全市场经济体制

---

① 参见郭贞《旅游景区利益相关者利益分配研究》，硕士学位论文，四川大学，2007年，第22—23页。

的改革提升阶段，许多旅游景区因政府资金缺乏而发展缓慢，因而允许企业资本注入景区，由政府授权企业对旅游景区进行经营管理。这里的企业经营又可分为公有制企业经营与非公有企业制企业经营。多数旅游景区以国有企业或集体企业经营为主，且经营企业多为旅游景区所在地区的自筹企业，这种经营模式实质上还是计划经济时期政府主导开发的延续，而不是完全意义的市场化景区经营制度。

景区居民的权益依赖于参与景区经营获取的经济收入，但景区的经营活动的可进入性和景区的发展程度是居民参与旅游经营的前提，因此政府在分权给社区开展更高层次的参与活动时，也需要为参与的居民提供现实可行的投资环境和经营环境，做好居民进入市场的相关服务项目的基础准备。不能让居民被动地进入，倘若如此，他们可能因缺失旅游业务的能力而退出市场；只有在不断扩大市场和推动景区发展的背景下，才能有效地实现社区居民的主动参与。

二　西南少数民族景区的管理权分配

少数民族景区的管理权主要包括景区土地产权管理、景区开发运营管理和景区利益分配管理三个主要方面。前文提到土地经过旅游这种新的生产方式的加工与建设后能发挥巨大的溢价能力，且这种溢价将保持持续性的增长。推动土地持续溢价的外因是政府、投资商持续的生产要素投入，而核心的内因是景区的旅游资源所具有的投资价值和获利预期。显然多数少数民族景区的旅游核心资源是当地居民的古建筑及民族文化，居民本身也是一种旅游资源，而作为旅游的核心资源对所处景区的管理却多处于被动状态。这种产权主体与管理主体的严重背离，实质上是由政府对景区管理的绝对控制造成的，政府的绝对控制导致了居民对景区管理权的严重丧失。少数民族景区所处的区域多属于少数民族聚居的地区，根据宪法享受民族自治的权利。《中华人民共和国民族区域自治法》第二章第十二条规定："少数民族聚居的地方，根据当地民族关系、经济发展等条件，并参酌历史情况，可以建立以一个或者几个少数民族聚居区为基础的自治地方。民族自治地方内其他少数民族聚居的地方，建立相应的自治地方或者民族乡。"由此可知，少数民族自治行政等级最低是民族乡，而某些少数民族聚居的景区恰好可以达到民族乡的条件。这就为少数民族景区享有一定的旅游自治权或自主管理权提供了法律依据。一些少数民族景区的居民可以建立法律赋予的对旅游开发及管理具有一定自治权的民族自治乡，这里的自治权应限制于决定景区重要开发规划和与居民重大利益相关的旅游事务决策领域的自治，并不能推及其他不需要自治权的自治。旅游作为景区区域内的核心产业关系到所属社区居民的核心利益，若社区居民成立了景区旅游事务的自治组织，即可集合社区居民的代表权力，有效强化居民权力，提高多方协调的力度。

三　社区居民增权制度

目前我国的旅游景区普遍存在权力失衡的问题，通过对社区居民增权可以让社区获取权力，并导致社会力量对比发生改变，从而改变社区居民长期处于权力边缘的现状。保继刚、孙九霞基于对雨崩社区的研究提出，旅游增权本质上是对居民的增权，一旦外来投资商进入，将会改变原有的分配制度和利益体系。只有在制度层面上确立社区权力同时进行增权，才能明确社区居民在旅游开发过程中的核心位置。虽然外来企业的进入会造成景区权力体系的重置，但政府的倾向性选择也是导致景区权力失衡的客观因素，因此景区社区的旅游增权应与政府在旅游事务中的放权同步进行。[①]

政府在旅游景区的培育中起到了核心作用，但是在旅游景区进入成熟阶段后，政府作为非专业旅游经营主体仍然控制着景区经营管理的主导权，这就使外来投资商不用顾忌居民利益，通过直接与政府协商即可实现旅游开发目标。需要指出的是，政府的主要职责是维护所属行政区域的社会工作，而不是经营景区。因此，政府在景区发展不同阶段对旅游事务的管理会对景区的发展造成截然不同的影响，应该建立政府在景区旅游事务上的退出时间表及退权机制，采取非正式的直接增权和间接增权的方式扩大社区居民在景区事务中的话语权。

---

① 保继刚、孙九霞：《雨崩村社区旅游：社区参与方式及其增权意义》，《旅游论坛》2008年第 4 期。

四　政府投入与居民收入的 DEA 模型分析

目前国家对西南少数民族地区的各项投入是十分巨大的。近年来，政府、企业对景区投资呈现出由东部地区向西南地区转移的趋势。《中国旅游统计年鉴》数据显示，2012 年中国旅游业民营资本实际投资 2063.79 亿元，占全部投资的 43.23%，民营企业投资主要集中于发展较为成熟的酒店、度假区、主题公园、旅游信息服务网络等。2012 年政府实际完成旅游投资 1015.24 亿元，同比增长 67.83%，占到全国实际完成投资的 21.27%，主要集中于对各地稀缺垄断型旅游资源的开发投入、基础设施投资及培训等。2012 年西南地区实现旅游投资约 567.51 亿元人民币，占当年全国旅游投资总额的 11.89%。由此可知，政府资金依然是主导景区开发尤其是西南地区景区开发的核心力量，是西南景区资本的主要来源。

政府的巨额投入与居民的不满意形成悖论。我们的调查发现，居民对政府在景区的投资感受明显，但对涉及居民自身利益的景区基础设施、拆迁政策和利益分配等方面满意度较低。

这里使用数据包络分析法（DEA）建立基本模型，利用 DEA 最基本的一个模型——C^2R 模型对政府投入效率与居民满意度加以分析。

C^2R 模型即规模报酬不变模型。设有 n 个决策单元（$j = 1, 2, \cdots, n$），每个决策单元有相同的 m 项投入（输入），上标 T 表示转置运算，输入向量为

$$x_j = (x_{1j}, x_{2j}, \cdots, x_{mj})^T > 0, j = 1, 2, \cdots, n$$

每个决策单元有相同的 s 项产出（输出），输出向量为

$$y_j = (y_{1j}, y_{2j}, \cdots, y_{sj})^T > 0, j = 1, 2, \cdots, n$$

即每个决策单元有 m 种类型的"输入"及 s 种类型的"输出"。

x_{ij} 表示第 j 个决策单元对第 i 种类型投入的输入量；

y_{ij} 表示第 j 个决策单元对第 i 种类型产出的输出量。

为了将所有的投入和所有的产出进行综合统一，即将这个生产过程看作是一个只有一种投入量和一种产出量的简单生产过程，我们需要对每一

种输入和输出进行赋权，设输入和输出的权向量分别为：$v = (v_1, v_2, \cdots, v_m)^T$，$u = (u_1, u_2, \cdots, u_s)^T$。$v_i$ 为第 i 类型输入的权重，u_r 为第 r 类型输出的权重。

这时，则第 j 个决策单元投入的综合值为 $\sum\limits_{i=1}^{m} v_i x_{ij}$，产出的综合值为 $\sum\limits_{r=1}^{s} u_r y_{rj}$，我们定义每个决策单元 DMU_j 的效率评价指数：

$$h_j = \frac{\sum\limits_{r=1}^{s} u_r y_{rj}}{\sum\limits_{i=1}^{m} v_i x_{ij}}$$

模型中 x_{ij}、y_{ij} 为已知数（可由历史资料或预测数据得到），于是问题实际上是确定一组最佳的权向量 v 和 u，使第 j 个决策单元的效率值 h_j 最大。这个最大的效率评价值是该决策单元相对于其他决策单元来说不可能更高的相对效率评价值。我们限定所有的 h_j 值（$j = 1, 2, \cdots, n$）不超过 1，即 $\max h_j \leqslant 1$。这意味着，若第 k 个决策单元 $h_k = 1$，则该决策单元相对于其他决策单元来说生产率最高，或者说这一系统是相对而言有效的；若 $h_k < 1$，那么该决策单元相对于其他决策单元来说，生产率仍然不够或者可以认为现有的生产体系还不够有效。根据上述分析，第 j_0 个决策单元的相对效率优化评价模型为：

$$\max h_{j_0} = \frac{\sum\limits_{r=1}^{s} u_r y_{rj_0}}{\sum\limits_{i=1}^{m} v_i x_{ij_0}}$$

$$\text{s. t.} \begin{cases} \dfrac{\sum\limits_{r=1}^{s} u_r y_{rj}}{\sum\limits_{i=1}^{m} v_i x_{ij}} \leqslant 1, j = 1, 2, \ldots, n \\ v = (v_1, v_2, \cdots, v_m)^T \geqslant 0 \\ u = (u_1, u_2, \cdots, u_s)^T \geqslant 0 \end{cases}$$

这是一个分式规划模型，我们必须将它化为线性规划模型才能求解。为此令

$$t = \frac{1}{\sum\limits_{i=1}^{m} v_i \, x_{ij_0}} \, , \, \mu_r = t u_r \, , \, w_i = t v_i$$

$$\max h_{j_0} = \sum_{r=1}^{s} \mu_r \, y_{rj_0}$$

则模型转化为：
$$\text{s. t.} \begin{cases} \sum\limits_{r=1}^{s} \mu_r \, y_{rj} - \sum\limits_{i=1}^{m} w_i \, x_{ij} \leqslant 0, \quad j = 1, 2, \cdots, n \\ \sum\limits_{i=1}^{m} w_i \, x_{ij_0} = 1 \\ \mu_r, w_i \geqslant 0, \quad i = 1, 2, \cdots, m; \quad r = 1, 2, \cdots, s \end{cases}$$

写成向量形式有：

$$\max h_{j_0} = \mu^T Y_0$$

$$\text{s. t.} \begin{cases} \mu^T Y_j - w^T X_j \leqslant 0 \\ w^T X_0 = 1 \qquad j = 1, 2, \ldots, n \\ w \geqslant 0, \mu \geqslant 0 \end{cases}$$

线性规划中一个十分重要，也十分有效的理论是对偶理论，通过建立对偶模型更易于从理论及经济意义上作深入分析，引入数据进行计算后以上评价模型的对偶问题为：

$$\min \theta$$

$$\text{s. t.} \begin{cases} \sum\limits_{j=1}^{n} \lambda_j x_j \leqslant \theta x_0 \\ \sum\limits_{j=1}^{n} \lambda_j y_j \geqslant y_0 \\ \lambda_j \geqslant 0, j = 1, 2, \cdots, n \\ \theta \text{ 无约束} \end{cases}$$

进一步引入松弛变量 s^+ 和剩余变量 s^-，将上面的不等式约束化为等

式约束：

$$\min \theta$$

$$\text{s. t.} \begin{cases} \sum\limits_{j=1}^{n} \lambda_j x_j + s^+ = \theta x_0 \\ \sum\limits_{j=1}^{n} \lambda_j y_j - s^- = y_0 \\ \lambda_j \geq 0, j = 1, 2, \cdots, n \\ \theta \text{无约束 } s^+ \geq 0, s^- \geq 0 \end{cases}$$

设上述问题的最优解为 $\lambda^*, S^{x+}, s^{*-}, \theta^*$，则有如下结论与经济含义：

（1）若 $\theta^* = 1$，且 $s^{*+} = 0, s^{*-} = 0$，则决策单元 DMU_{j_0} 为 DEA 有效，即在原线性规划的解中存在 $w^* > 0, \mu^* > 0$，并且其最优值 $h_{j_0}^* = 1$。此时，决策单元 DMU_{j_0} 的生产活动同时为技术有效和规模有效的。

（2）若 $\theta^* = 1$，但至少有某个输入或者输出的松弛变量大于零。则此时原线性规划的最优值 $h_{j_0}^* = 1$，称 DMU_{j_0} 为弱 DEA 有效，它不是同时技术有效和规模有效的。

（3）若 $\theta^* < 1$，决策单元 DMU_{j_0} 不是 DEA 有效的。其生产活动既不是技术效率最佳，也不是规模效率最佳。

（4）另外，我们可以用 $C^2 R$ 模型中 λ_j 的最优值来判别 DMU 的规模收益情况。若存在 $\lambda_j^* (j = 1, 2, \cdots, n)$，使 $\sum \lambda_j^* = 1$ 成立，则 DMU_{j_0} 规模效益不变。若不存在 $\lambda_j^* (j = 1, 2, \cdots, n)$，使 $\sum \lambda_j^* = 1$ 成立，则分为两种情况。若 $\sum \lambda_j^* < 1$，那么 DMU_{j_0} 规模效益递增；若 $\sum \lambda_j^* > 1$，那么 DMU_{j_0} 规模效益递减。

在少数民族景区建设过程中，国家为发展景区投入了不少的社会资源，这些资源能否充分发挥作用并带来相应社会效益，以及在政府投入建设的少数民族景区中，当地居民的利益分享机制如何，特别是景区居民收入问题是否得到妥善解决，这是本节探究的内容。

应用 DEA 模型评价结果进行相应的决策，要合理地选择指标数据。为了分析建设景区而投入的各项资源和景区居民满意度是否有效，分别对投入与产出的指标体系进行了科学的选取，以尽可能涵盖各方面的信息。所选取的指标既要涉及国家政策、招商引资等宏观数据，也要用到投资商对景区的建设以及少数民族景区居民对旅游开发的满意情况等微观数据；既要考虑数据的可获取性，又要考虑数据间的独立性和代表性。基于以上原则，通过调查问卷收集了我国西南地区 17 个少数民族景区的数据，这些景区分别是龚滩古镇、象鼻山、阿依河、月亮山、西江苗寨、青岩古镇、白石头羌寨、叠溪、九寨沟、坪头羌寨、松潘古城、松潘川主寺、大理古城、喜洲、洪安古镇、丽江古城、泸沽湖。其中将国家政策支持与资金支持，投资商着力打造旅游景区的力度，政府为鼓励旅游开发给予优惠的幅度，政府宣传程度，通过招商引资完善基础设施的情况，居民对开发旅游的自我意识，政府为居民提供的旅游服务培训质量，政府对景区的拆迁改建政策，政府对投资商、旅游公司和居民、利益分配标准等作为决策单位。投入指标反映了在景区建设发展过程中各种资源的落实情况，包括景区发展政策、建设资金、景区宣传、专业的服务员培训。产出指标主要反映了当地居民对景区的满意状况，包括居民对景区质量的满意度、居民对景区规模的满意度、居民对旅游公共设施的满意度、居民对旅游接待设施的满意度、居民对政府开发管理旅游水平的满意度、居民对旅游培训和教育服务的满意度、居民对旅游开发带来的经济收入增长程度的满意度、居民对旅游开发带来的实际收入与预期间的差距的满意度。

评价结果：本节借助 Deap2.1 计量统计软件进行 DEA 数据分析。为了评价景区建设的影响效能，反映其投入的资源所带来的效应是否具有效率，是否过多地占用社会资源，是否对资源有效利用以及当地居民对景区的发展是否满意，DEA 分析通过投入主导型模型综合评价这些影响效能，运行结果如表 7 - 5 所示。

表 7-5　景区发展各项投入与居民满意度的相关影响分析

调查地区	有效性 θ	Y_1	Y_2	Y_3	Y_4	Y_5	Y_6	Y_7	Y_8	X_1	X_2	X_3	X_4	X_5	X_6	X_7	X_8	X_9
重庆龚滩古镇	1.00	0.00	0.00	0.00	0.00	0.00	0.00	0.00	0.00	0.00	0.00	0.00	0.00	0.00	0.00	0.00	0.00	0.00
广西象鼻山	1.00	0.00	0.00	0.00	0.00	0.00	0.00	0.00	0.00	0.00	0.00	0.00	0.00	0.00	0.00	0.00	0.00	0.00
重庆彭水阿依河	0.99	0.25	0.09	0.00	0.00	0.07	0.00	0.58	0.24	0.00	0.47	0.00	0.00	0.60	0.13	0.55	0.37	0.25
广西月亮山	1.00	0.00	0.00	0.00	0.00	0.00	0.00	0.00	0.00	0.00	0.00	0.00	0.00	0.00	0.00	0.00	0.00	0.00
贵州西江苗寨	1.00	0.00	0.00	0.00	0.00	0.00	0.00	0.00	0.00	0.00	0.00	0.00	0.00	0.00	0.00	0.00	0.00	0.00
贵州青岩古镇	1.00	0.00	0.00	0.00	0.00	0.00	0.00	0.00	0.00	0.00	0.00	0.00	0.00	0.00	0.00	0.00	0.00	0.00
四川白石头羌寨	1.00	0.00	0.00	0.00	0.00	0.00	0.00	0.00	0.00	0.00	0.00	0.00	0.00	0.00	0.00	0.00	0.00	0.00
四川叠溪	1.00	0.00	0.00	0.00	0.00	0.00	0.00	0.00	0.00	0.00	0.00	0.00	0.00	0.00	0.00	0.00	0.00	0.00
四川九寨沟	0.99	0.00	0.00	0.05	0.11	0.20	0.00	0.67	0.17	0.00	0.00	0.45	0.00	0.58	0.19	0.51	0.39	0.20
四川坪头羌寨	1.00	0.00	0.00	0.00	0.00	0.00	0.00	0.00	0.00	0.00	0.00	0.00	0.00	0.00	0.00	0.00	0.00	0.00
四川松潘古城	1.00	0.00	0.00	0.00	0.00	0.00	0.00	0.00	0.00	0.00	0.00	0.00	0.00	0.00	0.00	0.00	0.00	0.00
四川松潘川主寺	0.92	0.11	0.33	0.00	0.00	0.07	0.00	0.09	0.18	0.00	0.04	0.29	0.19	0.08	0.00	0.14	0.00	0.09
云南大理古城	1.00	0.00	0.00	0.00	0.00	0.00	0.00	0.00	0.00	0.00	0.00	0.00	0.00	0.00	0.00	0.00	0.00	0.00
云南喜洲古镇	0.94	0.08	0.09	0.00	0.00	0.13	0.03	0.00	0.15	0.19	0.00	0.29	0.00	0.53	0.14	0.55	0.42	0.31
重庆洪安古镇	1.00	0.00	0.00	0.00	0.00	0.00	0.00	0.00	0.00	0.00	0.00	0.00	0.00	0.00	0.00	0.00	0.00	0.00
云南丽江古镇	1.00	0.00	0.00	0.00	0.00	0.00	0.00	0.00	0.00	0.00	0.00	0.00	0.00	0.00	0.00	0.00	0.00	0.00
丽江泸沽湖	1.00	0.00	0.00	0.00	0.00	0.00	0.00	0.00	0.00	0.00	0.00	0.00	0.00	0.00	0.00	0.00	0.00	0.00
均值	0.99	0.03	0.04	0.00	0.01	0.04	0.00	0.07	0.07	0.02	0.03	0.06	0.01	0.07	0.02	0.09	0.05	0.03

Y_1 表示居民对景区质量的满意度，Y_2 表示居民对景区规模的满意度，Y_3 表示居民对旅游公共设施的满意度，Y_4 表示居民对旅游接待设施的满意度，Y_5 表示居民对政府开发管理旅游水平的满意度，Y_6 表示居民对旅游培训与教育服务的满意度，Y_7 表示居民对旅游开发带来的经济收入增长程度的满意度，Y_8 表示居民对旅游开发带来的实际收入与预期间差距的满意度；X_1 表示国家政策支持与资金支持，X_2 表示投资商着力打造旅游景区的力度，X_3 表示政府为鼓励旅游开发给予的优惠，X_4 为政府宣传程度，X_5 通过招商引资完善基础设施的情况，X_6 表示居民对开发旅游的自我意识，X_7 表示政府为居民提供的旅游服务培训质量，X_8 表示政府对景区的拆迁改建投入，X_9 表示政府、投资商、旅游公司对居民的利益分配。

由此可知，政府对西南少数民族景区的投入机制是合理的。因为 17 个景区的平均有效性 $\theta = 0.99$，约等于 1；且 17 个景区中，有 13 个景区的有效性 $\theta = 1$，属于 DEA 强有效，这证明了，在 17 个少数民族景区建设过程中，为发展景区而投入的各项社会资源充分发挥了作用，带来的社会效应是具有效率的。17 个景区中，龚滩古镇、象鼻山、月亮山、西江苗寨、青岩古镇、白石头羌寨、叠溪、坪头羌寨、松潘古城、大理古城、洪安古镇、丽江古城、泸沽湖这 13 个景区居民的各项满意度，即变量 Y_1 至 Y_8 均为 0，这表示不存在不满意的变量值，表明在有效利用社会资源的前提条件下当地居民对景区的发展是满意的。

虽然从整体上看，西南少数民族景区发展情况较好，但是个别地区仍然存在着不足。四川九寨沟古镇、重庆阿依河、四川松潘川主寺古镇、云南喜洲景古镇，这四个景区的建设存在一定的问题，DEA 模型的有效性也表现不足。根据模型的计算结果，四川九寨沟，$\theta = 0.99$；云南喜洲，$\theta = 0.94$；松潘川主寺，$\theta = 0.92$；重庆阿依河，$\theta = 0.99$。

上述景区之所以存在 DEA 非有效，是因为政府对这些景区的投入并没有很好地发挥效率，即投入指标存在冗余值，且景区的规划发展成果也不尽如人意，即产出指标存在不足。具体而言，四川九寨沟景区投入指标中，X_3 政府为鼓励旅游开发给予的优惠，X_5 通过招商引资完善基础设施的情况，X_6 居民对开发旅游的自我意识，X_7 政府为居民提供的旅游服务培训质量，X_8 政府对景区的拆迁改建投入，X_9 政府、投资商、旅游公司对居民的利益分配，分别有 0.45、0.58、0.19、0.51、0.39、0.2 的冗余值；产出指标中，Y_3 居民对旅游公共设施的满意度，Y_4 居民对旅游接待设施的满意度，Y_5 居民对政府开发管理旅游水平的满意度、、Y_7 居民对旅游开发带来的经济收入增长程度的满意度，Y_8 居民对旅游开发带来的实际收入与预期间差距的满意度，分别存在 0.05、0.11、0.2、0.67、0.17 的不足，这说明人们对这些方面不够满意。

重庆彭水阿依河景区的投入指标中，X_2 投资商着力打造旅游景区的力度，X_5 通过招商引资完善基础设施的情况，X_6 居民对开发旅游的自我意识，X_7 政府为居民提供的旅游服务培训质量，X_8 政府对景区的拆迁改建投入，X_9 政府、投资商、旅游公司对居民的利益分配，分别有 0.47、0.6、0.13、0.55、0.37、0.25 的冗余值；产出指标中，Y_1 居民对景区质量的满意度，Y_2 居民对景区规模的满意度，Y_5 居民对政府开发管理旅游水平的满意度，Y_7 居民对旅游开发带来的经济收入增长程度的满意度、Y_8 居民对旅游开发带来的实际收入与预期间差距的满意度，分别存在 0.25、0.09、0.07、0.58、0.24 的不足，这说明人们对这些方面不够满意。

在云南喜洲古镇景区，从投入上看，X_1 国家政策支持与资金支持，X_3 政府为鼓励旅游开发给予的优惠，X_5 通过招商引资完善基础设施的情况，X_6 居民对开发旅游的自我意识，X_7 政府为居民提供的旅游服务培训质量，X_8 政府对景区的拆迁改建投入，X_9 政府、投资商、旅游公司对居民利益分配。这几个变量分别存在 0.19、0.29、0.53、0.14、0.55、0.42、0.31 的冗余值。从产出看，Y_1 居民对景区质量的满意度、Y_2 居民对景区规模的满意度、Y_5 居民对政府开发管理旅游水平的满意度、Y_6 居民对旅游培训与教育服务的满意度、Y_8 居民对旅游开发带来的实际收入与预期间差距的满意度，分别存在 0.08、0.09、0.13、0.03、0.15 的不足，这说明人们对这些方面不够满意。

在四川松潘川主寺景区，投入指标中，X_2 投资商着力打造旅游景区的力度，X_3 政府为鼓励旅游开发给予的优惠，X_4 政府宣传程度，X_5 通过招商引资完善基础设施的情况，X_7 政府为居民提供的旅游服务培训质量，X_9 政府、投资商、旅游公司对居民的利益分配，分别存在 0.04、0.29、0.19、0.08、0.14、0.09 的冗余值。产出指标中，Y_1 居民对景区质量的满意度、Y_2 居民对景区规模的满意度、Y_5 居民对政府开发管理旅游水平的满意度、Y_7 居民对旅游开发带来的经济收入增长程度的满意度、Y_8 居民对旅游开发带来的实际收入与预期间差距的满意度，也有 0.11、0.33、0.07、0.09、0.18 的不足。

从模型的分析结果看，每个 DEA 非有效的景区在 X_1—X_9 这 9 个投入指标上均有不同程度的冗余值，这表明，虽然社会资源投入充足，但并没有很好地发挥出资源投入效率，在一定程度上影响了当地景区的规划发展，同时人们对景区的建设情况存在一定程度的不满，这表现为产出值的不足。既然政府投入的各项社会资源是充足的，社会资源却没有发挥效率，这就需要去分析景区的利益分享机制是否合理了。

在利益分配机制中最重要的是收入问题，根据 DEA 模型的计算结果可以知道，上述景区中，居民对旅游开发带来的经济收入增长程度、实际收入与预期间的差距均不满意。

不难看出政府对于景区投入的各项社会资源是较为充足的，但是居民对于景区的建设仍然存在不满，因为每个 DEA 非有效的地区均存在收入上的不满意。为此，要研究景区利益分配机制是否合理，重点要探究景区居民收入分配是否合理。

五　利益分配机制的居民收入交叉列联表分析

利益分配机制的有效性检验，依赖于社区居民通过参与旅游活动所获取的收入，这里将分别对 DEA 低效景区的居民实际收入与旅游开发带来的经济收入增长满意度做交叉列联表分析，结果如表 7 - 6 至表 7 - 9 所示。

表7-6　　　　　　　　　　　　四川九寨沟景区交叉列联　　　　　　　单位:%

满意度 / 月收入（元）	1	2	3	4	5	6	7
800 以下	0.00	0.00	11.76	5.88	0.00	0.00	0.00
800—1500	0.00	0.00	5.88	5.88	11.76	0.00	0.00
1500—2500	0.00	0.00	11.76	11.76	5.88	0.00	0.00
2500—5000	0.00	0.00	0.00	5.88	11.76	0.00	0.00
5000 以上	0.00	0.00	0.00	11.76	0.00	0.00	0.00
合计	0.00	0.00	29.41	41.18	29.41	0.00	0.00

满意度在 5 以上表示满意。对四川九寨沟景区满意度在 4 以下的人占 70.59%，不满意的人群比重非常大。在不满意人群。月收入 2500 元以下不满意者占 70.56%，1500 元以下不满意者占 41.16%，800 元以下的占 17.64%，低收入人群不满意的比例很高。

表7-7　　　　　　　　　　　　重庆彭水景区　　　　　　　　　　单位:%

满意度 / 月收入（元）	1	2	3	4	5	6	7
800 以下	5.93	4.24	4.24	8.47	8.47	10.17	0.85
800—1500	0.85	1.69	7.63	8.47	8.47	7.63	2.54
1500—2500	2.54	0.85	1.69	2.54	3.39	1.69	0.85
2500—5000	0.85	0.00	0.00	1.69	0.85	0.00	0.00
5000 以上	0.00	0.00	0.00	0.85	1.69	0.85	0.00
合计	10.17	6.78	13.56	22.03	22.88	20.34	4.24

对重庆彭水阿依河景区满意度在 4 以下的人占总调查人数的 52.54%，超过一半。在不满意的人群中，月收入 2500 元以下的占比 49.14%，1500 元以下的 41.52%，800 元以下的有 22.88%，低收入人群不满意的比例较高。

表7-8 云南喜洲景区 单位:%

满意度 月收入（元）	1	2	3	4	5	6	7
800 以下	3.83	4.68	3.40	7.23	4.68	7.66	6.38
800—1500	2.55	1.70	1.70	5.53	7.23	11.91	9.36
1500—2500	2.55	0.85	1.70	2.13	2.55	3.83	1.28
2500—5000	0.00	0.00	1.28	0.43	0.85	1.28	0.43
5000 以上	0.43	0.00	0.00	0.00	0.43	0.43	1.70
合计	9.36	7.23	8.09	15.32	15.74	25.11	19.15

对云南喜洲古镇景区满意度在 4 以下的占比 40%，在不满意的人群中，月收入 2500 元以下的占比 94.63%，1500 元以下的 76.55%，800 元以下的 47.85%，不满意人群中低收入者仍然占有较高的比例。

表7-9 四川松潘川主寺景区（藏区） 单位:%

满意度 月收入（元）	1	2	3	4	5	6	7
800 以下	0.00	0.00	0.00	5.88	0.00	0.00	0.00
800—1500	0.00	0.00	5.88	5.88	0.00	0.00	0.00
1500—2500	0.00	0.00	17.65	11.76	5.88	0.00	0.00
2500—5000	0.00	0.00	11.76	17.65	0.00	0.00	0.00
5000 以上	0.00	0.00	0.00	11.76	5.88	0.00	0.00
合计	0.00	0.00	35.29	52.94	11.76	0.00	0.00

对四川松潘川主寺景区（藏区）满意度在 4 以下的有 88.23%，在不满意的人群中，月收入 2500 元以下的占比 53.33%，1500 元以下的 19.99%，800 元以下的有 6.66%，收入 2500 元以下的人在不满意人群中占比超过一半，而收入 1500 元以下的人在不满意人群中也占有不小的比例。

从上述几个地区的列联表分析中不难发现，少数民族景区中，当地居民的收入水平对于景区的满意度评价是有影响的，这也旁证了在国家对景区投入充足的情况下，景区自身的利益分配机制产生了问题，特别是当地居民的收入水平没有跟上景区的发展速度，这导致了社会资源在景区建设中发挥失效。

根据问卷调查，可计算出四个景区低收入人群（月收入 2500 元以下者）的平均工资为：云南喜洲景区 909.36 元、四川九寨沟景区 929.41 元、四川松潘景区 850 元、四川松潘川主寺景区（藏区）864.71 元、重庆彭水景区 869.49 元。由此可见，低收入者收入水平偏低是导致他们不满意的主要原因。

六　利益分享标准

根据利益的性质划分，旅游景区的利益可以分为经济利益和非经济利益。经济利益是基础，非经济利益往往以经济利益为前提，使旅游景区和当地获得巨大利益。利益相关者间的矛盾冲突也往往表现在对经济利益需求的未满足上，因而在旅游景区利益分配过程中满足利益相关者的经济利益需求是分配的基础和根本。景区实现经济利益的方式是通过企业资本开发利用旅游资源，吸引旅游者前来游览消费景区旅游产品和服务，主要表现在收取景区门票、转让经营场所、经营景区，如提供餐饮、住宿、娱乐项目和景区交通设施等获得销售收入、分红等收益。非经济利益指的是景区在发展过程中所产生的无形利益，分配形式主要表现为就业机会、培训、优惠权、景区决策参与权、景区项目参与机会等。

少数民族地区旅游开发地旅游所创造的利益是有限的资产，因此各利益相关者所分配的利益也是有限的。当面对众多利益需求时，不可能使各利益相关者都得到满足。因此，需要将景区所创利益按照一定标准分配给景区利益相关者。在景区利益分配的过程中，应遵循两项标准：一是根据利益相关者资本的投入和需求的紧急性来进行分配，以更多地满足一些利益相关者的特定利益需求，同时通过其他方式补偿另一部分利益相关者的利益需求；二是不同的利益相关者承担的职责不同时，应采取不同的分配形式，设置不同的分配权重，按照职责的重要程度和所担负职责的大小，制定合理的利益和风险分配比例。①

基于上述分析可知，不同地区景区的社区居民对于收入分配存在差异

---

① 郭贞：《旅游景区利益相关者利益分配研究》，硕士学位论文，四川大学，2007 年。

化的标准，应根据不同地区居民对收入期望的差异建立对应的利益分配标准。按照前面的计算结果，可确定九寨沟、阿依河、喜洲古镇、松潘川主寺四个景区的利益分配标准，如表7－10所示。

表7－10 　　　　　　　　　　　　四景区的利益分配标准

收入水平 景区名称	—	2500 元以下	1500 元以下	2500 元以下人群 平均收入值（元）	利益分配 均衡点（元）
四川九寨沟	负面评价贡献率（%）	70.59	41.65	929.4	1500
重庆彭水阿依河		93.53	79.03	869.49	
云南喜洲古镇		94.63	76.55	909.36	
四川松潘川主寺		53.33	19.99	864.71	

若要使上述四个代表景区的居民收入提升一个档次，则应采取表7－11的利益分配方式。

表7－11 　　　　　　　　　　　　分配和满意度变化

收入水平 景区名称	现有收入水平 （元）	利益分配均衡点 （元）	待提升值 （元）	拟解决居民的 不满率（%）
四川九寨沟	929.41	1500	570.59	41.65
重庆彭水阿依河	869.49		630.51	79.03
云南喜洲古镇	909.36		590.64	76.55
四川松潘川主寺	864.71		635.29	19.99

七　利益分享实现方式

在利益分享的实现上，政府、投资者、旅游者和社区居民因对利益的需求特点不同而在实现方式上也呈现出差异性。

第一，政府应根据对旅游开发地进行基础设施建设的投资、行政管理费用和代表国家行使对旅游开发地的终极所有权参与分配，经济利益上主要表现为景区门票收入、景区经营转让费用、税收等。

第二，旅游开发地投资者应以其对旅游开发地的投资和劳动参与分配。

第三，对于旅游者，保障好他们的利益是西部少数民族地区旅游开发地发展的重要前提，可以通过提供公平、公正的旅游交易环境来实现旅游者利益。同时，当地旅游经营者应为其提供到位的旅游资源信息与解说服务，辅助以安全、舒适的设施，以使旅游者对西部少数民族地区旅游景区的体验感到满意。

第四，旅游开发地居民的利益是发展旅游业的首要目标和重要目的，应该通过发展旅游业改善当地居民的经济和生活状况，保持当地的环境质量，提高当地的生活质量，实现当地综合效益的最大化。在利益的分享上，一方面，应允许景区所在地居民以所拥有的资本参股，根据其付出的代价和景区经济发展状况参与分配，给失地居民的补偿措施不应局限于直接的经济补偿，应将补偿直接与当地居民的实际生产实践相结合。另一方面，鉴于旅游的劳动密集型和资金密集型的特性，在发展旅游的过程中会产生大量的工作岗位，少数民族地区旅游开发投资者应尽可能地利用本地商品和服务，尽量聘用当地社区居民，向社区居民提供较多的就业或培训机会，使当地社区收益达到最大化。政府部门也要提供一些教育和培训机会，使社区居民在参与景区经营时具备较强的专业服务技能，在景区的开发与发展方面应尊重居民的决策参与权，征求居民的意见，使景区的开发规划行为能获得居民的同意和理解①。

第六节　利益分享机制的构建途径

少数民族地区旅游开发的经营模式主要有三种：企业运作、政府运作和村民自主运作。其中，村民自主运作是把社区居民作为利益主体，以居民世代居住的环境、古老的文化传统作为旅游资源使居民参与旅游开发，保证居民获得真正的分享利益的主导权，以实现利益分配的相对公平性。② 但是，村民自主运作的经营模式同样会涉及政府、企业和社区之间的利益纷争。因此，应建立利益分享机制，以保证当地旅游的开发者能分

---

① 郭贞：《旅游景区利益相关者利益分配研究》，硕士学位论文，四川大学，2007 年。
② 刘晖：《民族旅游开发与非物质文化遗产的保护和传承——以青海互助土族自治县小庄村为例》，《中南民族大学学报》（人文社会科学版）2013 年第 7 期。

享到旅游开发所带来的利益或好处，实现利益在利益创造者和利益的相关贡献者之间的共享。利益分享机制应切实保障社区居民在社区旅游开发中的知情权、参与权、议事权和监督权，让社区在旅游开发的利益相关者中拥有主导地位。而这中间，政府的作用对于各利益相关者的利益分享起着重要作用。在利益分享机制的构建上，政府部门应该创立和完善相关管理机制、利益协调和目标信息反馈机制、民族文化的产权管理机制、多元化的利益补偿机制、居民参与旅游的经营管理机制、增收创益的股份合作制，以及政府财政扶持机制。

一 建立旅游开发的相关法律管理机制

政策和法律对旅游开发行为具有指导性的作用。西部少数民族地区旅游开发应形成法律保障体系，对旅游开发项目的审批、核准等严格把关，建立健全责任追究制度、专家咨询制度以及公众监督制度，杜绝不同地域之间的恶性竞争，对形成的精品旅游路线、旅游纪念品、服装器械等实施知识产权保护。[1] 为进一步扩大对旅行社的监督力度，提高对旅游市场主体的约束力，应制定和完善西部少数民族地区相关旅游管理条例的实施细则以及相配套的政策法规，加快推进旅游市场的繁荣与发展。要明确规定社区旅游发展的目标、性质、内容、权限、程序、途径、机构、组织、职能以及处罚办法等。要通过法律保障当地居民的参与权利与参与内容。对相关的规范还可以在旅游行政管理部门或立法机构制定的旅游规划招标办法及旅游规划实施细则中加以详细说明，以保证当地居民参与旅游发展有法可依、有章可循。[2] 要建立居民申诉机制，接受社区居民的上访和投诉，对于那些违反社区参与法律规定的部门和个人给予处罚。

二 构建利益协调和目标信息反馈机制

利益协调机构应当广泛征求各利益相关者的利益诉求及意见，对收集的材料进行讨论、整理并归纳，以寻求彼此间可能的合作契机和协调渠

---

① 闫士芳：《河北省武术旅游发展现状及其开发研究》，硕士学位论文，河北师范大学，2011 年。

② 王敏娴：《乡村旅游社区参与机制研究》，硕士学位论文，浙江大学，2004 年。

道。在进行旅游重大决策时，应当通过问卷、访谈、调查等方式征求各利益相关者的利益诉求及意见，尤其要尊重和关心当地居民等弱势群体的利益。为了确保各利益相关者的利益目标与系统的整体目标方向一致，应当在围绕总体发展并坚持相关原则的基础上建立协调约束机制。一方面，协调约束机制应当能够有效监控各利益相关者的行为，以防止各方的利益目标偏离总体发展目标，应当降低旅游规划开发过程中可能出现的运行风险。另一方面，协调约束应当保障最终实现各利益相关者的合理利益，尤其是确保西部少数民族地区旅游开发地旅游开发过程中的弱势利益群体——当地居民实现其合理利益的渠道畅通。

总之，旅游开发地政府管理部门、旅游开发地投资者和居民都明确了解自己的职责与自身利益分配的关系，通过主动投身旅游景区建设及维护监督可实现景区内部权力—利益分配的和谐，由此使利益相关者之间真正形成利益共同体，共同实现景区经济效益、社会效益、环境效益的多赢局面。

此外，为了确保旅游发展目标的顺利实施，应当建立目标信息反馈机制。将制定的目标以及目标实施的现状等相关信息通过一定渠道或方式及时地反馈给旅游开发商或经营商、当地居民等相关利益群体，各利益相关者应当针对存在的问题及矛盾立即做进一步的讨论和协调，力求在目标实施的过程中保持沟通与协调的有效性。

三　建立民族文化的产权管理机制

在西部少数民族地区旅游开发中，因为民俗旅游资源、传统文化资源产权制度缺失，难免会造成各方利益主体忽视民族文化资源在旅游开发中的作用和独特价值，进而忽视这种独特资源的所有权人在旅游开发中的受益权。当地居民根本没有民族文化产权的保护意识，却能够在旅游开发中依靠民族文化的开发平等受益，这实际上也是一种自发的、朴素的产权意识。

健全和完善民族文化产权制度对于保障西部少数民族地区居民在民族旅游开发中的受益权至关重要。第一，明确旅游资源产权。在旅游开发的条件下，少数民族地区民俗旅游资源、传统文化资源等无形资源的经济属性表现得尤为突出，具有明显的资产特征，这些无形资产的使用权和收益权应属于当地居民。要实现旅游开发利益的合理分配，必须进行旅游资源的产权界定，以旅游资源和资本为纽带建立对旅游资源的有偿使用制度。第二，就是要对各种旅游资源进行资产评估。应该由专业的评估机构按照规定的评估体系实行综合评估，评估和量化旅游资源的使用价格，显化旅游资源的资产价值，从而实现对旅游资源的有偿使用。在估算旅游资源资产时，可采用在未来每年预期收益的基础上、以一定的贴现利率将评估对象在未来的收益还原为评估时日收益总和的收益还原法。

另外，在少数民族文化资源开发中，需要村民自治性组织等非政府组织的参与，由他们同当地政府和开发商进行沟通和协商，自主决定本民族文化资源的开发范围、开发方式和利益分配方式，这样既能够有效保护少数民族文化，保障当地居民在民族旅游开发中的收益权，又能使民族旅游开发健康有序地进行。

四 形成多元化的利益补偿机制

鉴于旅游开发对资源与环境的影响，而当地居民又是影响的直接承担者，所以作为旅游的开发者、经营者应该对此给予一定的补偿。

首先，要完善征地补偿制度。旅游开发过程中往往会涉及征用土地的问题，农村地区更是如此。若西部少数民族地区旅游开发地村民失去土地就等于失去了生产资料，会因传统生产方式的放弃而失去生活保障。现有的征地补偿制度往往使农村居民的利益受到损害，引起种种矛盾。应参照城市居民最低生活保障线的做法，制定农村居民最低生活保障线，根据这一指标换算合理的土地补偿费用，以确保旅游开发后农村居民的基本生活水平。

其次，建立环境资源补偿机制。旅游开发不仅存在建设、管理等开发成本，还存在社会环境成本。旅游开发商缴纳特许经营费后，只是获得了经营的权力，并没有对环境资源的损耗进行补偿，而大部分环境资源保护，如文物保护、居民安置等的责任是由政府来承担的。根据经济学理论，自然垄断使旅游资源开发具有规模经济、成本弱加性，旅游规模越大，开发的边际成本越小；而社会成本的变化却相反，当旅游规模很小时，社会边际成本几乎为零，随着旅游规模的扩大，社会边际成本不断增大，当达到旅游资源承载力之后，社会边际成本急剧上升。[①] 如果不对社会成本进行补偿，社会成本就转变为开发企业的收益，开发企业会想办法扩大规模，从而导致旅游规模超过旅游承载力，这样一来有可能对旅游资源造成不可挽回的破坏。因此，需要通过征收环境资源补偿税对环境资源进行补偿。

最后，积极构建民族文化补偿机制。实施民族文化补偿对民族旅游地的文化与旅游业的发展均具有积极作用，支持民族旅游地构建民族文化补偿机制有利于提高当地居民的满意度。在民族文化补偿机制构建中，补偿主体应以政府和旅游企业为主，补偿客体应以村寨集体为主，而最优补偿方式为政策和公共事业投资。

五　建立居民参与旅游的经营管理机制

建立西南少数民族地区旅游开发地的利益分享机制，最重要的是提高当地居民在旅游开发过程中的参与程度，充分考虑当地居民的利益，谋求旅游可持续发展。开发旅游业必须立足本地，根据当地居民的意愿决定开发。在规划初期，应促使居民积极参与，听取当地居民的意见，使他们了解旅游规划及其进展情况。此外，应该将开发获得的利润返还投资者和当地居民，以利于保护当地的文化遗产和生态多样性，利于保障当地居民生活水平。

要采取多种形式吸纳当地居民就业，为当地居民提供开发土特产、旅游纪念品等商业机会，使旅游开发与当地居民的利益融为一体，并为当地居民所接受。从立法方面尊重和保护民众权益，明确规定少数民族地区旅游开发地民众参与旅游业应达到的比率，以此缔造双赢结果，促进旅游业的可持续发展。

在旅游开发的环境保护方面，应使当地居民成为当地环境的自觉保护者和管理者，为此必须在旅游的开发、建筑、经营、管理以及生态资源的保护等方面提供给当地居民优先参与的机会，让他们从旅游和实际发展中受益，并感到满足。此外，要想使居民有能力参与当地旅游的规划与管理，需要加强对当地居民的宣传教育，使他们明白旅游的价值以及给他们

---

① 王虹云：《旅游开发中社区利益问题研究》，硕士学位论文，山东师范大学，2006 年。

带来的利益。

因此，当地居民应从当地的根本利益出发积极参与本地旅游发展的规划和开发，在参与分享旅游收益的同时，更应以身作则，切实履行维护当地环境和爱护当地旅游资源的责任，注意约束自己不利于环境和资源保护甚至有害于当地环境和资源的行为，以此带动外来旅游者承担起这方面的义务和责任。

六　实行增收创益的股份合作制

对于西南少数民族地区旅游开发地的广大乡村而言，根据资源的产权可将少数民族地区旅游开发地的旅游资源界定为国家产权、集体产权、当地村民小组产权和农户个人产权四种产权主体。在当地发展乡村旅游时，可进行股份合作制经营，即采取国家、集体和农户个体合作，把旅游资源、特殊技术、劳动量转化为股本，对各方获取的收益应采取按股分红与按劳分红相结合的分配方式。当地农村居民通过土地、技术、劳动等形式参与旅游发展。企业通过公积金的积累完成扩大再生产和乡村生态保护与恢复，以及相应的旅游设施建设与维护；通过公益金的形式投入乡村公益事业，维持当地居民参与机制的运行；通过股金分红的方式支付股东的股利。这样，国家、集体和个人可在旅游发展中按照自己的股份获得相应的收益，从而实现当地居民参与的深层次转变。通过股份制的模式可以把当地居民的责、权、利有机结合起来，引导居民自觉参与他们赖以生存的乡村生态资源的保护，从而保证当地旅游的可持续发展。① 实行股份制也有利于当地居民增强对旅游企业的控制程度，从而监督企业的经营行为，保证当地旅游持续健康发展。

七　建立和完善政府财政扶持机制

旅游行政管理部门应在政策和财政上给予少数民族地区旅游开发地居民以扶持。在政策上，应制定保护居民从事旅游经营活动的法规条例，从法律上承认其经营的合法性；在财政上，应帮助居民筹措开展经营活动所需资金，协调金融机构提供低息贷款等。为此，需要建立健全旅游开发地

---

① 王敏娴：《乡村旅游社区参与机制研究》，硕士学位论文，浙江大学，2004 年。

建设的投融资机制，确保当地旅游开发建设资金的多元化、旅游管理现代化，逐步实现居民自治。西部少数民族地区的旅游开发是一项庞大的系统工程，需要耗费大量的人力、物力和财力，单凭政府的资金投入，不可能将旅游资源变成现实的旅游产品，因此需要政府主导，提供政策支持，寻求企业的合作，而以企业出资为主，进行旅游开发。政府还可以进行多渠道融资，如通过举办少数民族地区特有的精品演出方式寻找合作伙伴，争取更多资金支持。

第七节　结论性评论

综上，核心利益相关者的利益追求及价值取向不仅影响着西部少数民族地区旅游开发的顺利进行，更关系着西部少数民族地区旅游的可持续发展。尽管他们有着不同的利益追求倾向，彼此间存在矛盾，但并不代表各利益相关者之间只存在对立关系。实际上，各利益相关者彼此关系密切相关，具有某些共同的职责或目标。在倡导理性旅游的时代下，西南少数民族地区旅游开发始终应坚持可持续发展的理念，在此前提下，不仅要考虑经济、社会和环境价值的实现，还要特别注意协调好各利益相关者之间的利益追求及价值取向。政府作为协调各利益相关者利益及矛盾的核心力量和关键节点，应当明确各利益相关者对旅游开发过程中存在问题的具体诉求和意愿，通过多方协调努力寻求相对一致的价值取向，让不同的利益相关者有效参与旅游开发的全过程，以促进合作、减少冲突。尤其是应该就当地旅游的发展制定相应的规划、政策甚至法律，通过干预市场、协调监督、促进旅游开发地参与和公平分配、积极开展教育培训活动等，为当地的旅游业创造良好的发展环境，促进当地旅游的可持续发展。

综上分析，我们可以发现，西南少数民族景区利益冲突的根源是法律和体制的缺陷。西南少数民族景区的利益冲突可归结为：产权不清、权力失衡和能力匮乏。造成冲突的这些原因与西南少数民族景区不合理的现行体制和相关的法律法规漏洞息息相关，如贵州西江苗寨原先采用社区自主开发的模式，在 2008 年后政府和企业介入开发并收取门票，但大部分门票收入与居民无关，且居民须服从政府在寨体改造、民俗表演等方面的规划。当权益受到侵害时，居民无法可依、无规可循，无法通过正规渠道维护自身的权益；反之由于缺乏对侵害方的有效法律规制，侵害行为可能进一步扩大，从而激化矛盾冲突。因此，需要对现行的旅游开发模式、参与模式和利益分配方式进行改革。

西南少数民族景区利益冲突的诱因是权力配置和利益分配的不合理。通过调研发现，17 个景区的居民对涉及自身合理收入的利益分配、拆迁政策公平和旅游服务培训等测评指标的满意度平均低于 5 分，由此推论，西南少数民族景区的利益分享存在一定问题，社区居民感到不满。而利益分配的核心是利益分配权，多数西南少数民族景区的利益分配权掌握在主导景区开发的政府和掌握开发资本的投资商手中，居民常常被排除在分配体制之外，被动接受政府与投资商的利益分配条件。

利益分享机制的核心建立协调与分配机制。利益协调机制的重要意义是解决沟通渠道的问题，为利益冲突的相关者提供平等、合理的协商平台，以利于利益相关者通过谈判缓解矛盾冲突。有效的利益分配机制是解决利益矛盾的根本方法，是利益协调机制的最终目的。利益协调机制与利益分配机制互为依托，单独建立的利益协调机制或分配机制无法有效解决西南少数民族景区的利益矛盾。

利益分享机制的目标是实现利益分配的公平和合理。根据调研发现，广西象鼻山景区、月亮山景区开发较早，居民在利益相关方面的调研满意度居五省市之首。当地的利益分配机制相对公平、合理，居民除了参与景区经营活动获得的收入外，还有林地、耕地补偿款等多种收入来源。由此可见，利益分享机制旨在保障各利益相关方在景区利益上的利益均沾和机会平等。

保障居民参与和持续增加收入是解决利益冲突的主要方向。调研发现，西南少数民族景区的利益冲突主要表现在社区居民与政府和投资商的冲突方面，收入问题是主要的冲突点。虽然利益分享方式多样，但社区居民对直接涉及居民利益的收入分配、旅游技能培训和拆迁补偿政策等方面不满意度较高，其中四川、重庆等地区的少数民族景区在这方面的矛盾冲突较为突出，发现利益分配机制与居民收入存在较高关联性的问题也主要来源于对这两个地区的少数民族景区数据所做的分析。研究发现对上述指标持消极评价或评分角度的居民主要是低收入人群，通过列联表分析确定了其相关性结论。由此可知，保障居民参与权力，持续提高居民的收入总量和拓展收入渠道是解决西南少数民族景区利益冲突的主要方向。

因此，在政府层面，首先应推动对西南少数民族景区吸引物的产权立法。在法律法规上明确景区吸引物产权（如村寨、古居等），保障产权主体——社区居民享有吸引物产权的占有、支配、使用、处分、收益等权益。其次应优化西南少数民族景区现有的权力配置，将产权、经营权和管理权三权剥离，在引进投资时避免"买断、垄断"等方式，采用较为灵活的委托合同制，建立引进退出机制；建立居民、政府对投资商的考核机制；对弱势权力群体在分权的基础上增权，防止权力过度集中和滥用。最后，上级乡镇政府应切实为社区居民的参与创造条件，对景区管委会的权力进行限制与监督。此外，调研发现，17 个景区高中及以下文化程度者占总调研人数的 88%，这说明多数居民的文化水平较低，由此降低了他们参与旅游、维护合法权利的能力。应通过建立"社区旅游大学"的培训机构或推荐社区居民赴一些旅游相关高校进修，提高西南少数民族景区居民的文化素质，增进他们的法律法规知识增强他们进行旅游经营管理的专业技能，并吸引本社区的大学生返乡就业。

在投资商层面，首先要建立与居民沟通的长效机制。之前讨论中曾建议建立景区问询机制，建立政府、投资商与居民定期沟通的制度，定期召开沟通协调会议。投资商应定期参加会议，听取居民的诉求，接受居民和政府的监督。其次是做好关键信息的公开。鉴于西南少数民族地区扶贫需要与民族地区的特殊性，作为景区产权主体的居民，应享有获悉景区管理公司经营情况的知情权。投资商应仿效上市企业制度，定期对社区居民公开景区经营情况和重大事项。最后是要适应市场，改革落后的经营方式。门票经济这种粗放式的获利模式已经不适应于未来大众旅游时代的要求，投资商应更新投资和经营观念，通过创造良好的景区环境和经营环境，吸引更多二级投资商和游客进入，拓展收入的渠道。

在居民层面，首先要提高自身的文化水平。对 17 个景区调研显示，具有高中以上文化水平的人口仅占总人口的 12%，所以景区居民总体文化水平偏低。为了更好地参与旅游经营和维护自身权利，社区居民需要在主观上重视相关知识的学习和培训。其次是建立牢固的自组织。前文提到，应建立景区旅游事务的自组织，实现景区居民的组织化管理，以统一行动，共同维护自己的正当权益。该组织是全体社区居民的权益代表，能组织统一行动，提升居民对政府和投资商的协调能力。最后是聘请和吸引人才。要建立顾问制度，积极寻求与高校旅游研究的相关学者、环保组织建立长期合作关系，以配合高校科研、环保活动作为交换方式，获取维权方面的咨询建议。另外，随着人口流动性加大，越来越多的本地居民接受了高等教育，社区居民应该努力吸引高学历居民返乡就业和创业。

第 八 章

西部少数民族地区旅游开发地
居民满意度提升对策研究

西部少数民族地区旅游开发地居民满意度的高低决定着当地旅游业的可持续发展能力。较高的居民满意度对当地旅游发展具有正面影响：有利于美化景区形象，提高游客体验满意度；有利于当地居民配合政府，积极参与当地旅游，支持当地旅游业的发展。反之，较低的旅游满意度则对当地旅游发展具有负面影响：使旅游开发地居民对当地旅游资源进行自我贬值，影响旅游声誉；影响旅游企业经营活动，降低资源利用效率；影响政府管理部门的权威，不利于政策实施；会在利益相关者间形成重重矛盾，影响社会和谐。为了更好地增加居民在旅游发展当中的经济收益，保障居民对旅游开发决策的参与权利，提升居民参与旅游经营的能力，确保当地旅游开发成果实现人人共享，提高少数民族地区旅游开发地居民的满意度，进而达到旅游可持续发展，特提出如下几点政策建议。

第一节 政策引导，完善制度建设

一 建立西部少数民族地区旅游开发地居民满意度监测体系

居民满意度并不是一成不变的，它会随着旅游的开展而发生变化，是一个动态过程，政府要成立专门部门对满意度进行监测，通过实地抽样的问卷调查方法了解居民满意度的不足之处，从经济、社会、环境、政策等各个方面识别关键指标和薄弱环节，不断改善和提高居民满意度。此外，随着现代信息技术的快速发展，西部少数民族旅游地区可以根据微博传播快、传播广的特点启用智能微博舆情监测系统，监测居民反馈和讨论有关当地旅游发展的突出问题；建立舆情响应机制，与当地政府工作紧密结合，并根据情况与发布者联系进行持续跟踪和落实，及时、准确地发现问题，更快速地应对处理，真正做到让居民高兴、满意，为完善当地旅游公共服务体系建设、促进当地旅游发展发挥重要支撑作用。

二　增加社区权力，探索旅游开发的成本分摊和利益共享机制

增加社区权力，探索旅游开发的成本分摊和利益共享机制。第一，要适当照顾弱势群体的利益，增加社区居民参与旅游决策的权力，以改变目前少数民族地区居民在利益分配中的弱势地位，保证他们从旅游开发中能获得相应的经济利益和发展权利，从而提高他们保护民族传统文化和参与旅游的自觉性。第二，在少数民族旅游发展过程中，政府、开发商、社区居民等利益主体应从少数民族地区旅游开发地的旅游发展整体利益出发，进行充分协商，认真倾听各方声音，确定合理的利益分配比例，建立公平合理的利益分配机制和补偿机制。要不断增加村民的就业机会和商业机会，帮助居民尽量采用本地原料加工旅游产品，引导居民利用制作技术生产特色食品和特色工艺品，向居民开放为旅游者而兴建的服务设施和环境保护设施等，使居民实实在在地从旅游开发过程中分享利益。要建立合理的利益协调机制，调节收入差距过大和贫富悬殊的问题，兼顾各方利益，实现旅游可持续发展和少数民族地区的整体发展。

三　突出政府主导，构建科学高效的职能协调机制

在西部少数民族地区旅游发展过程中，政府应当明确自身角色，突出其主导作用，加强宏观调控和政策引导，充分行使其监督、引导和协调职能。政府必须运用多种手段，在少数民族旅游开发地的基础设施与服务设施建设、旅游产品开发、旅游市场营销、民族传统文化保护传承、生态环境保护等方面提供政策引导、资金扶持和技术、人才支持；必须协调各利益主体之间的矛盾，监督、协调其他主体充分行使各自职能。开发商和旅游企业必须从西部少数民族地区的长远利益和整体利益出发，自觉担负应尽的社会责任，依法经营。政府及其相关部门应各负其责，媒体和公众应对少数民族地区旅游活动加强舆论监督，共同保障少数民族地区旅游有序

发展。

四　加大支持力度，培育良好的旅游宏观环境

西部少数民族地区旅游的可持续发展，还得依赖于外部宏观环境，如政治环境、经济环境、科技环境、法律环境、社会和文化环境以及自然环境。各利益主体利益均衡能否圆满实现，利益诉求能否协调统一，相互之间的矛盾冲突能否消除，不仅取决于西部少数民族地区旅游业本身，还取决于其赖以生存的外部环境。政府及其旅游主管部门、相关部门应当大力推进经济、社会、文化、科技、法律、生态等各项建设，为西部少数民族地区旅游业的发展构建一个良好的外部宏观环境。本次调研数据结果显示，68.01%的居民认为政府应进一步加大支持力度。因此，政府应重视西部少数民族地区旅游的发展，加大专项资金投入力度，扶持西部少数民族地区旅游景点景区的开发与建设，加强西部少数民族地区旅游路线和服务产品的整体规划，充分开发西部少数民族地区旅游资源。调研数据还显示，有68.37%的居民认为交通制约了当地旅游业的发展。因此，要努力改善旅游地交通基础设施，提高交通服务质量，推进交通营运管理的现代化。西部少数民族地区疆域辽阔，是我国经济欠发达地区。"公路通，旅游兴。"旅游公路的快速发展可使我们掌握旅游发展的主动权，为旅游业的大发展创造良好条件。在本研究的调研中，较多当地居民反映，景区公路很少，存在进不去、出不来的问题，原因主要在于政府支持公路建设的投入力度不大。因此，建议西部少数民族地区科学规划旅游交通，以此带动旅游业发展。

第二节　促进旅游产品开发，
提高旅游服务水平

一　促进旅游产品开发，扩大旅游产品的销售网络

第一，充分利用民族历史文化资源，不断丰富乡村民俗文化旅游产品内涵。从调研数据结果来看，居民对当地景区开发项目单一、特色不足的建议最多，占建议总数的73.41%。西部少数民族地区大部分乡村植被良好，山水秀美，民风淳朴，越是偏远乡村，农耕文化积淀越是深厚，乡村

民俗活动越是源远流长，越是适合新时期旅游休闲"内生型"经济发展道路。文化是旅游休闲之魂，对旅游产品进行休闲化、娱乐化的设计，归根结底是要赋予旅游产品深厚的文化底蕴和内涵，并通过旅游文化"外显"把旅游产品"活灵活现"地表现出来。大量隐藏在民间并流传甚广的民俗风情、历史传说、人文典故本身就具有先天优势，完全可以通过节事活动策划、民俗风情场景设计等演绎民族地区的历史文化和灿烂文明，赋予乡村旅游、民俗旅游"动感"艺术，以实现旅游产品"质"的飞跃。

第二，实施持续的旅游产品创新战略。调查显示，56.42%的居民提出了旅游产品开发不足与销售网络较小的问题。因此，随着科技进步和经济全球化步伐的加速，产品的生命周期越来越短，企业必须不断开发新产品以迎合市场需求的快速变化。旅游产品是一种体验型和概念型产品，其更新速度很快。一个景区的旅游企业只有适时改进原有产品，丰富产品的文化和科技内涵，不断设计和开发新的旅游产品和旅游线路，才能确保旅游企业能够持续地向市场提供比竞争对手更新更好的产品和服务，从而巩固和提升本企业旅游产品的市场竞争优势。

第三，要加大对西部少数民族地区旅游产品的宣传促销，通过政府引导提升西部少数民族地区旅游产品在市场上的地位和知名度。调研数据显示，65.68%的居民提出了广告宣传力度不大的问题。要解决该问题，首先，应充分借助传媒的宣传作用在央视和其他本地电视台增加对西部少数民族旅游景区景点的宣传力度。其次，增开各地旅游电视频道等，向更多的国内外游客介绍西部少数民族地区美丽而诱人的旅游景点和文化特色。最后，在各省会及大城市设立旅游办事机构，举办旅游博览会和项目招商引资洽谈会，大力吸引国内外企业投资西部少数民族地区的旅游业。

二 引入科技力量，拓宽投资渠道，提升旅游产品开发层次

目前，由当地农民自行投资开发仍是西部少数民族旅游景区开发的主要方式之一，因而现今的西部少数民族旅游景区旅游规模小、档次低的现象还比较普遍，在生态、环保意识、安全、卫生和从业人员素质等方面都存在一定的问题。因此，要提升西部少数民族旅游景区开发经营的层次，必须拓展投资渠道，采取多种开发投资方式。在旅游环保管理上，收好、管好、用好各种排污费；对景区开征适当的旅游资源维护费，以保证充足

的旅游环境保护经费。同时，还应积极引入旅游人才及科技力量，开展多学科、深层次的调查研究，以便更科学地对旅游环境进行综合保护和治理，提高环境控制水平。这些都需要当地政府在政策方针方面给予有效的指导和扶持，从而实现旅游和农业、经济与环保的共同发展。

三　增强旅游服务质量，提高旅游服务水平

在旅游服务方面，调查显示，63.16%的居民提出了旅游服务水平不高的问题，65.68%的居民认为游客停留时间太短，有67.83%的居民认为旅游接待设施相对落后。西部地区旅游资源虽然很丰富，但仍有不少新近开发或是规模较小的景区居民反映，在当地观光的游客大都将该景点作为中转站，较少有游客在当地住宿。所以旅游开发给他们带来的收入十分有限。如何留住游客、改善旅游接待设施、提高旅游服务水平是这些景区在以后的开发中亟待解决的重要问题。若一个景区的旅游开发产品层次上去了，旅游服务质量提高了，又有自己的特色，游客停留的时间自然就会延长。具体而言，可以通过以下措施来加以实现。

第一，全方位关注游客，借助于专业人员的帮助，结合游客的健康状况、性格特征、爱好等来设计与众不同的旅游线路，细分游客群体，进行服务产品创新、市场创新，塑造旅游服务的竞争力，满足游客个性化旅游服务的追求。

第二，加强旅游企业内部信息的透明度，使员工了解企业的战略规划、各部门之间的工作计划，管理阶层要贴近员工，贴近游客，真正用心去关心员工和接触游客，帮助他们解决实际的问题，从而形成员工满意度—游客满意度—企业满意度的良性循环。

第三，进行技术创新。技术创新旨在提高当地旅游服务的质量，进而提高当地旅游业的技术水平和产业素质。旅游服务中的技术创新要根据世界旅游产业高技术化发展的趋势和当地民族旅游地区的需要和实际可能，确定其旅游业高技术发展的优先领域、重点攻关技术和关键项目，有重点地推广一批成熟的先进技术，最终实现旅游服务的规范化、标准化、智能化、网络化和信息化。

第四，改善旅游接待设施。比如，在宾馆方面，将星级宾馆结构合理化，适当调整高级宾馆和中档宾馆的比例，提高宾馆的服务水平；在旅行

社方面，加大对旅行社的宣传，采取适当营销手段吸引消费者，提高自身的组织与接待水平。除此以外，加大对旅行社从业人员的培训力度，提升旅行社人员的整体素质，提高旅游管理和服务水平。

第三节　加强素质教育，提高居民自主意识

一　加强教育培训，提高居民文化程度

居民的文化素质是其对旅游业做出客观公正评价的基础，也决定了他们对于旅游业的参与能力。西部少数民族地区绝大多数居民受教育水平较低，这决定了他们只能浅层次地介入旅游业，并且在旅游规划和开发中很少拥有"话语权"。因此，要加强对居民在服务、技能、营销、网络、语言等方面的教育和培训，提升其参与旅游开发的层次和水平。一方面，可以邀请相关的旅游服务专家对农户开展旅游服务技能和管理培训，以提高旅游服务和管理的质量和水平；另一方面，可以邀请相关专家，开展旅游文化大讲堂，也可以利用多媒体或宣传册等手段加深居民对旅游业发展的认识和了解。大量研究表明，居民对旅游产业了解得越多，其对旅游业发展的支持度就越高。如果一个旅游开发地社区居民得到了有关旅游的更细致的教育，人们就会更好地分析与旅游相关的影响，对旅游开发积极和消极的后果就会有一个全面的认识。

二　提高居民的参与积极性以及参与层次

要提高居民的参与积极性以及参与层次，首先要在居民的现有就业结构的基础上，建立相应的激励与奖励机制，充分调动居民的积极性和责任感，发动居民参与旅游业的发展，提高旅游参与率，以促进居民全面参与旅游资源和生态环境的保护，防止"飞地化"现象的滋生。要加强民主建设，确保居民对高层次决策的参与机会，充分关注居民的利益。其次提倡和推动社区居民参与旅游规划的编制过程，以入户调查、问卷、公示等形式征求社区意见，使社区居民有充分的发表意见的机会，并保障他们的意见能够得到切实的尊重。要保证他们有参与旅游经营的优先权和足够的参与空间，提高其市场意识和经营能力。

第四节　保护生态环境，注重传统
文化的传承与保护

一　保护旅游地生态环境，倡导民族文化生态旅游

生态环境是旅游景区持续发展的灵魂。政府和景区有关部门要树立"在保护中开发、在开发中保护"的意识，加强景区的环境管理，加强内部巡视、监督，确保旅游活动不影响到景区动植物，及时清理各种垃圾，保证景区的整洁卫生，打造一个环保生态型的旅游景区；同时，要大力倡导绿色旅游、民族文化生态旅游，促进民族地区可持续发展。民族文化生态旅游即是以民族地区文化生态系统为旅游对象，在最大限度上满足旅游者的精神需求和减少对旅游目的地文化发展进程影响的前提下，将生态旅游理念贯穿于整个旅游系统，并指导其有序发展的可持续旅游发展模式。这里的民族文化生态旅游既是一种生态旅游活动，又是一种旅游发展的战略和旅游开发的文化理念。

二　积极挖掘民族文化内涵，促进旅游与文化的融合

调查结果显示，有63.7%的居民认为旅游与地区风俗文化融合度不高。民族文化旅游的本质是一种旅游产品，在有效保护民族文化旅游资源的前提下，开发出独具魅力的民族文化旅游产品，是一个地区旅游业可持续发展的关键。要积极挖掘民族文化内涵，提升文化旅游资源品味。在西部少数民族地区开发民族文化村落景点时，要注意对原有民族文化村落的建筑风格、建筑实体进行保护，可以考虑按照原有的比例和风格样式进行仿建。西部旅游资源开发应以生态旅游为基础，并将生态旅游作为西部旅游开发的最佳模式选择。

三　加强民族文化生态旅游区的社区参与

加强民族文化生态旅游区的社区参与，促进民族文化的传承，推进社区共同发展。旅游业的发展是以旅游地的自然和人文资源为依托和载体的，因此，旅游业的发展不仅仅是政府的职能。旅游规划的制定也并非规划师的特权，旅游业发展的目标已由过去单一的经济利益目标转变为包括

了与当地现有社会经济整合、保护和更好地利用当地最基本的自然和文化资源等多元目标。

第五节　提高居民经济收益和社会福利，不断改善民生

一　扩大居民收入来源渠道，增加居民收入

经济利益的分配能够在很大程度上影响到社区居民的态度和感知评价，只有对经济利益进行有效合理地配置，才能使居民赞成或支持当地旅游活动的开展。因此，要鼓励社区居民参与本地特色旅游商品或纪念品的生产，鼓励居民进行农产品深加工，促进农产品的就地销售等，扩大居民的收入来源渠道，增加收入。吸引居民积极加入旅游业，提高旅游收入。旅游的开展给当地的经济带来了很大幅度的增长，就业机会随之增加了，当地政府要为居民提供力所能及的支持，包括培训、服务设施的建设、信息服务、贷款等方面的支持，减少支持的障碍，使居民能够畅通无阻地加入旅游行业中去。

二　成立当地发展基金或福利基金，建立和完善居民保障体系

由政府部门牵头，由旅游企业与个体经营户共同出资，成立当地发展基金或福利基金，用于资源和环境保护、老弱病残扶助、开发规划、基础设施建设等用途，改善旅游目的地的发展环境和居民的福利待遇。要建立和完善居民保障体系。一是不断提高社会保障水平。实现城乡低保、新型农村合作医疗、新型农村社会养老保险、城镇居民群众基本医疗保险和社会养老保险五个"全覆盖"。要完善退休人员管理体系，对退休人员实行属地管理，确保他们能按时足额领取法定养老金、享受医疗保险。社区要定期走访慰问，组织举办老年教育、体育文化教育以及各种娱乐活动，真正实现退休人员老有所养、老有所医、老有所教、老有所学、老有所为、老有所乐，切实保障和提高广大退休人员晚年身心健康和生活质量。二是积极开展扶贫帮困、爱心助学活动，重点关注下岗职工、残疾人士、孤寡老人等弱势群体，使更多的困难群众得到物质和精神上的帮助，尤其要了解旅游业发展给老年居民的生活带来的冲击和不便，帮助其提高对旅游开

发的适应能力，使他们以更积极的态度支持旅游业发展。三是帮扶重点人群实现就业。特别是要服务于当地就业困难人员、失地失业人员三个重点群体，整合社会各项资源，加强就业服务，形成促进重点群体就业的长效机制。

第 九 章

基于重庆和云南旅游开发地
居民满意度提升的实例再分析

近年来，不少少数民族地区的旅游资源得到了深度开发，如何把少数民族地区旅游资源开发同维护好、实现好、发展好当地居民的利益联系起来是亟待解决的问题。本章在前文研究的基础上，再以重庆和云南为例，对开发地居民满意度及其影响因素以问卷形式进行了调查，利用灰色关联分析法分析了各景区居民的总体满意度，并利用因子分析法研究了各因素对居民满意度的影响程度，提出了针对重庆和云南旅游开发地居民满意度提升的具体政策建议。

第一节 重庆少数民族地区旅游景区
居民满意度测度及驱动机制

以重庆少数民族地区的三个景区，即秀山洪安边城、彭水阿依河、酉阳龚滩古镇为例，课题组于 2012 年 7 月展开了调研活动，共发放问卷 355 份，其中有效样本 353 份。为了确保评价结果的真实性和有效性，以旅游开发地居民作为研究对象，调研时请当地居民对影响上述旅游景区居民满意度的 12 个指标在 ［1—7］范围内进行评价打分，分值越高表示居民满意程度越高。

一 灰色关联分析

1. 各指标分数均值构成了比较序列

选择每列指标中最大均值作为参考序列，如表9-1所示。

表9-1　　　　　　　**景区居民满意度的比较序列和参考序列**

指标	景区主题和特色	景区风光	活动种类	景区布局	景区质量	景区规模	公共设施	旅游接待设施	政府开发管理旅游水平	旅游培训与教育服务	经济收入增长程度	实际收入与预期间的差距
参考序列	5.5	5.6	5.2	5.3	5.4	5.2	5.4	5.5	5.3	5.4	5.0	4.6
洪安边城	5.5	5.6	5.2	5.4	5.4	5.1	5.4	5.5	5.3	5.4	5.0	4.6
阿依河	5.3	5.6	4.9	5.3	5.3	5.2	4.8	4.7	4.6	4.4	4.2	4.1
龚滩古镇	5.3	5.2	4.5	4.9	5.0	4.7	4.9	4.9	4.7	4.6	4.4	4.0

2. 计算灰色加权关联度

根据公式（2）对变量进行无量纲化；根据公式（3）求差序列，其中最大差=19.2，最小差=0；根据公式（5）计算灰色相关系数，这里取 $p=0.5$，根据之前计算出个评价因素的权重；根据公式（7）求得灰色加权关联度如表9-2所示。

表9-2　　　　　　　**居民满意度灰色加权关联度**

指标	景区主题和特色	景区风光	活动种类	景区布局	景区质量	景区规模	公共设施	旅游接待设施
洪安边城	0.098	0.019	0.023	0.020	0.064	0.017	0.064	0.032
阿依河	0.071	0.019	0.014	0.021	0.051	0.021	0.030	0.013
龚滩古镇	0.066	0.011	0.010	0.011	0.034	0.010	0.032	0.015

指标	政府开发管理旅游水平	旅游培训与教育服务	经济收入增长程度	实际收入与预期间的差距	Σ
洪安边城	0.085	0.019	0.355	0.199	0.995
阿依河	0.036	0.006	0.128	0.094	0.504
龚滩古镇	0.037	0.007	0.148	0.083	0.465

　　洪安边城居民满意度灰色加权关联度为 0.995，阿依河为 0.504，龚滩古镇为 0.465。

　　将关联度从大到小排列可得：洪安边城 > 阿依河 > 龚滩古镇。

　　从表 9 - 2 可知，重庆少数民族地区三个景区的当地居民对景区主题和特色、景区质量、公共设施、政府开发管理旅游水平等方面评价较高，说明当地居民对政府部门关于景区的开发、建设以及管理等方面的工作持肯定态度，但三个景区在 12 个评价指标的测评结果上均有优势和不足之处。洪安边城在景区主题和特色、活动种类、景区质量、公共设施、旅游接待设施、政府开发管理旅游水平、旅游培训与教育服务、经济收入增长程度、实际收入与预期间的差距 9 个指标方面的数值均比其他两个景区居民满意度高，其中景区主题和特色、政府开发管理旅游水平表现尤为突出，这说明当地居民对政府关于景区规划、管理、宣传等工作落到实处感到很满意；阿依河在景区主题和特色、景区风光、活动种类、景区布局、景区质量、景区规模 6 个评价指标方面的居民满意度较高，而公共设施、旅游接待设施以及经济收入增长程度 3 个评价指标方面的居民满意度表现较低，这说明居民对阿依河在景区的规划与布局上感到较为满意，但景区相关基础设施建设明显不足，还需要逐步提高，同时由于基础设施的缺陷，景区旅游人次减少，进而造成当地居民收入与预期存在一定差距；龚滩古镇在景区主题和特色、景区风光、活动种类、景区布局、景区质量、景区规模、政府开发管理旅游水平、旅游培训与教育服务、实际收入与预期间的差距 9 个评价指标方面的居民满意度较低，但公共设施、旅游接待设施以及经济收入增长程度 3 个评价指标方面的居民满意度表现较好，这说明龚滩古镇在景区规划、管理等工作上存在严重不足，后期景区相关部门应致力于提升景区的服务管理水平，同时着力打造新颖的景区活动，以体现景区特色。

二　居民满意度的内在驱动机制研究

　　在旅游开发的居民满意度内在驱动机制方面，根据社会交换理论，很多学者提出居民旅游影响感知是影响居民满意度的重要因素。本研究综合文献并与西部少数民族地区旅游开发地实际情况相结合，同时邀请来自旅游、经济、社会等职能部门的专家对指标设定进行探讨，最后构建了重庆少数民族旅游开发地居民满意度内在驱动机制指标体系。

多指标综合评价的赋权方法大致分为两大类：一类是主观赋权法，如综合评分法、层次分析法、德尔菲法等；另一类是客观赋权法，如主成分分析法、因子分析法等。本研究采取主观与客观相结合的综合赋权法对重庆秀山洪安边城、彭水阿依河、酉阳龚滩古镇三个旅游开发地居民对满意度影响的感知因素进行赋权。首先运用 SPSS18.0 统计软件对问卷数据进行统计分析，算出各因素的客观权重。

对回收问卷进行因子分析，删去具有双重因子负荷及因子负荷较小的变量（旅游收入季节性明显感知、农用肥等生产资料价格上涨感知等 6 个因素），问卷有效变量为 35 个。进行效度检验，KMO = 0.937，x^2 = 7921.965，df = 528，这表明变量间的相关程度差异不大，变量间的关系良好，非常适合进行因子分析。

本研究假设公共因子间弱相关，采用方差最大化正交旋转法，待提取公共因子后，再进行验证。由表 9 - 3 可知前 7 个公因子的特征根均大于 1，其解释的指标变量变异部分之和占指标变量总变异的 66.991%，亦即包含原始数据的信息总量达到了 66.991%。这也表明有近 30% 的信息作为公共因子提取、变量结构简化的代价而流失。

表 9 - 3　　　　　　　　　公共因子解释方差

公共因子	1	2	3	4	5	6	7
特征根	12.301	3.008	2.041	1.779	1.191	1.124	1.004
方差贡献率（%）	38.002	8.593	5.831	5.082	3.404	3.211	2.868
总方差贡献率（%）	38.002	46.596	52.426	57.508	60.912	64.123	66.991

以各公共因子的方差贡献率占 7 个公共因子总方差贡献率的比重作为权重进行加权，则可得到重庆三个景区居民对旅游开发满意度的影响感知评价体系因子模型：

$$F = (38.002F_1 + 8.593F_2 + 5.831F_3 + 5.082F_4 +$$
$$3.404F_5 + 3.211F_6 + 2.868F_7)/66.991$$
$$= 0.567F_1 + 0.128F_2 + 0.087F_3 +$$
$$0.076F_4 + 0.051F_5 + 0.048F_6 + 0.043F_7$$

上式中，F_1、F_2、F_3、F_4、F_5、F_6、F_7 分别表示提取的 7 个公共因子，可以看出 7 个公共因子在综合评价体系中的权重大小。以公共因子为因变量，各变量为自变量进行回归分析，分别对 7 个公共因子的 35 个评价变量的系数进行标准化处理。

根据成分得分系数矩阵（见表 9-4），按如下两个公式计算评价变量的标准化系数 W_j

$$\beta_j = 0.567\beta_{1j} + 0.128\beta_{2j} + 0.087\beta_{3j} + 0.076\beta_{4j} + 0.051\beta_{5j} + 0.048\beta_{6j} + 0.043\beta_{7j}$$

$$W_j = |\beta_j| / \sum_{j=1}^{35} |\beta_j|$$

表 9-4　　　　　　　　　　成分得分系数矩阵

变量	F_1	F_2	F_3	F_4	F_5	F_6	F_7
旅游促进经济发展感知	-0.037	-0.093	0.267	-0.007	-0.113	-0.003	0.074
旅游经营收入增加感知	-0.006	-0.096	0.311	-0.082	-0.037	-0.055	0.035
购物娱乐条件及服务质量改善感知	0.014	-0.065	0.285	-0.027	-0.026	-0.062	-0.057
居住生活环境质量提高感知	-0.009	-0.042	0.275	-0.057	0.048	-0.065	-0.095
旅游开发经济前景可观感知	0.001	0.051	0.193	0.020	-0.027	-0.118	-0.091
住宅物价大幅上涨感知	-0.085	-0.102	0.020	0.368	0.033	-0.062	0.017
旅游收入分配不公感知	-0.049	-0.152	-0.012	0.328	0.144	0.072	-0.114
地区贫富差距变大感知	-0.021	-0.003	-0.076	0.343	0.027	-0.053	-0.042
基本生活用品价格上涨影响生活质量感知	0.051	0.041	-0.044	0.236	-0.175	-0.013	0.050
外来投资增多感知	-0.017	-0.022	-0.049	0.053	-0.214	0.336	0.106
外出打工人数减少感知	-0.037	-0.003	-0.105	0.161	-0.166	0.401	-0.040
旅游解决了本地剩余劳动力感知	-0.021	0.040	0.101	0.018	-0.002	0.138	-0.157
游客丰富了本地居民生活感知	-0.059	0.047	0.072	0.020	-0.057	0.271	-0.155
客源竞争影响了本地居民间关系感知	0.050	-0.113	-0.042	0.071	0.333	0.039	-0.160
有接受旅游职业技能培训的机会感知	-0.055	-0.073	-0.041	-0.093	0.026	0.388	0.042
旅游提高了当地风俗文化的流传感知	-0.032	-0.023	-0.026	-0.103	0.129	0.338	-0.126
居民日常生活受到干扰感知	0.191	0.098	0.043	-0.090	-0.289	0.026	0.059
犯罪和不良现象增加感知	0.274	-0.005	0.050	-0.093	-0.070	-0.065	-0.061
旅游引发居民与游客间冲突感知	0.281	-0.002	0.021	-0.082	-0.043	-0.074	-0.059

续表

变量	F_1	F_2	F_3	F_4	F_5	F_6	F_7
引发居民与旅游公司等外来经营者冲突感知	0.253	0.015	-0.005	-0.064	-0.018	-0.037	-0.090
投资环境大大改善感知	-0.047	0.195	-0.072	0.057	-0.163	0.019	0.110
自然环境得到有效开发和保护感知	-0.016	0.268	-0.046	-0.027	-0.011	-0.025	-0.091
旅游改善了当地交通条件感知	0.013	0.279	-0.043	-0.081	-0.014	-0.028	-0.089
环境卫生状况改善感知	0.039	0.336	-0.065	-0.131	-0.072	-0.080	-0.035
居民环保意识增强感知	-0.002	0.266	-0.026	-0.066	-0.035	0.033	-0.140
交通和人口过度拥挤感知	0.161	-0.031	-0.099	0.030	0.120	-0.067	0.020
噪声污染大幅增多感知	0.174	-0.046	-0.065	0.025	0.063	-0.075	0.046
国家政策支持与资金支持感知	-0.078	-0.007	-0.072	0.114	-0.040	-0.092	0.383
开发商着力打造旅游景区感知	-0.061	0.010	-0.025	0.065	0.167	-0.098	0.139
政府鼓励旅游开发给予优惠感知	-0.034	-0.002	-0.007	0.021	0.155	-0.127	0.183
政府大力宣传感知	-0.050	0.014	-0.080	0.018	0.293	-0.030	-0.011
招商引资完善基础设施感知	-0.017	-0.009	0.010	-0.042	0.338	-0.113	-0.019
居民对开发旅游的意识提高感知	-0.004	0.021	0.023	-0.042	0.283	-0.129	-0.018
政府的拆迁政策公平合理感知	-0.021	-0.093	-0.033	-0.061	-0.088	0.081	0.432
政府、开发商、旅游公司、居民之间的利益分配合理感知	0.041	-0.067	0.006	-0.106	-0.061	-0.051	0.415

分别对上述标准化系数之和进行归一化，将归一化结果作为变量的客观权重。再对问卷评价变量均值进行归一化处理，将归一化结果作为变量的主观权重。对客观权重和主观权重进行算术平均，求出评价变量的综合权重，结果如表9-5所示。

表9-5　　　　　　　　　　感知变量的权重汇总

变量	客观权重	主观权重	综合权重
旅游促进经济发展感知	0.011	0.034	0.023
旅游经营收入增加感知	0.002	0.032	0.017
购物娱乐条件及服务质量改善感知	0.013	0.032	0.023
居住生活环境质量提高感知	0.004	0.033	0.019
旅游开发经济前景可观感知	0.012	0.035	0.024

续表

变量	客观权重	主观权重	综合权重
住宅物价大幅上涨感知	0.027	0.031	0.029
旅游收入分配不公感知	0.015	0.027	0.021
地区贫富差距变大感知	0.004	0.028	0.016
基本生活用品价格上涨影响生活质量感知	0.035	0.028	0.031
外来投资增多感知	0.002	0.027	0.015
外出打工人数减少感知	0.008	0.027	0.017
旅游解决了本地剩余劳动力感知	0.003	0.031	0.017
游客丰富了本地居民生活感知	0.014	0.031	0.023
客源竞争影响了本地居民间关系感知	0.023	0.023	0.023
有接受旅游职业技能培训的机会感知	0.025	0.025	0.025
旅游提高了当地风俗文化的流传感知	0.012	0.028	0.020
居民日常生活受到干扰感知	0.090	0.020	0.055
犯罪和不良现象增加感知	0.121	0.017	0.069
旅游引发居民与游客间冲突感知	0.124	0.016	0.070
引发居民与旅游公司等外来经营者冲突感知	0.113	0.017	0.065
投资环境大大改善感知	0.005	0.035	0.020
自然环境得到有效开发和保护感知	0.011	0.035	0.023
旅游改善了当地交通条件感知	0.023	0.035	0.029
环境卫生状况改善感知	0.034	0.035	0.035
居民环保意识增强感知	0.016	0.034	0.025
交通和人口过度拥挤感知	0.072	0.022	0.047
噪声污染大幅增多感知	0.077	0.020	0.048
国家政策支持与资金支持感知	0.028	0.031	0.029
开发商着力打造旅游景区感知	0.018	0.032	0.025
政府鼓励旅游开发给予优惠感知	0.008	0.031	0.019
政府大力宣传感知	0.016	0.032	0.024
招商引资完善基础设施感知	0.002	0.031	0.016
居民对开发旅游的意识提高感知	0.006	0.031	0.018

通过相关数据及公式，算出相关变量的综合权重。根据综合权重值，我们可以把各个变量分为三类（见表9-6）：

表9-6 综合权重值分类

综合权重值	变量
0.040 以上	居民日常生活受到干扰感知、犯罪和不良现象增加感知等6个
0.020—0.040	旅游促进经济发展感知、购物娱乐条件及服务质量改善感知等19个
0.010—0.020	旅游经营收入增加感知、居住生活环境质量提高感知等10个

  根据表9-6可以得出旅游开发地的社会及环境影响的6个变量综合权重值在0.040以上，对居民满意度评价影响最大，且起负向作用，这说明在对旅游资源进行开发以及经营的过程中，当地经济水平会因为旅游业的发展而获得大幅度的提高，当地居民的收入也会因为游客的吃住行等一系列活动而得到提高。但这一结果的背后会带来一些负面影响。比如，随着景区游客的不断增多，居民的日常生活以及出行会受到影响；同时由于游客的素质参差不齐，有些游客不尊重当地的民风民俗，这势必会带来游客与当地居民之间的冲突。这些问题会严重影响当地居民对景区满意度的评价结果。所以不管是旅游公司还是政府部门都应该加大交通基础设施的投入，增大景区的可容性，这样当地居民以及游客的出行才会便利。同时，经营管理部门应该制定规范游客行为的规章制度，让游客充分尊重少数民族地区的民风民俗，以避免游客与当地居民发生冲突。只有居民满意度提高了，景区才能有条不紊地发展。

  旅游开发地的经济环境的19个变量的综合权重值为0.020—0.040，对居民满意度评价的影响次之，这说明随着景区的开发与经营以及政府相关工作的实施，当地居民逐渐感受到旅游资源的开发与利用不仅使他们的收入得到提高，同时也改善了当地的基础设施。通过旅游公司对景区特色的打造与宣传，以及游客的游览与传播，当地少数民族的风俗文化被广泛传播，景区居民由此名利双收。与此同时，随着当地生活水平的提高，物价随之变化，所以物价部门应严格按照相关要求稳定物价，不然，当地居民随收入提高而带来的部分满足感会因为物价的提高而消失。

  旅游开发地的政策及经济的10个变量的综合权重值在0.010—0.020，对居民满意度评价的影响最小，这说明了政府部门的某些行为对居民满意度的评价影响较小，间接说明了当地政府关于旅游景区的投资、优惠政策的给予等工作已经落到实处，居民已获得很多相关好处，所以居民对景区满意度的评价结果不会因为政府部门的行为受到较大影响。在对旅游资源进行开发的过程中，收入分配不公会造成地区贫富差距变大，即少数人富起来，而大多数人的经济生活条件并没有得到改善，这会导致大多数人感觉不公，居民满意度下降。政府应该坚持平等、公平、互利的收入分配原则，让大部分人的经济收入得到提高。综上所述，一些游客的不文明行为给当地居民带来的不利影响对居民满意度的影响最大，所以我们认为居民满意度内在驱动机制主要依靠相关部门制定相应的规章制度来规范游客的不良行为，才能在旅游开发过程中让居民生活质量、治安安全、交通便利、环境良好得到有效保障，居民满意度才会得到提高。

三 提高重庆少数民族地区景区居民满意度的建议

重庆少数民族地区三个景区的当地居民对景区主题和特色、景区质量、公共设施、政府开发管理旅游水平等方面评价较高。通过居民满意度内在驱动机制的研究发现，由于当地政府关于景区规划、管理、宣传等工作落到实处，所以政府部门的行为不会对居民满意度的评价结果带来较大影响，但一些游客的不文明行为给当地居民带来的不利影响对居民满意度的影响却很大。比如随着景区游客的不断增多，居民的日常生活以及出行会受到影响，同时由于游客的素质参差不齐，有些游客不尊重当地的民风民俗，这势必会引起游客与当地居民之间的冲突，甚至引发犯罪，无论冲突还是犯罪都会大大削弱居民对景区的满意度。为了更好地发挥评价指标体系的作用，进而达到旅游可持续发展，建议如下。

1. 加强教育培训，提高居民文化程度

居民的文化素质决定了当地居民参与旅游的能力。对于重庆少数民族地区而言，绝大多数居民受教育水平偏低，在旅游规划和开发中没有话语权。因此，要加强对少数民族地区旅游开发地居民在技能、服务、营销、语言、网络等方面的教育和培训，提高居民的文化程度，进而提升其参与旅游开发的水平和层次。如果一个旅游开发地社区居民得到了有关旅游的更细致的教育，人们就会更好地分析与旅游相关的影响，对旅游开发带来的积极和消极的后果就会有一个比较全面的认识。

2. 突出政府主导，构建科学高效的职能协调机制

在西部少数民族地区旅游发展过程中，政府首先就需要对自身所扮演

的角色加以明确，发挥主导性，在宏观调控和政策的引导上要加大力度。要采用多种手段，为旅游开发地的基础设施与服务设施建设、旅游产品开发、旅游市场营销、生态环境保护、民族传统文化的保护与传承等方面提供政策引导、资金扶持和技术、人才的支持。政府及其相关部门应各负其责，媒体和公众应加强对少数民族地区旅游活动的舆论监督，共同保障西部少数民族地区旅游开发地的旅游能够有序发展。

3. 加大支持力度，培育良好的旅游宏观环境

西部少数民族地区疆域辽阔，是我国经济欠发达地区。当地居民认为交通制约了当地旅游业的发展，政府应重视少数民族地区旅游的发展，努力改善旅游地交通基础设施，提高交通服务质量，推进交通营运管理，为少数民族地区旅游开发地的旅游业发展创造一个良好的宏观环境。现代化旅游公路的快速发展是使我们掌握旅游发展的主动权，能为旅游业的大发展创造良好条件。

4. 增强旅游服务质量，提高旅游服务水平

西部地区旅游资源虽然很丰富，但仍有不少新近开发或是规模较小的景区，居民反映，在当地观光的游客大都将该景点作为中转站，较少有游客在当地住宿。所以旅游开发给他们带来的收入十分有限。如何留住游客、改善旅游接待设施、提高旅游服务水平，是这些景区在以后的开发中亟待解决的重要问题。若一个景区的旅游开发产品层次上去了，旅游服务质量提高了，又有自己的特色，游客停留的时间自然就会延长。

第二节　云南少数民族旅游景区居民满意度测评及驱动机制

云南是一个旅游资源丰富的大省，本节通过抽样问卷调查的研究方法对云南少数民族开发地居民满意度及其影响因素进行了调查，利用灰色关联分析法分析了各景区居民总体满意度，同时利用因子分析法研究了各因素对居民满意度的影响程度。研究发现政府工作的积极开展和相关政策有效的实施对居民满意度的提高起着至关重要的作用。

本节分析的样本是云南少数民族地区的四个 4A 级景区，分别是大理古城、大理喜洲、丽江古城、丽江泸沽湖。

一 灰色关联分析

1. 各指标分数均值构成比较序列

选择每列指标中最大均值作为参考序列，如表9－7所示。

表9－7 景区居民满意度的比较序列和参考序列

指标	景区主题和特色	景区风光	活动种类	景区布局	景区质量	景区规模	公共设施
参考序列	5.5	5.8	5.2	5.5	5.4	5.5	5.3
大理古城	5.5	5.5	5.2	5.5	5.4	5.5	5.2
大理喜洲	5.5	5.6	5.0	5.3	5.4	5.2	5.0
丽江	5.2	5.3	4.9	4.8	4.3	4.4	5.3
丽江泸沽湖	4.8	5.8	4.3	4.0	3.8	3.8	4.0

指标	旅游接待设施	政府开发管理旅游水平	旅游培训与教育服务	经济收入增长程度	实际收入与预期间的差距
参考序列	5.0	4.9	5.0	5.1	5.2
大理古城	5.0	4.9	5.0	5.0	5.2
大理喜洲	4.9	4.7	4.6	4.7	4.4
丽江	4.8	4.3	4.5	4.7	4.7
丽江泸沽湖	3.8	3.7	3.7	5.1	4.9

2. 计算灰色加权关联度

根据公式（2）对变量进行无量纲化；根据公式（3）求差序列，其中最大差＝30，最小差＝0；根据公式（5）计算灰色相关系数，这里取 $p = 0.5$，根据之前计算出个评价因素的权重，根据公式（7）求得灰色加权关联度如下。

大理古城居民满意度灰色加权关联度为 0.966，大理喜洲为 0.716，丽江为 0.651，丽江泸沽湖为0.703。

将关联度从大到小排列可得：大理古城＞大理喜洲＞丽江泸沽湖＞丽江。

从表9－7可以看出，四个景区居民对景区主题和特色、景区质量、公共设施、政府开发管理旅游水平等方面评价都较高，这说明居民对当地政府对旅游的管理、规划等工作的开展还是比较满意的，但四个景区在12个测评指标上各有自己的优势和不足。大理古城在景区主题和特色、政府开发管理旅游水平方面表现尤为突出，这说明当地居民对政府在景区规划、管理、宣传等工作落到实处感到很满意；大理喜洲在景区主题和特色、景区布局、景区质量、景区规模、旅游接待设施、政府开发管理旅游水平6个指标方面的居民满意度较高，这说明当地居民对景区的整体规划、工作人员的服务态度比较满意；丽江泸沽湖在景区风光、经济收入增长程度、实际收入与预期间的差距3个指标方面的居民满意度比较好，这说明当地居民对丽江泸沽湖的自然风光以及他们所获得的收入都比较满意；丽江在景区主题和特色、活动种类、公共设施3个指标方面的居民满意度比较好，这说明当地居民对景区的特色以及配套设施比较满意。

二　居民满意度的内在驱动机制研究

（一）内在驱动机制的因素研究

在旅游开发的居民满意度内在驱动机制方面，很多学者根据社会交换理论提出，居民旅游影响感知是影响居民满意度的重要因素。本研究综合了相关文献，并与西部少数民族地区旅游开发地的实际情况相结合，同时邀请来自旅游、经济、社会等职能部门的专家对指标设定进行了探讨，最后构建了云南少数民族旅游开发地居民满意度内在驱动机制指标体系。

（二）因素权重的赋予

采取主观与客观相结合的综合赋权法，以有效避免通过因子分析法客观赋权所产生的降维作用。利用综合赋权法对云南省大理古城、大理喜洲、丽江、丽江泸沽湖等四个旅游开发地居民对满意度影响的感知因素进行了赋权。首先运用SPSS18.0统计软件对问卷数据进行了统计分析，算出了各因素的客观权重。

1. 因子分析预分析

首先对问卷进行效度检验。要对回收问卷进行因子分析，需要删去具有双重因子负荷及因子负荷较小的变量——外来投资增多感知、外出打工人数减少感知等8个因素，如此一来，问卷有效变量减少为33个。

如表9-8所示，$KMO = 0.929$，$x^2 = 7921.965$，$df = 528$，这表明33

个变量间的相关程度差异不大，变量间的关系良好，非常适合进行因子分析。

表9－8　　　　　　　　　　KMO 和 Bartlett 的检验

取样足够度的 Kaiser-Meyer-Olkin 度量		0.929
Bartlett 的球形度检验	近似卡方	7921.965
	df	528
	Sig.	0.000

2. 因子分析

因子分析的过程主要包括收集观测变量、获得协方差阵（或相似系数矩阵）、确定因子个数、提取因子、因子旋转、解释因子结构和综合因子得分7个方面的内容。

（1）因子提取与旋转

因子旋转是通过调整各公共因子载荷量的大小对公共因子进行解释。因子分析常用的旋转方法大致分为正交旋转和斜交旋转两种。一般认为，当公共因子间的相关系数在0.3以上时，宜采用斜交旋转法；若公共因子间的相关系数小于0.3时，则采用正交旋转方法较为适宜。本研究假设公共因子间弱相关，因此采用方差最大化正交旋转法。待提取公共因子后，再对该假设进行验证。

由表9－9可知，前6个公共因子的特征根均大于1，其解释的指标变量变异部分之和占指标变量总变异的71.367%，亦即包含原始数据的信息总量达到了71.367%。这也表明有近30%的信息因作为公共因子提取、变量结构简化的代价而流失。

表9－9　　　　　　　　　　公共因子解释方差

公共因子	1	2	3	4	5	6
特征根	12.993	3.933	2.236	1.725	1.464	1.199
方差贡献率（%）	39.374	11.918	6.776	5.228	4.437	3.634
总方差贡献率（%）	39.374	51.292	58.068	63.296	67.733	71.367

以各公共因子的方差贡献率占6个公共因子总方差贡献率的比重作为权重进行加权，则可得到云南四个景区居民对旅游开发满意度的影响感知评价体系因子模型为

$$F = (39.374F_1 + 11.918F_2 + 6.776F_3 + 5.228F_4 + 4.437F_5 + 3.634F_6) / 71.367 = 0.552F_1 + 0.167F_2 + 0.095F_3 + 0.073F_4 + 0.062F_5 + 0.051F_6$$

上式中，F_1、F_2、F_3、F_4、F_5、F_6 分别表示提取的 6 个公共因子，可以看出 6 个公共因子在综合评价体系中的权重大小。

（2）综合评价模型构建

以公共因子 F_1、F_2、F_3、F_4、F_5、F_6 为因变量，各变量 q_1、q_2、q_3，$\cdots$，q_{33} 为自变量进行回归分析，分别对表 9 – 10 中 6 个公共因子的 33 个评价变量的系数进行标准化处理。

表 9 – 10　　　　　　　　成分得分系数矩阵

变量	F_1	F_2	F_3	F_4	F_5	F_6
旅游促进经济发展感知	−0.090	0.029	0.338	−0.059	−0.088	0.047
旅游经营收入增加感知	−0.097	0.050	0.343	−0.036	−0.073	−0.037
购物娱乐条件及服务质量改善感知	−0.059	0.021	0.266	−0.027	−0.003	−0.074
居住生活环境质量提高感知	−0.040	−0.017	0.226	−0.016	0.027	−0.079
旅游开发经济前景可观感知	−0.020	−0.054	0.203	−0.028	−0.014	0.062
住宅物价大幅上涨感知	−0.059	−0.086	−0.024	−0.010	0.316	−0.007
旅游收入分配不公感知	−0.003	−0.039	−0.027	−0.064	0.236	0.047
地区贫富差距变大感知	0.013	−0.042	−0.026	−0.119	0.284	−0.005
基本生活用品价格上涨影响生活质量感知	−0.019	−0.037	−0.084	0.008	0.302	−0.069
农用肥等生产资料价格上涨感知	−0.023	−0.007	−0.055	−0.015	0.269	−0.062
有接受旅游职业技能培训的机会感知	0.077	−0.063	−0.025	−0.146	0.037	0.347
旅游提高了当地风俗文化的流传感知	−0.019	−0.071	−0.034	0.037	−0.069	0.458
传统文化资源开发商业化庸俗化感知	−0.134	0.009	−0.006	0.051	−0.028	0.462
居民日常生活受到干扰感知	−0.042	0.188	0.017	−0.028	−0.048	0.106
犯罪和不良现象增加感知	0.001	0.212	−0.003	−0.044	−0.035	−0.005
旅游引发居民与游客间冲突感知	0.007	0.232	0.030	−0.069	−0.076	−0.010
引发居民与旅游公司等外来经营者冲突感知	0.008	0.238	0.029	−0.029	−0.072	−0.080

续表

变量	F_1	F_2	F_3	F_4	F_5	F_6
投资环境大大改善感知	-0.084	0.010	0.093	0.245	-0.092	-0.037
自然环境得到有效开发和保护感知	-0.041	-0.025	0.008	0.223	-0.015	0.004
旅游改善了当地交通条件感知	-0.098	0.028	0.010	0.300	-0.061	0.015
环境卫生状况改善感知	-0.020	0.006	-0.095	0.294	-0.029	-0.030
居民环保意识增强感知	-0.059	0.007	-0.102	0.278	0.018	0.032
交通和人口过度拥挤感知	-0.132	0.231	-0.007	0.212	-0.022	-0.117
噪声污染大幅增多感知	-0.117	0.241	-0.006	0.178	-0.011	-0.151
国家政策支持与资金支持感知	0.171	-0.010	0.059	-0.085	-0.066	-0.084
开发商着力打造旅游景区感知	0.113	-0.039	0.018	-0.022	0.019	-0.022
政府鼓励旅游开发给予优惠感知	0.200	-0.029	-0.013	-0.083	-0.046	0.001
政府大力宣传感知	0.161	-0.050	-0.070	-0.007	0.027	-0.018
招商引资完善基础设施感知	0.180	-0.049	-0.070	-0.040	0.011	0.031
居民对开发旅游的意识提高感知	0.118	-0.024	-0.046	0.034	-0.016	0.031
政府为居民提供了旅游服务培训感知	0.223	-0.011	-0.083	-0.097	-0.006	0.000
政府的拆迁政策公平合理感知	0.227	0.014	-0.084	-0.083	-0.003	-0.092
政府、开发商、旅游公司、居民之间的利益分配合理感知	0.218	0.022	-0.064	-0.097	-0.025	-0.036

感知变量的权重汇总如表 9 - 11 所示。

表 9 - 11　　　　　　　　感知变量的权重汇总

变量	客观权重	主观权重	综合权重
旅游促进经济发展感知	0.016	0.035	0.026
旅游经营收入增加感知	0.018	0.032	0.025
购物娱乐条件及服务质量改善感知	0.008	0.033	0.020
居住生活环境质量提高感知	0.006	0.033	0.019
旅游开发经济前景可观感知	0.000	0.035	0.018
住宅物价大幅上涨感知	0.025	0.034	0.029
旅游收入分配不公感知	0.001	0.030	0.016
地区贫富差距变大感知	0.005	0.031	0.018
基本生活用品价格上涨影响生活质量感知	0.007	0.032	0.020

续表

变量	客观权重	主观权重	综合权重
农用肥等生产资料价格上涨感知	0.005	0.031	0.018
有接受旅游职业技能培训的机会感知	0.032	0.028	0.030
旅游提高了当地风俗文化的流传感知	0.003	0.030	0.017
传统文化资源开发商业化庸俗化感知	0.039	0.026	0.033
居民日常生活受到干扰感知	0.008	0.023	0.016
犯罪和不良现象增加感知	0.025	0.022	0.023
旅游引发居民与游客间冲突感知	0.029	0.022	0.025
引发居民与旅游公司等外来经营者冲突感知	0.030	0.022	0.026
投资环境大大改善感知	0.021	0.034	0.028
自然环境得到有效开发和保护感知	0.009	0.034	0.022
旅游改善了当地交通条件感知	0.024	0.035	0.030
环境卫生状况改善感知	0.001	0.034	0.017
居民环保意识增强感知	0.015	0.033	0.024
交通和人口过度拥挤感知	0.022	0.028	0.025
噪声污染大幅增多感知	0.017	0.027	0.022
国家政策支持与资金支持感知	0.069	0.033	0.051
开发商着力打造旅游景区感知	0.046	0.032	0.039
政府鼓励旅游开发给予优惠感知	0.078	0.032	0.055
政府大力宣传感知	0.061	0.033	0.047
招商引资完善基础设施感知	0.069	0.031	0.050
居民对开发旅游的意识提高感知	0.049	0.032	0.040
政府为居民提供了旅游服务培训感知	0.087	0.028	0.057
政府的拆迁政策公平合理感知	0.089	0.028	0.058
政府、开发商、旅游公司、居民之间的利益分配合理感知	0.088	0.028	0.058

　　根据成分得分系数矩阵，利用如下两个公式计算评价变量的标准化系数 W_j：

$$\beta_j = 0.552\beta_{1j} + 0.167\beta_{2j} + 0.095\beta_{3j} + 0.073\beta_{4j} + 0.055\beta_{5j} + 0.047\beta_{6j}$$

$$j = 1, 2, \cdots, 33$$

$$W_j = |B_j| \left/ \sum_{j=1}^{24} |B_j| \right.$$

分别对上述标准化系数之和进行归一化，将归一化结果作为变量的客观权重。再对问卷评价变量均值进行归一化处理，将归一化结果作为变量的主观权重。对客观权重和主观权重进行算术平均，求出评价变量的综合权重 θ_j，如表 9 – 12 所示。

　　通过相关数据及公式算出相关变量的综合权重。根据综合权重值，我们可以把各个变量分为三类（见表 9 – 12）。

表 9 – 12　　　　　　　　　　综合权重值分类

综合权重值	变量
0.040 左右及以上	国家政策支持与资金支持感知；开发商着力打造旅游景区感知等 9 个
0.020—0.030	旅游促进经济发展感知；旅游经营收入增加感知等 16 个
0.010—0.020	居住生活环境质量提高感知；旅游开发经济前景可观感知等 8 个

　　根据表 9 – 12 可以得出旅游开发地的政策环境的 9 个变量综合权重值在 0.040 左右及以上，对居民满意度评价的影响最大，这说明，如果政府投入大量资金及制定相关优惠政策来支持旅游产业，会吸引大量旅游公司开发旅游资源，在此过程中会改善当地的基础设施建设，增加硬件设施，会给当地居民带来方便。旅游开发地的经济社会环境的 16 个变量的综合权重值在 0.020—0.030，对居民满意度评价的影响次之，这说明随着政府相关工作的实施，居民会感到旅游资源开发与利用是一件利国利民的好事，进一步增强对政府及开发商的信心。随着经济环境的改善，居民经济收入提高，生活质量随之提高，居民满意度因此上升。旅游开发地的经济社会的 8 个变量的综合权重值在 0.010—0.020，对居民满意度起负效应，这说明在对旅游资源进行开发过程中，如果收入分配不公，会造成地区贫富差距变大，少数人富起来，而大多数人经济生活条件并没有得到改善，这会导致大多数人感觉不公平，居民满意度因此下降。综上所述，我们可以认为，居民满意度内在驱动机制主要依靠政府，只有政府工作有效，才能让旅游开发地的居民生活质量、治安安全、交通便利、环境良好得到有效保障，居民满意度才会得到提高。

三　提高云南少数民族地区景区居民满意度的建议

通过上述分析，居民满意度的主要影响因素集中在当地政府对待旅游开发的态度及支持程度上。其次是旅游开发过后给居民带来的经济收入的提高、当地基础设施得以改善、基本生活水平得到提高以及随之而来的一些负面影响，比如犯罪、交通拥挤、噪声，都会对居民满意度产生一定程度的影响。最后是家庭的预期收入和实际收入之间存在差距，导致居民收入分配不公感大大增强，在某种程度上也会影响居民满意度。为了更好地发挥评价指标体系的作用，进而达到旅游可持续发展，建议如下。

1. 保障政府和居民之间沟通渠道畅通

政府工作的积极开展和相关政策有效的实施对居民满意度的提高起着至关重要的作用，而现实中居民和政府之间关系一度紧张，两者的沟通存在较大的障碍，可以说政府一项制度的制定甚至执行，有很大一部分居民是全然不知的。因此，宣传和沟通很重要。

2. 政策执行应该公平合理

政策本身具有一定的约束性，政策在执行过程中只有公平合理才能得到居民的大力支持，特别是涉及利益分配方面，政府更应该做到一视同仁，不能导致居民的不满甚至抵触。

3. 吸引居民积极加入旅游业，提高旅游收入

旅游的开展给云南少数民族地区居民的经济带来了很大幅度的增长，就业机会随之增加了，当地政府要为居民提供力所能及的支持，包括培训、服务设施的建设、信息服务、贷款等方面的支持，减少支持的障碍，使居民能够畅通无阻地加入旅游行业中去。

4. 避免民族文化商业化

民族文化是民族在其历史发展过程中创造和发展起来的具有本民族特点的文化，是当地民风、民俗的真实写照。就目前看，大多数景区民族文化较商业化，这是当前市场经济趋势所表现出来的一种现象。为了避免将各民族文化的表现形式舞台化，要保留艺术的原生态性，不仅仅是对云南民族村一个局部的呼唤，更是云南民族文化开发的重中之重的一个口号。

第十章

结论与展望

第一节 研究结论

本研究以西部少数民族地区为理论构建背景，在对西部少数民族地区旅游业发展现状分析和居民满意度调研分析的基础上，提出了适用我国西部少数民族地区旅游开发地居民满意度评价的指标体系，将旅游开发地居民满意度提升从一种理念转化为具体的实际实施路径。在西部少数民族地区居民满意度影响因素研究方面，结合西部少数民族典型地区居民满意度的调查数据，将其分为宏观层面的经济因素、社会因素、环境因素和政策因素，以及微观层面的人口统计学因素，即年龄、职业、收入和受教育程度等。因此，要提高西部少数民族地区旅游开发地居民满意度，促进当地旅游业的可持续发展，必须基于当地居民满意度的提升机制或政策的运行实施良好。综合西部少数民族地区旅游开发地居民满意度的政策实施路径分析，基于四川、重庆、贵州、云南、内蒙古、广西少数民族地区旅游开发地居民满意度的测度及其影响因素的实证分析，可以总结归纳出以下初步的实践操作要点。

1. 发挥政府的主导力量

基于以上的分析，西部少数民族地区旅游开发地民族因素与欠发达因素重叠，形成了特殊的不尽适应外部的旅游发展模式，具有一定的独特性，这样的独特性也使当地旅游具有排他性，从而促进了当地旅游的发展。这样的发展要具备可持续性，提升当地居民的满意度成为重中之重，而这又需要政府力量的给予。政府应当从旅游开发决策、利益分配、成果共享、居民能力提升、社会保障等方面加大投入和支持力度，考量提高居民满意度各实施路径或运行机制的实践情况，通过带动当地居民观念的改变使其积极参与旅游发展的建设工程中来。

2. 以人为本促进民族地区旅游发展

西部少数民族地区旅游开发地居民是旅游发展的主体，要从物质满意层（旅游收入的获取、旅游扶贫资金的发放、公共服务设施的使用等）、精神满意层（居民在当地旅游发展过程中自身能力的提高，于从事的工作当中获得相应的满足感、成就感和自豪感），以及社会满意层（居民在当地旅游开发过程中所感受到的自身权益得到维护，对所生活的社区氛围感到满意）着手，使之在旅游发展中的角色由配角发展到主角，拥有对旅游发展的发言权和决策权，提升他们在旅游发展当中的满意度。在进行西部少数民族地区旅游开发的过程中，首先要以社区居民为主要的发展对象，实现旅游的"富民"，并满足社区内各利益主体的需求，赋予社区旅游更广泛的社会和经济效益，从更高层次实现资源的优化配置，将以人为本作为旅游开发地社区旅游发展的核心内容去落实。

3. 提高社区居民参与水平

西部少数民族地区旅游开发地旅游的发展离不开当地社区的发展，社区居民作为发展主体应获得民主公平的利益分享。提高社区居民参与水平是一条有效的途径。居民是社区的主人，主人的地位赋予了他们参与旅游发展的权利，只有参与旅游发展中的旅游决策过程、旅游管理过程、旅游规划过程等，才能保证其利益的实现，增加其旅游满意度。因此，实行社区参与将从根本上提升居民对当地旅游开发的满意度。

4. 挖掘旅游经济利益的带动效应

居民满意度建设，从根本上说就是在维持旅游开发地与当地居民利益平衡的前提下，尽可能多地增加社会福利。而在实际的操作中，经济利益是最吸引各层次关注的东西。突出经济利益的带动效应，要促进旅游产品的开发，扩大旅游产品的销售渠道；要引入科技力量，拓展投资渠道，提升旅游产品开发层次；并且要增强旅游服务质量，提高旅游服务水平。还要注意在旅游经济发展的同时，坚持生态环境和传统文化的保护。旅游经济利益的凸显和深度挖掘，将为旅游经济可持续发展提供持久不竭的动力，而旅游经济利益的规范化、合理化也将促使和推动旅游发展建立日趋完善的制度保障，经济利益的社会化或者经济利益的实现必然提高当地居民的社会参与度，主动自发地促进当地旅游经济的可持续发展。

5. 构建旅游循环经济的发展模式

首先，要加强循环经济理论的学习培训，提高各级旅游管理部门、旅游从业者及旅游者对旅游可持续发展的意识，有效利用各种资源，融环境保护理念于资源的开发利用中，提高资源配置率。其次，引入循环经济理念，建立健全旅游可持续发展的相关法律法规，统一的生态及法律规划与管理，使其服务产业生态化、法制化，达到全过程对环境的无污染和无威胁。最后，注重创新，发展循环经济，实现旅游开发从粗放型向集约型转变；不断优化旅游产品结构、客源结构、人才结构、区域结构和企业结构，全面提升旅游产业的总体素质。通过制度创新、技术创新、产品创新、业态创新、服务创新，创建西部少数民族旅游开发地旅游业新的发展模式。

6. 实现社区与旅游发展的和谐统一

西部少数民族地区旅游开发地开发旅游的基本目的是实现当地和当地人的全面发展，只有当地社区及其主体真正从旅游发展中受益，才有可能谈得上社区旅游的可持续发展。但是，民族地区发展旅游的瓶颈往往在于资金、规划和管理技术，为此，需要引进资金和技术。而在引进资金和技术的同时就带来了社区发展的多重利益主体问题。在这样一个旅游发展体系中，只有满足各方利益，才可能实现旅游发展。在旅游发展的同时，实现社区发展，社区居民才会在其中起积极的作用，维护社区旅游的长期发展；社区发展的同时，旅游投资者的利益在社区利益发展的过程中将得到满足，投资者才可能继续投资，并寻找更好的旅游发展途径。因此，各方利益的满足，社区发展和旅游发展的和谐统一，是实现社区旅游可持续发展的重要保证。

第二节　研究展望

本研究以顾客满意度理论、社会满意度理论、社区参与旅游发展理论、利益相关者理论等为基础，调查分析了西部少数民族地区旅游开发地的发展现状及居民满意度，构建了西部少数民族地区旅游开发地居民满意度的测度指标体系，以西部少数民族六大典型地区为例进行了案例研究，对影响西部少数民族地区旅游开发地居民满意度的因素进行了实证分析，并得出了相应结论。不过，本研究还存在一定的不足，需要在今后的工作中进一步完善。

1. 西部少数民族旅游开发地居民满意度提升机制的具体政策效果有待进一步验证

对提高西部少数民族旅游开发地居民满意度的政策建议需进一步阐述，可在以后的研究中继续进行。另外，作为理论研究，离具体的政策应用还有一定的距离，如何把这些理论性的政策建议转化为政府的实际行动，并且适合西部少数民族地区的具体情况，还需要继续深入探讨。

2. 与本书相关的几个方面尚需今后进一步研究

在西部少数民族旅游开发地居民满意度指标体系中，如何更为科学地选择评价指标，仍有待进一步研究和完善。在实证分析上运用了灰色关联分析及变量的列联表分析，但居民满意度的影响因素在多大程度上作用于其上，仍需要通过西部少数民族地区的实际情况和更多的样本数据来检验，这是今后研究的重点。这些问题的研究与顺利解决，将会进一步完善西部民族地区旅游开发地乃至全国旅游开发地的居民满意度建设的理论及其应用。

西部少数民族地区旅游开发地
居民满意度调查问卷

调查地区：＿＿＿＿＿ 景　区：＿＿＿＿＿ 乡　　镇：＿＿＿＿＿

村　　组：＿＿＿＿＿ 问卷编号：＿＿＿＿＿

尊敬的先生、女士：

您好！本次问卷调查旨在进行"西部少数民族地区旅游开发地居民满意度实证研究"，课题小组在此感谢您对本次研究的参与和支持！以下是您的个人资料，我们将以此为依据进行分类研究，请您填写，我们将严格为您保密。

一　个人基本信息

1. 民族：＿＿＿＿＿

2. 性别：　　A. 男　　　　B. 女

3. 年龄：＿＿＿＿＿（直接填数字）

4. 在本地居住时间：

A. 1—5 年　　 B. 5—10 年　　 C. 10—15 年　　　 D. 15 年以上

5. 受教育程度：

A. 小学及以下 B. 初中　　　 C. 高中或职高　　 D. 大学/大专

E. 硕士及以上

6. 你的家庭人口数＿＿＿＿＿（直接填数字）

7. 你的职业：＿＿＿＿＿

A. 公务人员　B. 企业管理者　C. 服务行业人员　D. 专业技术人员

E. 个体商户　　F. 农民　　　　G. 工人　　　　　H. 教育文化工作者

8. 你所从事的职业，是否与旅游业相关_____（Y = 是；N = 否）

9. 你的政治面貌：

A. 中共党员　B. 共青团员　C. 民主党派成员　D. 群众

10. 你的月收入：

A. 800 元以下　　　　　　　　B. 800—1500 元

C. 1500—2500 元　　　　　　D. 2500—5000 元

E. 5000 元以上

11. 您居住的地方离主要旅游景区的距离：

A. 1 公里以内　　　　　　　　B. 1—5 公里

C. 5—10 公里　　　　　　　　D. 10—20 公里

E. 20 公里以外

二　居民参与旅游的基本情况

1. 家庭是否从事旅游经营：　　　　A 是　　　　　　　　B 否

（若选择 A，继续问投资金额为_____万元，从事旅游业的时间_____年）

（若选择 B，则要询问 4，选择 A 则不询问）

2. 家庭主要从事哪些旅游经营活动：

（可单选或多选，若为多选，要按照重要类别由大到小排序）

_____

A. 住宿　　　　　　　　　　　　　　B. 餐饮

C. 旅游商品买卖（含农产品）　　　　D. 娱乐

E. 旅游交通　　　　　　　　　　　　F. 观光农园

G. 农艺馆　　　　　　　　　　　　　H. 旅游中介

3. 家庭经营旅游收入占家庭总收入的比重

_____

A. 10% 以下　　　　　　　　　B. 10% —20%

C. 21% —50%　　　　　　　　　D. 50% —80%

E. 80% 以上

4. 你没有参与本村寨旅游开发经营活动的最主要原因是：（可单选或多选，若为多选，要按照重要类别由大到小排序）

_____

A. 缺乏资金　　　　　　　B. 家里没有闲置劳动力

C. 没有找到合适的项目　　D. 缺乏经营经验

E. 家里地理位置不好　　　F. 家庭成员健康状况恶化

G. 其他（请注明）_____

三　居民对旅游开发的影响感知调查（1—7 为感知程度，1 为最差，7 为最好）

1. 经济影响感知

1）旅游促进地方经济发展　　　　　　　　7 6 5 4 3 2 1

2）旅游经营收入增加　　　　　　　　　　7 6 5 4 3 2 1

3）您的购物和娱乐条件及服务质量改善　　7 6 5 4 3 2 1

4）您的居住和生活环境质量显著提高　　　7 6 5 4 3 2 1

5）旅游开发的经济前景可观　　　　　　　7 6 5 4 3 2 1

6）旅游收入季节性明显　　　　　　　　　7 6 5 4 3 2 1

7）住宅和物价大幅上涨　　　　　　　　　7 6 5 4 3 2 1

8）旅游收入分配不公平　　　　　　　　　7 6 5 4 3 2 1

9）地区贫富差距变大　　　　　　　　　　7 6 5 4 3 2 1

10）基本生活用品价格上涨影响生活质量　 7 6 5 4 3 2 1

11）农业肥料等生产资料价格上涨　　　　 7 6 5 4 3 2 1

12）外来投资增多　　　　　　　　　　　 7 6 5 4 3 2 1

13）外出打工人数减少　　　　　　　　　 7 6 5 4 3 2 1

2. 社会影响感知

1）提高了所在地区社会知名度　　　　　　7 6 5 4 3 2 1

2）解决了地区剩余劳动力　　　　　　　　7 6 5 4 3 2 1

3）游客的到来使居民生活更加丰富多彩　　7 6 5 4 3 2 1

4）因招徕游客而影响了当地居民间的友好关系

7 6 5 4 3 2 1

5）有接受旅游职业技能培训的机会　　　　　7　6　5　4　3　2　1

6）旅游开发提高了当地风俗文化的流传　　　7　6　5　4　3　2　1

7）传统文化资源开发商业化、庸俗化　　　　7　6　5　4　3　2　1

8）发展旅游使居民淳朴诚实的品质流失　　　7　6　5　4　3　2　1

9）居民日常生活受到干扰　　　　　　　　　7　6　5　4　3　2　1

10）犯罪和不良现象增加　　　　　　　　　　7　6　5　4　3　2　1

11）引发居民和游客间的冲突　　　　　　　　7　6　5　4　3　2　1

12）引发居民与旅游公司等外来经营者之间的冲突

　　　　　　　　　　　　　　　　　　　　　7　6　5　4　3　2　1

3. 环境影响感知

1）投资环境大大改善　　　　　　　　　　　7　6　5　4　3　2　1

2）自然环境得到有效开发和保护　　　　　　7　6　5　4　3　2　1

3）旅游开发改善当地交通条件　　　　　　　7　6　5　4　3　2　1

4）环境卫生状况改善　　　　　　　　　　　7　6　5　4　3　2　1

5）居民环保意识增强　　　　　　　　　　　7　6　5　4　3　2　1

6）交通和人口过度拥挤　　　　　　　　　　7　6　5　4　3　2　1

7）噪声污染大幅增多　　　　　　　　　　　7　6　5　4　3　2　1

4. 政策环境影响感知

1）国家政策支持与资金支持　　　　　　　　7　6　5　4　3　2　1

2）开发商着力打造旅游景区　　　　　　　　7　6　5　4　3　2　1

3）政府积极鼓励旅游开发，给予优惠　　　　7　6　5　4　3　2　1

4）政府大力宣传　　　　　　　　　　　　　7　6　5　4　3　2　1

5）招商引资，完善地区基础设施　　　　　　7　6　5　4　3　2　1

6）地区居民对旅游开发地发展旅游的意识增强

　　　　　　　　　　　　　　　　　　　　　7　6　5　4　3　2　1

7）政府为居民提供了旅游服务培训　　　　　7　6　5　4　3　2　1

8）政府的拆迁政策公平合理　　　　　　　　7　6　5　4　3　2　1

9）政府、开发商、旅游公司、居民利益分配合理

　　　　　　　　　　　　　　　　　　　　　7　6　5　4　3　2　1

四 居民对旅游开发现状满意度调查（1—7 表示您的满意程度，分值越高越满意）

1. 对景区基本情况的满意度

1）景区主题与特色　　　　　　　　　　　7 6 5 4 3 2 1

2）景区风光　　　　　　　　　　　　　　7 6 5 4 3 2 1

3）活动种类　　　　　　　　　　　　　　7 6 5 4 3 2 1

4）景区布局　　　　　　　　　　　　　　7 6 5 4 3 2 1

5）景区质量　　　　　　　　　　　　　　7 6 5 4 3 2 1

6）景区规模　　　　　　　　　　　　　　7 6 5 4 3 2 1

2. 对旅游基础设施状况的满意度

1）公共设施　　　　　　　　　　　　　　7 6 5 4 3 2 1

2）旅游接待设施　　　　　　　　　　　　7 6 5 4 3 2 1

3. 对政府服务与管理水平的满意度

1）政府开发管理旅游的水平　　　　　　　7 6 5 4 3 2 1

2）旅游培训与教育服务　　　　　　　　　7 6 5 4 3 2 1

4. 对旅游开发所带来的经济收入的满意度

1）旅游开发带来的经济收入增长程度　　　7 6 5 4 3 2 1

2）旅游开发带来的实际收入与预期间的差距

　　　　　　　　　　　　　　　　　　　7 6 5 4 3 2 1

五 居民对旅游利益分配机制的感知

1. 利益分配机制促进了本地区居民旅游从业收入的提高

　　　　　　　　　　　　　　　　　　　7 6 5 4 3 2 1

2. 利益分配机制照顾到了弱小群体的利益　7 6 5 4 3 2 1

3. 利益分配机制保障了经济利益分配额度的提高

　　　　　　　　　　　　　　　　　　　7 6 5 4 3 2 1

4. 利益分配机制保证每个居民能从本村寨旅游开发中获利

　　　　　　　　　　　　　　　　　　　7 6 5 4 3 2 1

5. 利益分配机制提供了更多的就业机会　　7 6 5 4 3 2 1

6. 利益分配机制减少了居民间的矛盾纠纷　7 6 5 4 3 2 1

7. 利益分配机制减少了居民与政府管理者之间的矛盾

                                            7　6　5　4　3　2　1

8. 利益分配机制减少了居民与先富的经营能手间的矛盾

                                            7　6　5　4　3　2　1

9. 利益分配机制提高了社区公共福利水平（如医疗、养老等）

                                            7　6　5　4　3　2　1

10. 利益分配机制促进了当地教育的发展　7　6　5　4　3　2　1

11. 利益分配机制提高了居民参与旅游开发的积极性

                                            7　6　5　4　3　2　1

六　您对本地区发展旅游的意见

1）景区开发项目单一，特色不足　　　　7　6　5　4　3　2　1

2）旅游与地区风俗文化融合度不高　　　7　6　5　4　3　2　1

3）旅游接待设施不够完善　　　　　　　7　6　5　4　3　2　1

4）旅游服务水平不高　　　　　　　　　7　6　5　4　3　2　1

5）游客的停留时间太短　　　　　　　　7　6　5　4　3　2　1

6）旅游产品开发不足与销售网络较小　　7　6　5　4　3　2　1

7）交通制约　　　　　　　　　　　　　7　6　5　4　3　2　1

8）政府支持力度不大　　　　　　　　　7　6　5　4　3　2　1

9）广告宣传力度不大　　　　　　　　　7　6　5　4　3　2　1

10）旅游人才引进不足　　　　　　　　　7　6　5　4　3　2　1

七　其他

1. 您对居住地旅游开发的总体满意情况　7　6　5　4　3　2　1

2. 我和我的家人积极支持并参与旅游经营活动

                                            7　6　5　4　3　2　1

3. 我和我的家人积极支持并参与旅游培训活动

                                            7　6　5　4　3　2　1

4. 本社区居民能否参加旅游发展决策

A. 能　　　　　　　B. 不能　　　　　　　C. 说不清楚

5. 社区居民以何种方式参与旅游发展决策

A. 村民大会　　　　　B 民主投票　　　C 与开发商协商

D. 其他（注明详细方式）_____

6. 社区按照何种形式与政府（或开发商）进行旅游收入分配：

A. 按股份分配　　　　B. 门票提成　　　C. 定额分配

D. 其他（注明详细方式）_____

为核实问卷的真实性，烦请留下联系方式_____

访问员：　　　　　　　问卷审核：　　　　　　问卷录入：

录入审核：

附件 2

西部少数民族地区部分旅游景点

省份	地点	景区	少数民族	交通
内蒙古	呼伦贝尔	呼伦贝尔草原和全国六大景区之一,是全国唯一开发兴建了以呼伦贝尔草原、森林、湖泊、口岸、少数民族风情等为主的一批重要旅游景区和景点,初步形成了以"一条主线、两条辅线"为主要框架,以国内旅游、国际旅游、边境旅游、出境旅游为主要内容的旅游发展格局	呼伦贝尔境内生活着蒙古族、汉族、回族、满族、达斡尔族、鄂温克族、鄂伦春族、俄罗斯族、朝鲜族等32个少数民族	可从北京乘坐"草原列车",沿赤峰、通辽、齐齐哈尔、途经多个内蒙古草原区,扎兰屯、直抵海拉尔市。呼伦贝尔盟公路四通八达:301国道、海拉黑公路成为呼盟重要的十字形公路运输骨架
	满洲里	集中体现了中俄交界的地域特色和浓厚的中西方文化交融的底蕴,一个裹挟着西方文明的浪漫、展示中国文化弘大的地方——套娃广场		满洲里市境内公路主要有301国道
	阿尔山	阿尔山森林公园 阿尔山天池		距海拉尔320公里

续表

省份	地点	景区	少数民族	交通
		天山：古名白山，又名雪山，冬夏有雪，故名。匈奴之主峰也，又东为那拉特山，横分新疆为南北二路，是为天山西段。自此而东分二支：一支顺海都河东南下者，曰阔克帖克山，即汉书所谓北山山也，余脉直至哈密以东；其北一支为博格多拉鄂山，亦东延至镇西而止。又北一支在博罗塔拉河之南者，为博罗布尔噶苏山。更北入塔城者，为塔尔巴哈台山脉。 天山的雪峰——博格达峰上的积雪终年不化，人们叫它雪海。在博格达的山腰上，有一个名叫天池的湖泊，池中的水都是由冰雪融化而成，清澈透明，像一面大镜子。洁白的雪峰和翠绿的云杉倒映湖中，构成了一幅美丽的图画，是新疆著名的旅游胜地。		
新疆	乌鲁木齐	五彩湾：五彩湾位于古尔班通古特沙漠东部的吉木萨尔县境内，南距县城区150公里。它西邻沙漠，北靠卡拉麦里山，东去十几公里便是恐龙沟，向东南30公里就是奇台魔鬼城。走进五彩城就像走进了一个梦幻世界，光怪陆离的色彩从四面八方向你涌来，那么明快，那么强烈，那么丰富多彩，真让你感到目眩。你顺着山势，呈现出千姿百态，扑朔迷离的景象，错落有致的山冈无不被艳丽的色彩镶嵌着。其实，五彩城完全是大自然的杰作。你真疑似某个抽象大师所绘的不朽画卷。 乌拉泊古城：位于新疆乌鲁木齐市西南郊约10公里处的乌拉泊湖畔，遗址海拔1100米，略呈方形，南北长550米，东西宽450米，城距高大宽厚，残高达4米，底基宽5米，城墙的四角门均向外突出。乌拉泊古城是乌鲁木齐木齐古老历史的一大实物见证。这是现今乌鲁木齐市已发现的一座时代最早和保存最完好的古城池，距今已达千年左右	乌鲁木齐居住着汉族、维吾尔族、哈萨克族、回族、蒙古族等47个民族。	312国道、314国道

续表

省份	地点	景区	少数民族	交通
新疆	吐鲁番地区	葡萄沟：是火洲的"桃花源"。沟里四处都有令人向往的地方。它位于火焰山的西端，呈南北走向，全长8公里，东西宽约2公里，布依鲁克河（葡萄沟河）横穿其间。沟中郁郁葱葱，栽种了无核白、马奶子、白加干、红玫瑰、索索等近百种葡萄，形成了一个天然的葡萄博物馆。葡萄沟被评为国家5A级景区，景区内现建有葡萄沟游乐园、王洛宾音乐艺术馆、达瓦孜民俗风情园、绿洲葡萄庄园，建有展示维吾尔族建筑特色与民俗民风，可体验维吾尔族农家生活的民族村等 交河故城，即"王城"之意，因为此城为高昌回鹘王国的都城，是古丝绸之路的必经之地和重要门户。在吐鲁番县东约40公里处，总面积约1万平方米。维吾尔语亦称都护城，东45公里处火焰山南麓的木头沟河三角洲 火焰山：火焰山位于吐鲁番盆地中部，有百多公里的路段中，当地人称"克孜勒塔格"，意即"红山"。在吐鲁番市东去鄯善的路段中，西长约100公里，南北宽7—10公里，平均高度500米左右的红色山峰。这是一条东西走向的赤色砂岩山体，海拔851米。它主要由中生代的侏罗纪、白垩纪和第三纪的赤色砂岩、泥岩组成。山体雄浑曲折，基岩裸露，且常受古代水流的冲刷，山坡上布满青灰色冲沟。山上寸草不生，基岩裸露，最高峰 吐峪沟：位于鄯善县境内，东距吐鲁番市约55公里。主要景点包括吐峪沟大峡谷、吐峪沟加木麻扎，吐峪沟霍加古村落等。吐峪沟千佛洞，且主要受风化沙层覆盖。	吐鲁番居着维吾尔族、汉族、回族、哈萨克族、蒙古族、锡伯族、俄罗斯族、满族等多个民族	有兰新铁路、南疆铁路、吐鲁番机场

续表

省份	地点	景区	少数民族	交通
四川	阿坝州	九寨沟：九寨沟是白水沟上游白河的支沟，以有九个藏族村寨而得名。海拔2000—3000米，以翠海（高山湖泊）、叠海、彩林、雪山、藏情"五绝"驰名中外，被誉为"梦仙境"和"童话世界"。九寨沟主要由岷山山脉中呈"丫"字形分布的日则沟、则查洼沟、树正沟三条沟谷构成。九寨沟三条主要景点在树正、日则、则查洼三条沟内，沟内可分为五大景区：日则景区、长海景区、宝镜崖景区、原始森林生态景区。"九寨归来不看水"，水是九寨沟的精灵。湖、泉、瀑、滩连级一体，飞动与静谧结合，刚烈与温柔相济。 黄龙：黄龙景区是国家级风景名胜区。与九寨沟同时被列为世界自然遗产。景区以其奇、绝、秀、幽的自然风光而蜚声国内外。2000年又被列入联合国人与生物圈保护网络。黄龙景区罕见的岩溶地貌也称绝于世。景区内整个山谷几乎全被乳黄色的碳酸钙质覆盖，从高外看去，宛若一条从岷山雪峰飞腾而下的黄龙，似牙雕、如璞玉、婉蜒蛹卧于茂林翠谷之中。千层碧水形成层层叠叠的梯状湖泊、池沼，如璞玉，大致呈黄、绿、浅蓝、蔚蓝等颜色。池色因水底沉积物和树木、山色而千变万化，沿沟谷向上，聚集成8群，每群各不相同，独具特色。黄龙沟的大小彩池共有2300多个。 四姑娘山：四姑娘山位于阿坝州小金坝藏羌族自治州，由四座长年被冰雪覆盖的山峰组成。如同头戴白纱，姿容俊俏的四位少女。其中幺妹身材苗条，体态婀娜，常说的"四姑娘"就是指这座最高最美的雪峰。四姑娘山的东面有奔腾急泻的岷江纵贯而过，西有"天险"之称的大渡河。山谷地带气候温和，雨量充沛，山花遍野，溪流清澈；举世闻名的卧龙大熊猫自然保护区就坐落在四姑娘山东坡。四姑娘山以雄峻挺拔四季冰雪皑皑、山体碰峰，直指蓝天，冰雪覆盖、银光照人，山麓森林茂密，绿草如茵，清澈的溪流源源不绝，宛如一派秀美的南欧风光，美的行云，美的流水，近年来已成人称"东方的阿尔卑斯"。美的山峰、绿草如茵的沟壑，为中外登山者常来的旅游胜地	藏族、羌族	有213国道、317国道、九寨黄龙机场、鹧鸪山隧道

续表

省份	地点	景区	少数民族	交通
四川	甘孜	海螺沟：海螺沟位于贡嘎雪峰脚下，以低海拔现代冰川著称于世。晶莹的现代冰川从高峻的山谷铺泻而下，飞起三百万，险峻的冰洞，将寂静的山谷装成王成玉清的琼楼玉宇；巨大的冰洞，高达1000米，宽约1100米，比著名的黄果树瀑布大出十余倍，瑰丽非凡。晴天月夜，令人一见之后，终生不忘。海螺沟有"一沟有四季，十里不同天"的气候特征，云雾多日照少，年降水量2000毫米。 稻城亚丁：稻城县位于中国四川省甘孜州。其中康巴藏区的甘孜藏族占96%以上，有汉族、纳西族、回族、彝族等民族。有人说，稻城一亚丁是"蓝色星球上的最后一片净土"。稻城一亚丁沉睡在岁月的冰河中，方圆7323平方公里，存留着大自然最古老的记忆和最纯真的脸庞。它被时光遗忘，千万年来，日升日落，默默地守望着自己旷世的美景。1928年，美国探险家约瑟夫·洛克到达稻城，并把所拍到的照片发表在美国《国家地理杂志》上，引起了巨大轰动。	藏族为主	有国道317、318、省道211、215、216、217、303，雅康高速、泸石高速，稻城机场，康定机场，甘孜格萨尔机场，川藏亚丁，甘孜格萨尔机场萨尔机场
重庆	酉阳	酉阳县为十分典型的喀斯特岩溶地貌区，县内地形崎岖，河谷秀美，山川逶迤，河流险峻。具有极大的旅游开发潜力。县内既有百里乌江画廊，大河口，酉水河等雄奇秀丽的原始自然风景区，也有龚滩，龙潭古镇以及桃花源等富有人文气息的绝佳景点。县内各地大量散布的落岩，溶洞奇观为度假休闲的人们提供了寻幽探幽的绝佳景点。同时，原始古朴的土家苗寨更以其淳朴敦厚的人文历史和神奇久远的流风遗韵吸引着大量外地游客来酉阳观光游览。勤劳的土家族苗族人民创造了土家摆手舞、土家民歌、民间传说等一系列丰富多彩的民族文化和人文景观，2001年酉阳被重庆市命名为"土家摆手舞之乡"。兴隆大板营林区是重庆市最大、最完好的原始森林，目前已被划为自然保护区。 景点：桃花源、龚滩古镇、后溪古镇	土家族、苗族	离重庆主城区350多公里，走渝湘高速酉阳下道

续表

省份	地点	景区	少数民族	交通
重庆	秀山	边城洪安：市级历史文化名镇洪安镇位于县境东南，距县城47公里。是市级历史文化名镇，与湖南省花垣县的茶洞镇、贵州省松桃县的迓驾镇接壤，因渝东、湘西、黔东北三省交会而呈现的边缘特色而闻名。当地建筑古朴，民风纯正，清江明月，木舟古渡，独具特色。多姿多彩的边贸交易，龙舟竞赛，情歌对唱，像一壶浓烈的陈酿，令人陶醉。现已建成刘邓大军入川纪念碑、拉拉渡、"三不管"岛、"一脚踏三省"，语录塔等景点。洪安场约石级梯街、"封火桶子"，清江两岸的吊脚竹楼，垂杨麻柳，铁索相连，漫江漂游的乌蓬鱼船和洪茶大桥上的车水马龙，给边城平添了无尽的风采。 钟灵水库：位于秀山县钟灵乡凯堡村，于1978年建成，是秀山县库容最大的水库，距县城28公里，交通方便。该水库位于梅江河上游，水质清澈，库区环境与植被较良好，是旅游、休闲、度假垂钓的好去处。 石堤古镇：位于秀山县东北部，距县城47公里，是由梅江河与酉水河冲击而形成的突兀汇流景观，石堤古镇依山势而建，错落有致。站在石堤古镇最高点可俯看两河交汇景观，滋生"酉河东去，石堤远航"之意境。夕阳之下的石堤古码头边的浣衣土家少女，泊岸的乌蓬船及船上蜷缩着的鸬鹚，这一切正是一幅绝妙的悠闲地"渔舟唱晚"图。还有古码头对岸的唐代悬棺，石刻"化险为夷"，卷洞门、石堤豆腐鱼等地方特色景观和饮食，相信每一个游客都会惊叹这渝东"小山城""小朝天门"的精致、典雅与悠闲	土家族	经过渝遂高速公路的大学城隧道，进入内环快速路，走立交桥往巴南、渝湘高速方向，到巴南界石分道高速进入渝湘高速，经过南川、武隆、彭水、黔江、酉阳，到达秀山

续表

省份	地点	景区	少数民族	交通
广西	桂林	桂林是世界著名的风景游览城市和历史文化名城。地处湘桂走廊南端，东经109°36′—111°29′，北纬24°15′—26°23′，平均海拔150米，北、东北面与湖南省交界，西、西南面与柳州地区相连，东、东南面与梧州市，贺州市相连，毗邻广东省。桂林是广西的名城和交通、文化中心，中国历史文化名城、全国重点旅游城市。桂林市地处南岭山系的西南部，平均海拔150米，属典型的"喀斯特"岩溶地貌，遍布全市的石灰岩经亿万年的风化侵蚀，一水抱城，形成了千峰环立、洞奇石美的独特景观，被世人美誉为"桂林山水甲天下"。其中最具有代表性的景点有：象鼻山、伏波山、南溪山、尧山、独秀峰、七星岩、芦笛岩、甑皮岩、冠岩、明代王城、榕湖、杉湖等	壮族、瑶族、侗族、苗族	
	南宁	广西壮族自治区首府，位于广西西南部，与越南社会主义共和国毗邻，是红豆的故乡，也是一座历史悠久的边陲古城，古称邕州，是一个以壮族为主的多民族和睦相处的现代化城市。居住着壮、苗、瑶等36个少数民族，总人口为620.12万人，其中市区人口为140.39万人。南宁市别称绿城、凤凰城，五象城，分别因市内有凤凰岭、五象岭等景观而得名。以南宁为中心的桂南旅游区是广西三大旅游区之一，清澈恒温娓娓动听的山歌构成了南宁古朴的山水人情画卷。雄伟的花山壁画，神秘的德天瀑布，宁静的杨美古镇与壮族人娓娓动听的山歌构成了南宁古朴的山水古风（扬美古风、青山塔影、明山锦绣、九龙戏珠）；有大小公园、伊岭神宫、南湖情韵、龙虎猴趣、邕江春泛、凤江绿野、望仙怀古、游同、风景区、广场等供人们游玩的自然景观和人文景观50多处；有国家级文物保护单位1处（顶蛳山贝丘遗址），自治区级文物保护单位16处，市、县级文物保护单位116处	壮族、苗人、瑶人等	

续表

省份	地点	景区	少数民族	交通
云南	西双版纳	西双版纳傣族自治州，位于云南省西南端，是云南省下辖的一个自治州。西双版纳，古代傣语为"勐巴拉那西"，意思是"理想而神奇的乐土"，这里以神奇的热带雨林自然景观和少数民族风情而闻名于世，是中国的热点旅游城市之一。每年的泼水节于4月中旬举行，吸引了众多国内外的游客参与。 景区包括景洪景片区，共有19个风景区，800多个景点，被称之为"热带动物"王国。其中多珍稀、古老、奇特、濒危的动物、植物又是西双版纳独有的，引起了国内外游客和科研工作者的极大兴趣。景观以丰富迷人的热带、亚热带雨林，沟谷雨林风光、季雨林，珍稀动物，绚丽多彩的民族文化，民族风情为主体。该州景观独特，知名度高	傣族、哈尼族、布朗族	西双版纳景洪机场是省内仅次于昆明的第二大航空口岸，距景洪市区5公里。机场自1990年通航以来，先后开辟了至大理、丽江、上海、郑州、天津、成都、重庆等主要城市的国内航线。1996年开通了至西双版纳复合的国际航线。丽江至西双版纳都开通了机场
	丽江	丽江市位于云南省西北部云贵高原与青藏高原的连接部位，北连迪庆藏族自治州，西邻怒江傈僳族自治州，东与四川凉山彝族自治州和攀枝花市接壤。丽江旅游资源十分丰富。丽江旅游资源十分丰富，包括丽江古城、泸沽湖、玉龙雪山、虎跳峡等，既有人文景观，也不乏自然风光。不论什么时间去丽江都能欣赏到不同的美景	纳西族	昆明的巫家坝国际机场目前开辟国内航线48条，国际航线6条。昆明至省内各旅游地区的民航也很发达，现已开辟通往思茅、西双版纳、芒市、昭通、大理、丽江、中甸、临沧、文山、腾冲的航线
	大理	大理州，全名大理白族自治州，地处云南省中部偏西，东邻楚雄州，南靠普洱、临沧地区，西与保山地区、怒江州相连，北接丽江地区。大理州历史悠久，素有"文献名邦"的美称，是云南最早的文化发祥地之一（从南诏国建立至大理国覆灭），大理一直是云南的政治、经济、文化中心。唐末五百多年间，大理气候温和，土地肥沃，山水风光秀丽多姿，有"风花雪月"的美称，"风花雪月"指下关风、上关花、苍山雪、洱海月	白族	大理机场位于风仪镇和海东乡交界处，距离大理市区12公里。大理机场有飞往昆明、西双版纳、广州的航班

续表

省份	地点	景区	少数民族	交通
宁夏	银川	西夏王陵：国家级风景名胜区，西夏王朝历代帝王陵墓遗址。陵区占地 50 多平方公里，共有 9 座帝王陵和 200 余座王侯勋戚陪葬墓。王陵高大雄伟，被称作"中国的金字塔"。 中华回乡文化园：中华回乡文化园坐落于回族最具历史文化传统的回乡名镇——纳家户村，和纳家户古老的回族社区清真寺交相辉映，成为我国目前唯一的以回族文化为主题的旅游景区	回族	位于银川西 30 公里贺兰山东麓，交通较为便利。紧临京藏高速公路永宁出口处，位于银川市永宁高速路出口，距离银川 25 公里
	中卫市	中卫沙坡头：国家首批 5A 级旅游景区。是宁、蒙、甘三省（区）的交接点，黄河第一入川口，是欧亚大通道，古丝绸之路的必经之地		位于宁夏中卫市城西 16 公里处，距离首府银川市 200 多公里，交通便利
甘肃	敦煌市	敦煌莫高窟：莫高窟俗称千佛洞，被誉为 20 世纪最有价值的文化发现，坐落在河西走廊西端的敦煌。它始建于十六国的前秦时期，以精美的壁画和塑像闻名于世。历经十六国、北朝、隋、唐、五代、西夏、元等历代的兴建，现有洞窟 735 个，壁画 4.5 万平方米，泥质彩塑 2415 尊，是世界上现存规模最大、内容最丰富的佛教艺术圣地。近代发现的藏经洞，内有 5 万余件古代文物，由此衍生出专门研究敦煌典籍和敦煌艺术的学科——敦煌学	回族、藏族、东乡族	位于甘肃省敦煌市东南 25 公里，距离首府兰州 1100 公里，从兰州出发共有 2 辆列车可以达敦煌。此外，有数条客车线路
	肃南裕固族自治县	马蹄寺：是集石窟艺术、祁连山风光和裕固族风情于一体的旅游区。石窟由胜果寺、普光寺、千佛洞、金塔寺，上、中、下观音洞七处组成，共有 70 余处窟龛，马蹄寺因传说中的天马在此饮水落有马蹄印而得名。现存于普光寺马蹄殿内，传说中的马蹄印迹，成为镇寺之宝	裕固族	北距张掖市市区 65 公里，距离兰州 505 公里，并且有多条列车线路可从兰州直达张掖

续表

省份	地点	景区	少数民族	交通
青海	互助土族自治县	互助土族民俗村：最大的土族聚居地。位于青海省东北部，地处青藏高原与黄土高原结合部，北倚祁连山脉达坂山，东与甘肃省毗邻，西南与西宁市接壤，东西长86公里，南北宽64公里。整个民俗村有100多户人家，500多人口。土族有自己的语言，能歌善舞。土族妇女心灵手巧，擅长刺绣，玩轮子秋、赛马、唱花儿等活动。每逢节日土族人民举行跳安召舞、婚礼礼歌、宴席曲等活动。 土族有自己的文字艺术，故事众多，歌谣丰富，叙事诗、婚礼歌、宴席曲等各有韵味。土族女服饰由蓝、黑、黄、白、红各色布料拼剖而成，这五种色彩分别象征蓝天、大地、苔藓、丰收、热情，因此，互助县又有"彩虹的故乡"之称	土族	距离西宁40公里，从西宁出发可以坐中巴中到达
	西宁	东关清真大寺：是我国西北地区四大清真寺之一。该寺建造雄奇，坐西面东，具有我国古典建筑和民族风格特点，雕梁彩绘，金碧辉煌，大殿内宽敞、高大、明亮，可以同时容纳3000多穆斯林进行礼拜。殿内和整个大寺处处都显得古朴典雅致、庄严肃穆，富有浓郁的伊斯兰特色	回族	位于西宁市区内，坐落在西宁市东关大街，交通便利。有多路公交车可以直达
贵州	黔东南苗族侗族自治州雷山县	西江千户苗寨：由十余个依山而建的自然村寨相连成片，是目前中国乃至全世界最大的苗族居村寨。西江有近四省的银匠村，苗族银饰全为手工制作，其工艺具有极高水平。西江是一个保存苗族"原始生态"文化完整的地方，是领略和认识中国苗族漫长历史与发展的首选之地。西江苗族节、苗年、闻名四海。西江千户苗寨，展览着一座露天博物馆，展览着一部苗族发展的史诗，成为观赏和研究传统苗族文化的大看台	苗族	位于贵州省黔东南苗族侗族自治州雷山县东北部的雷公山麓，距雷山县城36公里，距离黔东南州府凯里35公里，距离贵州省会贵阳市约260公里。从贵阳出发有多条客车线路供选择

续表

省份	地点	景区	少数民族	交通
贵州	黔东南苗族侗族自治州黎平县	肇兴侗寨：占地18万平方米，居民800余户，4000多人，号称"黎平第一侗寨"。肇兴侗寨四面环山，寨子建于山中盆地，错落有致，鳞次栉比，一条小河穿寨而过。寨中房屋为干栏式吊脚楼，全部用杉木建造，硬山顶覆小青瓦，古朴实用。肇兴侗寨全为陆姓侗族，分居五大房族，当地称之为"团"。分为仁团、义团、礼团、智团、信团五团，信团里团上有侗歌队、侗戏班。肇兴不仅是鼓楼之乡，而且是歌舞之乡，	侗族	从贵阳可以乘火车或乘客车到黎平，然后坐客车到肇兴。交通较便利
	荔波县	荔波樟江风景名胜区：荔波樟江风景名胜区以喀斯特地貌上樟江水系的水景、景物景观特色和浩瀚苍茫的喀斯特森林景观为主体，景区内峰峦叠嶂，溪流纵横，又有浓郁的自然美，雄秀险峻，古、野、幽、秀、俊的布依、水、瑶、苗等民族风情。同时，荔波是中共一大代表邓恩铭烈士的故乡，有邓小平领导的红七军革命活动旧址及古井、古墓群	瑶族、布依族等	距离贵阳约250公里，可以自驾或乘客车前往
西藏	拉萨	布达拉宫：布达拉宫俗称"第二普陀山"，是一座规模宏大的宫堡式建筑群。最初是松赞干布为迎娶文成公主而兴建的，17世纪重建后，布达拉宫成为历代达赖喇嘛的冬宫居所，也是西藏政教合一的统治中心。整座宫殿具有鲜明的藏式风格，依山而建，气势雄伟，堪称一座艺术的殿堂。罗布林卡：罗布林卡俗称拉萨的颐和园，藏语意为"宝贝公园"，为历代达赖喇嘛的夏宫。每当夏日来临，达赖喇嘛便从布达拉宫转移到罗布林卡办公。其建筑以格桑颇章、金色颇章、达登明久颇章为主体，有房374间，是西藏人造园林中规模最大、风景最佳，古迹最多的园林	藏族	位于西藏首府拉萨市区西北的红山上，从火车站机场均有车直达。位于拉萨市西郊，从市区有多条公交可以直达

续表

省份	地点	景区	少数民族	交通
西藏	拉萨	大昭寺：是位于拉萨的寺院。又名"祖拉康""觉康"（藏语意为佛殿），始建于唐贞观二十一年（647），是藏王松赞干布为纪念尺尊公主入藏而建的，后经历代修缮增建，形成庞大的建筑群		位于拉萨老城区的中心位置，交通便利
	林芝	巴松错：巴松错又名错高湖，藏语中是"绿色的水"的意思，湖面海拔3700多米，湖面面积达6000多亩，位于距林芝地区工布江达县50多公里的巴河上游的高峡深谷里，是红教的一处著名神湖和圣地		巴松错距川藏公路44公里，距离拉萨400公里。从拉萨出发，单程需要12小时，交通不是特别便利
	那曲地区班戈县拉萨市当雄县	纳木错是中国第二大咸水湖。位于西藏中部，湖面海拔4718米。湖的形状近似长方形，东西长70多公里，南北宽30多公里，面积1920多平方公里。湖水最大深度33米，蓄水量768亿立方米，为世界上海拔最高的大型湖泊		位于西藏自治区的中部，在那曲地区的东南边界和拉萨市区划的西北边界上。距离拉萨240公里，车行需要4小时左右
陕西	法门镇	法门寺：始建于东汉末年，发迹于北魏，起兴于隋，鼎盛于唐，因安置释迦牟尼佛骨舍利而成为举国仰望的佛教圣地，被誉为"皇家寺庙"	回族	陕西省宝鸡市扶风县城北10公里处的法门镇，东距西安市120公里，西距宝鸡市96公里
	乾县	乾陵黄土民俗村：乾陵黄土民俗村长2000多米的黄土"龙洞"蜿蜒曲折，沉如地下长廊，同隔有序地陈列着关中地区炎黄子孙繁衍生息、婚丧嫁娶、寿诞庆典、传统礼节、节令活动、文化娱乐、集市贸易、农耕狩猎衣、食、住、行等民俗实物或塑像，并在"龙洞"长廊中设有地下餐厅，内容十分丰富，集中展示了黄河流域关中地区的民俗文化和黄土风情		位于西安西85公里的乾县梁山上，从西安火车站乘坐客车2小时即可到达

附 件 3

西部少数民族地区旅游开发地调研数据

续表 1

样本序号	调查地区	问卷编号	民族	居民对旅游接待设施满意度	居民对政府开发管理旅游水平的满意度	居民对旅游培训与教育服务水平的满意度	居民对旅游开发带来的经济收入与居民个人预期的差距满意度	居民对旅游开发带来的实际经济收入与居民个人预期的差距长程度满意度	居民对旅游开发促进了本地区照顾到弱小群体利益的感知	居民对利益分配机制保障了经济利益分配额度的提高的感知	居民对利益分配机制保证每个居民能从本村寨旅游业中获利的感知	居民对利益分配机制提供了更多的居民就业机会的感知	居民对利益分配机制减少了居民与政府管理者之间的矛盾纠纷的感知	居民对利益分配机制减少了居民同旅游开发中的矛盾纠纷的感知	居民对利益分配机制减少了居民与居民间的矛盾纠纷的感知	居民对利益分配机制提高了社区公共福利水平（如医疗、养老等）的感知	居民对利益分配机制促进了当地教育的发展的感知	居民对利益分配机制提高了居民参与旅游开发的积极性的感知
1	酉阳	0238001001	土家族	6	5	6	5	5	7	6	5	5	6	5	6	6	5	6

续表

样本序号	调查地区	问卷编号	民族	居民对旅游接待设施满意度水平的满意度	居民对政府管理发展旅游服务水平的满意度	居民对旅游培训与教育服务满意度	居民对旅游开发带来的经济收入增长程度满意度	居民对旅游开发带来的实际收入与预期间的差距满意度	居民对利益分配机制促进了本地区个人旅游从业收入提高的感知	居民对利益分配机制照顾了弱小群体利益的感知	居民对利益分配机制保障了经济利益小额分配的感知	居民对利益分配机制保证每个居民都能从中获利的感知	居民对利益分配机制提供了更多的就业机会的感知	居民对利益分配机制减少了居民与旅游开发间的矛盾纠纷的感知	居民对利益分配机制减少了居民与政府之间的矛盾的感知	居民对利益分配机制先富的管理者之间的矛盾纠纷的感知	居民对利益分配机制提高了社区公共福利水平(如医疗、养老等)的感知	居民对利益分配机制促进了当地教育的发展的感知	居民参与旅游开发的积极性提高了
2	酉阳	0238001002	土家族	5	4	4	4	4	5	3	3	4	4	3	4	5	5	4	4
3	酉阳	0238001003	苗族	5	6	5	4	4	3	2	3	2	2	4	3	3	3	4	4
4	酉阳	0238001004	土家族	6	5	5	4	4	5	3	4	5	4	5	4	4	6	5	5
5	酉阳	0238001005	土家族	5	3	3	4	3	2	2	3	1	4	3	3	3	2	1	3
6	酉阳	0238001006	土家族	6	5	5	4	4	5	5	6	5	5	5	4	4	5	4	5
7	酉阳	0238001007	土家族	6	5	5	3	3	5	6	6	6	7	6	5	6	6	6	5
8	酉阳	0238001008	汉族	5	5	5	5	4	4	1	1	2	4	3	2	2	4	4	3
9	酉阳	0238001009	土家族	6	6	6	3	5	3	5	3	3	3	5	5	5	4	5	5
10	酉阳	0238001010	土家族	5	5	4	4	2	5	5	4	4	5	5	4	4	4	4	3
11	酉阳	0238001011	土家族	5	4	5	3	3	4	3	4	2	3	4	4	4	4	4	3
12	酉阳	0238001012	土家族	5	5	5	4	4	4	3	4	1	3	3	5	5	3	4	4

续表

样本序号	调查地区	问卷编号	民族	居民对旅游接待设施满意度	居民对政府开发管理水平的满意度	居民对旅游培训与教育服务的满意度	居民对旅游开发带来的经济收入增长程度满意度	居民对旅游开发带来的实际的经济收入与预期同人旅游个人收入的差距满意度	居民对利益分配机制促进了本地区旅游个人旅游收入提高的感知	居民对利益分配机制照顾到了弱小群体利益收入提高的感知	居民对利益分配机制保障每个居民能从本村寨旅游发展中获利的感知	居民对利益分配机制提供了更多的就业机会的感知	居民对利益分配机制减少了居民的矛盾纠纷的感知	居民对利益分配机制减少了居民与政府管理者之间的矛盾的感知	居民对利益分配机制减少了居民与旅游经营者之间的矛盾的感知	居民对利益分配机制提高了社区公共福利水平（如医疗、养老等）的感知	居民对利益分配机制促进了当地教育的发展的感知	居民对利益分配机制提高了居民参与旅游开发的积极性的感知
13	酉阳	0238001013	汉族	7	5	4	3	4	3	2	6	7	5	6	7	5	6	4
14	酉阳	0238001014	土家族	5	5	6	5	4	5	5	4	6	4	5	4	6	5	6
15	酉阳	0238001015	苗族	6	5	5	6	6	7	6	6	5	4	5	4	4	5	4
16	酉阳	0238001016	土家族	5	4	2	2	4	3	3	2	2	4	3	2	2	3	3
17	酉阳	0238001017	土家族	7	6	7	7	6	5	6	7	5	6	7	6	7	6	6
18	酉阳	0238002001	土家族	4	3	2	5	4	5	6	5	5	6	6	6	6	5	5
19	酉阳	0238002002	土家族	5	6	4	3	3	5	2	3	5	6	4	6	4	6	6
20	酉阳	0238002003	土家族	6	4	7	6	4	6	3	5	6	6	3	6	6	5	6
21	酉阳	0238002004	土家族	7	7	7	7	7	6	6	5	4	7	7	7	5	6	7
22	酉阳	0238002005	土家族	7	7	7	7	7	6	6	5	4	7	7	7	5	5	6

续表

样本序号	调查地区	问卷编号	民族	居民对旅游接待设施满意度平的满意度	居民对政府开发管理服务水平的满意度	居民对旅游培训与教育服务水平的满意度	居民对旅游开发带来的经济收入增长程度满意度	居民对旅游开发带来的实际经济收入与预期间的差距满意度	居民对利益分配机制促进了本地区个人旅游收入与满意度提高的感知	居民对利益分配机制照顾到了弱小群体利益的感知	居民对利益分配机制保障了经济利益小额度的提高的感知	居民对利益分配机制保证每个居民能从本村寨旅游开发的中获利的感知	居民对利益分配机制提供了更多的就业机会的感知	居民对利益分配机制减少了居民与政府管理者之间的矛盾纠纷的感知	居民对利益分配机制减少了居民先富的矛盾的感知	居民对利益分配机制提高了社区公共福利水平（如医疗、养老等）的感知	居民对利益分配机制促进了当地教育的发展的感知	居民参与旅游开发的积极性的感知
23	酉阳	0238002006	汉族	7	7	7	7	7	5	4	7	4	7	6	6	5	4	6
24	酉阳	0238002007	土家族	5	6	2	6	5	6	5	5	6	5	6	6	6	5	7
25	酉阳	0238002008	土家族	4	5	4	5	5	6	4	6	5	6	6	6	3	5	6
26	酉阳	0238002009	土家族	6	6	6	6	6	4	5	5	5	5	6	5	6	6	4
27	酉阳	0238002010	土家族	6	6	6	5	4	6	4	5	7	5	4	6	6	6	7
28	酉阳	0238003001	土家族	4	4	5	2	3	5	4	3	4	3	5	3	4	2	4
29	酉阳	0238003002	土家族	4	5	6	2	5	3	3	3	3	2	3	4	3	7	5
30	酉阳	0238003003	土家族	6	6	4	5	5	5	6	5	6	2	2	2	1	7	7
31	酉阳	0238003004	土家族	6	5	5	6	3	6	6	5	7	6	5	5	5	6	7
32	酉阳	0238003005	土家族	6	3	2	2	2	5	3	3	3	2	3	2	5	6	7
33	酉阳	0238003006	土家族	3	2	2	2	3	3	3	2	2	4	3	3	2	3	4

续表

样本序号	调查地区	问卷编号	民族	居民对旅游接待设施满意度	居民对政府旅游开发管理水平的满意度	居民对旅游培训与教育服务满意度	居民对旅游开发带来的经济收入增长程度满意度	居民对旅游开发带来的实际收入与预期间的差距满意度	居民对旅游开发促进了本地区个人与居民群体从业收益满意度的感知	居民对利益分配机制照顾到了弱利益分配群体的感知	居民对利益分配机制保障了经济利益分配额度提高的感知	居民对利益分配机制保证每个居民能从本村寨旅游开发中获利的感知	居民对利益分配机制提供了更多的就业机会的感知	居民对利益分配机制减少了居民间的矛盾纠纷的感知	居民对利益分配机制减少了居民与经营者之间的矛盾的感知	居民对利益分配机制减少了居民与政府间的矛盾的感知	居民对利益分配机制提高了社区公共福利水平（如医疗、养老等）的感知	居民对利益分配机制促进了当地教育的发展的感知	居民对利益分配机制提高了居民参与旅游开发的积极性的感知
34	酉阳	0238003007	土家族	4	5	4	4	4	6	6	5	6	5	5	5	5	5	5	4
35	酉阳	0238003008	土家族	6	6	4	6	5	5	6	5	6	5	5	6	6	6	6	5
36	酉阳	0238003009	土家族	2	5	6	6	6	6	5	4	3	6	7	7	7	7	7	6
37	酉阳	0238003010	土家族	7	7	7	7	7	7	7	7	7	7	7	7	7	7	7	7
38	酉阳	0238003011	土家族	6	7	6	7	6	5	5	5	5	4	6	5	5	6	5	6
39	酉阳	0238003012	土家族	5	5	5	4	5	4	5	5	6	5	5	6	6	5	5	6
40	酉阳	0238003013	土家族	5	6	4	4	3	2	2	2	4	3	4	3	3	5	3	4
41	酉阳	0238003014	土家族	6	6	6	5	5	7	7	7	5	5	5	5	5	5	5	5
42	酉阳	0238003015	土家族	1	2	1	2	1	1	1	1	2	2	1	3	4	3	2	2
43	酉阳	0238003016	土家族	2	3	3	7	7	7	5	4	3	5	7	6	7	6	7	7
44	酉阳	0238003017	土家族	2	1	1	1	1	6	5	6	5	4	1	2	5	3	3	7

续表

样本序号	调查地区	问卷编号	民族	居民对旅游接待设施满意度	居民对政府开发管理旅游水平的满意度	居民对旅游开发培训与教育服务满意度	居民对旅游开发带来的经济收入增长程度满意度	居民对旅游开发带来的实际收入与预期同期的差距满意度	居民对利益分配机制促进同人旅游收入提高的感知	居民对利益分配机制照顾了弱小群体利益的感知	居民对利益分配机制保障到本地区的经济利益分配额度提高的感知	居民对利益分配机制保障每个居民能从本旅游开发中获利的感知	居民对利益分配机制提供了更多的就业机会的感知	居民对利益分配机制减少了居民同政府间的矛盾的感知	居民对利益分配机制提高了当地居民先富的矛盾的感知	居民对利益分配机制减少了居民与旅游经营管理者之间的矛盾纠纷的感知	居民对利益分配机制提高了社区公共福利水平（如医疗、养老等）的感知	居民对利益分配机制促进了当地教育的发展的感知	居民对利益分配机制提高了居民参与旅游开发的积极性的感知
45	酉阳	0238003018	土家族	7	6	5	7	4	7	7	7	7	7	7	1	1	1	1	1
46	酉阳	0238003019	土家族	4	5	5	6	6	5	5	5	7	7	7	6	6	7	7	7
47	酉阳	0238003020	汉族	2	2	2	3	2	4	6	5	3	2	4	2	2	3	5	7
48	酉阳	0238003021	土家族	6	6	4	2	3	5	3	3	4	5	2	3	2	5	2	7
49	酉阳	0238003022	土家族	7	6	7	6	7	6	7	6	7	5	6	7	6	7	6	7
50	酉阳	0238003023	土家族	6	6	7	6	7	6	7	6	5	6	4	1	4	4	5	5
51	酉阳	0238004001	苗族	3	2	3	3	2	1	2	1	1	1	1	2	2	2	2	1
52	酉阳	0238004002	土家族	3	5	5	2	1	2	1	1	1	1	2	1	1	1	1	1
53	酉阳	0238004003	土家族	2	2	4	2	1	1	2	1	2	2	1	1	1	1	2	1
54	酉阳	0238004004	土家族	3	2	2	2	1	1	1	1	1	1	1	2	2	1	1	1
55	酉阳	0238004005	土家族	6	4	5	3	2	1	1	1	1	1	1	1	1	2	1	1

续表

样本序号	调查地区	问卷编号	民族	居民对旅游接待设施水平的满意度	居民对政府开发管理旅游满意度	居民对旅游开发培训与教育服务满意度	居民对旅游开发带来的经济收入增长程度满意度	居民对旅游开发带来的实际经济收入与预期同人旅游收入的差距的满意度	居民对利益分配机制促进本地区收入提高的感知	居民对利益分配机制照顾到了弱小群体利益的感知	居民对利益分配机制保障了经济利益分配额度的提高的感知	居民对利益分配机制保证每个居民从本村寨旅游开发中获利的感知	居民对利益分配机制提供了更多的就业机会的感知	居民对利益分配机制减少了居民与政府管理者之间的矛盾纠纷的感知	居民对利益分配机制减少了居民与居民之间的矛盾的感知	居民对利益分配机制减少了居民与居民之间的矛盾的感知	居民对利益分配机制促进了当地教育的发展的感知	居民对利益分配机制促进了社区公共福利水平（如医疗、养老等）的感知	居民参与旅游开发的积极性提高了居民对利益分配机制
56	酉阳	0238004006	土家族	4	5	4	3	1	1	1	1	1	1	1	1	1	1	1	1
57	酉阳	0238004007	土家族	3	4	3	2	1	1	1	1	1	1	1	1	1	1	1	1
58	酉阳	0238004008	土家族	3	2	2	1	1	6	5	6	5	4	2	1	5	3	3	7
59	酉阳	0238004009	土家族	2	5	4	2	1	1	1	1	4	4	2	6	2	2	1	1
60	酉阳	0238005001	土家族	5	4	6	5	3	5	5	5	5	5	6	6	6	4	4	4
61	酉阳	0238005002	土家族	4	3	4	5	4	4	4	4	4	4	4	5	5	5	5	4
62	酉阳	0238005003	土家族	3	3	5	5	2	5	5	5	4	6	6	6	6	4	4	4
63	酉阳	0238005004	土家族	5	5	4	5	3	5	5	5	5	5	6	6	6	4	4	4
64	酉阳	0238005005	土家族	5	5	4	5	3	5	5	4	5	4	4	6	6	4	4	4
65	酉阳	0238005006	土家族	6	6	6	6	5	5	5	5	6	6	6	6	6	6	6	6
66	酉阳	0238005007	土家族	5	4	4	5	3	5	5	5	5	5	6	6	6	4	4	4

续表

样本序号	调查地区	问卷编号	民族	居民对旅游接待设施满意度	居民对政府旅游开发管理水平的满意度	居民对旅游开发培训与教育服务的满意度	居民对旅游开发带来的经济收入增长程度满意度	居民对旅游开发带来的实际收入与预期间的差距的满意度	居民对利益分配机制促进了本地区个人与旅游业从业人数的满意度的感知	居民对利益分配机制照顾到了弱小群体收益的感知	居民对利益分配机制保障了经济利益分配额度的提高的感知	居民对利益分配机制保证每个居民能从本村寨旅游开发中获利的感知	居民对利益分配机制提供了更多本居民就业机会的感知	居民对利益分配机制减少了居民与政府管理者之间的矛盾的感知	居民对利益分配机制减少了居民先富管理者之经营能手间的矛盾的感知	居民对利益分配机制减少了社会的感知纠纷的感知	居民对利益分配机制提高了社区公共福利水平（如医疗、养老等）的感知	居民对利益分配机制促进了当地教育的发展的感知	居民对利益分配机制提高了居民参与旅游开发的积极性的感知
67	酉阳	0238005008	土家族	3	2	2	1	1	1	1	1	1	2	1	1	1	1	1	2
68	酉阳	0238005009	土家族	4	4	6	5	4	5	6	6	5	6	5	4	5	5	6	6
69	酉阳	0238005010	土家族	5	3	5	4	2	4	4	4	4	4	1	1	3	3	4	4
70	酉阳	0238005011	土家族	3	4	6	3	4	4	5	6	5	6	5	5	5	5	6	5
71	酉阳	0238005012	土家族	4	4	4	4	2	5	5	5	5	4	4	5	5	5	3	3
72	酉阳	0238005013	土家族	5	5	4	5	3	5	5	5	5	5	6	6	4	4	4	4
73	酉阳	0238005014	土家族	5	5	5	4	3	4	4	4	5	4	5	5	4	4	4	4
74	酉阳	0238005015	土家族	5	5	5	5	5	5	6	5	4	5	4	5	4	4	7	7
75	酉阳	0238005016	土家族	5	5	3	5	4	5	6	5	5	4	4	4	4	7	4	5
76	酉阳	0238006001	土家族	7	7	7	7	1	7	7	7	5	7	1	1	7	4	7	7
77	酉阳	0238006002	土家族	4	7	5	6	5	7	5	6	5	6	4	3	2	5	7	7

续表

样本序号	调查地区	问卷编号	民族	居民对旅游接待设施满意度	居民对政府开发旅游管理水平的满意度	居民对旅游开发培训与教育服务满意度	居民对旅游开发带来的经济收入增长程度满意度	居民对旅游开发带来的实际经济收入与预期间的差距满意度	居民对利益分配机制促进了本地区个人旅游从业收入提高的感知	居民对利益分配机制照顾到了弱小群体利益的感知	居民对利益分配机制保障了弱小群体利益的感知	居民对利益分配机制保证每个居民能从本村寨旅游开发中获利的感知	居民对利益分配机制提供了更多的就业机会的感知	居民对利益分配机制减少了居民与政府管理者之间的矛盾纠纷的感知	居民对利益分配机制减少了居民间的矛盾的感知	居民对利益分配机制提高了社区的公共福利水平（如医疗、养老等）的感知	居民对利益分配机制促进了当地教育的发展的感知	居民参与旅游开发的积极性的感知
78	酉阳	0238006003	土家族	6	4	5	6	5	5	2	2	1	1	2	2	4	2	2
79	酉阳	0238006004	土家族	4	5	4	5	4	6	6	5	4	4	6	5	5	4	5
80	酉阳	0238006005	土家族	6	5	6	5	5	5	5	5	5	5	5	5	5	5	5
81	酉阳	0238006006	土家族	4	6	4	6	4	6	5	5	4	4	4	4	4	4	4
82	酉阳	0238006007	土家族	7	7	7	6	5	4	6	6	6	6	6	6	6	7	7
83	酉阳	0238006008	土家族	6	6	4	4	3	3	4	4	6	4	4	5	4	4	4
84	酉阳	0238006009	土家族	4	4	4	5	2	5	3	4	5	5	5	5	5	5	6
85	酉阳	0238006010	土家族	5	6	5	5	2	6	5	5	5	5	5	5	4	5	4
86	酉阳	0238006011	土家族	6	3	5	6	2	3	6	5	5	1	1	1	1	1	1
87	酉阳	0238006012	土家族	5	7	7	4	6	6	3	5	6	6	5	6	6	7	7
88	酉阳	0238006013	土家族	5	5	5	5	5	6	6	5	5	6	5	5	5	6	5

续表

样本序号	调查地区	问卷编号	民族	居民对旅游接待设施满意度	居民对政府开发管理水平的满意度	居民对旅游培训与教育服务的满意度	居民对旅游开发带来的经济收入的满意度	居民对旅游开发带来的实际收入与预期间的差距满意度	居民对利益分配机制促进了本地区个人与旅游人业收入提高的感知	居民对利益分配机制照顾到了弱小群体利益的感知	居民对利益分配机制保障到经济利益分配额度提高的感知	居民对利益分配机制保证每个居民能从本村赛旅游开发中获利的感知	居民对利益分配机制提供了更多的就业机会的感知	居民对利益分配机制减少了居民间的矛盾纠纷的感知	居民对利益分配机制减少了居民与政府管理者之经营能间的矛盾的感知	居民对利益分配机制先富的居民额带动的提高的感知	居民对利益分配机制提高了社区公共福利水平(如医疗、养老等)的感知	居民对利益分配机制促进了当地教育的发展的感知	居民对利益分配机制提高了居民参与旅游开发的积极性的感知
89	酉阳	0238006014	土家族	5	4	4	5	6	4	4	4	5	4	5	5	5	5	4	4
90	酉阳	0238006015	汉族	5	2	7	7	5	7	5	5	4	7	4	1	7	7	7	7
91	酉阳	0238006016	土家族	5	5	5	3	3	4	4	3	4	3	3	5	4	4	4	3
92	酉阳	0238006017	土家族	2	3	2	4	4	6	6	6	6	7	7	7	7	7	7	7
93	酉阳	0238006018	土家族	6	4	2	4	4	6	5	4	5	3	3	1	6	5	4	5
94	酉阳	0238006019	土家族	6	5	4	3	4	5	5	6	5	4	5	6	4	4	5	5
95	酉阳	0238006020	土家族	6	6	6	5	5	7	6	5	6	5	4	4	5	6	6	5
96	酉阳	0238006021	土家族	6	6	5	5	6	6	6	6	6	7	6	6	7	6	6	5
97	酉阳	0238006022	土家族	5	3	3	4	6	5	5	5	5	5	5	5	6	4	5	5
98	酉阳	0238006023	土家族	4	5	5	6	6	6	5	5	7	5	5	6	4	5	5	5
99	酉阳	0238006024	土家族	3	3	3	4	4	4	4	4	3	4	4	3	3	4	4	4

续表

样本序号	调查地区	问卷编号	民族	居民对旅游接待设施满意度	居民对政府开发管理满意度	居民对旅游培训与教育服务水平的满意度	居民对旅游开发带来的经济收入满意度	居民对旅游开发带来的实际收入与预期收入增长程度的满意度	居民对个人与他人旅游从业收入差距提高的感知	居民对利益分配机制照顾到了弱势群体利益的感知	居民对利益分配机制保障到经济利益额度的感知	居民对利益分配机制保证每个居民从本村寨旅游开发中获利的感知	居民对利益分配机制提供了更多的就业机会的感知	居民对利益分配机制减少了居民间的矛盾纠纷的感知	居民对利益分配机制减少了居民与政府管理者之间的矛盾的感知	居民对利益分配机制提高了公共社区福利水平（如医疗、养老等）的感知	居民对利益分配机制促进了当地教育的发展的感知	居民对利益分配机制提高了居民参与旅游开发的积极性的感知
100	酉阳	0238006025	土家族	4	4	4	5	4	4	4	5	5	4	3	6	3	5	4
101	酉阳	0238006026	土家族	4	3	3	3	3	2	3	3	3	4	3	4	3	5	4
102	酉阳	0238006027	土家族	3	3	4	3	2	4	4	4	3	4	5	4	6	4	4
103	酉阳	0238006028	土家族	4	4	4	4	4	4	4	4	4	4	4	4	5	5	5
104	酉阳	0238006029	土家族	6	5	6	6	5	5	6	5	5	6	6	6	5	6	7
105	酉阳	0238006030	土家族	6	4	6	6	4	5	4	3	3	4	3	3	4	6	5
106	酉阳	0238006031	土家族	6	4	5	5	4	5	5	5	5	6	5	5	5	5	5
107	酉阳	0238006032	土家族	5	4	5	3	3	3	3	4	4	5	1	5	3	5	5
108	酉阳	0238006033	土家族	7	7	7	7	7	7	7	7	7	7	1	1	7	7	7
658	喜洲	0870104001	白族	7	6	5	5	5	5	6	4	7	7	5	6	6	7	7
659	喜洲	0870104002	白族	4	3	3	2	2	1	1	1	1	1	1	1	1	1	1

续表

样本序号	调查地区	问卷编号	民族	居民对旅游接待设施满意度	居民对政府开发旅游管理水平的满意度	居民对旅游开发带来与教育培训服务满意度	居民对旅游开发带来的经济收入与实际收入满意度	居民与预期间收入增长程度的差距满意度	居民对旅游开发带来本地区个人旅游从业收入提高的满意度	居民对利益分配机制照顾到了弱小群体利益的感知	居民对利益分配机制保障经济利益分配到的感知	居民对利益分配机制保证每个居民从本能从旅游开发中获利的感知	居民对利益分配机制提供了更多的兼村旅游就业机会的感知	居民对利益分配机制减少了居民与政府管理者之间的矛盾的感知	居民对利益分配机制减少了居民先富的矛盾的感知	居民对利益分配机制减少了居民与经营者之间的矛盾的感知	居民对利益分配机制提高了社区公共福利水平(如医疗、养老等)的感知	居民对利益分配机制促进了当地教育发展的感知	居民对利益分配机制提高了居民参与旅游开发的积极性的感知
660	喜洲	0870104003	白族	3	1	1	2	1	3	3	4	4	3	2	3	3	1	2	1
661	喜洲	0870104004	白族	6	6	5	1	1	1	1	1	1	1	1	1	1	1	1	1
662	喜洲	0870104005	白族	3	3	3	1	1	1	1	1	1	1	1	1	1	1	1	1
663	喜洲	0870104006	回族	6	2	3	2	1	1	1	1	1	1	1	1	1	1	1	1
664	喜洲	0870104007	汉族	6	4	3	4	5	3	2	3	2	5	4	4	3	7	6	5
665	喜洲	0870104008	白族	6	5	4	7	4	6	5	4	7	7	5	6	4	7	7	6
666	喜洲	0870104009	白族	2	2	2	1	1	1	1	1	1	1	1	1	1	1	1	1
667	喜洲	0870104010	白族	6	6	6	2	2	1	1	1	1	1	1	1	1	1	1	1
668	喜洲	0870104011	白族	2	2	2	2	2	1	1	1	1	1	1	1	1	1	1	1
669	喜洲	0870104012	白族	3	3	3	2	2	1	1	1	1	1	1	1	1	1	1	1
670	喜洲	0870104013	白族	2	3	3	2	2	1	1	1	1	1	1	1	1	1	1	1

续表

样本序号	调查地区	问卷编号	民族	居民对旅游接待设施满意度	居民对政府开发管理水平的满意度	居民对旅游培训与教育服务满意度	居民对旅游开发带来的经济收入增长程度满意度	居民对旅游开发带来的实际收入与预期同期收入增长程度的满意度	居民对利益分配机制促进了本地区的实际经济收入人与居民个人旅游收入的差距的感知	居民对利益分配机制照顾到弱小群体利益的感知	居民对利益分配机制保障经济利益分配额度提高的感知	居民对利益分配机制保证每个居民能从本村兼旅游开发中获利的感知	居民对利益分配机制提供了更多的就业机会的感知	居民对利益分配机制减少了居民同居民的矛盾纠纷的感知	居民对利益分配机制减少了居民与政府管理者之间的矛盾的感知	居民对利益分配机制减少了居民与先富的经营者之间的矛盾的感知	居民对利益分配机制提高了社区公共福利水平（如医疗、养老等）的感知	居民对利益分配机制促进了当地教育的发展的感知	居民对利益分配机制提高了居民参与旅游开发的积极性的感知
671	喜洲	0870104014	汉族	7	7	6	7	2	7	5	4	4	2	3	4	4	2	4	2
672	喜洲	0870104015	汉族	5	6	6	3	4	6	5	4	5	3	3	5	3	5	3	4
673	喜洲	0870104016	白族	3	3	3	2	1	1	1	1	1	1	1	1	1	1	1	1
674	喜洲	0870104017	白族	4	3	3	1	1	1	1	1	1	1	1	1	1	1	1	1
675	喜洲	0870104018	白族	2	2	2	1	1	1	1	1	1	1	1	1	1	1	1	1
676	喜洲	0870104019	白族	4	4	3	1	1	1	1	1	1	1	1	1	1	1	1	1
677	喜洲	0870104020	回族	4	2	2	1	1	1	1	1	1	1	1	1	1	1	1	1
678	喜洲	0870104021	白族	5	4	3	5	4	4	3	3	3	4	5	3	4	5	6	5
679	喜洲	0870104022	白族	3	7	6	7	1	7	5	4	6	4	3	4	3	5	6	4
680	喜洲	0870104023	纳西族	6	7	5	5	4	5	3	3	3	3	5	5	5	2	2	4
681	喜洲	0870104024	白族	5	4	4	2	3	1	1	1	1	1	1	1	1	1	1	1

续表

样本序号	调查地区	问卷编号	民族	居民对旅游接待设施满意度	居民对政府开发管理旅游的满意度	居民对旅游培训与教育服务水平的满意度	居民对旅游开发带来的实际经济收入与预期同期增长程度的差距满意度	居民对旅游开发带来的经济收入满意度	居民对利益分配机制促进了本地区个人旅游从业收入提高的感知	居民对利益分配机制照顾到了弱势群体利益的感知	居民对利益分配机制保障了经济利益分配额度的提高的感知	居民对利益分配机制保证每个居民能从本村寨旅游开发的旅游中获利的感知	居民对利益分配机制提供了更多的就业机会的感知	居民对利益分配机制减少了居民同政府管理者之间的矛盾纠纷的感知	居民对利益分配机制减少了居民与富人先富的经营者之间的矛盾的感知	居民对利益分配机制提高了社区公共福利水平（如医疗、养老等）的感知	居民对利益分配机制促进了当地教育的发展的感知	居民参与旅游开发的积极性的感知
682	喜洲	0870104025	回族	5	5	6	6	7	7	4	4	3	5	3	4	5	3	2	5
683	喜洲	0870104026	白族	3	4	5	2	2	2	2	3	3	2	3	2	3	3	3	2
684	喜洲	0870104027	白族	1	3	2	4	3	3	4	5	5	3	5	5	5	3	3	2
685	喜洲	0870104028	白族	2	3	2	2	1	3	4	3	3	5	3	5	3	4	3	2
686	喜洲	0870104029	白族	5	4	3	4	3	5	4	4	3	5	3	3	3	7	7	6
687	喜洲	0870104030	白族	5	4	4	4	5	4	5	4	4	6	4	4	4	3	3	5
688	喜洲	0870109001	白族	5	4	3	5	5	6	5	5	3	4	6	5	7	6	5	4
689	喜洲	0870109002	白族	4	3	4	6	6	7	6	5	4	4	7	5	7	6	5	5
690	喜洲	0870109003	白族	4	4	4	4	4	4	3	4	5	4	4	4	4	4	4	3
691	喜洲	0870109004	白族	3	4	3	3	5	5	3	3	2	3	3	3	4	2	3	3
692	喜洲	0870109005	白族	3	3	2	4	4	3	4	2	4	4	2	2	2	4	2	4

续表

样本序号	调查地区	问卷编号	民族	居民对旅游接待设施水平满意度	居民对政府管理旅游发展水平的满意度	居民对旅游培训与教育服务满意度	居民对旅游开发带来的经济收入增长程度满意度	居民对旅游开发带来的实际经济收入与预期间的差距的满意度	居民对旅游开发促进本地区个人旅游收入提高的感知	居民对利益分配机制照顾到了小个弱体群体利益的感知	居民对利益分配机制保障了经济利益分配的感知	居民对利益分配机制保证每一个居民能从本村寨旅游开发中获利的感知	居民对利益分配机制提供了更多的就业机会的感知	居民对利益分配机制减少了居民间会产生的矛盾纠纷的感知	居民对利益分配机制减少了居民与政府管理者之间的矛盾的感知	居民对利益分配机制减少了居民与先富的经营者之间的矛盾的感知	居民对利益分配机制提高了当地公共福利水平（如医疗、养老等）的感知	居民对利益分配机制促进当地社区公共发展的感知	居民对利益分配机制提高了居民参与旅游开发的积极性的感知
693	喜洲	0870109006	白族	5	5	3	5	4	4	5	4	3	5	5	4	4	6	6	5
694	喜洲	0870109007	白族	5	5	5	5	5	5	6	6	5	5	6	6	6	6	6	6
695	喜洲	0870109008	白族	4	6	4	5	4	6	5	5	6	5	5	5	5	6	5	5
696	喜洲	0870109009	白族	5	4	7	6	4	7	4	6	2	5	5	7	7	7	6	7
697	喜洲	0870109010	白族	5	4	5	4	3	5	4	5	5	4	3	4	4	3	5	4
698	喜洲	0870109011	白族	3	4	4	5	6	4	5	5	6	7	5	5	6	7	7	7
699	喜洲	0870109012	白族	4	4	4	4	6	4	4	4	4	4	4	4	4	4	4	4
700	喜洲	0870109013	白族	5	2	3	5	5	6	4	4	6	6	5	4	5	6	6	6
701	喜洲	0870109014	白族	4	3	4	6	6	6	4	4	6	6	5	4	5	6	6	6
702	喜洲	0870109015	白族	3	4	3	4	5	5	3	3	2	3	2	2	2	3	2	3
703	喜洲	0870109016	白族	5	5	4	5	4	6	5	4	5	3	5	4	5	4	5	4

续表

样本序号	调查地区	问卷编号	民族	居民对旅游接待设施满意度	居民对政府开发管理旅游水平的满意度	居民对旅游培训与教育服务满意度	居民对旅游开发带来的经济收入满意度	居民对旅游开发带来的实际的经济收入与预期同的差距长程度满意度	居民对利益分配机制促进了本地区个人与旅游收入人增的感知	居民对利益分配机制照顾了弱小旅游个体群体利益分配的感知	居民对利益分配机制保障了每个居民经济利益分配额度的提高的感知	居民对利益分配机制保证每个居民能从本村寨旅游开发中获利的感知	居民对利益分配机制提供了更多的就业机会的感知	居民对利益分配机制减少了居民间的矛盾纠纷的感知	居民对利益分配机制减少了居民与政府管理者之间的矛盾的感知	居民对利益分配机制减少了居民与先富的经营能手之间的矛盾的感知	居民对利益分配机制提高了社区公共福利水平（如医疗、养老等）的感知	居民对利益分配机制促进了当地教育的发展的感知	居民参与旅游与旅游开发的积极性的感知
704	喜洲	0870109017	白族	5	5	4	5	4	6	5	6	5	4	4	5	4	4	6	5
705	喜洲	0870109018	白族	2	4	4	2	2	1	1	1	1	1	1	1	1	1	1	1
706	喜洲	0870109019	白族	3	4	3	4	5	5	3	4	2	3	3	2	4	3	2	3
707	喜洲	0870109020	白族	3	3	3	3	3	1	1	1	1	1	1	1	1	1	1	1
708	喜洲	0870102001	白族	7	7	7	7	7	7	7	7	7	7	7	7	7	7	7	7
709	喜洲	0870102002	白族	5	3	5	6	4	6	5	4	7	7	4	2	5	7	5	7
710	喜洲	0870102003	汉族	5	3	5	6	4	6	5	4	7	7	4	2	5	7	5	7
711	喜洲	0870102004	白族	6	2	2	1	2	3	2	1	1	4	3	5	3	6	5	3
712	喜洲	0870102005	白族	6	4	2	1	2	3	2	1	3	3	5	3	5	3	6	3
713	喜洲	0870102006	白族	2	4	4	4	4	4	4	4	4	5	4	4	4	4	3	5
714	喜洲	0870102007	白族	5	6	6	6	6	6	6	6	6	6	6	6	6	6	6	6

续表

样本序号	调查地区	问卷编号	民族	居民对旅游接待设施满意度	居民对政府旅游开发管理水平的满意度	居民对旅游培训与教育服务的满意度	居民对旅游开发带来的经济收入增长程度满意度	居民对旅游开发带来的实际经济收入与预期间的差距的满意度	居民对利益分配机制促进了本地区旅游个人旅游收入与预期间的差距的满意度	居民对利益分配机制照顾到了居民个人与旅游个人弱小群体利益的感知	居民对利益分配机制保障了经济利益分配额度的提高的感知	居民对利益分配机制保证每个居民能从本村寨旅游开发的中获利的感知	居民对利益分配机制提供更多的居民就业机会的感知	居民对利益分配机制减少了居民与政府管理者之间的矛盾纠纷的感知	居民对利益分配机制减少了居民间的矛盾纠纷的感知	居民对利益分配机制提高了社区公共福利水平(如医疗、养老等)的感知	居民对利益分配机制促进了当地教育的发展的感知	居民对利益分配机制提高了居民参与旅游开发的积极性的感知
715	喜洲	0870102008	白族	1	1	1	1	1	1	1	1	1	1	1	1	1	1	1
716	喜洲	0870102009	白族	1	1	1	1	1	1	1	1	1	1	1	1	1	1	1
717	喜洲	0870102010	白族	1	1	1	1	1	1	1	1	1	1	1	1	1	1	1
718	喜洲	0870102011	白族	1	1	1	1	1	1	1	1	1	1	1	1	1	1	1
719	喜洲	0870102012	白族	3	2	1	3	6	4	1	2	5	2	2	1	1	1	2
720	喜洲	0870102013	白族	3	2	1	3	6	4	1	2	5	2	2	1	1	1	2
721	喜洲	0870102014	白族	1	7	1	7	1	7	7	1	7	7	7	7	7	7	7
722	喜洲	0870102015	汉族	7	6	6	6	6	5	5	4	5	5	5	4	4	5	5
723	喜洲	0870102016	白族	5	4	1	3	3	3	2	4	4	4	4	4	4	5	1
724	喜洲	0870102017	白族	5	4	1	3	3	3	2	4	4	4	4	1	1	1	1
725	喜洲	0870102018	白族	4	3	2	4	2	4	2	3	2	3	2	4	4	3	3

续表

样本序号	调查地区	问卷编号	民族	居民对旅游接待设施满意度	居民对政府开发管理水平的满意度	居民对旅游培训与教育服务满意度	居民对旅游开发带来的经济收入增长程度满意度	居民对旅游开发带来的实际经济收入与预期间的差距满意度	居民对利益分配机制促进了本地区个人与居民旅游收益提高人的感知	居民对利益分配机制照顾到了弱小个体利益群体利益的感知	居民对利益分配机制保障了经济分配的额度的感知	居民对利益分配机制保证每个居民能从本村寨旅游开发的中获利的感知	居民对利益分配机制提供了更多的就业机会的感知	居民对利益分配机制减少了居民间的矛盾纠纷的感知	居民对利益分配机制减少了居民与政府管理者之间的矛盾的感知	居民对利益分配机制提高了社区公共福利水平(如医疗、养老等)的感知	居民对利益分配机制促进了当地教育的发展的感知	居民对利益分配机制提高了居民参与旅游开发的积极性的感知
726	喜洲	0870102019	白族	2	3	4	2	5	4	3	4	2	3	4	2	3	5	4
727	喜洲	0870102020	白族	4	5	4	5	3	2	1	2	3	6	3	4	2	5	4
728	喜洲	0870102021	白族	3	1	1	6	6	4	2	3	3	6	3	5	7	7	6
729	喜洲	0870102022	白族	7	7	7	7	7	7	7	7	7	7	7	7	7	7	7
730	喜洲	0870102023	白族	2	3	2	4	2	3	2	4	2	4	2	2	3	2	3
731	喜洲	0870102024	白族	4	6	5	5	4	5	4	6	3	4	5	6	4	5	6
732	喜洲	0870102025	白族	7	7	7	7	7	7	7	7	7	7	7	7	7	7	7
733	喜洲	0870102026	白族	5	3	6	4	3	4	3	5	4	6	4	4	6	5	7
734	喜洲	0870102027	白族	6	7	5	5	1	7	6	7	7	6	7	7	6	7	4
735	喜洲	0870102028	白族	7	1	1	1	1	7	7	7	7	7	7	7	7	7	7
736	喜洲	0870102029	白族	5	6	6	6	5	5	4	4	3	5	4	4	2	5	6

续表

样本序号	调查地区	问卷编号	民族	居民对旅游接待设施满意度	居民对政府管理开发旅游水平的满意度	居民对旅游开发培训与教育服务满意度	居民对旅游开发带来的经济收入增长满意度	居民对旅游开发带来的实际收入与预期间的差距的满意度	居民对旅游开发促进了本地区人均收入提高的感知	居民对利益分配机制照顾了居民个人旅游从业收益的感知	居民对利益分配机制保障了弱小经济利益群体利益的感知	居民对利益分配机制保证每个居民能从本村兼旅游开发中获利的感知	居民对利益分配机制提供了更多的就业机会的感知	居民对利益分配机制减少了居民与政府间的矛盾的感知	居民对利益分配机制减少了居民间经营者之间的矛盾纠纷的感知	居民对利益分配机制提高了社区公共福利水平（如医疗、养老等）的感知	居民对利益分配机制促进了当地教育的发展的感知	居民对利益分配机制提高了居民参与旅游开发的积极性的感知
737	喜洲	0870102030	白族	7	5	5	7	7	7	7	7	7	7	7	5	6	7	7
738	喜洲	0870102031	白族	5	4	4	4	4	5	3	5	4	4	4	4	3	5	4
739	喜洲	0870106001	回族	6	4	4	4	4	4	5	5	5	6	4	5	6	5	5
740	喜洲	0870106002	白族	7	4	7	6	3	2	5	4	2	7	5	3	5	4	4
741	喜洲	0870106003	白族	6	5	5	4	5	5	7	5	4	5	4	3	5	4	4
742	喜洲	0870106004	白族	6	6	6	7	7	6	5	5	5	4	4	4	4	5	5
743	喜洲	0870106005	白族	4	2	2	3	2	3	3	3	3	3	2	1	4	3	3
744	喜洲	0870106006	白族	3	1	1	1	1	1	1	1	3	3	1	1	1	3	3
745	喜洲	0870106007	白族	1	1	1	1	1	1	1	1	1	1	1	1	1	1	1
746	喜洲	0870106008	汉族	7	7	7	4	4	6	6	6	5	5	6	6	6	6	7
747	喜洲	0870106009	汉族	7	7	7	4	4	6	6	6	5	5	6	6	6	6	7

续表

样本序号	调查地区	问卷编号	民族	居民对旅游接待设施满意度	居民对政府开发管理水平的满意度	居民对旅游培训与教育服务满意度	居民对旅游开发带来的经济收入增长程度满意度	居民对旅游开发带来的实际收入与预期间的差距满意度	居民对利益分配机制促进了本地区收入提高的感知	居民对利益分配机制照顾到本地区弱小群体利益的感知	居民对利益分配机制保障了经济分配额度的感知	居民对利益分配机制保证每个居民能从本村寨旅游发展中获利的感知	居民对利益分配机制提供了更多的就业机会的感知	居民对利益分配机制减少了居民与政府管理者之间纠纷发生的感知	居民对利益分配机制减少了居民与政府间矛盾的感知	居民对利益分配机制减少了居民与居民间的矛盾的感知	居民对利益分配机制先富的居民与居民间的感知	居民对利益分配机制提高了社区公共福利水平（如医疗、养老等）的感知	居民对利益分配机制促进了当地教育的发展的感知	居民对利益分配机制提高了居民参与旅游开发的积极性的感知
748	喜洲	0870106010	汉族	7	7	7	4	4	6	6	6	5	5	5	6	6	6	6	6	7
749	喜洲	0870106011	汉族	7	7	7	4	4	6	6	6	5	5	5	6	6	6	6	6	7
750	喜洲	0870106012	黎族	6	4	4	6	6	5	6	5	4	5	4	4	5	4	4	3	2
751	喜洲	0870106013	汉族	7	7	7	4	4	6	6	5	5	5	5	5	6	6	6	6	7
752	喜洲	0870106014	白族	5	4	5	4	6	4	6	5	4	4	5	4	6	4	4	6	7
753	喜洲	0870106015	白族	7	7	7	7	7	7	7	7	7	7	7	7	7	7	7	7	7
754	喜洲	0870106016	汉族	5	6	7	6	6	6	7	7	7	6	7	7	7	7	7	6	7
755	喜洲	0870106017	白族	2	2	2	2	1	1	1	1	1	2	2	2	1	1	1	2	2
756	喜洲	0870106018	白族	5	5	4	4	6	6	6	6	6	6	6	6	6	6	6	6	6
757	喜洲	0870106019	白族	5	4	4	6	6	6	6	6	6	6	6	6	6	6	6	6	6
758	喜洲	0870106020	白族	6	6	5	5	5	6	6	6	5	5	6	7	6	6	6	5	6

续表

样本序号	调查地区	问卷编号	民族	居民对旅游接待设施满意度的满意程度	居民对政府开发管理水平的满意度	居民对旅游培训与教育服务满意度	居民对旅游开发带来的经济收入满意度	居民对旅游开发带来的实际收入与预期收入的差距的满意度	居民对利益分配机制促进了本地区个人旅游从业收入提高的感知	居民对利益分配机制照顾到了弱小群体利益的感知	居民对利益分配机制保障了本地区经济服务保障到预期的感知	居民对利益分配机制能从本村寨旅游开发中获利的感知	居民对利益分配机制保证每个居民实际经济分配额度提高的感知	居民对利益分配机制提供更多的就业机会的感知	居民对利益分配机制减少了居民与政府管理者之间的矛盾纠纷的感知	居民对利益分配机制减少了居民个人先富的矛盾的感知	居民对利益分配机制减少了居民与政府管理者之间的矛盾的感知	居民对利益分配机制提高了社区公共福利水平(如医疗、养老等)的感知	居民对利益分配机制促进了当地教育的发展的感知	居民对利益分配机制提高了居民参与旅游开发的积极性的感知
759	喜洲	0870106021	白族	3	6	5	7	6	6	6	7	6	5	5	6	6	5	7	6	7
760	喜洲	0870106022	白族	3	6	5	7	6	6	6	7	5	6	6	6	5	5	7	6	7
761	喜洲	0870106023	汉族	3	1	7	7	7	7	7	7	7	7	7	7	7	6	7	7	7
762	喜洲	0870106024	白族	6	7	7	6	5	4	4	5	5	5	5	6	5	6	6	6	6
763	喜洲	0870106025	回族	6	6	5	6	6	5	5	7	6	6	5	5	5	6	6	6	7
764	喜洲	0870106026	白族	6	5	6	7	5	7	5	6	5	6	6	7	6	6	7	6	7
765	喜洲	0870106027	白族	6	6	6	6	7	6	6	6	7	5	5	5	7	6	5	6	6
766	喜洲	0870106028	白族	7	7	5	7	6	5	7	5	6	6	6	7	7	6	7	7	7
767	喜洲	0870106029	白族	6	7	7	5	6	5	4	5	4	5	5	6	5	4	5	5	6
768	喜洲	0870106030	白族	3	1	5	6	3	4	4	6	6	4	7	6	7	6	6	6	5
769	喜洲	0870103001	白族	6	7	6	6	6	7	7	7	7	6	6	6	6	6	6	7	7

续表

样本序号	调查地区	问卷编号	民族	居民对旅游接待设施满意度	居民对政府开发管理旅游水平的满意度	居民对旅游培训与教育服务满意度	居民对旅游开发带来的经济收入增长程度满意度	居民对旅游开发带来的实际收入与预期收入差距的满意度	居民对利益分配机制促进了本地区个人旅游收入提高的感知	居民对利益分配机制照顾到了弱小个体群利益的感知	居民对利益分配机制保障到经济利益分配额度的提高的感知	居民对利益分配机制保证每个居民能从本村寨旅游开发中获利的感知	居民对利益分配机制提供了更多的就业机会的感知	居民对利益分配机制减少了居民间的矛盾纠纷的感知	居民对利益分配机制减少了居民与政府管理者之间的矛盾的感知	居民对利益分配机制减少了居民与先富起来的居民之间的矛盾的感知	居民对利益分配机制提高了社区公共福利水平(如医疗、养老等)的感知	居民对利益分配机制促进了当地教育的发展的感知	居民对利益分配机制提高了居民参与旅游开发的积极性的感知
770	喜洲	0870103002	白族	6	6	7	6	7	6	7	7	6	7	4	4	7	6	6	7
771	喜洲	0870103003	白族	6	6	7	6	7	6	6	7	6	7	6	7	7	6	7	6
772	喜洲	0870103004	回族	7	6	6	7	5	5	5	5	5	5	5	5	6	5	7	7
773	喜洲	0870103005	白族	3	3	3	5	5	6	6	6	5	6	7	5	5	6	6	7
774	喜洲	0870103006	白族	6	7	6	6	6	6	7	6	7	7	7	7	7	7	7	7
775	喜洲	0870103007	白族	7	5	6	5	6	6	5	6	6	5	7	7	7	5	6	7
776	喜洲	0870103008	白族	6	6	6	6	6	7	7	7	7	7	5	6	6	7	5	7
777	喜洲	0870103009	白族	6	6	7	6	6	7	6	6	6	7	7	7	6	7	7	7
778	喜洲	0870103010	白族	7	6	7	6	7	6	7	7	4	4	4	4	6	7	7	7
779	喜洲	0870103011	白族	7	6	7	6	6	7	7	7	3	3	4	3	4	3	7	7
780	喜洲	0870103012	白族	7	6	7	6	6	7	7	7	3	3	4	4	6	7	7	7

续表

样本序号	调查地区	问卷编号	民族	居民对旅游接待设施满意度	居民对政府旅游开发管理水平的满意度	居民对旅游培训与教育服务满意度	居民对旅游开发带来的经济收入增长程度满意度	居民对旅游开发带来的实际经济收入与预期间的差距满意度	居民对旅游开发促进了本地区个人旅游从业收入提高的感知	居民对利益分配机制照顾到了弱小群体利益的感知	居民对利益分配机制保障到经济利益分配额度提高的感知	居民对利益分配机制保证每个居民与居民同人旅游发展之中获利的感知	居民对利益分配机制提供了更多的就业机会的感知	居民对利益分配机制减少了居民与居民先富的矛盾纠纷的感知	居民对利益分配机制减少了居民与政府管理者之间的矛盾的感知	居民对利益分配机制减少了居民与经营者之间的矛盾的感知	居民对利益分配机制提高了当地公共福利水平(如医疗、养老等)的感知	居民对利益分配机制促进了社区教育的发展的感知	居民对利益分配机制提高了居民参与旅游开发的积极性的感知
781	喜洲	0870103013	白族	7	6	7	6	7	7	6	7	6	3	2	1	6	6	7	7
782	喜洲	0870103014	白族	7	7	7	7	7	7	7	7	5	3	2	2	6	6	7	7
783	喜洲	0870103015	白族	7	6	7	6	6	6	7	7	7	6	4	4	3	4	6	7
784	喜洲	0870103016	白族	6	7	7	6	7	6	6	7	6	7	5	5	4	4	6	7
785	喜洲	0870103017	白族	7	7	6	6	6	6	6	7	7	4	3	3	1	7	7	7
786	喜洲	0870103018	白族	7	7	7	6	7	7	7	7	7	6	4	3	3	6	7	7
787	喜洲	0870103019	白族	7	7	7	6	7	7	7	6	7	3	3	4	3	4	7	7
788	喜洲	0870103020	白族	7	7	7	6	7	7	7	7	3	3	2	1	2	6	7	7
789	喜洲	0870103021	白族	6	6	6	6	6	6	6	6	7	7	4	4	4	4	6	7
790	喜洲	0870103022	白族	6	6	7	7	6	7	7	7	7	7	4	4	4	4	7	7
791	喜洲	0870103023	白族	6	7	7	6	7	7	7	7	6	6	3	4	3	4	5	6

续表

样本序号	调查地区	问卷编号	民族	居民对旅游接待设施满意度	居民对政府旅游开发管理水平的满意度	居民对旅游培训与教育服务满意度	居民对旅游开发带来的经济收入增长程度满意度	居民对旅游开发带来的实际收入与预期同的差距满意度	居民对利益分配机制照顾了本地区个人旅游小益收益的感知	居民对利益分配机制促进了本地区人旅游从业人提高的感知	居民对利益分配机制保证了每个居民个人经济利益额度的提高的感知	居民对利益分配机制保证每个居民能从本村寨旅游的发展中获利的感知	居民对利益分配机制提供了更多的就业机会的感知	居民对利益分配机制减少了居民间的矛盾纠纷的感知	居民对利益分配机制减少了居民与政府管理者之间的矛盾的感知	居民对利益分配机制提高了先富的居民与后富居民之手间的矛盾的感知	居民对利益分配机制提高了社区公共福利水平（如医疗、养老等）的感知	居民对利益分配机制促进了当地教育的发展的感知	居民参与旅游开发的积极性的感知
792	喜洲	0870103024	白族	7	6	7	6	7	6	6	7	6	7	6	2	2	3	7	6
793	喜洲	0870103025	白族	7	7	7	6	6	7	7	7	7	7	2	1	2	7	6	7
794	喜洲	0870103026	白族	7	6	7	6	7	7	7	6	6	7	6	7	7	6	7	6
795	喜洲	0870103027	白族	6	6	7	7	7	7	7	7	7	2	2	2	2	7	7	7
796	喜洲	0870103028	白族	6	7	6	7	7	7	6	7	7	6	7	6	6	7	7	6
797	喜洲	0870103029	白族	6	6	6	6	6	7	6	6	7	7	2	3	3	7	6	7
798	喜洲	0870103030	白族	6	6	6	7	6	6	6	6	7	2	2	2	3	7	6	7
799	喜洲	0870103031	汉族	7	7	7	6	7	7	6	6	7	2	2	7	1	7	7	6
800	喜洲	0870103032	白族	6	5	6	5	6	6	6	7	6	6	6	7	4	4	3	5
801	喜洲	0870103033	白族	7	6	7	6	6	7	5	7	6	7	7	4	5	7	6	6
802	喜洲	0870103034	白族	7	6	7	6	6	7	5	7	6	7	6	2	2	6	6	7

续表

样本序号	调查地区	问卷编号	民族	居民对旅游接待设施水平的满意度	居民对政府开发旅游管理水平的满意度	居民对旅游培训与教育服务的满意度	居民对旅游开发带来的经济收入增长程度满意度	居民对旅游开发带来的实际经济收入与预期间的差距的满意度	居民个人旅游收入提高的满意度	居民对旅游开发促进本地区照顾到弱小群体利益的感知	居民对利益分配机制经济利益分配的感知	居民对利益分配机制保障到每个居民能从本村寨旅游开发中获利的感知	居民对利益分配机制提供更多的就业机会的感知	居民对利益分配机制减少了居民与政府管理者之间的矛盾的感知	居民对利益分配机制减少了居民间先富的与后富的居民之间的矛盾的感知	居民对利益分配机制减少了居民旅游开发纠纷的手间的矛盾的感知	居民对利益分配机制提高了社区公共福利水平的感知	居民对利益分配机制提高了当地教育的发展的感知	居民对利益分配机制促进了当地医疗、养老等的感知	居民参与旅游开发的积极性的感知
803	喜洲	0870103035	回族	6	7	6	7	7	7	7	7	6	7	6	7	7	6	7	7	7
804	喜洲	0870108001	白族	3	5	2	1	2	4	2	3	4	2	3	4	3	3	3	4	3
805	喜洲	0870108002	白族	6	6	6	6	6	6	6	6	6	6	6	1	1	1	1	1	1
806	喜洲	0870108003	白族	5	2	6	6	5	6	5	3	3	5	4	6	6	6	6	6	6
807	喜洲	0870108004	白族	5	6	6	6	6	1	6	1	1	6	1	3	2	5	5	5	5
808	喜洲	0870108005	白族	3	4	2	3	1	3	4	2	3	4	5	5	5	3	4	4	2
809	喜洲	0870108006	白族	5	5	5	4	4	5	3	3	3	4	4	6	5	3	4	4	3
810	喜洲	0870108007	白族	5	3	4	5	6	5	6	4	3	4	5	6	6	4	3	4	5
811	喜洲	0870108008	白族	4	3	3	6	6	5	6	4	5	4	5	6	6	5	4	3	3
812	喜洲	0870108009	汉族	6	5	4	3	4	7	5	6	5	4	4	5	5	7	6	6	4
813	喜洲	0870108010	白族	4	3	4	5	6	6	7	5	4	3	4	5	5	6	5	5	4

续表

样本序号	调查地区	问卷编号	民族	居民对旅游接待设施满意度	居民对政府旅游开发管理水平的满意度	居民对旅游开发培训与教育服务水平的满意度	居民对旅游开发带来的经济收入增长程度满意度	居民对旅游开发带来的实际的经济收入与预期同期收入的差距满意度	居民对利益分配机制促进本地区个人旅游从业收入人提高的感知	居民对利益分配机制照顾到了弱小群体利益分配的感知	居民对利益分配机制保障经济利益分配的感知	居民对利益分配机制保证每个居民能从本村旅游额度中获利的感知	居民对利益分配机制提供了更多就业机会的感知	居民对利益分配机制减少了居民与政府管理者之间的矛盾的感知	居民对利益分配机制减少了居民同居民之间的矛盾纠纷的感知	居民对利益分配机制先富居民与后富居民之间的矛盾的感知	居民对利益分配机制提高了社区公共福利水平（如医疗、养老等）的感知	居民对利益分配机制促进了当地教育的发展的感知	居民对利益分配机制提高了居民参与旅游开发的积极性的感知
814	喜洲	0870107001	白族	5	3	3	3	3	1	1	1	1	1	2	1	1	2	2	2
815	喜洲	0870107002	白族	1	1	1	1	1	2	2	2	1	1	2	2	4	4	4	3
816	喜洲	0870107003	白族	3	4	2	5	4	5	3	3	4	4	4	5	4	5	3	4
817	喜洲	0870107004	白族	5	3	1	4	3	4	3	3	4	3	4	4	4	5	4	4
818	喜洲	0870107005	白族	5	5	4	5	3	5	4	4	2	2	4	5	6	4	5	4
819	喜洲	0870107006	白族	5	5	5	5	5	2	2	2	2	2	2	2	4	4	4	4
820	喜洲	0870107007	白族	6	6	6	6	5	5	5	5	5	4	4	4	4	4	4	4
821	喜洲	0870107008	白族	3	2	2	4	3	5	4	4	5	5	4	3	5	1	2	2
822	喜洲	0870107009	白族	2	4	2	4	3	3	2	2	4	4	3	2	2	3	2	2
823	喜洲	0870107010	白族	4	4	4	3	3	4	4	4	4	4	3	4	4	4	5	4
824	喜洲	0870107011	白族	5	4	3	4	3	4	3	4	4	4	4	4	4	5	3	4

续表

样本序号	调查地区	问卷编号	民族	居民对旅游接待设施满意度	居民对政府开发旅游管理水平的满意度	居民对旅游培训与教育服务平的满意度	居民对旅游开发带来的经济收入增长程度满意度	居民对旅游开发带来的经济收入与预期间的差距满意度	居民对利益分配机制促进了本地区个人旅游从业收入提高的感知	居民对利益分配机制照顾到了弱小群体利益的感知	居民对利益分配机制保障了经济利益分配的感知	居民对利益分配机制保证每个居民能从本村寨旅游开发中获利的感知	居民对利益分配机制提供了更多的就业机会的感知	居民对利益分配机制减少了居民与政府间的矛盾纠纷的感知	居民对利益分配机制减少了居民与先富之间的矛盾的感知	居民对利益分配机制提高了社区公共管理者之经济能手间的矛盾的感知	居民对利益分配机制提高了社区公共福利水平的感知(如医疗、养老等)的感知	居民对利益分配机制促进当地教育的发展的感知	居民对利益分配机制提高了居民参与旅游开发的积极性的感知
825	喜洲	0870107012	白族	2	2	1	1	1	1	1	1	1	1	1	1	3	1	1	2
826	喜洲	0870107013	白族	4	4	3	5	4	4	2	3	2	4	2	4	2	4	2	4
827	喜洲	0870107014	白族	5	4	4	4	4	7	6	6	5	5	5	4	4	4	3	3
828	喜洲	0870107015	白族	3	4	1	5	3	6	6	4	5	5	4	4	4	7	6	4
829	喜洲	0870107016	白族	4	4	4	4	4	4	4	4	4	3	3	3	3	3	3	3
830	喜洲	0870107017	藏族	2	2	2	3	5	4	3	3	4	4	4	3	4	5	4	4
831	喜洲	0870107018	白族	7	6	5	4	3	6	6	5	4	4	3	5	6	7	6	5
832	喜洲	0870107019	白族	6	3	5	5	5	5	4	4	5	5	5	3	3	6	6	6
833	喜洲	0870101001	白族	3	1	1	1	1	1	1	1	1	4	3	5	3	1	1	4
834	喜洲	0870101002	白族	6	3	3	6	5	5	3	5	4	5	4	4	2	4	4	3
835	喜洲	0870101003	白族	5	6	5	5	5	5	5	5	5	6	5	6	5	5	5	5

续表

样本序号	调查地区	问卷编号	民族	居民对旅游接待设施满意度	居民对政府开发管理水平的满意度	居民对旅游培训与教育服务的满意度	居民对旅游开发带来的经济收入增长程度满意度	居民对旅游开发带来的实际的经济收入与预期同人旅游从业人员收入的差距满意度	居民对旅游开发促进了本地区个人与居民收益提高的感知	居民对利益分配机制照顾到了弱小群体利益收益的感知	居民对利益分配机制保障了经济利益额度的提高的感知	居民对利益分配机制保证每个居民能从本村寨旅游发展中获利的感知	居民对利益分配机制提供更多的就业机会的感知	居民对利益分配机制减少了居民与政府管理者之间的矛盾纠纷的感知	居民对利益分配机制减少了居民与先富的经营者之间的矛盾的感知	居民对利益分配机制减少了居民间的矛盾的感知	居民对利益分配机制提高了社区公共福利水平（如医疗、养老等）的感知	居民对利益分配机制促进了当地教育的发展的感知	居民参与旅游开发的积极性的感知
836	喜洲	0870101004	白族	3	2	3	3	3	3	2	3	3	3	4	2	2	4	3	3
837	喜洲	0870101005	白族	2	2	3	5	6	6	1	4	2	7	1	2	2	2	2	5
838	喜洲	0870101006	白族	4	2	4	3	2	1	3	3	4	4	3	4	3	2	3	1
839	喜洲	0870101007	白族	5	3	2	3	7	4	1	2	2	5	2	1	1	1	1	2
840	喜洲	0870101008	白族	5	6	5	5	5	4	4	4	5	4	3	6	4	6	6	6
841	喜洲	0870101009	白族	5	7	4	7	5	7	7	7	5	7	5	5	6	7	7	7
842	喜洲	0870101010	白族	7	7	7	6	6	6	6	6	7	7	7	7	7	6	7	6
843	喜洲	0870101011	白族	4	3	2	3	2	2	2	2	2	5	4	2	1	1	4	4
844	喜洲	0870101012	回族	5	6	5	5	4	5	4	5	4	5	6	5	5	6	5	6
845	喜洲	0870101013	白族	6	5	4	7	7	7	7	7	7	7	7	7	7	7	7	7
846	喜洲	0870101014	白族	5	5	4	7	7	6	5	2	2	5	6	4	7	7	7	7

续表

样本序号	调查地区	问卷编号	民族	居民对旅游接待设施满意度	居民对政府旅游开发管理水平的满意度	居民对旅游培训与教育服务的满意度	居民对旅游开发带来的经济收入增长程度满意度	居民对旅游开发带来的实际经济收入与预期同的差距满意度	居民对利益分配机制促进了本地区个人旅游从业收入提高的感知	居民对利益分配机制照顾到了弱势群体利益的感知	居民对利益分配机制保障到每个居民与本地区的实际经济利益分配额度的提高的感知	居民对利益分配机制保证每个居民能从本村寨旅游开发的红利中获利的感知	居民对利益分配机制提供了更多的就业机会的感知	居民对利益分配机制减少了居民与政府管理者之间的矛盾的感知	居民对利益分配机制减少了居民间的矛盾纠纷的感知	居民对利益分配机制提高了社区公共福利水平(如医疗、养老等)的感知	居民对利益分配机制促进了当地教育的发展的感知	居民对利益分配机制提高了居民参与旅游开发的积极性的感知
847	喜洲	0870101015	白族	7	7	7	7	7	6	7	7	5	7	7	6	6	7	7
848	喜洲	0870101016	白族	7	7	7	7	7	6	7	7	5	7	7	6	6	7	7
849	喜洲	0870101017	白族	4	4	3	1	1	2	2	2	2	3	2	2	2	2	2
850	喜洲	0870101018	白族	5	5	5	6	5	3	2	2	2	3	2	3	4	4	4
851	喜洲	0870101019	白族	4	3	4	4	4	4	4	5	4	3	3	3	4	5	5
852	喜洲	0870101020	白族	4	6	6	5	5	6	7	7	7	6	6	6	7	5	5
853	喜洲	0870101021	白族	6	7	4	5	3	7	5	5	6	5	7	6	5	4	5
854	喜洲	0870101022	白族	2	1	1	1	1	1	2	6	7	7	5	5	7	7	7
855	喜洲	0870101023	白族	4	5	5	5	5	4	4	4	5	4	5	4	5	5	5
856	喜洲	0870101024	白族	1	1	1	2	3	7	5	5	6	6	7	7	7	7	7
857	喜洲	0870101025	白族	5	5	4	6	4	7	6	6	4	4	4	4	4	3	3

续表

样本序号	调查地区	问卷编号	民族	居民对旅游接待设施满意度	居民对政府管理旅游开发水平的满意度	居民对旅游培训与教育服务满意度	居民对旅游开发带来的经济收入增长程度满意度	居民对旅游开发带来的实际经济收入与预期的差距的满意度	居民对旅游开发促进本地区个人旅游从业收入提高的满意度	居民对利益分配照顾到弱小群体利益的感知	居民对利益分配保障经济利益分配额度的提高的感知	居民对利益分配保证每个居民从本村寨旅游开发中获利的感知	居民对利益分配提供了更多的就业机会的感知	居民对利益分配减少了居民与政府管理者之间的矛盾的感知	居民对利益分配减少了居民间利益纠纷的矛盾的感知	居民对利益分配减少了先富的居民与后富的居民之间的矛盾的感知	居民对利益分配机制提高了社区公共福利水平（如医疗、养老等）的感知	居民对利益分配机制促进了当地教育的发展的感知	居民对利益分配机制提高了居民参与旅游开发的积极性的感知
858	喜洲	0870101026	白族	6	6	6	4	4	4	4	3	4	3	3	3	3	4	4	4
859	喜洲	0870101027	白族	1	1	4	1	1	1	4	1	1	4	1	1	1	1	1	1
860	喜洲	0870101028	白族	5	4	4	3	3	3	3	2	3	3	3	3	3	4	3	3
861	喜洲	0870101029	白族	5	6	7	7	4	7	6	4	4	4	7	4	4	4	7	2
862	喜洲	0870101030	白族	5	5	5	5	5	6	3	3	3	3	3	3	3	3	3	3
863	喜洲	0870105001	白族	5	7	6	7	7	7	3	7	7	6	3	3	7	7	7	7
864	喜洲	0870105002	白族	6	7	7	6	6	5	6	6	5	6	5	6	6	5	5	6
865	喜洲	0870105003	白族	6	7	7	6	6	5	5	6	5	6	6	5	6	5	5	6
866	喜洲	0870105004	白族	6	6	6	7	6	7	7	6	6	7	5	6	6	6	6	7
867	喜洲	0870105005	白族	6	6	6	5	7	5	5	6	6	5	5	5	5	6	6	5
868	喜洲	0870105006	白族	7	7	4	4	4	4	4	5	5	5	5	5	5	5	5	5

续表

样本序号	调查地区	问卷编号	民族	居民对旅游接待设施满意度	居民对政府开发旅游管理水平的满意度	居民对旅游开发培训与教育服务满意度	居民对旅游开发带来的经济收入满意度	居民对旅游开发带来的实际经济收入与预期同人旅游收入的差距的满意度	居民对利益分配机制照顾了本地区个人旅游收入与预期的差距提高的感知	居民对利益分配机制照顾了本地区弱小群体利益的感知	居民对利益分配机制保障了本地区经济利益分配的额度的提高的感知	居民对利益分配机制保证了每个居民从本村寨旅游开发中获利的感知	居民对利益分配机制提供了更多的就业机会的感知	居民对利益分配机制减少了居民间的矛盾纠纷的感知	居民对利益分配机制减少了居民与居民先富的矛盾的感知	居民对利益分配机制减少了居民与政府管理者之间的矛盾的感知	居民对利益分配机制提高了社区公共福利水平（如医疗、养老等）的感知	居民对利益分配机制促进了当地教育的发展的感知	居民对利益分配机制提高了居民参与旅游开发的积极性的感知
869	喜洲	0870105007	白族	5	6	6	7	6	7	6	6	7	6	6	7	6	6	7	6
870	喜洲	0870105008	白族	6	7	7	6	7	7	6	7	6	7	6	7	7	6	6	7
871	喜洲	0870105009	白族	6	6	6	7	7	5	5	5	6	5	6	5	6	5	6	5
872	喜洲	0870105010	回族	7	7	7	7	4	4	5	5	6	7	7	7	6	7	7	7
873	喜洲	0870105011	白族	7	7	7	7	4	4	5	5	6	5	7	7	7	7	7	7
874	喜洲	0870105012	白族	6	5	5	7	4	4	5	5	4	5	7	7	6	7	7	7
875	喜洲	0870105013	白族	2	2	2	2	2	5	5	5	5	7	5	5	5	5	5	6
876	喜洲	0870105014	白族	7	6	6	7	4	7	7	7	6	7	6	7	6	7	7	7
877	喜洲	0870105015	白族	6	7	6	7	6	6	6	7	6	5	7	7	7	7	7	7
878	喜洲	0870105016	白族	4	5	4	5	4	7	7	7	6	7	7	7	7	7	7	7
879	喜洲	0870105017	白族	6	6	6	5	4	7	6	6	7	7	6	6	3	6	6	1

续表

样本序号	调查地区	问卷编号	民族	居民对旅游接待设施满意度	居民对政府管理旅游水平的满意度	居民对旅游开发培训与教育服务水平的满意度	居民对旅游开发带来的经济收入增长程度满意度	居民对旅游开发带来的实际经济收入与预期间的差距满意度	居民对利益分配机制促进了本地区的旅游人提高的感知	居民对利益分配机制照顾到本地区个人与居民旅游群体利益的感知	居民对利益分配机制保障了经济弱利益分配的感知	居民对利益分配机制保证每个居民从本村寨获得额额度提高的感知	居民对利益分配机制提供了更多就业机会的感知	居民对利益分配机制减少了居民之间的矛盾纠纷的感知	居民对利益分配机制减少了居民与政府管理者之间矛盾的感知	居民对利益分配机制减少了居民先富政府之间矛盾的感知	居民对利益分配机制提高了社区公共福利水平（如医疗、养老等）的感知	居民对利益分配机制促进了当地教育的发展的感知	居民对利益分配机制提高了居民参与旅游开发的积极性的感知
880	喜洲	0870105018	白族	6	6	6	6	6	6	6	6	6	7	6	7	7	6	6	6
881	喜洲	0870105019	汉族	5	5	3	7	6	7	7	5	7	5	6	5	5	7	7	7
882	喜洲	0870105020	白族	6	7	7	6	5	7	7	6	7	7	5	5	6	7	7	7
883	喜洲	0870105021	白族	7	7	6	7	6	6	7	6	7	6	7	6	6	7	6	7
884	喜洲	0870105022	白族	6	6	6	6	6	6	6	7	6	6	7	7	7	6	6	7
885	喜洲	0870105023	白族	6	7	7	6	6	5	7	6	7	6	7	7	6	6	6	6
886	喜洲	0870105024	白族	7	7	7	6	5	1	7	5	6	6	5	7	6	7	7	7
887	喜洲	0870105025	白族	7	6	6	7	1	7	7	6	4	6	7	6	6	7	7	7
888	喜洲	0870105026	白族	6	6	6	6	5	5	6	5	7	7	7	7	7	7	7	6
889	喜洲	0870105027	白族	4	3	4	3	2	4	4	3	6	4	5	3	4	3	4	4
890	喜洲	0870105028	白族	7	7	7	7	4	4	7	5	7	7	7	1	7	7	7	7
891	喜洲	0870105029	白族	7	7	7	7	4	4	7	5	6	7	7	7	6	7	7	7
892	喜洲	0870105030	白族	6	6	6	7	6	6	6	7	7	6	6	6	7	6	7	6

续表2

样本序号	调查地区	问卷编号	民族	居民对旅游接待设施满意度	居民对政府管理水平的满意度	居民对旅游开发带来的培训与教育服务水平的满意度	居民对旅游开发带来的经济收入增长程度满意度	居民对旅游开发带来的实际收入与预期的差距满意度	居民对利益分配机制促进了本地区旅游个人收入提高的感知	居民对利益分配机制照顾到了弱小群体利益的感知	居民对利益分配机制保障的经济利益分配额度的提高的感知	居民对利益分配机制保证每个居民能从本村寨旅游发展中获利的感知	居民对利益分配机制提供了更多的居民就业机会的感知	居民对利益分配机制减少了居民与政府间的矛盾纠纷的感知	居民对利益分配机制减少了居民与政府管理者之间的矛盾纠纷的感知	居民对利益分配机制减少了居民同先富之能手间的矛盾的感知	居民对利益分配机制提高了社区公共福利水平（如医疗、养老等）的感知	居民对利益分配机制促进了当地教育的发展的感知	居民对利益分配机制提高了居民参与旅游开发的积极性的感知
1	酉阳	0238001001	土家族	6	5	6	5	5	7	6	5	5	6	5	6	5	6	5	6
2	酉阳	0238001002	土家族	5	4	4	4	4	5	3	3	4	4	3	4	5	5	4	4
3	酉阳	0238001003	苗族	5	6	5	4	4	3	2	3	2	2	4	3	3	3	4	4
4	酉阳	0238001004	土家族	6	5	5	4	4	5	3	4	5	4	5	4	4	6	5	5
5	酉阳	0238001005	土家族	5	3	3	4	3	2	2	3	1	4	3	3	3	2	1	3
6	酉阳	0238001006	土家族	6	5	5	4	4	5	5	6	5	5	5	4	4	5	4	5
7	酉阳	0238001007	土家族	6	5	5	3	3	5	6	6	6	7	6	5	6	6	6	5
8	酉阳	0238001008	汉族	5	5	5	5	4	4	1	1	2	4	3	2	2	4	4	3
9	酉阳	0238001009	土家族	6	6	6	3	3	3	5	3	3	5	5	5	4	4	5	5
10	酉阳	0238001010	土家族	5	5	4	4	5	5	5	4	4	5	5	4	3	4	4	3
11	酉阳	0238001011	土家族	5	4	5	3	2	3	3	4	2	3	4	4	3	4	4	3
12	酉阳	0238001012	土家族	5	5	5	4	3	4	3	4	1	3	3	5	4	3	4	4

续表

样本序号	调查地区	问卷编号	民族	居民对旅游接待设施满意度	居民对政府开发管理满意度	居民对旅游培训与教育服务水平的满意度	居民对旅游开发带来的经济收入增长程度满意度	居民对旅游开发带来的实际收入与预期收入同的差距满意度	居民对利益分配机制照顾了本地区弱体群个人利益收益差距从业收益提高人满意度	居民对利益分配机制促进了本地区个人旅游从业人均收益差距提高人满意度	居民对利益分配机制保障每个居民从本经济利分配到的额度提高的感知	居民对利益分配机制保障了个人能从本村兼旅游开发中获利的感知	居民对利益分配机制提供了更多的就业机会的感知	居民对利益分配机制减少了居民同政府间的矛盾纠纷的感知	居民对利益分配机制减少了居民与先富者之间的矛盾的感知	居民对利益分配机制提高了社区公共福利水平（如医疗、养老等）的感知	居民对利益分配机制促进了当地教育的发展的感知	居民对利益分配机制提高了居民参与旅游开发的积极性的感知
13	酉阳	0238001013	汉族	7	5	4	3	4	3	2	6	6	7	5	6	7	5	6	4
14	酉阳	0238001014	土家族	5	5	6	5	4	5	5	4	5	6	4	5	4	6	5	6
15	酉阳	0238001015	苗族	6	5	5	6	6	6	6	6	5	5	4	5	4	4	5	4
16	酉阳	0238001016	土家族	5	4	2	2	4	3	3	2	2	2	4	3	2	2	3	3
17	酉阳	0238001017	土家族	7	6	7	7	6	5	6	7	5	5	6	7	6	7	6	6
18	酉阳	0238002001	土家族	4	3	2	5	4	6	6	5	3	5	6	6	6	6	5	5
19	酉阳	0238002002	土家族	5	6	1	3	3	5	5	3	3	5	6	4	4	4	6	6
20	酉阳	0238002003	土家族	6	4	4	6	4	6	3	5	5	6	7	3	6	6	5	6
21	酉阳	0238002004	土家族	7	7	7	7	7	6	6	5	5	4	7	7	7	5	6	7
22	酉阳	0238002005	土家族	7	7	7	7	7	6	6	5	5	4	7	7	6	5	5	6
23	酉阳	0238002006	汉族	7	7	7	7	7	5	6	4	4	4	7	6	6	5	4	6

续表

样本序号	调查地区	问卷编号	民族	居民对旅游接待设施满意度	居民对政府开发管理旅游水平的满意度	居民对旅游开发培训与教育服务的满意度	居民对旅游开发带来的经济收入增长程度满意度	居民对旅游开发带来本地区的实际经济收入与预期同人收入的差距的满意度	居民对利益分配机制促进了照顾小了弱体利益提高的感知	居民对利益分配机制保障了本地区个人经济利益分配额度的提高的感知	居民对利益分配机制保证每个居民能从本村寨旅游开发中获利的感知	居民对利益分配机制提供了更多的就业机会的感知	居民对利益分配机制减少了居民的矛盾纠纷的感知	居民对利益分配机制减少了居民与政府管理者之间的矛盾的感知	居民对利益分配机制减少了居民与先富的经营能手间的矛盾的感知	居民对利益分配机制提高了社区的公共福利水平(如医疗、养老等)的感知	居民对利益分配机制促进了当地教育的发展的感知	居民参与旅游开发的积极性的感知
24	酉阳	0238002007	土家族	5	6	2	6	5	6	5	5	5	6	6	6	6	5	7
25	酉阳	0238002008	土家族	4	5	4	5	5	4	5	6	5	6	6	3	5	5	6
26	酉阳	0238002009	土家族	6	6	6	6	6	4	5	5	5	5	5	6	6	6	4
27	酉阳	0238002010	土家族	6	6	6	5	4	6	4	5	7	5	6	6	6	6	7
28	酉阳	0238003001	土家族	4	4	5	2	3	5	4	3	4	3	4	4	2	2	4
29	酉阳	0238003002	土家族	4	4	6	2	5	3	3	6	3	2	5	3	3	7	5
30	酉阳	0238003003	土家族	6	5	4	5	6	5	6	7	6	2	3	4	1	7	7
31	酉阳	0238003004	土家族	6	6	5	6	5	6	7	6	7	6	2	2	5	6	7
32	酉阳	0238003005	土家族	6	3	2	2	3	5	7	6	3	2	5	3	5	6	7
33	酉阳	0238003006	土家族	3	2	2	2	3	3	3	5	3	4	3	3	2	3	4
34	酉阳	0238003007	土家族	4	5	4	4	4	6	6	5	5	5	5	5	5	5	4

续表

样本序号	调查地区	问卷编号	民族	居民对旅游接待设施满意度	居民对政府管理旅游水平的满意度	居民对旅游开发培训与教育服务满意度	居民对旅游开发带来的经济收入增长程度满意度	居民对旅游开发带来的实际收入与预期间的差距满意度	居民对利益分配机制促进了本地区收入人均增高的感知	居民对利益分配机制照顾到本地区小弱群体利益的感知	居民对利益分配机制保障经济利益分配的感知	居民对利益分配机制保证每个居民本能从本村旅游开发中获利的感知	居民对利益分配机制提供了更多的就业机会的感知	居民对利益分配机制减少了居民间的矛盾的感知	居民对利益分配机制减少了居民与政府间的矛盾的感知	居民对利益分配机制先富的居民与政府管理者之经营能手间的矛盾纠纷的感知	居民对利益分配机制提高了社区公共福利水平（如医疗、养老等）的感知	居民对利益分配机制促进了当地教育的发展的感知	居民对参与旅游开发的积极性的感知
35	酉阳	0238003008	土家族	6	6	4	6	5	5	6	5	6	5	6	5	6	6	6	5
36	酉阳	0238003009	土家族	2	5	6	6	6	6	5	4	3	6	7	7	7	7	7	6
37	酉阳	0238003010	土家族	7	7	7	7	7	7	7	7	7	7	7	7	7	7	7	7
38	酉阳	0238003011	土家族	6	7	6	7	6	5	5	6	5	4	5	6	5	6	5	6
39	酉阳	0238003012	土家族	5	5	5	4	5	4	5	2	6	5	6	5	6	5	5	6
40	酉阳	0238003013	土家族	5	6	4	4	3	2	2	2	4	3	3	4	3	5	3	4
41	酉阳	0238003014	土家族	6	6	6	5	5	7	7	7	5	5	5	5	5	5	5	5
42	酉阳	0238003015	土家族	1	2	1	1	1	1	1	1	2	2	3	1	4	3	2	2
43	酉阳	0238003016	土家族	2	3	3	2	1	7	5	4	3	5	6	2	7	6	7	7
44	酉阳	0238003017	土家族	2	1	1	1	1	6	5	6	4	4	2	1	5	3	3	3
45	酉阳	0238003018	土家族	7	6	5	7	4	7	7	7	7	7	7	7	1	1	1	1

续表

样本序号	调查地区	问卷编号	民族	居民对旅游接待设施满意度	居民对旅游开发政府管理的满意度	居民对旅游培训与教育服务水平的满意度	居民对旅游开发带来的经济收入增长程度满意度	居民对旅游开发带来的实际收入与预期同人旅游业收入的差距满意度	居民对利益分配机制促进了本地区个人与群体利益分配从业收入提高的感知	居民对利益分配机制照顾到弱小旅游群体利益的感知	居民对利益分配机制保障了经济利益分配额度的提高的感知	居民对利益分配机制保证每个居民从本村兼旅游开发中获利的感知	居民对利益分配机制提供了更多的就业机会的感知	居民对利益分配机制减少了居民与居民间的矛盾的感知	居民对利益分配机制减少了居民与政府之间的矛盾纠纷的感知	居民对利益分配机制减少了居民与先富的经营管理者之间的矛盾的感知	居民对利益分配机制提高了社区公共福利水平（如医疗、养老等）的感知	居民对利益分配机制促进了当地教育的发展的感知	居民对利益分配机制提高了居民参与旅游开发的积极性的感知
46	酉阳	0238003019	土家族	4	5	5	6	6	5	5	5	7	7	6	6	7	7	7	7
47	酉阳	0238003020	汉族	2	2	2	3	2	4	6	5	3	4	2	2	3	3	5	7
48	酉阳	0238003021	土家族	6	6	4	2	3	5	3	3	4	2	3	3	5	5	2	7
49	酉阳	0238003022	土家族	7	6	7	6	7	6	6	6	7	6	7	7	7	7	6	7
50	酉阳	0238003023	土家族	6	6	7	6	7	6	7	6	5	4	1	1	4	4	5	5
51	酉阳	0238004001	苗族	3	2	3	3	2	1	1	1	1	1	2	2	1	1	2	1
52	酉阳	0238004002	土家族	3	5	5	2	2	2	1	1	1	2	2	2	2	2	2	1
53	酉阳	0238004003	土家族	2	2	4	1	1	1	1	2	2	1	1	1	1	1	1	1
54	酉阳	0238004004	土家族	3	2	2	2	1	2	2	1	2	2	1	1	2	2	2	1
55	酉阳	0238004005	土家族	6	4	5	3	2	1	1	1	1	1	1	1	1	2	1	1
56	酉阳	0238004006	土家族	4	5	4	3	1	1	1	1	1	1	1	1	2	1	1	1

续表

样本序号	调查地区	问卷编号	民族	居民对旅游接待设施满意度	居民对政府旅游开发管理水平的满意度	居民对旅游培训与教育服务满意度	居民对旅游开发带来的经济收入增长程度满意度	居民对旅游开发带来的实际收入与预期同期收入差距的满意度	居民对利益分配机制促进了本地区经济发展的感知	居民对利益分配机制照顾到了弱小个人与旅游群体利益从业收入提高的感知	居民对利益分配机制保障了经济利益分配额度的提高的感知	居民对利益分配机制保证每一个居民能从本村寨旅游开发中获利的感知	居民对利益分配机制提供了更多的就业机会的感知	居民对利益分配机制减少了居民同居民的矛盾纠纷的感知	居民对利益分配机制减少了居民与政府之间的矛盾的感知	居民对利益分配机制先富后富经营者之间的矛盾纠纷的感知	居民对利益分配机制提高了社区的公共福利水平（如医疗、养老等）的感知	居民对利益分配机制促进了当地教育的发展的感知	居民对利益分配机制提高了居民参与旅游开发的积极性的感知
57	酉阳	0238004007	土家族	3	4	3	2	1	1	1	1	1	1	1	1	1	1	1	1
58	酉阳	0238004008	土家族	3	2	2	1	1	6	5	6	5	4	2	1	5	3	3	7
59	酉阳	0238004009	土家族	2	5	4	2	1	1	1	1	1	1	2	1	2	3	2	1
60	酉阳	0238005001	土家族	5	4	6	5	3	5	5	5	5	5	6	6	6	4	4	4
61	酉阳	0238005002	土家族	4	5	4	5	4	5	4	4	4	4	4	5	4	5	5	4
62	酉阳	0238005003	土家族	3	3	5	5	2	5	5	5	4	6	6	6	6	4	4	4
63	酉阳	0238005004	土家族	5	4	4	5	3	5	5	5	5	5	6	6	6	4	4	4
64	酉阳	0238005005	土家族	5	5	4	5	3	5	5	5	5	4	4	6	6	4	4	4
65	酉阳	0238005006	土家族	6	6	6	6	5	5	5	5	6	6	6	6	6	6	6	6
66	酉阳	0238005007	土家族	5	4	4	5	3	5	5	5	5	5	6	6	6	4	4	4
67	酉阳	0238005008	土家族	3	2	2	1	1	1	1	1	1	2	1	1	1	1	1	2

续表

样本序号	调查地区	问卷编号	民族	居民对旅游接待设施水平的满意度	居民对政府管理旅游开发水平的满意度	居民对旅游培训与教育服务的满意度	居民对旅游开发带来的经济收入增长程度满意度	居民对旅游开发带来的实际收入与预期同的差距的满意度	居民对利益分配机制促进了本地区个人旅游从业人提高的感知	居民对利益分配机制照顾到了弱小群体利益收益提高的感知	居民对利益分配机制保障了经济利益分配额度的提高的感知	居民对利益分配机制保证每个居民能从本村兼旅游开发中获利的感知	居民对利益分配机制提供了更多的居民就业机会的感知	居民对利益分配机制减少了居民与政府管理者之间的矛盾的感知	居民对利益分配机制减少了居民同居民间的矛盾纠纷的感知	居民对利益分配机制减少了先富经营者之手利的矛盾的感知	居民对利益分配机制提高了社区公共福利水平(如医疗、养老等)的感知	居民对利益分配机制促进了当地教育的发展的感知	居民对利益分配机制提高了居民参与旅游开发的积极性的感知
68	酉阳	0238005009	土家族	4	4	6	5	4	5	6	6	5	6	5	4	5	5	6	6
69	酉阳	0238005010	土家族	5	3	5	4	2	4	4	4	4	4	1	1	1	3	4	4
70	酉阳	0238005011	土家族	3	4	6	3	4	4	5	4	5	6	5	5	6	5	6	5
71	酉阳	0238005012	土家族	4	4	4	4	2	5	5	5	5	4	4	5	5	5	3	3
72	酉阳	0238005013	土家族	5	4	4	5	3	4	5	5	5	4	6	6	6	4	4	4
73	酉阳	0238005014	土家族	5	5	5	4	3	4	4	4	4	4	5	5	5	4	4	4
74	酉阳	0238005015	土家族	5	5	5	5	5	5	6	6	5	5	4	5	6	7	4	7
75	酉阳	0238005016	土家族	5	5	3	5	4	5	5	5	4	7	4	4	4	4	4	4
76	酉阳	0238006001	土家族	7	7	7	7	1	7	7	7	7	7	7	7	7	1	7	7
77	酉阳	0238006002	土家族	4	7	5	6	5	7	7	5	5	6	4	3	2	5	7	7
78	酉阳	0238006003	土家族	6	4	5	6	5	5	2	2	1	1	2	2	2	4	2	2

续表

样本序号	调查地区	问卷编号	民族	居民对旅游接待设施水平的满意度	居民对政府管理旅游服务平的满意度	居民对旅游培训与教育服务满意度	居民对旅游开发带来的经济收入增长程度满意度	居民对旅游开发带来的实际收入与预期同旅游满意度	居民对旅游个人与居民个人收入差距满意度	居民对利益分配机制促进了本地区照顾到了弱小群体利益的感知	居民对利益分配机制照顾了弱小群体利益的感知	居民对利益分配机制保障到了经济利益的感知	居民对利益分配机制保证每个居民能从本村旅游开发额度提高的感知	居民对利益分配机制提供了更多的就业旅游机会从业利益中获利的感知	居民对利益分配机制减少了居民与政府间管理者之经营能手间的矛盾纠纷的感知	居民对利益分配机制减少了居民与政府间管理者之间的矛盾的感知	居民对利益分配机制提高了社区公共福利水平（如医疗、养老等）的感知	居民对利益分配机制促进了当地教育的发展的感知	居民对利益分配机制提高了居民参与旅游开发的积极性的感知
79	酉阳	0238006004	土家族	4	5	4	5	4	6	6	5	4	4	5	5	6	5	5	5
80	酉阳	0238006005	土家族	6	5	6	5	5	5	5	5	5	5	5	5	5	5	5	5
81	酉阳	0238006006	土家族	4	6	4	6	5	5	5	5	4	4	4	4	4	4	4	4
82	酉阳	0238006007	土家族	7	7	7	6	6	6	6	6	6	6	6	6	6	6	7	7
83	酉阳	0238006008	土家族	6	6	4	4	4	4	4	4	4	5	4	4	4	4	4	4
84	酉阳	0238006009	土家族	4	4	4	5	3	3	3	4	5	5	5	5	5	5	5	6
85	酉阳	0238006010	土家族	5	6	5	5	2	5	5	5	5	5	5	5	5	4	4	4
86	酉阳	0238006011	土家族	6	3	5	6	2	6	5	5	1	1	1	1	1	1	1	1
87	酉阳	0238006012	土家族	5	7	7	4	6	3	5	6	6	6	6	6	5	6	7	7
88	酉阳	0238006013	土家族	5	5	5	5	5	6	6	5	5	5	5	5	5	4	6	5
89	酉阳	0238006014	土家族	5	4	4	5	6	4	4	4	5	5	5	5	5	5	4	4

续表

样本序号	调查地区	问卷编号	民族	居民对旅游接待设施满意度	居民对政府开发管理水平的满意度	居民对旅游培训与教育服务满意度	居民对旅游开发带来的经济收入增长程度满意度	居民对旅游开发带来的实际经济收入与预期同人收入与预期同的差距的满意度	居民对利益分配机制促进了本地区旅游从业收入人提高的感知	居民对利益分配机制照顾到了弱小群体利益的感知	居民对利益分配机制保障了经济分配额度的提高的感知	居民对利益分配机制保证每个居民能从本村兼旅游开发中获利的感知	居民对利益分配机制提供了更多的居民就业机会的感知	居民对利益分配机制减少了居民同政府管理者之间的矛盾纠纷的感知	居民对利益分配机制减少了居民与居民间的矛盾的感知	居民对利益分配机制减少了居民与居民先富的经营管理者之间的矛盾的感知	居民对利益分配机制提高了社区公共福利水平（如医疗、养老等）的感知	居民对利益分配机制促进了当地教育的发展的感知	居民对利益分配机制提高了居民参与旅游开发的积极性的感知
90	酉阳	0238006015	汉族	5	2	7	7	5	7	5	5	7	7	4	1	7	7	7	7
91	酉阳	0238006016	土家族	5	5	5	3	3	4	4	3	4	4	3	5	4	4	4	3
92	酉阳	0238006017	土家族	2	3	2	4	4	6	6	6	6	7	7	7	7	7	7	7
93	酉阳	0238006018	土家族	6	4	2	4	4	6	5	4	5	3	3	1	6	5	4	5
94	酉阳	0238006019	土家族	6	4	4	3	4	5	5	6	6	5	5	6	6	4	5	5
95	酉阳	0238006020	土家族	6	6	6	5	5	7	6	5	5	5	4	4	6	6	6	5
96	酉阳	0238006021	土家族	6	6	6	5	6	6	6	6	6	7	6	5	5	6	6	5
97	酉阳	0238006022	土家族	5	3	3	4	4	5	5	5	5	4	5	4	5	4	5	5
98	酉阳	0238006023	土家族	4	5	5	6	6	6	5	6	7	4	5	5	5	5	5	5
99	酉阳	0238006024	土家族	3	3	3	4	4	4	4	3	3	3	4	3	3	4	4	4
100	酉阳	0238006025	土家族	4	4	4	5	5	4	4	5	5	4	5	3	6	3	5	4

续表

样本序号	调查地区	问卷编号	民族	居民对旅游接待设施满意度	居民对政府开发管理服务满意度	居民对旅游培训与教育服务水平的满意度	居民对旅游开发带来的经济收入与预期间的差距满意度	居民对旅游开发带来的实际收入与预期同人均收入增长程度的满意度	居民对利益分配机制促进本地区个人与居民的满意度提高的感知	居民对利益分配机制照顾到了弱小地区弱体利益的感知	居民对利益分配机制保障了经济利益分配的额度的感知	居民对利益分配机制提供了更多的就业旅游发合的中获利的感知	居民对利益分配机制减少了居民与政府间的矛盾的感知	居民对利益分配机制减少了居民与管理者之间的矛盾纠纷的感知	居民对利益分配机制减少了居民同发合的感纠纷的感知	居民对利益分配机制提高了社区公共福利水平（如医疗、养老等）的感知	居民对利益分配机制促进了当地教育的发展的感知	居民对利益分配机制提高了居民参与旅游开发的积极性的感知
101	酉阳	0238006026	土家族	4	3	3	5	3	3	2	3	3	5	3	3	3	5	4
102	酉阳	0238006027	土家族	3	3	4	2	3	4	4	4	4	4	5	4	6	4	4
103	酉阳	0238006028	土家族	4	4	4	4	4	4	4	4	4	4	4	4	5	5	5
104	酉阳	0238006029	土家族	6	5	6	4	5	6	5	5	5	6	5	6	6	6	7
105	酉阳	0238006030	土家族	6	4	6	4	6	4	5	3	5	4	4	3	4	6	5
106	酉阳	0238006031	土家族	6	4	5	4	5	5	6	5	5	6	5	5	5	5	5
107	酉阳	0238006032	土家族	5	4	5	3	3	3	3	4	4	5	5	5	3	5	5
108	酉阳	0238006033	土家族	7	7	7	7	7	7	7	7	7	1	1	1	7	7	7
109	喜洲	0870104001	白族	7	6	5	5	4	6	5	5	7	7	6	5	6	6	7
110	喜洲	0870104002	白族	4	3	3	2	2	1	1	1	1	1	1	1	1	1	1
111	喜洲	0870104003	白族	3	1	1	2	1	3	3	4	3	2	3	3	3	2	1
112	喜洲	0870104004	白族	6	6	5	1	1	1	1	1	1	1	1	1	1	1	1

续表

样本序号	调查地区	问卷编号	民族	居民对旅游接待设施满意度	居民对政府开发旅游管理水平的满意度	居民对旅游开发培训与教育服务满意度	居民对旅游开发带来的经济收入增长程度满意度	居民对旅游开发带来的实际收入与个人与居民预期间的差距满意度	居民对利益分配机制促进了本地区旅游收入提高的感知	居民对利益分配机制照顾到了弱小群体利益的感知	居民对利益分配机制保障了经济利益分配额度的提高的感知	居民对利益分配机制保证每个居民能从本村寨旅游开发中获利的感知	居民对利益分配机制提供了更多的就业机会的感知	居民对利益分配机制减少了居民与政府间的矛盾纠纷的感知	居民对利益分配机制减少了居民与先富管理者之间的矛盾的感知	居民对利益分配机制减少了社区公共福利水平(如医疗、养老等)的感知	居民对利益分配机制促进了当地教育的发展的感知	居民对利益分配机制提高了居民参与旅游开发的积极性的感知
113	喜洲	0870104005	白族	3	3	3	1	1	1	1	1	1	1	1	1	1	1	1
114	喜洲	0870104006	回族	6	2	3	2	1	1	1	1	1	1	1	1	1	1	1
115	喜洲	0870104007	汉族	6	4	3	4	5	3	2	3	2	5	4	4	3	7	6	5
116	喜洲	0870104008	白族	6	5	4	7	4	6	5	4	7	7	5	6	4	7	7	6
117	喜洲	0870104009	白族	2	2	2	1	1	1	1	1	1	1	1	1	1	1	1	1
118	喜洲	0870104010	白族	6	6	6	2	2	1	1	1	1	1	1	1	1	1	1	1
119	喜洲	0870104011	白族	2	2	2	2	2	1	1	1	1	1	1	1	1	1	1	1
120	喜洲	0870104012	白族	3	3	3	2	2	1	1	1	1	1	1	1	1	1	1	1
121	喜洲	0870104013	白族	2	3	3	2	2	1	1	1	1	1	1	1	1	1	1	1
122	喜洲	0870104014	汉族	7	7	6	7	2	7	5	4	4	2	3	4	4	2	4	2
123	喜洲	0870104015	汉族	5	6	6	3	4	6	5	4	5	3	3	5	3	5	3	4

续表

样本序号	调查地区	问卷编号	民族	居民对旅游接待设施满意度	居民对政府开发管理水平的满意度	居民对旅游开发培训与教育服务满意度	居民对旅游开发带来的经济收入增长程度满意度	居民对旅游开发带来的实际经济收入与预期间的差距的满意度	居民对利益分配机制促进了本地区个人与居民个人旅游收益的感知	居民对利益分配机制照顾到了弱小群体从业收益提高的感知	居民对利益分配机制保障了经济分配额度的感知	居民对利益分配机制保证每个居民从本村兼旅游开发中获利的感知	居民对利益分配机制提供了更多的就业机会的感知	居民对利益分配机制减少了居民间旅游开发纠纷的感知	居民对利益分配机制减少了居民与政府管理者之间矛盾的感知	居民对利益分配机制先富后富同手间的矛盾的感知	居民对利益分配机制提高了居民福利水平(如医疗、养老等)的感知	居民对利益分配机制促进了社区公共福利的发展的感知	居民对利益分配机制促进了当地教育的发展的感知	居民参与旅游开发的积极性提高了的感知
124	喜洲	0870104016	白族	3	3	3	2	1	1	1	1	1	1	1	1	1	1	1	1	1
125	喜洲	0870104017	白族	4	3	3	2	1	1	1	1	1	1	1	1	1	1	1	1	1
126	喜洲	0870104018	白族	2	2	2	1	1	1	1	1	1	1	1	1	1	1	1	1	1
127	喜洲	0870104019	白族	4	4	3	1	1	1	1	1	1	1	1	1	1	1	1	1	1
128	喜洲	0870104020	回族	4	2	2	1	1	1	1	1	1	1	1	1	1	1	1	1	1
129	喜洲	0870104021	白族	5	4	3	5	4	4	3	3	3	4	5	5	3	4	5	6	5
130	喜洲	0870104022	白族	3	7	6	7	1	7	5	5	4	6	4	4	5	3	5	6	4
131	喜洲	0870104023	纳西族	6	7	5	5	4	5	3	4	3	3	3	5	3	5	2	2	4
132	喜洲	0870104024	白族	5	4	4	2	3	7	5	4	3	3	1	1	1	1	1	1	1
133	喜洲	0870104025	回族	5	5	6	6	7	7	4	4	3	3	4	5	3	3	3	2	5
134	喜洲	0870104026	白族	3	4	5	2	2	2	2	2	3	2	2	2	2	3	3	3	2

续表

样本序号	调查地区	问卷编号	民族	居民对旅游接待设施满意度	居民对政府开发管理水平的满意度	居民对旅游开发带来培训与教育服务水平的满意度	居民对旅游开发带来的经济收入增长程度满意度	居民对旅游开发带来的实际经济收入与预期间的差距满意度	居民对旅游开发促进了本地区收入差距提高的感知	居民利益分配机制照顾到弱小个人与群体利益的感知	居民对利益分配机制保障了每个居民能从本村旅游业收益额度提高的感知	居民对利益分配机制提供了更多的居民就业机会的感知	居民对利益分配机制减少了居民间的矛盾纠纷的感知	居民对利益分配机制减少了居民与政府管理者之间的矛盾纠纷的感知	居民对利益分配机制减少了居民与旅游经营者之间的矛盾的感知	居民对利益分配机制提高了社区公共福利水平（如医疗、养老教育等）的感知	居民对利益分配机制促进了当地教育的发展的感知	居民对利益分配机制提高了居民参与旅游开发的积极性的感知
135	喜洲	0870104027	白族	1	3	2	4	3	3	4	3	5	3	5	5	3	3	2
136	喜洲	0870104028	白族	2	3	2	2	1	3	4	3	3	5	3	5	4	3	2
137	喜洲	0870104029	白族	5	4	3	4	3	5	4	4	3	5	3	3	7	7	6
138	喜洲	0870104030	白族	5	4	4	4	5	4	5	4	4	6	4	4	3	3	5
139	喜洲	0870109001	白族	5	4	3	4	5	6	5	4	3	5	6	7	6	5	4
140	喜洲	0870109002	白族	4	3	4	5	5	7	6	5	4	5	6	7	6	5	5
141	喜洲	0870109003	白族	4	4	3	4	4	4	3	4	5	4	4	4	4	4	3
142	喜洲	0870109004	白族	3	3	2	3	5	3	3	2	2	3	2	4	2	3	3
143	喜洲	0870109005	白族	3	3	3	2	4	4	4	3	2	2	4	2	4	2	4
144	喜洲	0870109006	白族	5	5	3	5	4	5	5	4	5	5	4	6	6	6	5
145	喜洲	0870109007	白族	5	5	5	5	5	5	6	6	5	6	6	6	6	6	6

续表

样本序号	调查地区	问卷编号	民族	居民对旅游接待设施满意度水平的满意度	居民对政府管理旅游开发服务水平的满意度	居民对旅游培训与教育服务水平的满意度	居民对旅游开发带来的经济收入增长程度满意度	居民对旅游开发带来的实际经济收入与预期同人旅游的差距的满意度	居民对利益分配机制促进了本地区个人旅游收入提高的感知	居民对利益分配机制照顾了弱体群体从业收益的感知	居民对利益分配机制保障到经济利益分配提高的感知	居民对利益分配机制保证每个居民从本村兼旅游开发中获利的感知	居民对利益分配机制提供了更多的就业机会的感知	居民对利益分配机制减少了居民与政府管理者之间的矛盾纠纷的感知	居民对利益分配机制减少了居民先富的矛盾的感知	居民对利益分配机制减少了居民与富先经营者之间的矛盾的感知	居民对利益分配机制提高了社区的公共福利水平(如医疗、养老等)的感知	居民对利益分配机制促进了当地教育的发展的感知	居民对利益分配机制提高了居民参与旅游开发的积极性的感知
146	喜洲	0870109008	白族	4	6	4	5	4	6	5	5	6	5	5	5	5	6	5	5
147	喜洲	0870109009	白族	5	4	7	6	4	7	4	6	2	5	5	7	7	7	6	7
148	喜洲	0870109010	白族	5	4	5	4	3	5	4	5	5	4	3	5	4	3	5	4
149	喜洲	0870109011	白族	3	4	4	5	6	4	5	5	6	7	5	5	6	7	7	7
150	喜洲	0870109012	白族	4	4	4	4	4	6	4	4	4	4	4	4	4	4	4	4
151	喜洲	0870109013	白族	5	2	3	5	5	6	4	4	6	6	5	4	5	6	6	6
152	喜洲	0870109014	白族	4	3	4	6	6	6	4	4	6	6	5	4	5	6	6	6
153	喜洲	0870109015	白族	3	4	3	4	5	5	3	4	2	3	3	2	3	3	2	3
154	喜洲	0870109016	白族	5	5	4	5	4	6	5	4	3	3	5	4	4	4	5	4
155	喜洲	0870109017	白族	5	5	4	5	4	6	5	6	4	4	4	5	5	4	6	5
156	喜洲	0870109018	白族	2	4	4	2	2	1	1	1	1	1	1	1	1	1	1	1

续表

样本序号	调查地区	问卷编号	民族	居民对旅游接待设施水平的满意度	居民对政府开发管理旅游服务水平的满意度	居民对旅游培训与教育旅游服务水平的满意度	居民对旅游开发带来的经济收入增长程度满意度	居民对旅游开发带来的经济收入与预期间的差距满意度	居民对利益分配机制促进了本地区个人与旅游业从业人提高的感知	居民对利益分配机制照顾到了弱小个人群体利益收益的感知	居民对利益分配机制保障了经济利益分配额度的提高的感知	居民对利益分配机制保证每个居民能从本村寨旅游开发中获利的感知	居民对利益分配机制提供了更多的就业机会的感知	居民对利益分配机制减少了居民与政府管理者之间的矛盾纠纷的感知	居民对利益分配机制减少了居民与居民间的矛盾纠纷的感知	居民对利益分配机制减少了居民与先富的经营能手间的矛盾的感知	居民对利益分配机制提高了社区公共福利水平（如医疗、养老等）的感知	居民对利益分配机制促进了当地教育的发展的感知	居民参与旅游开发的积极性的感知
157	喜洲	0870109019	白族	3	4	3	4	5	5	3	4	2	3	3	2	3	3	2	3
158	喜洲	0870109020	白族	3	3	3	3	3	1	1	1	1	1	1	1	1	1	1	1
159	喜洲	0870102001	白族	7	7	7	7	7	7	7	7	7	7	7	7	7	7	7	7
160	喜洲	0870102002	白族	5	3	5	6	4	6	5	4	7	7	4	2	5	7	5	7
161	喜洲	0870102003	汉族	5	3	5	6	4	6	5	4	7	7	4	2	5	7	5	7
162	喜洲	0870102004	白族	6	2	2	1	2	3	2	1	1	4	3	5	3	6	5	3
163	喜洲	0870102005	白族	6	2	2	1	3	3	2	1	1	3	5	3	5	3	6	3
164	喜洲	0870102006	白族	2	4	4	4	4	4	4	4	6	5	4	4	4	4	3	5
165	喜洲	0870102007	白族	5	6	6	6	6	6	6	6	6	6	6	6	6	6	6	6
166	喜洲	0870102008	白族	1	1	1	1	1	1	1	1	1	1	1	1	1	1	1	1
167	喜洲	0870102009	白族	1	1	1	1	1	1	1	1	1	1	1	1	1	1	1	1

续表

样本序号	调查地区	问卷编号	民族	居民对旅游接待设施满意度水平的满意度	居民对政府管理发展旅游满意度	居民对旅游培训与教育服务满意度	居民对旅游开发带来的经济收入增长程度满意度	居民对旅游开发带来的实际收入与预期间的差距满意度	居民对利益分配机制促进了本地区人旅游从业人数提高的感知	居民对利益分配机制照顾了居民个人旅游群体利益的感知	居民对利益分配机制保障了经济利益分配额度的提高的感知	居民对利益分配机制保证了每个居民能从本村兼旅游开发中获利的感知	居民对利益分配机制提供了更多的就业机会的感知	居民对利益分配机制减少了居民间的矛盾纠纷的感知	居民对利益分配机制减少了居民与政府管理者之间的矛盾的感知	居民对利益分配机制减少了先富的经营者之间的矛盾的感知	居民对利益分配机制提高了社区的公共福利水平（如医疗、养老等）的感知	居民对利益分配机制促进了当地教育的发展的感知	居民对利益分配机制提高了居民参与旅游开发的积极性的感知
168	喜洲	0870102010	白族	1	1	1	1	1	1	1	1	1	1	1	1	1	1	1	1
169	喜洲	0870102011	白族	1	1	1	1	1	1	1	1	1	1	1	1	1	1	1	1
170	喜洲	0870102012	白族	3	2	1	3	6	4	1	2	2	5	2	2	1	1	1	2
171	喜洲	0870102013	白族	3	2	1	3	6	4	1	2	2	5	2	2	1	1	1	2
172	喜洲	0870102014	汉族	1	7	7	7	7	7	7	1	7	7	7	7	7	7	7	7
173	喜洲	0870102015	白族	7	6	6	6	6	5	5	4	5	5	5	5	4	4	5	5
174	喜洲	0870102016	白族	5	4	1	3	3	3	2	4	4	4	4	1	4	4	1	1
175	喜洲	0870102017	白族	5	4	1	3	3	3	2	4	3	4	4	1	1	1	1	1
176	喜洲	0870102018	白族	4	3	2	4	2	4	2	3	3	2	3	2	4	5	3	3
177	喜洲	0870102019	白族	2	3	4	2	5	4	3	4	2	6	3	4	2	3	5	4
178	喜洲	0870102020	白族	4	5	4	5	3	2	1	2	3	3	3	3	4	2	5	4

续表

样本序号	调查地区	问卷编号	民族	居民对旅游接待设施水平的满意度	居民对政府管理旅游发展水平的满意度	居民对旅游培训与教育服务的满意度	居民对旅游开发带来的经济收入增长程度满意度	居民对旅游开发带来的实际的经济收入与预期间的差距程度满意度	居民对利益分配机制促进了本地区个人与个人旅游从业收入提高的感知	居民对利益分配机制照顾到了弱小群体利益的感知	居民对利益分配机制保障了经济利益分配额度的提高的感知	居民对利益分配机制保证每个居民能从本村寨旅游开发的中获利的感知	居民对利益分配机制提供了更多的就业机会的感知	居民对利益分配机制减少了居民同居民间的矛盾的感知	居民对利益分配机制减少了居民与政府管理者之间的矛盾的感知	居民对利益分配机制减少了居民与先富经营能手之间的矛盾的感知	居民对利益分配机制提高了当地公共福利水平（如医疗、养老等）的感知	居民对利益分配机制促进了社区教育的发展的感知	居民对利益分配机制提高了居民参与旅游开发的积极性的感知
179	喜洲	0870102021	白族	3	1	1	6	6	4	2	3	3	6	3	2	5	7	7	6
180	喜洲	0870102022	白族	7	7	7	7	7	7	7	7	7	7	7	7	7	7	7	7
181	喜洲	0870102023	白族	2	3	2	2	4	3	2	4	2	4	2	3	3	3	2	3
182	喜洲	0870102024	白族	4	6	5	4	5	5	4	6	3	4	5	4	6	4	5	6
183	喜洲	0870102025	白族	7	7	7	7	7	7	7	7	7	7	7	7	4	7	7	7
184	喜洲	0870102026	白族	5	3	6	4	4	4	3	5	4	6	4	6	4	6	5	7
185	喜洲	0870102027	白族	6	6	5	5	5	1	6	7	3	6	7	7	7	6	7	4
186	喜洲	0870102028	白族	7	7	1	1	1	5	7	7	7	7	7	7	4	7	7	7
187	喜洲	0870102029	白族	5	6	6	5	6	5	4	4	3	5	4	5	4	2	5	6
188	喜洲	0870102030	白族	7	5	5	7	7	7	7	7	7	7	7	7	5	6	7	7
189	喜洲	0870102031	白族	5	4	4	4	4	5	3	5	4	4	4	4	4	3	5	4

续表

样本序号	调查地区	问卷编号	民族	居民对旅游接待设施满意度	居民对政府开发旅游管理水平的满意度	居民对旅游培训与教育服务满意度	居民对旅游开发带来的经济收入增长程度满意度	居民对旅游开发带来的实际经济收入与预期同的差距满意度	居民个人与旅游从业人收入满意度提高的感知	居民对利益分配机制促进本地区经济的感知	居民对利益分配机制照顾到弱小群体利益的感知	居民对利益分配机制保障到本地区个人与额度分配提高的感知	居民对利益分配机制保证每个居民能从中获利的感知	居民对利益分配机制提供更多的农村旅游就业机会的感知	居民对利益分配机制减少了居民与政府管理者之间的矛盾的感知	居民对利益分配机制减少了居民同旅游开发者之间的矛盾纠纷的感知	居民对利益分配机制提高了社区公共福利水平（如医疗、养老等）的感知	居民对利益分配机制促进了当地教育发展的感知	居民对利益分配机制提高了居民参与旅游开发的积极性的感知
190	喜洲	0870106001	回族	6	4	4	4	4	4	5	5	5	4	6	4	5	6	5	5
191	喜洲	0870106002	白族	7	4	7	6	3	2	5	4	2	6	7	5	3	5	4	4
192	喜洲	0870106003	白族	6	5	5	4	5	5	7	5	4	4	5	5	5	5	4	4
193	喜洲	0870106004	白族	6	6	6	7	7	6	5	5	4	4	4	4	4	4	5	5
194	喜洲	0870106005	白族	4	3	2	3	2	3	3	3	2	2	3	2	3	4	3	3
195	喜洲	0870106006	白族	3	1	1	1	1	1	1	1	3	3	3	1	1	1	3	3
196	喜洲	0870106007	白族	1	1	1	1	1	1	1	1	1	1	1	1	1	1	1	1
197	喜洲	0870106008	汉族	7	7	7	4	4	6	6	6	5	5	5	6	6	6	6	7
198	喜洲	0870106009	汉族	7	7	7	4	4	6	6	6	5	5	5	6	6	6	6	7
199	喜洲	0870106010	汉族	7	7	7	4	4	6	6	6	5	5	5	6	6	6	6	7
200	喜洲	0870106011	汉族	7	7	7	4	4	6	6	6	5	5	5	6	6	6	6	7

续表

样本序号	调查地区	问卷编号	民族	居民对旅游接待设施满意度	居民对政府开发管理旅游水平的满意度	居民对旅游开发带来的经济收入增长程度满意度	居民对旅游培训与教育服务的满意度	居民对旅游开发带来的实际经济收入与预期间的差距的满意度	居民对旅游开发促进了本地区个人旅游收益提高的感知	居民对利益分配机制照顾弱小群体收益的感知	居民对利益分配机制保障经济利益分配额度的提高的感知	居民对利益分配机制保证每个居民从本村寨旅游开发中获利的感知	居民对利益分配机制提供更多的就业机会的感知	居民对利益分配机制减少了居民间的矛盾的矛盾纠纷的感知	居民对利益分配机制减少了居民与政府管理者之间的矛盾的感知	居民对利益分配机制减少了居民与先富之经营能手间的矛盾的感知	居民对利益分配机制提高了社区公共福利水平(如医疗、养老等)的感知	居民对利益分配机制促进了当地教育的发展的感知	居民对利益分配机制提高了居民参与旅游开发的积极性的感知
201	喜洲	0870106012	黎族	6	4	6	4	6	5	6	5	5	4	5	4	5	4	3	2
202	喜洲	0870106013	汉族	7	7	4	7	4	6	6	5	5	5	6	6	6	6	6	7
203	喜洲	0870106014	白族	5	4	4	5	4	4	6	5	5	6	4	4	4	4	6	7
204	喜洲	0870106015	白族	7	7	7	7	7	7	7	7	7	7	7	7	7	7	7	7
205	喜洲	0870106016	汉族	5	7	6	7	7	6	7	7	7	7	7	6	6	7	6	7
206	喜洲	0870106017	白族	2	2	2	2	2	1	1	1	1	2	2	2	2	1	2	2
207	喜洲	0870106018	白族	5	5	4	4	4	6	6	6	6	6	6	6	6	6	6	6
208	喜洲	0870106019	白族	5	4	6	6	4	6	6	6	6	6	6	6	6	6	6	6
209	喜洲	0870106020	白族	6	6	5	5	5	5	6	7	5	7	6	7	7	6	5	6
210	喜洲	0870106021	白族	3	6	7	6	5	6	6	6	6	7	6	6	7	7	6	7
212	喜洲	0870106022	白族	3	6	7	6	5	6	6	6	6	7	6	6	7	7	6	7

续表

样本序号	调查地区	问卷编号	民族	居民对旅游接待设施满意度	居民对政府旅游开发管理水平的满意度	居民对旅游培训与教育服务的满意度	居民对旅游开发带来的经济收入与增长程度满意度	居民对旅游开发带来的实际收入与预期间的差距满意度	居民个人旅游业从业收益提高的感知	居民对利益分配机制促进了本地区照顾了弱小群体利益的感知	居民对利益分配机制保障经济利益分配额度的提高的感知	居民对利益分配机制能保证每个居民从本地区旅游中获利的感知	居民对利益分配机制提供了更多的就业机会的感知	居民对利益分配机制减少了居民与居民间的矛盾纠纷的感知	居民对利益分配机制减少了居民同政府管理者之间的矛盾的感知	居民对利益分配机制先富带动后富经营能手之间的矛盾的感知	居民对利益分配机制提高了社区公共福利水平（如医疗、养老等）的感知	居民对利益分配机制促进了当地教育水平的发展的感知	居民参与旅游开发的积极性的感知
213	喜洲	0870106023	汉族	3	1	7	7	7	7	7	7	7	7	7	7	7	7	7	7
214	喜洲	0870106024	白族	6	7	6	6	5	5	4	5	5	5	6	6	6	6	6	6
215	喜洲	0870106025	回族	6	6	5	6	7	6	5	7	5	5	5	5	5	6	6	7
216	喜洲	0870106026	白族	6	5	6	7	5	6	7	6	5	6	7	5	5	5	6	7
217	喜洲	0870106027	白族	6	6	6	6	6	7	6	6	7	5	5	6	6	7	6	6
218	喜洲	0870106028	白族	7	7	7	7	6	5	7	5	6	6	6	7	7	5	7	7
219	喜洲	0870106029	白族	6	6	5	6	6	5	5	5	6	5	6	5	5	6	5	6
220	喜洲	0870106030	白族	3	1	6	5	3	6	4	6	4	5	5	4	5	5	6	5
221	喜洲	0870103001	白族	6	7	6	6	7	6	7	7	6	7	6	7	6	6	7	7
222	喜洲	0870103002	白族	6	6	7	6	6	7	6	7	6	5	4	4	7	6	7	7
223	喜洲	0870103003	白族	6	6	7	6	7	7	7	7	6	7	6	6	6	7	7	6

续表

样本序号	调查地区	问卷编号	民族	居民对旅游接待设施水平的满意度	居民对政府开发管理旅游服务的满意度	居民对旅游培训与教育服务程度的满意度	居民对旅游开发带来的经济收入与预期增长程度满意度	居民对旅游开发带来的实际经济收入与预期增长程度满意度	居民对旅游开发促进了本地区个人与居民收入提高的感知	居民对利益分配机制照顾到了弱小群体利益的感知	居民对利益分配机制保障本地区个人实际经济利益分配额度的感知	居民对利益分配机制保证每个居民能从本村旅游开发的游客中获利的感知	居民对利益分配机制提供了更多的就业机会的感知	居民对利益分配机制减少了居民同政府管理者之间的矛盾的感知	居民对利益分配机制减少了居民同政府之间的矛盾纠纷的感知	居民对利益分配机制减少了居民先富管理者之间的矛盾的感知	居民对利益分配机制提高了社区公共福利水平（如医疗、养老等）的感知	居民对利益分配机制促进了当地教育的发展的感知	居民对利益分配机制提高了居民参与旅游开发的积极性的感知
224	喜洲	0870103004	回族	7	6	6	7	5	6	5	5	6	5	5	5	6	5	7	7
225	喜洲	0870103005	白族	3	3	3	5	5	5	6	7	5	6	7	7	7	6	6	7
226	喜洲	0870103006	白族	6	7	6	6	7	6	7	6	7	7	7	7	7	7	7	7
227	喜洲	0870103007	白族	7	5	6	5	6	6	5	6	7	5	7	6	7	5	6	7
228	喜洲	0870103008	白族	6	7	6	6	6	6	7	6	6	6	5	7	6	7	6	7
229	喜洲	0870103009	白族	6	7	7	6	6	7	6	7	6	7	7	6	6	7	5	7
230	喜洲	0870103010	白族	6	6	7	6	6	7	7	7	7	4	4	4	6	7	7	7
231	喜洲	0870103011	白族	7	6	7	7	7	6	7	7	4	3	4	3	4	3	7	7
232	喜洲	0870103012	白族	7	6	7	6	6	7	7	3	3	3	3	4	6	7	7	7
233	喜洲	0870103013	白族	7	6	6	6	7	7	6	6	3	2	1	2	4	6	7	7
234	喜洲	0870103014	白族	7	7	7	7	7	7	7	5	3	2	2	2	6	6	7	7

续表

样本序号	调查地区	问卷编号	民族	居民对旅游开发接待设施满意度	居民对政府管理旅游水平的满意度	居民对旅游培训与教育服务满意度	居民对旅游开发带来的经济收入增长程度满意度	居民对旅游开发带来的实际收入与预期同收入差距的满意度	居民对利益分配机制促进了本地区旅游从业收入提高的感知	居民对利益分配机制照顾到了弱小个人与群体利益的感知	居民对利益分配机制保障到个人经济利益分配的感知	居民对利益分配机制保证每个居民能从本村寨旅游开发中获利的感知	居民对利益分配机制提供了更多的就业机会的感知	居民对利益分配机制减少了居民间的矛盾纠纷的感知	居民对利益分配机制减少了居民与政府管理者之间的矛盾的感知	居民对利益分配机制减少了居民先富经营者之间矛盾的感知	居民对利益分配机制提高了社区公共福利水平(如医疗、养老等)的感知	居民对利益分配机制促进了当地教育发展的感知	居民对利益分配机制提高了居民参与旅游开发的积极性的感知
235	喜洲	0870103015	白族	7	6	7	6	6	6	6	7	7	6	4	4	3	4	6	7
236	喜洲	0870103016	白族	6	7	7	6	7	6	6	6	6	7	5	5	4	4	6	7
237	喜洲	0870103017	白族	7	7	6	6	6	7	6	6	6	4	3	3	1	7	7	7
238	喜洲	0870103018	白族	7	7	7	6	7	6	7	7	7	6	4	3	3	6	7	7
239	喜洲	0870103019	白族	7	7	7	6	6	6	7	6	6	3	3	4	3	4	7	7
240	喜洲	0870103020	白族	6	6	7	6	7	6	7	7	7	3	2	1	1	6	7	7
241	喜洲	0870103021	白族	6	7	6	6	6	6	6	6	7	7	4	4	4	4	6	7
242	喜洲	0870103022	白族	6	6	7	6	7	6	7	7	7	7	4	4	4	4	7	7
243	喜洲	0870103023	白族	7	7	7	6	7	7	7	7	6	6	3	4	4	4	5	6
244	喜洲	0870103024	白族	7	6	7	6	7	7	6	6	6	7	6	2	2	3	7	6
245	喜洲	0870103025	白族	7	7	7	6	7	7	7	7	7	7	2	1	2	7	6	7

续表

样本序号	调查地区	问卷编号	民族	居民对旅游接待设施满意度	居民对政府管理水平的满意度	居民对旅游培训与教育服务满意度	居民对旅游开发带来的经济收入增长程度满意度	居民对旅游开发带来的实际经济收入与预期间的差距满意度	居民对旅游开发个人旅游业收入提高程度满意度	居民对利益分配机制促进了本地区照顾到了弱小个人与旅游群体利益的感知	居民对利益分配机制保障经济利益分配额度的提高的感知	居民对利益分配机制保证每个居民本能从本村寨旅游中获利的感知	居民对利益分配机制提供更多的就业机会的感知	居民对利益分配机制减少了居民间的矛盾纠纷的感知	居民对利益分配机制减少了居民与政府管理者之间的矛盾的感知	居民对利益分配机制减少了居民与先富的经营者之间的矛盾的感知	居民对利益分配机制提高了公共福利水平（如医疗、养老等）的感知	居民对利益分配机制促进了当地教育的发展的感知	居民参与旅游开发的积极性的感知
246	喜洲	0870103026	白族	7	6	7	6	6	7	7	6	6	7	6	7	7	6	7	6
247	喜洲	0870103027	白族	6	6	7	7	7	7	7	6	7	2	2	2	7	7	7	7
248	喜洲	0870103028	白族	6	7	6	7	6	7	7	7	7	6	7	6	7	7	7	6
249	喜洲	0870103029	白族	6	6	6	6	6	6	7	6	7	7	2	3	7	7	6	7
250	喜洲	0870103030	白族	6	6	6	7	7	6	6	6	7	7	2	2	3	7	6	7
251	喜洲	0870103031	汉族	7	7	7	6	6	7	7	7	7	7	2	2	1	7	7	6
252	喜洲	0870103032	白族	6	5	6	5	6	6	6	7	6	6	6	7	4	4	3	5
253	喜洲	0870103033	白族	7	6	7	6	7	7	7	7	6	6	7	4	5	7	6	6
254	喜洲	0870103034	白族	7	6	7	6	6	5	7	7	6	7	6	2	2	6	6	7
255	喜洲	0870103035	回族	6	7	6	6	7	7	7	6	6	7	6	7	7	6	7	7
256	喜洲	0870108001	白族	3	5	2	1	2	2	4	3	4	2	3	4	3	3	4	3

续表

样本序号	调查地区	问卷编号	民族	居民对旅游接待设施满意度	居民对政府开发管理水平的满意度	居民对旅游培训与教育服务满意度	居民对旅游开发带来的经济收入增长程度满意度	居民对旅游开发带来的实际收入与预期收入差距程度满意度	居民对旅游开发促进了本地区照顾了弱小群体利益的感知	居民对利益分配机制照顾了弱小群体利益的感知	居民对利益分配机制保障到经济利益分配的感知	居民对利益分配机制保证每个居民能从本村寨旅游开发中获利的感知	居民对利益分配机制提供更多的就业机会的感知	居民对利益分配机制减少了居民与政府管理者之间的矛盾纠纷的感知	居民对利益分配机制减少了居民与先富的居民同旅游开发的矛盾的感知	居民对利益分配机制提高了公共福利水平（如医疗、养老等）的感知	居民对利益分配机制促进了社区的公共教育的发展的感知	居民对利益分配机制提高了居民参与旅游开发的积极性的感知
257	喜洲	0870108002	白族	6	6	6	6	6	6	6	6	6	6	6	1	1	1	1	1
258	喜洲	0870108003	白族	5	2	6	6	6	5	6	3	3	5	4	6	6	6	6	6
259	喜洲	0870108004	白族	5	6	6	6	6	6	1	1	1	6	1	6	5	5	5	5
260	喜洲	0870108005	白族	3	4	2	3	1	4	3	2	3	4	5	3	2	3	4	2
261	喜洲	0870108006	白族	5	5	5	4	4	3	5	3	3	4	4	5	5	3	4	3
262	喜洲	0870108007	白族	5	3	4	5	6	6	5	4	3	4	5	6	5	4	3	5
263	喜洲	0870108008	白族	4	3	4	6	6	6	5	4	5	4	5	6	6	5	4	3
264	喜洲	0870108009	汉族	6	5	4	3	4	5	7	6	4	4	4	5	6	7	6	4
265	喜洲	0870108010	白族	4	3	4	5	6	7	6	5	4	3	4	5	6	6	5	4
266	喜洲	0870107001	白族	5	3	3	3	3	1	1	2	1	1	2	2	2	2	2	2
267	喜洲	0870107002	白族	1	1	1	1	1	2	2	2	1	1	2	4	4	4	4	3

续表

样本序号	调查地区	问卷编号	民族	居民对旅游接待设施满意度	居民对政府管理旅游发展水平的满意度	居民对旅游培训与教育服务的满意度	居民对旅游开发带来的经济收入增长程度满意度	居民对旅游开发带来的实际经济收入与预期同人旅游收入的差距满意度	居民对利益分配机制促进本地区个人旅游从业收入提高的感知	居民对利益分配机制照顾到了弱小群体利益的感知	居民对利益分配机制保障经济额度提高的感知	居民对利益分配机制保证每个居民能从本村寨旅游开发中获利的感知	居民对利益分配机制提供了更多的就业机会的感知	居民对利益分配机制减少了居民间矛盾纠纷的感知	居民对利益分配机制减少了居民与政府管理者之间的矛盾的感知	居民对利益分配机制减少了居民先富经营者之间矛盾的感知	居民对利益分配机制提高了社区公共利益水平的感知	居民对利益分配机制促进当地教育发展的感知(如医疗、养老等)	居民对利益分配机制提高了居民参与旅游开发的积极性的感知
268	喜洲	0870107003	白族	3	4	2	5	4	5	3	3	4	4	5	4	5	4	3	4
269	喜洲	0870107004	白族	5	3	1	4	3	4	3	3	4	3	4	4	5	4	4	4
270	喜洲	0870107005	白族	5	5	4	5	3	5	4	4	2	4	5	6	4	5	5	4
271	喜洲	0870107006	白族	5	5	5	5	5	5	2	2	2	2	2	4	2	4	4	4
272	喜洲	0870107007	白族	6	6	6	6	5	5	5	5	5	4	4	5	4	4	4	4
273	喜洲	0870107008	白族	3	2	2	4	3	3	4	5	4	3	5	1	3	1	2	2
274	喜洲	0870107009	白族	2	4	2	4	3	3	2	4	3	3	2	3	2	3	2	2
275	喜洲	0870107010	白族	4	4	4	3	3	3	4	3	4	4	3	3	3	4	5	4
276	喜洲	0870107011	白族	5	3	3	4	4	4	3	4	4	4	4	4	4	5	3	4
277	喜洲	0870107012	白族	2	2	1	1	1	1	1	1	1	1	1	3	1	1	1	2
278	喜洲	0870107013	白族	4	4	3	5	4	4	2	3	2	4	2	4	4	4	2	4

续表

样本序号	调查地区	问卷编号	民族	居民对旅游接待设施满意度	居民对政府开发旅游管理水平的满意度	居民对旅游培训与教育服务的满意度	居民对旅游开发带来的经济收入满意度	居民对旅游开发带来的实际经济收入与预期同期收入的差距的满意度	居民对旅游个人与收入差距的满意度	居民对利益分配机制促进本地区个人旅游从业人数提高度的感知	居民对利益分配机制照顾到了弱小群体利益的感知	居民对利益分配机制保障到经济利益分配额度的提高的感知	居民对利益分配机制保证每个居民能从本村寨旅游开发中获利的感知	居民对利益分配机制提供了更多的就业机会的感知	居民对利益分配机制减少了居民同政府管理者之间的矛盾纠纷的感知	居民对利益分配机制减少了居民与政府管理者之间的矛盾的感知	居民对利益分配机制减少了居民先富的矛盾的感知	居民对利益分配机制提高了公共福利水平（如医疗、养老等）的感知	居民对利益分配机制促进了当地教育的发展的感知	居民参与旅游开发的积极性的感知
279	喜洲	0870107014	白族	5	4	4	4	4	7	6	7	6	5	5	5	4	4	4	3	3
280	喜洲	0870107015	白族	3	4	1	5	3	6	6	6	4	5	4	4	4	7	6	6	4
281	喜洲	0870107016	白族	4	4	4	4	4	4	4	4	3	3	3	3	3	3	3	3	3
282	喜洲	0870107017	藏族	2	2	2	3	4	4	3	4	4	3	4	4	6	5	5	4	4
283	喜洲	0870107018	白族	7	6	5	4	3	6	6	6	4	4	4	3	6	7	6	6	5
284	喜洲	0870107019	白族	6	3	5	5	5	5	4	4	5	3	3	3	3	6	6	6	6
285	喜洲	0870101001	白族	3	1	1	1	1	1	1	1	4	3	4	5	3	1	1	1	4
286	喜洲	0870101002	白族	6	3	3	6	5	5	5	3	5	5	4	5	4	2	1	4	3
287	喜洲	0870101003	白族	5	6	5	5	5	5	5	5	6	6	5	6	5	5	5	5	5
288	喜洲	0870101004	白族	3	2	3	3	3	3	3	2	3	3	3	4	4	2	3	3	3
289	喜洲	0870101005	白族	2	2	3	5	6	6	6	1	4	2	2	1	2	2	2	2	5

续表

样本序号	调查地区	问卷编号	民族	居民对旅游开发接待设施满意度	居民对政府旅游管理水平的满意度	居民对旅游培训与教育服务的满意度	居民对旅游开发带来的经济收入增长程度满意度	居民对旅游开发带来的实际收入与预期同人旅游收入的差距满意度	居民对利益分配机制促进了本地区的照顾到弱小群体利益的感知	居民对利益分配机制保障了经济利益额度的提高的感知	居民对利益分配机制保证每个居民能从本村寨旅游开发中获利的感知	居民对利益分配机制提供了更多的就业机会的感知	居民对利益分配机制减少了居民个人旅游收益的矛盾的感知	居民对利益分配机制减少了居民与政府管理者之间的矛盾的感知	居民对利益分配机制会促进居民间纠纷的调解的感知	居民对利益分配机制提高了公共福利水平（如医疗、养老等）的感知	居民对利益分配机制促进了当地教育的发展的感知	居民参与旅游开发的积极性的感知
290	喜洲	0870101006	白族	4	2	4	3	2	1	3	3	4	3	4	3	2	3	1
291	喜洲	0870101007	白族	5	3	2	3	7	4	1	2	5	2	1	1	1	1	2
292	喜洲	0870101008	白族	5	6	5	5	5	4	4	4	4	3	6	4	6	6	6
293	喜洲	0870101009	白族	5	7	4	7	7	7	7	7	7	5	5	6	7	7	7
294	喜洲	0870101010	白族	7	7	7	6	6	6	6	6	7	7	7	7	6	7	6
295	喜洲	0870101011	白族	4	3	2	3	2	2	2	2	5	4	2	1	1	4	4
296	喜洲	0870101012	回族	5	6	5	5	5	5	4	4	5	6	5	6	6	5	6
297	喜洲	0870101013	白族	6	5	4	5	4	7	7	7	7	7	7	7	7	7	7
298	喜洲	0870101014	白族	5	5	4	7	6	6	5	2	2	5	4	7	7	7	7
299	喜洲	0870101015	白族	7	7	7	7	6	6	6	5	5	7	6	6	7	7	7
300	喜洲	0870101016	白族	7	7	7	7	6	6	6	5	5	6	6	7	6	7	7

续表

样本序号	调查地区	问卷编号	民族	居民对旅游接待设施满意度	居民对政府开发管理水平的满意度	居民对旅游培训与教育服务的满意度	居民对旅游开发带来的经济收入与预期同期增长程度的满意度	居民对旅游开发带来的实际收入与预期同期增长程度的满意度	居民对旅游开发促进了本地区个人旅游从业收入提高的感知	居民对利益分配机制照顾到了弱势群体利益的感知	居民对利益分配机制保障了经济分配额度的提高的感知	居民对利益分配机制保证每个居民从本村寨旅游开发中获利的感知	居民对利益分配机制提供了更多的就业机会的感知	居民对利益分配机制减少了居民间的矛盾的感知	居民对利益分配机制减少了居民与政府管理者之间的矛盾的感知	居民对利益分配机制减少了居民与旅游经营管理者之间矛盾纠纷的感知	居民对利益分配机制提高了社区公共福利水平（如医疗、养老等）的感知	居民对利益分配机制促进了当地教育的发展的感知	居民对利益分配机制提高了居民参与旅游开发的积极性的感知
301	喜洲	087010101017	白族	4	4	3	1	1	2	2	2	2	3	2	2	2	2	2	2
302	喜洲	087010101018	白族	5	5	5	6	5	3	2	2	2	3	3	3	3	4	4	4
303	喜洲	087010101019	白族	4	3	4	4	4	4	4	5	4	3	3	3	3	4	5	5
304	喜洲	087010101020	白族	4	6	6	5	5	6	7	5	7	6	6	7	6	7	5	5
305	喜洲	087010101021	白族	6	7	4	5	3	7	5	6	6	5	4	7	6	5	4	5
306	喜洲	087010101022	白族	2	1	1	1	1	1	2	3	7	7	7	7	4	7	7	7
307	喜洲	087010101023	白族	4	5	5	5	5	4	4	4	5	4	5	5	4	5	5	5
308	喜洲	087010101024	白族	1	1	1	2	2	3	5	5	6	6	7	7	4	7	7	7
309	喜洲	087010101025	白族	5	5	4	6	6	7	6	6	4	4	3	4	3	4	3	3
310	喜洲	087010101026	白族	6	6	6	4	4	4	3	4	4	3	3	3	3	4	4	4
311	喜洲	087010101027	白族	1	1	4	1	1	4	1	1	1	4	1	1	1	1	1	1

续表

样本序号	调查地区	问卷编号	民族	居民对旅游接待设施水平的满意度	居民对政府旅游开发管理水平的满意度	居民对旅游培训与教育服务的满意度	居民对旅游开发带来的经济收入增长程度满意度	居民对旅游开发带来的实际经济收入与预期间的差距的满意度	居民对利益分配机制促进了本地区个人与旅游从业收入提高的感知	居民对利益分配机制照顾到了弱小群体利益的感知	居民对利益分配机制保障了个人旅游经济利益的感知	居民对利益分配机制保证每个居民能从本村旅游中获利的感知	居民对利益分配机制提供了更多的就业机会的感知	居民对利益分配机制减少了居民与政府之间的矛盾的感知	居民对利益分配机制减少了居民间的矛盾纠纷的感知	居民对利益分配机制减少了居民与旅游经营管理者之间矛盾纠纷的感知	居民对利益分配机制提高了社区公共福利水平（如医疗、养老等）的感知	居民对利益分配机制促进了当地教育的发展的感知	居民对利益分配机制提高了居民参与旅游开发的积极性的感知
312	喜洲	0870101028	白族	5	4	4	3	3	3	3	3	2	3	3	3	3	4	3	3
313	喜洲	0870101029	白族	5	6	7	7	4	7	6	7	4	4	7	4	6	4	7	2
314	喜洲	0870101030	白族	5	5	5	5	5	6	3	3	2	3	3	3	3	4	3	3
315	喜洲	0870105001	白族	5	7	6	7	3	5	3	7	6	7	6	3	4	7	7	7
316	喜洲	0870105002	白族	6	7	7	6	6	5	6	6	5	6	5	6	5	6	5	6
317	喜洲	0870105003	白族	6	7	7	6	6	5	6	6	5	6	5	5	5	6	5	6
318	喜洲	0870105004	白族	6	6	6	7	6	6	7	7	7	6	6	7	7	6	7	7
319	喜洲	0870105005	白族	6	6	6	7	7	5	6	5	6	5	6	5	6	5	6	5
320	喜洲	0870105006	白族	7	7	4	4	4	4	5	5	6	7	6	5	5	5	5	5
321	喜洲	0870105007	白族	5	6	6	7	6	6	6	6	6	6	6	7	6	6	7	6
322	喜洲	0870105008	白族	6	7	7	6	7	7	7	6	6	6	7	7	7	6	6	7

续表

样本序号	调查地区	问卷编号	民族	居民对旅游接待设施满意度	居民对政府管理旅游开发的满意度	居民对旅游培训与教育服务水平的满意度	居民对旅游开发带来的经济收入的满意度	居民对旅游开发带来的实际的经济收入与预期收入增长程度的差距的满意度	居民对利益分配机制促进了本地区居民个人收入提高的感知	居民对利益分配机制照顾到了弱小个人与旅游群体利益的感知	居民对利益分配机制保障了经济利益分配额度的提高的感知	居民对利益分配机制保证每一个居民能从本村寨旅游开发中获利的感知	居民对利益分配机制提供了更多本居民就业机会的感知	居民对利益分配机制减少了居民与旅游开发商之间的矛盾纠纷的感知	居民对利益分配机制减少了居民间的矛盾的感知	居民对利益分配机制减少了居民与政府管理者之间的矛盾的感知	居民对利益分配机制提高了社区公共福利水平的（如医疗、养老等）的感知	居民对利益分配机制促进了当地教育的发展的感知	居民对利益分配机制提高了居民参与旅游开发的积极性的感知
323	喜洲	0870105009	白族	6	6	6	7	7	5	6	5	6	5	6	5	6	5	6	5
324	喜洲	0870105010	回族	7	7	7	7	4	4	5	5	6	7	7	7	6	7	7	7
325	喜洲	0870105011	白族	7	7	7	7	4	4	5	5	6	7	7	7	6	7	7	7
326	喜洲	0870105012	白族	6	5	5	7	4	4	4	5	4	5	5	5	6	7	7	7
327	喜洲	0870105013	白族	2	2	2	2	2	5	5	5	5	5	5	5	5	5	5	6
328	喜洲	0870105014	白族	7	6	6	7	4	7	7	7	7	7	7	7	6	7	7	7
329	喜洲	0870105015	白族	6	7	6	6	6	7	7	7	6	7	6	7	7	7	7	7
330	喜洲	0870105016	白族	4	5	4	5	4	6	6	7	6	5	7	6	7	7	7	7
331	喜洲	0870105017	白族	6	6	6	5	5	7	7	6	7	7	6	6	3	6	6	1
332	喜洲	0870105018	白族	6	6	6	6	6	6	6	6	6	7	6	5	7	6	6	6
333	喜洲	0870105019	汉族	5	5	3	7	6	7	6	5	7	5	6	5	5	6	7	7

续表

样本序号	调查地区	问卷编号	民族	居民对旅游接待设施满意度	居民对政府管理发展旅游水平的满意度	居民对旅游开发培训与教育服务的满意度	居民对旅游开发带来的经济收入增长程度满意度	居民对旅游开发带来的实际经济收入与预期间的差距的满意度	居民对利益分配机制促进了本地区个人与旅游业收入提高的感知	居民对利益分配机制照顾了弱小群体利益的感知	居民对利益分配机制保障了经济利益分配额度的感知	居民对利益分配机制保证每个居民能从本村兼旅游开发中获利的感知	居民对利益分配机制提供了更多的就业机会的感知	居民对利益分配机制减少了居民与政府间的矛盾纠纷的感知	居民对利益分配机制减少了居民与管理者之间的矛盾的感知	居民对利益分配机制减少了居民先富的经营者之间的矛盾的感知	居民对利益分配机制提高了社区公共福利水平（如医疗、养老等）的感知	居民对利益分配机制促进了当地教育的发展的感知	居民对利益分配机制提高了居民参与旅游开发的积极性的感知
334	喜洲	0870105020	白族	6	7	7	6	5	7	7	6	7	7	5	7	7	7	7	7
335	喜洲	0870105021	白族	7	7	6	7	6	6	7	6	6	6	7	5	6	6	6	7
336	喜洲	0870105022	白族	6	6	6	6	6	6	6	7	6	6	7	6	6	6	6	7
337	喜洲	0870105023	白族	6	7	7	6	6	7	7	6	6	6	7	7	7	6	6	6
338	喜洲	0870105024	白族	7	7	7	6	5	7	7	6	7	6	5	7	7	7	6	7
339	喜洲	0870105025	白族	7	6	6	7	1	7	7	6	7	6	7	7	6	7	7	7
340	喜洲	0870105026	白族	6	6	6	6	5	6	6	5	4	4	7	7	6	6	7	6
341	喜洲	0870105027	白族	4	3	4	3	2	4	3	5	6	6	5	3	4	3	4	4
342	喜洲	0870105028	白族	7	7	7	7	4	4	5	5	7	7	7	1	7	7	7	7
343	喜洲	0870105029	白族	7	7	7	7	4	4	5	5	6	7	7	7	6	6	7	7
344	喜洲	0870105030	白族	6	6	6	7	6	6	7	7	6	6	6	6	7	6	7	6

续表3

样本序号	调查地区	问卷编号	民族	旅游促进经济发展感知	旅游经营收入增加感知	购物娱乐条件及服务质量改善感知	居住生活环境质量提高感知	旅游开发经济发展前景可观感知	旅游收入季节性明显感知	住宅物价大幅上涨感知	旅游收入分配不公感知	地区贫富差距变大感知	基本生活用品价格上涨影响生活质量感知	农用肥等生产资料价格上涨感知	外来投资增多感知	外出打工人数减少感知	旅游提高了本地社会知名度感知	旅游解决了本地剩余劳动力感知	游客丰富了本地居民生活感知
1	酉阳	0238001001	土家族	5	6	5	6	5	6	5	6	5	6	5	6	5	6	5	4
2	酉阳	0238001002	土家族	6	5	5	5	5	4	4	2	7	4	5	4	3	7	6	4
3	酉阳	0238001003	苗族	6	5	4	5	5	4	5	4	1	2	3	3	3	7	4	3
4	酉阳	0238001004	土家族	6	4	5	5	6	4	6	4	5	4	4	3	3	7	4	5
5	酉阳	0238001005	土家族	6	4	4	5	5	5	6	3	5	3	4	3	3	7	5	4
6	酉阳	0238001006	土家族	5	5	4	4	6	4	4	5	4	4	3	3	2	7	3	4
7	酉阳	0238001007	土家族	6	5	3	3	6	1	6	5	5	5	2	2	2	6	4	4
8	酉阳	0238001008	汉族	6	5	4	5	7	6	6	5	4	4	4	3	3	7	4	3
9	酉阳	0238001009	土家族	6	6	5	6	5	2	6	6	3	6	2	2	5	6	3	6
10	酉阳	0238001010	土家族	7	5	6	7	6	6	5	6	5	4	4	4	2	6	1	4
11	酉阳	0238001011	土家族	6	5	6	6	6	5	4	3	2	4	5	5	2	6	4	5
12	酉阳	0238001012	土家族	5	5	6	5	4	6	5	5	4	4	5	4	2	7	3	5
13	酉阳	0238001013	汉族	4	4	5	4	4	5	5	4	5	5	4	5	4	7	5	4
14	酉阳	0238001014	土家族	3	2	4	4	4	4	3	3	5	4	4	6	4	5	4	5

续表

样本序号	调查地区	问卷编号	民族	旅游促进经济发展感知	旅游经营收入增加感知	购物娱乐条件及服务质量改善感知	居住生活环境质量提高感知	旅游开发经济发展前景可观感知	旅游收入季节性明显感知	住宅地价大幅上涨感知	旅游收入分配不公感知	地区贫富差距变大感知	基本生活用品价格上涨影响生活质量感知	农用肥等生产资料价格上涨感知	外来投资增多感知	外出打工人数减少感知	旅游提高本地社会知名度感知	旅游解决了本地剩余劳动力感知	游客丰富了本地居民生活感知
15	酉阳	0238001015	苗族	7	5	6	5	7	6	5	5	3	3	4	5	4	7	6	4
16	酉阳	0238001016	土家族	6	5	5	4	5	4	7	3	7	6	4	4	4	6	3	5
17	酉阳	0238001017	土家族	7	6	5	6	6	4	5	5	5	3	3	3	3	7	6	6
18	酉阳	0238002001	土家族	6	6	5	5	6	6	5	3	6	5	5	2	4	6	5	6
19	酉阳	0238002002	土家族	3	3	5	4	1	7	6	7	7	5	7	3	6	2	6	6
20	酉阳	0238002003	土家族	6	6	5	6	7	6	5	6	7	5	5	6	6	5	6	5
21	酉阳	0238002004	土家族	7	7	7	7	7	3	7	5	1	7	5	4	7	7	7	7
22	酉阳	0238002005	土家族	7	7	6	7	7	4	7	6	1	7	6	4	7	7	7	7
23	酉阳	0238002006	汉族	7	7	5	6	7	3	7	6	1	5	6	4	7	7	7	6
24	酉阳	0238002007	土家族	6	6	5	6	7	6	6	5	6	5	4	2	6	6	5	6
25	酉阳	0238002008	土家族	6	5	5	6	6	6	6	7	5	5	6	3	1	4	5	6
26	酉阳	0238002009	土家族	4	5	4	4	4	6	5	4	5	5	5	5	5	6	5	5
27	酉阳	0238002010	土家族	7	4	6	6	4	5	5	4	6	5	6	6	6	7	5	6
28	酉阳	0238003001	土家族	3	5	2	6	4	7	1	2	4	4	5	6	3	4	3	5
29	酉阳	0238003002	土家族	7	7	5	6	6	4	6	7	7	7	4	7	6	7	6	7

续表

样本序号	调查地区	问卷编号	民族	旅游促进经济发展感知	旅游经营收入增加感知	购物娱乐条件及服务质量改善感知	居住生活环境质量提高感知	旅游开发经济发展前景可观感知	旅游收入季节性明显感知	住宅物价上涨感知	旅游收入分配不公感知	地区贫富差距变大感知	基本生活用品价格上涨影响生活质量感知	农用肥等生产资料价格上涨感知	外来投资增多感知	外出打工人数减少感知	旅游提高本地社会知名度感知	旅游解决了本地剩余劳动力感知	游客丰富了本地居民生活感知
30	酉阳	0238003003	土家族	7	6	5	6	7	4	5	3	6	4	6	5	6	6	5	6
31	酉阳	0238003004	土家族	7	6	6	6	7	4	5	3	7	6	5	2	5	7	5	6
32	酉阳	0238003005	土家族	6	3	5	6	6	4	6	4	7	6	4	6	7	3	6	5
33	酉阳	0238003006	土家族	7	6	7	5	6	7	7	6	7	7	7	5	7	7	6	7
34	酉阳	0238003007	土家族	6	5	5	4	4	5	4	4	4	4	5	4	7	4	5	4
35	酉阳	0238003008	土家族	5	6	5	5	4	7	3	3	3	6	6	4	5	4	5	6
36	酉阳	0238003009	土家族	3	4	7	7	5	5	1	6	1	6	2	4	6	6	7	2
37	酉阳	0238003010	土家族	6	6	6	7	7	7	7	6	6	5	5	7	7	6	7	7
38	酉阳	0238003011	土家族	5	6	5	6	6	5	6	4	6	6	6	6	6	6	6	7
39	酉阳	0238003012	土家族	5	5	4	4	6	6	7	6	5	6	5	6	5	5	6	5
40	酉阳	0238003013	土家族	2	3	5	4	7	4	3	2	3	1	7	1	1	3	1	7
41	酉阳	0238003014	土家族	2	2	3	4	4	4	6	4	4	4	4	4	4	7	7	7
42	酉阳	0238003015	土家族	7	6	5	7	5	5	7	7	4	6	6	4	4	7	7	5
43	酉阳	0238003016	土家族	1	2	2	6	2	4	2	3	6	7	1	2	3	1	1	2
44	酉阳	0238003017	土家族	1	1	6	6	6	4	6	4	6	4	4	5	1	7	6	7

续表

样本序号	调查地区	问卷编号	民族	旅游促进经济发展感知	旅游经营收入增加感知	购物娱乐条件及服务质量改善感知	居住生活环境质量提高感知	旅游开发经济发展前景可观感知	旅游收入季节性明显感知	住宅生物价大幅上涨感知	旅游收入分配不公感知	地区贫富差距变大感知	基本生活用品价格上涨影响生活质量感知	农用肥等生产资料价格上涨感知	外来投资增多感知	外出打工人数减少感知	旅游提高了本地社会知名度感知	旅游解决了本地剩余劳动力感知	游客丰富了本地居民生活感知
45	酉阳	0238003018	土家族	6	6	5	5	7	7	2	1	1	1	1	6	1	7	7	7
46	酉阳	0238003019	土家族	7	5	3	7	7	4	6	3	4	4	4	4	7	7	4	6
47	酉阳	0238003020	汉族	7	2	3	3	7	6	4	4	7	5	5	5	6	6	5	5
48	酉阳	0238003021	土家族	7	5	6	6	6	4	5	4	6	7	4	3	4	6	5	6
49	酉阳	0238003022	土家族	5	5	5	5	6	4	5	4	5	3	5	5	4	7	5	6
50	酉阳	0238003023	土家族	5	4	6	5	6	7	6	1	5	6	5	7	4	6	5	6
51	酉阳	0238004001	苗族	6	4	5	3	6	2	5	3	3	5	5	5	5	6	3	3
52	酉阳	0238004002	土家族	5	4	4	5	5	4	5	4	3	3	4	5	2	5	3	4
53	酉阳	0238004003	土家族	3	2	2	2	5	4	5	4	3	3	4	3	4	6	3	5
54	酉阳	0238004004	土家族	3	3	4	3	4	2	4	2	2	3	3	4	4	5	2	3
55	酉阳	0238004005	土家族	4	3	5	5	5	4	4	4	2	5	4	5	5	3	3	3
56	酉阳	0238004006	土家族	4	3	4	4	3	2	4	4	3	4	4	4	3	3	3	4
57	酉阳	0238004007	土家族	3	2	3	3	5	6	6	4	5	5	4	6	5	5	5	3
58	酉阳	0238004008	土家族	3	2	3	2	3	6	5	4	3	3	2	5	3	5	2	4
59	酉阳	0238004009	土家族	6	5	5	5	5	5	6	4	3	5	1	5	2	6	2	2

续表

样本序号	调查地区	问卷编号	民族	旅游促进经济发展感知	旅游经营收入增加感知	购物娱乐条件及服务质量改善感知	居住生活环境质量提高感知	旅游开发经济前景可观感知	旅游经济季节性明显感知	住宅物价大幅上涨感知	旅游收入分配不公感知	地区贫富差距变大感知	基本生活用品价格上涨影响生活质量感知	农用肥等生产资料价格上涨感知	外来投资增多感知	外出打工人数减少感知	旅游提高了本地社会知名度感知	旅游改善了本地居民剩余劳动力感知	游客丰富了本地居民生活感知
60	酉阳	0238005001	土家族	5	5	5	5	5	5	5	4	3	3	4	4	4	5	4	6
61	酉阳	0238005002	土家族	6	6	5	4	5	5	5	4	4	5	5	4	5	4	6	5
62	酉阳	0238005003	土家族	5	5	5	5	5	5	6	4	2	3	4	3	4	5	5	5
63	酉阳	0238005004	土家族	5	5	5	5	4	4	5	3	4	3	4	4	4	5	4	6
64	酉阳	0238005005	土家族	4	4	4	4	4	7	4	4	4	4	4	4	4	5	5	4
65	酉阳	0238005006	土家族	6	5	5	6	6	5	4	2	4	2	4	6	5	5	4	5
66	酉阳	0238005007	土家族	5	5	5	5	5	5	5	4	3	3	4	4	4	5	4	6
67	酉阳	0238005008	土家族	3	3	3	3	3	3	3	4	3	3	4	4	4	5	3	3
68	酉阳	0238005009	土家族	6	7	5	6	5	6	5	4	5	4	5	4	5	7	7	6
69	酉阳	0238005010	土家族	3	3	3	3	4	4	4	4	3	3	4	4	4	4	4	4
70	酉阳	0238005011	土家族	5	4	4	5	5	7	6	3	6	5	6	4	4	7	7	7
71	酉阳	0238005012	土家族	4	4	4	4	5	4	4	4	3	3	4	5	4	5	5	5
72	酉阳	0238005013	土家族	5	5	5	5	5	5	5	4	3	4	4	4	4	5	5	6
73	酉阳	0238005014	土家族	4	4	4	4	3	3	3	4	5	1	2	1	1	4	4	4
74	酉阳	0238005015	土家族	7	7	7	7	5	4	4	4	5	7	7	7	7	7	1	1

续表

样本序号	调查地区	问卷编号	民族	旅游促进经济发展感知	旅游经营收入增加感知	购物娱乐条件及服务质量改善感知	居住生活环境质量提高感知	旅游开发经济前景可观感知	旅游收入季节性明显感知	住宅物价大幅上涨感知	旅游收入分配不公感知	地区贫富差距变大感知	基本生活用品价格上涨影响生活质量感知	农用肥等生产资料价格上涨感知	外来投资增多感知	外出打工人数减少感知	旅游提高了本地社会知名度感知	旅游解决了本地剩余劳动力感知	游客丰富了本地居民生活感知
75	酉阳	0238005016	土家族	5	5	5	5	5	5	6	4	3	4	5	5	3	5	4	4
76	酉阳	0238006001	土家族	7	7	7	7	7	7	7	7	7	7	5	4	5	7	7	7
77	酉阳	0238006002	土家族	7	5	6	7	7	7	7	4	5	6	5	7	5	7	6	5
78	酉阳	0238006003	土家族	5	7	1	5	7	7	5	5	5	3	5	7	5	7	1	7
79	酉阳	0238006004	土家族	6	5	5	4	5	5	4	3	3	4	3	4	3	5	4	3
80	酉阳	0238006005	土家族	6	6	6	4	5	5	5	5	5	6	5	5	6	5	5	6
81	酉阳	0238006006	土家族	7	7	7	7	7	7	4	4	4	5	4	6	6	5	5	7
82	酉阳	0238006007	土家族	6	6	7	6	6	6	6	5	5	5	6	6	6	7	7	7
83	酉阳	0238006008	土家族	3	3	3	3	4	6	3	3	3	3	4	4	6	4	4	4
84	酉阳	0238006009	土家族	5	5	4	6	6	4	5	4	5	4	5	4	6	6	5	6
85	酉阳	0238006010	土家族	6	6	6	6	6	5	4	3	3	2	2	6	2	5	5	6
86	酉阳	0238006011	土家族	5	6	5	5	3	2	6	3	4	3	3	3	6	4	3	4
87	酉阳	0238006012	土家族	5	5	4	5	4	6	3	2	4	2	2	4	2	4	7	7
88	酉阳	0238006013	土家族	6	5	6	5	5	5	4	5	5	3	4	5	5	4	3	7
89	酉阳	0238006014	土家族	3	4	4	4	4	4	4	3	4	5	4	3	4	5	5	4

续表

样本序号	调查地区	问卷编号	民族	旅游促进经济发展感知	旅游经营收入增加感知	购物娱乐条件及服务质量改善感知	居住生活环境质量提高感知	旅游开发经济发展前景可观感知	旅游收入季节性明显感知	住宅物价大幅上涨感知	旅游收入分配不公感知	地区贫富差距变大感知	基本生活用品价格上涨影响生活质量感知	农用肥料等生产资料价格上涨感知	外来投资增多感知	外出打工人数减少感知	旅游提高了本地社会知名度感知	旅游解决了本地剩余劳动力感知	游客丰富了本地居民生活感知
90	酉阳	0238006015	汉族	7	7	7	7	7	7	7	4	4	4	4	7	7	7	7	7
91	酉阳	0238006016	土家族	6	5	5	5	5	5	5	5	4	6	4	4	4	6	5	5
92	酉阳	0238006017	土家族	5	6	6	6	7	6	6	5	5	5	5	5	5	6	5	3
93	酉阳	0238006018	土家族	3	4	7	7	5	5	1	5	6	1	1	1	6	6	6	6
94	酉阳	0238006019	土家族	6	5	6	5	2	2	3	5	2	2	5	5	6	3	1	4
95	酉阳	0238006020	土家族	7	7	6	7	7	7	7	4	5	4	4	4	4	7	4	7
96	酉阳	0238006021	土家族	6	5	4	6	6	5	6	6	5	4	5	5	5	5	5	6
97	酉阳	0238006022	土家族	4	4	3	1	7	1	7	1	1	7	7	1	4	7	4	4
98	酉阳	0238006023	土家族	7	7	5	6	5	6	6	4	4	5	4	5	5	7	4	7
99	酉阳	0238006024	土家族	6	6	5	4	5	6	6	6	6	5	6	6	6	6	6	5
100	酉阳	0238006025	土家族	5	4	5	7	6	3	5	5	3	5	4	4	6	6	6	5
101	酉阳	0238006026	土家族	6	5	6	7	6	7	7	6	4	5	4	6	6	6	4	6
102	酉阳	0238006027	土家族	6	4	3	2	5	5	6	4	6	5	5	2	5	5	2	4
103	酉阳	0238006028	土家族	4	3	4	4	6	5	4	4	3	5	4	4	5	4	4	3
104	酉阳	0238006029	土家族	7	6	5	5	7	6	7	6	7	5	4	6	4	5	5	5

续表

样本序号	调查地区	问卷编号	民族	旅游促进经济发展感知	旅游经营收入增加感知	购物娱乐条件及服务质量感知	居民生活环境质量改善感知	旅游开发经济发展前景可观感知	旅游收入季节性明显感知	住宅物价大幅上涨感知	旅游收入分配不公感知	地区贫富差距变大感知	基本生活用品等生产资料价格上涨影响生活质量感知	农用肥料等生产资料价格上涨感知	外来投资增多感知	外出打工人数减少感知	旅游提高了本地社会知名度感知	旅游解决了本地剩余劳动力感知	游客丰富了本地居民生活感知
105	酉阳	0238006030	土家族	4	4	5	4	4	3	3	4	4	3	4	4	3	4	4	3
106	酉阳	0238006031	土家族	5	5	5	4	4	5	4	6	4	5	5	6	4	4	5	4
107	酉阳	0238006032	土家族	1	1	3	3	4	3	5	2	3	6	7	7	1	6	2	3
108	酉阳	0238006033	土家族	7	7	7	7	1	1	1	1	7	7	7	7	7	7	7	7
109	喜洲	0870104001	白族	3	3	6	6	6	5	6	7	6	5	4	7	5	5	4	3
110	喜洲	0870104002	白族	2	2	2	2	3	6	6	3	3	6	6	3	2	7	3	3
111	喜洲	0870104003	白族	7	5	6	7	4	6	6	4	6	6	1	1	1	3	5	3
112	喜洲	0870104004	白族	2	2	2	5	4	6	7	5	6	7	6	6	2	7	3	6
113	喜洲	0870104005	白族	5	2	2	2	4	6	6	2	3	6	2	6	2	6	3	1
114	喜洲	0870104006	回族	4	2	4	3	4	6	3	1	4	2	5	2	5	6	3	2
115	喜洲	0870104007	汉族	5	4	6	7	6	3	5	3	3	6	6	4	3	7	5	6
116	喜洲	0870104008	白族	7	5	5	6	6	7	5	4	2	2	4	7	5	7	7	5
117	喜洲	0870104009	白族	2	1	2	4	6	6	6	2	2	5	5	3	4	7	3	3
118	喜洲	0870104010	白族	1	1	2	2	3	6	5	1	2	5	4	4	4	6	3	4
119	喜洲	0870104011	白族	3	3	3	3	2	6	6	1	2	5	5	2	2	4	4	3
120	喜洲	0870104012	白族	2	1	2	2	2	6	6	5	2	2	5	4	2	6	2	2
121	喜洲	0870104013	白族	2	2	2	2	2	6	6	2	2	5	5	4	4	4	4	4

续表

样本序号	调查地区	问卷编号	民族	旅游促进经济发展感知	旅游经营收入增加感知	购物娱乐服务及质量改善感知	居住生活环境质量提高感知	旅游开发经济前景可观感知	旅游收入季节性明显感知	住宅物价大幅上涨感知	旅游收入分配不公感知	地区贫富差距变大感知	基本生活用品价格上涨影响生活质量感知	农用肥等生产资料价格上涨感知	外来投资增多感知	外出打工人数减少感知	旅游提高本地社会知名度感知	旅游解决了本地剩余劳动力感知	旅游客多富了本地居民生活感知
122	喜洲	0870104014	汉族	7	7	6	7	7	7	6	6	7	7	7	5	4	4	5	4
123	喜洲	0870104015	汉族	3	4	5	6	7	7	6	6	5	6	7	5	6	6	6	7
124	喜洲	0870104016	白族	6	6	6	6	7	7	4	3	2	1	4	4	2	6	3	3
125	喜洲	0870104017	白族	2	1	6	6	5	6	6	2	4	5	5	2	1	6	2	3
126	喜洲	0870104018	白族	1	1	5	5	3	6	5	2	3	2	5	2	1	6	2	2
127	喜洲	0870104019	白族	1	1	4	4	5	6	6	2	5	7	5	4	1	4	3	2
128	喜洲	0870104020	回族	1	1	4	4	5	6	6	2	5	7	5	4	1	4	3	2
129	喜洲	0870104021	白族	6	5	6	6	6	6	5	5	5	4	5	4	4	6	6	6
130	喜洲	0870104022	白族	7	4	4	6	5	5	7	5	3	6	3	5	7	6	4	5
131	喜洲	0870104023	纳西族	2	1	7	7	4	7	7	5	5	4	6	3	5	5	7	5
132	喜洲	0870104024	白族	3	3	4	3	3	4	5	4	3	6	4	5	3	5	3	4
133	喜洲	0870104025	回族	3	3	2	7	6	7	5	6	6	5	6	5	4	4	5	4
134	喜洲	0870104026	白族	6	1	4	4	5	6	4	4	5	4	2	3	2	5	2	2
135	喜洲	0870104027	白族	2	2	2	5	5	4	7	7	4	7	3	2	3	5	4	3
136	喜洲	0870104028	白族	2	3	2	7	3	5	7	4	4	7	2	2	2	4	3	6
137	喜洲	0870104029	白族	5	4	6	7	5	5	4	4	2	7	5	3	3	7	6	6
138	喜洲	0870104030	白族	7	7	4	5	5	6	6	4	5	6	4	7	4	7	5	4

续表

样本序号	调查地区	民族	旅游促进经济发展感知	旅游经营收入增加感知	购物娱乐条件及服务质量改善感知	居住生活环境质量提高感知	旅游开发经济前景可观感知	旅游收入季节性明显感知	住宅物价大幅上涨感知	旅游收入分配不公感知	地区贫富差距变大感知	基本生活用品价格上涨影响生活质量感知	农用肥等生产资料价格上涨感知	外来投资增多感知	外出打工人数减少感知	旅游提高了本地社会知名度感知	旅游解决了本地剩余劳动力感知	游客丰富了本地居民生活感知
139	喜洲	白族	7	6	4	3	5	6	7	6	5	4	5	6	7	6	5	4
140	喜洲	白族	7	6	5	4	6	5	4	3	4	5	6	5	4	3	4	5
141	喜洲	白族	5	5	4	4	4	4	5	4	4	4	3	4	4	4	5	4
142	喜洲	白族	5	4	4	3	5	4	1	3	2	3	4	4	3	5	4	3
143	喜洲	白族	5	4	5	4	4	3	4	3	3	4	3	2	4	5	5	3
144	喜洲	白族	7	6	4	4	5	5	4	2	3	4	4	4	1	4	1	3
145	喜洲	白族	7	6	5	5	6	6	6	5	4	5	5	4	5	5	4	6
146	喜洲	白族	7	6	5	5	6	6	5	4	4	5	6	6	6	7	6	6
147	喜洲	白族	5	4	4	5	4	6	1	1	1	3	3	1	7	5	4	7
148	喜洲	白族	4	3	5	3	3	1	1	1	1	2	1	3	7	7	1	1
149	喜洲	白族	7	7	6	6	7	7	6	6	7	5	5	4	5	7	7	7
150	喜洲	白族	4	4	4	4	5	3	4	4	5	3	4	5	3	5	4	3
151	喜洲	白族	7	6	5	6	7	6	6	5	5	6	6	7	2	7	7	7
152	喜洲	白族	7	6	6	7	7	6	6	5	5	6	7	4	1	7	7	7
153	喜洲	白族	5	4	4	3	5	3	1	3	2	3	4	4	3	5	4	3
154	喜洲	白族	6	5	4	3	5	5	4	5	6	5	6	5	5	4	5	6
155	喜洲	白族	6	5	6	5	5	5	6	7	6	5	5	4	5	6	5	4

续表

样本序号	调查地区	问卷编号	民族	旅游促进经济发展感知	旅游经营收入增加感知	购物娱乐条件及服务质量改善感知	居住生活环境质量提高感知	旅游开发经济发展前景可观感知	旅游收入季节性明显感知	住宅物价大幅上涨感知	旅游收入分配不公感知	地区贫富差距变大感知	基本生活用品等价格上涨影响生活质量感知	农用肥等生产资料价格上涨感知	外来投资增多感知	外出打工人数减少感知	旅游提高本地社会知名度感知	旅游解决本地剩余劳动力感知	游客丰富本地居民生活感知
156	喜洲	0870109018	白族	5	4	5	4	6	6	5	2	3	5	5	3	1	6	3	2
157	喜洲	0870109019	白族	5	4	4	3	5	3	1	3	2	3	4	4	3	5	4	3
158	喜洲	0870109020	白族	2	2	3	3	5	5	5	2	4	5	2	2	2	5	2	2
159	喜洲	0870102001	白族	7	7	7	7	7	7	7	7	7	7	7	7	7	7	7	7
160	喜洲	0870102002	白族	7	7	4	7	7	5	4	2	2	4	3	4	2	7	6	7
161	喜洲	0870102003	汉族	7	5	7	7	7	5	4	2	4	4	3	4	2	7	6	7
162	喜洲	0870102004	白族	7	5	4	7	7	4	7	7	7	7	7	3	4	7	7	7
163	喜洲	0870102005	白族	7	7	7	7	7	4	7	7	7	7	7	3	4	7	7	7
164	喜洲	0870102006	白族	7	6	6	6	5	5	6	6	6	4	5	5	4	6	6	5
165	喜洲	0870102007	白族	6	6	6	7	6	5	5	5	5	5	5	5	5	6	6	6
166	喜洲	0870102008	白族	7	7	7	7	7	7	1	1	1	7	1	1	1	7	1	1
167	喜洲	0870102009	白族	1	1	1	1	1	1	1	1	1	7	1	7	1	1	1	7
168	喜洲	0870102010	白族	1	1	1	1	1	1	1	1	1	7	7	7	1	1	1	1
169	喜洲	0870102011	白族	1	1	1	1	1	1	7	7	7	7	7	7	7	1	1	2
170	喜洲	0870102012	白族	5	5	5	6	5	4	6	5	4	4	4	6	4	7	4	4

续表

样本序号	调查地区	问卷编号	民族	旅游促进经济发展感知	旅游经营收入增加感知	购物娱乐条件及服务质量提高感知	居住生活环境质量改善感知	旅游开发经济发展前景可观感知	旅游收入季节性明显感知	住宅物价大幅上涨感知	旅游收入分配不公感知	地区贫富差距变大感知	基本生活用品等生产资料价格上涨影响生活质量感知	农用肥等生产资料价格上涨感知	外来投资增多感知	外出打工人数减少感知	旅游提高了本地社会知名度感知	旅游解决了本地剩余劳动力感知	游客丰富了本地居民生活感知
171	喜洲	0870102013	白族	5	5	5	6	5	4	6	5	4	4	4	6	4	7	4	4
172	喜洲	0870102014	白族	7	7	7	7	7	1	1	1	1	1	1	7	7	7	7	7
173	喜洲	0870102015	汉族	7	6	5	7	6	6	6	7	6	7	6	7	6	6	7	6
174	喜洲	0870102016	白族	6	6	5	5	4	3	6	6	6	6	6	5	4	7	4	3
175	喜洲	0870102017	白族	7	6	4	4	4	3	6	6	6	6	6	5	4	7	4	3
176	喜洲	0870102018	白族	4	3	4	2	4	3	2	4	3	5	3	5	4	4	3	3
177	喜洲	0870102019	白族	3	4	3	4	2	3	2	4	3	2	3	2	3	2	3	2
178	喜洲	0870102020	白族	6	4	4	2	5	2	1	3	4	4	5	3	4	5	6	3
179	喜洲	0870102021	白族	6	6	5	6	7	5	6	5	3	4	4	5	3	6	6	7
180	喜洲	0870102022	白族	7	7	7	7	7	7	7	7	7	7	7	7	7	7	7	7
181	喜洲	0870102023	白族	4	3	5	4	3	6	4	2	4	5	3	5	3	4	2	3
182	喜洲	0870102024	白族	3	2	4	2	3	2	3	4	5	4	6	3	4	3	2	4
183	喜洲	0870102025	白族	7	7	7	7	7	7	7	7	7	7	7	7	7	7	7	7
184	喜洲	0870102026	白族	6	6	6	6	6	6	7	7	7	7	6	7	7	7	6	6
185	喜洲	0870102027	白族	7	1	7	7	7	7	7	7	7	7	7	7	7	7	7	7

续表

样本序号	调查地区	问卷编号	民族	旅游促进经济发展感知	旅游经营收入增加感知	购物娱乐服务及质量改善感知	居住生活条件环境质量提高感知	旅游开发经济发展前景可观感知	旅游收入季节性明显感知	住宅物价大幅上涨感知	旅游收入分配不公感知	地区贫富差距变大感知	基本生活用品价格上涨影响生活质量感知	农用肥等生产资料价格上涨感知	外来投资增多感知	外出打工人数减少感知	旅游提高本地知名度感知	旅游解决了本地剩余劳动力感知	游客丰富了本地居民生活感知
186	喜洲	0870102028	白族	7	7	7	7	7	7	7	7	7	7	7	7	7	7	7	7
187	喜洲	0870102029	白族	7	7	5	5	5	3	2	3	2	4	3	3	1	5	3	4
188	喜洲	0870102030	白族	7	7	6	7	7	7	5	6	6	6	4	3	5	7	7	7
189	喜洲	0870102031	白族	5	5	5	4	5	5	5	5	5	4	5	5	5	5	5	5
190	喜洲	0870106001	回族	5	2	2	2	6	2	3	3	3	3	2	6	2	7	4	6
191	喜洲	0870106002	白族	7		5	4	5	5	7	7	7	5	7	5	3	7	5	5
192	喜洲	0870106003	白族	6	6	5	6	5	6	7	7	7	7	7	5	7	6	7	6
193	喜洲	0870106004	白族	7	7	4	5	7	7	6	6	7	4	4	3	4	5	3	2
194	喜洲	0870106005	白族	7	7	7	7	7	7	6	5	1	7	7	7	5	5	6	6
195	喜洲	0870106006	白族	4	3	5	3	1	1	4	1	1	4	2	3	3	5	3	2
196	喜洲	0870106007	白族	1	1	1	1	4	4	4	4	4	4	4	4	4	5	5	5
197	喜洲	0870106008	汉族	4	1	4	4	4	4	4	4	4	4	4	4	4	5	5	6
198	喜洲	0870106009	汉族	4	1	4	4	4	4	4	4	4	4	4	4	4	5	5	6
199	喜洲	0870106010	汉族	4	1	4	4	4	4	4	4	4	4	4	4	4	5	5	6
200	喜洲	0870106011	汉族	4	4	4	4	4	1	5	5	4	4	4	4	4	5	5	6

样本序号	调查地区	问卷编号	民族	旅游促进经济发展感知	旅游经营收入增加感知	购物娱乐条件及服务质量提高感知	居民生活环境质量改善感知	旅游开发经济前景可观感知	旅游收入季节性明显感知	住宅物价大幅上涨感知	旅游收入分配不公感知	地区贫富差距变大感知	基本生活用品价格上涨影响生活质量感知	农用肥等生产资料价格上涨感知	外来投资增多感知	外出打工人数减少感知	旅游提高了本地社会知名度感知	旅游提高了本地解决了本地剩余劳动力感知	游客丰富了本地居民生活感知
201	喜洲	0870106012	黎族	4	4	4	4	7	7	5	7	5	6	7	7	7	7	7	7
202	喜洲	0870106013	汉族	4	1	4	4	4	1	4	4	4	5	5	4	4	5	5	6
203	喜洲	0870106014	白族	5	4	4	6	4	5	4	3	4	4	5	6	4	5	5	5
204	喜洲	0870106015	白族	7	7	7	7	7	7	5	5	3	3	3	7	7	7	7	7
205	喜洲	0870106016	汉族	7	7	7	7	7	4	3	5	4	2	1	7	7	5	5	7
206	喜洲	0870106017	白族	6	5	4	4	4	6	7	7	7	7	4	5	4	6	4	4
207	喜洲	0870106018	白族	7	7	6	6	6	7	7	6	6	6	6	6	6	7	6	6
208	喜洲	0870106019	白族	7	7	6	6	6	7	7	6	6	6	6	6	6	7	6	6
209	喜洲	0870106020	白族	6	7	6	7	7	6	7	1	6	5	6	6	5	5	6	5
210	喜洲	0870106021	白族	6	5	2	4	6	3	6	7	7	7	7	4	2	5	4	6
211	喜洲	0870106022	白族	6	7	6	5	6	7	6	5	7	6	6	6	7	6	7	6
212	喜洲	0870106023	汉族	7	7	7	7	7	7	7	7	7	7	6	6	7	7	7	7
213	喜洲	0870106024	白族	6	5	5	6	6	5	5	4	5	6	6	3	6	7	4	6
214	喜洲	0870106025	回族	6	5	5	4	6	6	6	5	6	6	6	5	6	6	7	6
215	喜洲	0870106026	白族	2	1	3	3	5	4	6	4	4	4	5	5	5	7	5	6

续表

样本序号	调查地区	问卷编号	民族	旅游促进经济发展感知	旅游经营收入增加感知	购物娱乐条件及服务质量改善感知	居住生活环境质量提高感知	旅游开发经济发展前景可观感知	旅游收入季节性明显感知	住宅物价大幅上涨感知	旅游收入分配不公感知	地区贫富差距变大感知	基本生活用品价格上涨影响生活质量感知	农用肥等生产资料价格上涨感知	外来投资增多感知	外出打工人数减少感知	旅游提高了本地社会知名度感知	旅游解决了本地剩余劳动力感知	游客丰富了本地居民生活感知
216	喜洲	0870106027	白族	7	7	4	5	7	7	2	4	1	4	4	7	7	6	5	6
217	喜洲	0870106028	白族	7	6	2	4	7	7	4	4	1	4	3	7	2	6	6	6
218	喜洲	0870106029	白族	7	7	6	6	7	6	7	7	1	6	7	6	4	7	7	7
219	喜洲	0870106030	白族	1	3	4	7	7	7	4	7	7	6	7	3	3	2	2	6
220	喜洲	0870103001	白族	6	6	7	7	5	6	5	6	6	6	5	6	2	6	7	6
221	喜洲	0870103002	白族	6	6	7	7	6	7	6	7	6	7	6	6	2	6	7	6
222	喜洲	0870103003	白族	6	3	7	2	6	6	6	6	7	6	7	6	2	7	6	7
223	喜洲	0870103004	回族	7	5	3	6	5	5	6	7	6	7	6	7	5	2	2	7
224	喜洲	0870103005	白族	3	3	6	2	6	6	6	7	6	6	5	5	3	4	6	5
225	喜洲	0870103006	白族	7	7	4	7	6	7	6	7	5	6	4	5	6	6	7	6
226	喜洲	0870103007	白族	6	6	7	5	6	7	6	6	7	6	7	6	6	6	7	6
227	喜洲	0870103008	白族	7	7	7	7	6	6	7	6	7	5	6	6	7	6	6	6
228	喜洲	0870103009	白族	6	6	5	7	6	6	7	6	7	6	7	6	7	6	7	6
229	喜洲	0870103010	白族	6	6	7	6	6	6	7	6	7	7	6	7	6	6	7	7
230	喜洲	0870103011	白族	6	7	6	7	6	6	6	7	6	7	6	7	6	6	7	6

续表

样本序号	调查地区	问卷编号	民族	旅游促进经济发展感知	旅游经营收入增加感知	购物娱乐条件及服务质量改善感知	居住生活环境质量提高感知	旅游开发经济前景可观感知	旅游人季节性明显感知	住宅物价大幅上涨感知	旅游收入分配不公感知	地区贫富差距变大感知	基本生活用品等价格上涨影响生活质量感知	农用肥等生产资料价格上涨感知	外来投资增多感知	外出打工人数减少感知	旅游提高了本地社会知名度感知	旅游解决了本地剩余劳动力感知	游客丰富了本地居民生活感知
231	喜洲	0870103012	白族	6	7	6	5	6	7	6	5	6	7	5	6	7	6	7	7
232	喜洲	0870103013	白族	6	7	7	6	6	6	7	6	7	7	7	6	7	6	7	7
233	喜洲	0870103014	白族	6	6	7	7	6	7	6	5	6	7	6	6	6	6	7	7
234	喜洲	0870103015	白族	5	6	6	7	7	7	7	6	6	7	6	7	6	7	6	7
235	喜洲	0870103016	白族	6	7	7	7	6	6	7	6	6	6	7	6	2	7	7	7
236	喜洲	0870103017	白族	6	7	7	7	6	6	7	6	7	6	7	6	6	7	7	6
237	喜洲	0870103018	白族	6	7	6	7	6	7	5	6	6	7	7	7	6	6	7	5
238	喜洲	0870103019	白族	6	6	7	7	7	6	7	7	6	7	6	7	6	6	7	6
239	喜洲	0870103020	白族	6	6	7	7	6	7	7	7	6	6	6	6	6	6	7	6
240	喜洲	0870103021	白族	6	6	6	7	7	7	7	7	6	6	7	7	6	6	7	6
241	喜洲	0870103022	白族	6	7	7	7	7	6	6	6	6	7	7	6	6	7	7	6
242	喜洲	0870103023	白族	7	7	6	7	6	6	6	7	6	7	7	7	6	6	6	7
243	喜洲	0870103024	白族	6	6	7	6	6	6	6	6	6	7	7	7	2	6	6	7
244	喜洲	0870103025	白族	6	6	7	5	6	7	7	7	6	6	6	5	6	6	7	6
245	喜洲	0870103026	白族	6	7	6	5	6	7	6	7	5	6	7	5	6	5	6	7

续表

样本序号	调查地区	问卷编号	民族	旅游促进经济发展感知	旅游经营收入增加感知	购物娱乐条件及服务质量改善感知	居住生活环境质量提高感知	旅游开发经济发展前景可观感知	旅游收入季节性明显感知	住宅物价大幅上涨感知	旅游收入分配不公感知	地区贫富差距变大感知	基本生活用品价格上涨影响生活质量感知	农用肥等生产资料价格上涨感知	外来投资增多感知	外出打工人数减少感知	旅游提高了本地社会知名度感知	旅游解决了本地剩余劳动力感知	游客丰富了本地居民生活感知
246	喜洲	0870103027	白族	6	7	6	7	6	7	7	7	6	6	6	7	6	7	7	6
247	喜洲	0870103028	白族	6	7	6	7	6	7	6	7	7	7	6	7	6	6	7	7
248	喜洲	0870103029	白族	6	6	6	6	7	6	5	5	5	6	7	5	6	6	7	5
249	喜洲	0870103030	白族	6	7	7	7	6	7	7	6	6	7	6	6	6	7	7	6
250	喜洲	0870103031	汉族	6	7	6	7	6	7	7	5	6	7	4	5	3	7	7	7
251	喜洲	0870103032	白族	6	7	6	7	6	7	7	6	6	7	7	6	2	7	7	7
252	喜洲	0870103033	白族	7	6	7	7	6	7	6	7	7	7	7	7	6	6	7	5
253	喜洲	0870103034	白族	7	6	7	6	6	7	6	7	7	7	6	7	7	7	6	7
254	喜洲	0870103035	回族	6	7	6	7	1	2	5	4	2	6	6	4	3	6	6	3
255	喜洲	0870108001	白族	1	1	1	1	4	4	2	1	2	1	1	4	1	1	1	4
256	喜洲	0870108002	白族	1	1	2	1	4	5	4	4	4	4	4	5	4	4	4	4
257	喜洲	0870108003	白族	5	4	6	6	6	6	7	5	6	4	5	5	7	6	5	7
258	喜洲	0870108004	白族	7	7	2	5	3	4	6	5	5	4	5	5	4	4	6	6
259	喜洲	0870108005	白族	4	6	2	5	5	6	2	5	2	1	3	5	3	4	2	5
260	喜洲	0870108006	白族	5	5	5	5	6	5	4	6	4	4	5	5	4	3	6	5

续表

样本序号	调查地区	问卷编号	民族	旅游促进经济发展感知	旅游经营收入增加感知	购物娱乐条件及服务质量改善感知	居住生活环境质量提高感知	旅游开发经济前景观感知	旅游收入季节性明显感知	住宅物价大幅上涨感知	旅游收入分配不公感知	地区贫富差距变大感知	基本生活用品等生活用品价格上涨影响生活质量感知	农用肥料等生产资料价格上涨感知	外来投资增多感知	外出打工人数减少感知	旅游提高本地社会知名度感知	旅游解决了本地剩余劳动力感知	旅游客丰富了本地居民生活感知
261	喜洲	0870108007	白族	7	6	5	4	4	5	6	7	6	5	4	3	4	5	6	7
262	喜洲	0870108008	白族	7	6	5	3	4	5	6	7	6	5	4	5	6	7	6	5
263	喜洲	0870108009	汉族	7	6	5	4	3	4	5	6	6	5	4	3	4	5	6	5
264	喜洲	0870108010	白族	7	6	5	6	6	5	4	3	4	5	6	7	6	5	4	3
265	喜洲	0870107001	白族	4	3	5	1	3	1	1	1	1	7	7	2	2	1	3	7
266	喜洲	0870107002	白族	3	3	1	2	3	1	1	1	1	1	3	3	1	4	4	4
267	喜洲	0870107003	白族	7	6	5	5	7	6	4	4	4	5	5	5	5	5	6	5
268	喜洲	0870107004	白族	4	4	4	4	3	3	5	4	4	5	6	3	2	5	5	5
269	喜洲	0870107005	白族	5	5	4	3	3	4	6	4	4	6	5	4	2	7	2	4
270	喜洲	0870107006	白族	5	3	5	5	4	4	4	4	4	4	4	4	5	2	2	2
271	喜洲	0870107007	白族	2	3	3	2	2	2	1	2	2	4	4	4	4	4	4	4
272	喜洲	0870107008	白族	3	5	2	3	2	4	2	4	2	3	2	2	3	3	4	3
273	喜洲	0870107009	白族	4	1	4	3	4	3	2	4	5	3	4	3	4	4	2	3
274	喜洲	0870107010	白族	4	4	6	7	6	5	7	4	7	5	5	6	4	7	6	5
275	喜洲	0870107011	白族	4	4	4	4	5	4	5	4	4	5	5	3	3	4	4	5

续表

样本序号	调查地区	问卷编号	民族	旅游促进经济发展感知	旅游经营收入增加感知	购物娱乐条件及服务质量改善感知	居住生活环境质量提高感知	旅游开发经济前景观感知	旅游收入季节性明显感知	住宅物价大幅上涨感知	旅游收入分配不公感知	地区贫富差距变大感知	基本生活用品价格上涨影响生活质量感知	农用肥料等生产资料价格上涨感知	外来投资增多感知	外出打工人数减少感知	旅游提高本地社会知名度感知	旅游解决本地剩余劳动力感知	游客丰富本地居民生活感知
276	喜洲	0870107012	白族	2	1	2	2	3	2	2	1	2	2	1	3	2	4	2	2
277	喜洲	0870107013	白族	7	7	6	5	7	7	7	6	7	2	2	7	6	7	7	6
278	喜洲	0870107014	白族	7	5	5	7	7	6	3	3	3	7	5	6	7	7	7	7
279	喜洲	0870107015	白族	7	7	7	7	6	3	6	3	2	4	5	4	6	5	5	7
280	喜洲	0870107016	白族	5	5	3	2	5	3	6	3	6	6	5	6	3	6	4	5
281	喜洲	0870107017	藏族	4	4	4	4	6	4	7	3	3	6	3	3	3	6	5	3
282	喜洲	0870107018	白族	7	6	5	4	7	6	5	4	5	6	3	6	4	5	6	7
283	喜洲	0870107019	白族	7	2	7	4	4	6	6	6	3	6	7	7	2	7	7	7
284	喜洲	0870101001	白族	3	3	2	4	4	4	1	2	2	4	6	2	5	5	4	4
285	喜洲	0870101002	白族	3	5	4	3	7	5	2	2	1	1	2	5	5	6	5	5
286	喜洲	0870101003	白族	5	5	5	5	6	5	6	6	5	6	1	5	4	5	6	5
287	喜洲	0870101004	白族	4	3	3	4	4	4	3	4	3	2	6	3	4	5	3	4
288	喜洲	0870101005	白族	4	2	1	2	6	6	7	6	6	7	4	6	3	5	5	3
289	喜洲	0870101006	白族	2	3	4	3	3	2	4	3	1	1	4	2	3	3	1	2
290	喜洲	0870101007	白族	3	3	5	5	4	6	5	4	5	6	5	3	1	7	7	7

续表

样本序号	调查地区	问卷编号	民族	旅游促进经济发展感知	旅游经营收入增加感知	购物娱乐服务及质量感知	居住生活环境条件质量提高感知	旅游开发经济前景可观感知	旅游收入季节性明显感知	住宅物价大幅上涨感知	旅游收入分配不公感知	地区贫富差距变大感知	基本生活用品价格上涨影响生活质量感知	农用肥料等生产资料价格上涨感知	外来投资增多感知	外出打工人数减少感知	旅游提高了本地社会知名度感知	旅游解决了本地剩余劳动力感知	游客丰富了本地居民生活感知
291	喜洲	0870101008	白族	5	4	5	6	5	4	6	6	5	4	4	4	3	6	6	5
292	喜洲	0870101009	白族	7	7	7	7	7	7	7	7	7	7	3	7	7	7	7	7
293	喜洲	0870101010	白族	7	7	7	7	7	7	7	6	5	6	6	6	7	6	7	7
294	喜洲	0870101011	回族	5	4	4	5	6	4	6	2	2	2	2	1	5	5	5	3
295	喜洲	0870101012	白族	6	4	5	5	5	4	3	2	3	4	3	4	5	5	65	5
296	喜洲	0870101013	白族	7	7	7	7	7	7	7	4	2	1	3	2	1	7	7	7
297	喜洲	0870101014	白族	7	7	7	7	7	7	7	5	7	3	5	6	6	7	7	7
298	喜洲	0870101015	白族	7	5	6	6	6	6	7	3	2	3	5	7	4	7	5	7
299	喜洲	0870101016	白族	7	5	6	6	7	6	7	3	2	3	5	7	4	7	6	7
300	喜洲	0870101017	白族	5	3	3	4	6	6	7	5	5	3	5	6	4	7	4	4
301	喜洲	0870101018	白族	7	7	6	6	7	4	3	3	3	2	2	2	2	6	6	4
302	喜洲	0870101019	白族	3	2	4	2	4	5	5	4	6	4	5	3	4	6	6	2
303	喜洲	0870101020	白族	7	6	7	6	6	6	5	6	7	6	7	5	6	6	3	4
304	喜洲	0870101021	白族	7	5	6	7	7	4	6	5	7	6	4	2	6	5	7	7
305	喜洲	0870101022	白族	2	4	5	2	3	1	4	7	7	7	2	3	6	5	5	7

续表

样本序号	调查地区	问卷编号	民族	旅游促进经济发展感知	旅游经营收入增加感知	购物娱乐条件及服务质量改善感知	居住生活环境质量提高感知	旅游开发经济发展前景可观感知	旅游收入季节性明显感知	住宅物价大幅上涨感知	旅游收入分配不公感知	地区贫富差距拉大感知	基本生活用品价格上涨影响生活质量感知	农用肥等生产资料价格上涨感知	外来投资增多感知	外出打工人数减少感知	旅游提高了本地社会知名度感知	旅游解决了本地剩余劳动力感知	游客丰富了本地居民生活感知
306	喜洲	0870101023	白族	7	5	4	4	7	3	6	1	1	3	4	3	4	4	4	3
307	喜洲	0870101024	白族	1	2	4	3	5	4	3	5	5	4	3	5	6	5	6	7
308	喜洲	0870101025	白族	6	6	6	6	6	4	4	4	5	4	3	3	2	7	4	4
309	喜洲	0870101026	白族	4	4	5	5	5	5	5	4	4	4	4	4	3	5	4	3
310	喜洲	0870101027	白族	4	4	4	1	4	1	1	1	7	1	4	1	4	7	1	7
311	喜洲	0870101028	白族	7	6	3	3	6	4	4	4	5	3	3	3	3	7	5	3
312	喜洲	0870101029	白族	7	6	6	7	7	5	6	4	6	4	6	4	6	7	6	7
313	喜洲	0870101030	白族	7	7	7	7	7	7	2	6	3	4	4	3	3	7	6	5
314	喜洲	0870105001	白族	7	7	6	5	7	7	7	6	5	4	5	7	7	7	7	7
315	喜洲	0870105002	白族	7	7	7	5	7	6	7	5	6	5	7	6	4	7	7	7
316	喜洲	0870105003	白族	7	7	5	6	7	6	7	5	6	6	6	5	4	7	6	7
317	喜洲	0870105004	白族	6	7	7	4	6	7	6	6	7	6	7	7	6	6	6	7
318	喜洲	0870105005	白族	4	4	4	4	7	6	7	2	6	6	6	6	6	7	7	6
319	喜洲	0870105006	白族	7	7	7	7	7	5	7	2	7	7	7	7	7	7	7	6
320	喜洲	0870105007	白族	6	6	6	6	6	5	7	6	6	7	7	7	7	5	6	7

续表

样本序号	调查地区	问卷编号	民族	旅游促进经济发展感知	旅游经营收入增加感知	购物娱乐条件及服务质量改善感知	居住生活环境质量提高感知	旅游开发经济前景可观感知	旅游收入季节性明显感知	住宅物价大幅上涨感知	旅游收入分配不公感知	地区贫富差距变大感知	基本生活用品价格上涨影响生活质量感知	农用肥等生产资料价格上涨感知	外来投资增多感知	外出打工人数减少感知	旅游提高了本地社会知名度感知	旅游解决了本地剩余劳动力感知	游客丰富了本地居民生活感知
321	喜洲	0870105008	白族	6	7	7	7	6	7	7	6	7	7	7	6	7	7	7	7
322	喜洲	0870105009	白族	4	4	4	4	6	6	6	6	6	6	6	6	6	7	7	7
323	喜洲	0870105010	回族	7	7	7	7	7	7	7	2	7	7	7	2	7	7	7	6
324	喜洲	0870105011	白族	7	7	7	7	7	7	7	7	1	7	7	7	2	4	7	5
325	喜洲	0870105012	白族	7	5	6	5	7	3	3	4	3	4	5	4	6	4	5	7
326	喜洲	0870105013	白族	1	1	1	1	1	1	1	1	1	1	1	1	1	1	1	1
327	喜洲	0870105014	白族	7	7	5	7	6	6	7	5	3	2	2	7	7	7	1	6
328	喜洲	0870105015	白族	7	7	7	6	7	5	7	6	6	6	7	7	6	7	7	6
329	喜洲	0870105016	白族	7	7	5	5	6	6	7	6	4	3	3	5	4	7	7	7
330	喜洲	0870105017	白族	7	7	6	7	6	7	2	3	5	1	1	7	6	7	7	7
331	喜洲	0870105018	白族	7	5	5	6	5	7	7	5	5	6	6	7	6	7	7	7
332	喜洲	0870105019	汉族	7	7	7	7	7	7	6	6	6	5	4	6	6	7	7	7
333	喜洲	0870105020	白族	7	6	7	7	7	7	4	6	3	5	4	5	7	7	7	7
334	喜洲	0870105021	白族	6	7	6	7	6	7	6	6	7	6	6	5	5	6	5	7
335	喜洲	0870105022	白族	7	6	4	4	4	4	5	7	5	4	7	5	4	6	5	4

续表

样本序号	调查地区	问卷编号	民族	旅游促进经济发展感知	旅游经营收入增加感知	购物娱乐条件及服务质量感知	居住生活环境质量改善感知	旅游开发经济发展前景可观感知	旅游淡季节性明显感知	住宅物价大幅上涨感知	旅游收入分配不公感知	地区贫富差距变大感知	基本生活用品等生活资料价格上涨影响生活质量感知	农用肥料等生产资料价格上涨感知	外来投资增多感知	外出打工人数减少感知	旅游提高了本地社会知名度感知	旅游解决了本地剩余劳动力感知	游客丰富了本地居民生活感知
336	喜洲	0870105023	白族	6	6	7	6	6	7	7	6	7	6	6	7	6	6	6	7
337	喜洲	0870105024	白族	7	5	6	7	7	7	6	5	3	6	3	6	2	7	7	7
338	喜洲	0870105025	白族	7	5	6	7	7	7	5	4	3	7	6	5	6	7	7	7
339	喜洲	0870105026	白族	7	7	6	6	7	7	7	5	5	7	7	6	5	7	7	7
340	喜洲	0870105027	白族	7	4	3	4	3	4	3	5	3	5	7	5	4	7	1	6
341	喜洲	0870105028	白族	7	7	7	7	7	7	7	7	2	5	5	5	4	5	5	7
342	喜洲	0870105029	白族	7	7	7	7	7	7	7	7	2	7	7	7	2	7	7	7
343	喜洲	0870105030	白族	6	6	7	7	6	6	6	7	7	6	6	7	6	6	6	7

续表 4

样本序号	调查地区	问卷编号	民族	客源竞争影响了本地居民间关系感知	有接受旅游职业技能培训的机会感知	旅游提高了当地风俗文化的留存感知	旅游使传统文化资源开发商业化、庸俗化感知	本地居民民淳朴诚实的品质流失感知	居民日常生活受到干扰感知	犯罪不良现象增加感知	旅游引发居民与游客同冲突感知	引发居民与旅游公司等外来经营者冲突感知	投资增大改善感知	自然环境得到有效开发和保护感知	旅游改善了当地交通条件感知	环境卫生状况改善感知	居民环保意识增强感知	交通和人口过度拥挤度感知	噪声污染大幅增多感知
1	酉阳	0238001001	土家族	6	5	5	5	6	5	6	5	4	6	5	6	5	6	5	6
2	酉阳	0238001002	土家族	1	1	1	2	2	2	1	2	1	6	5	5	6	5	2	2
3	酉阳	0238001003	苗族	3	3	1	1	1	1	2	2	2	6	5	5	4	4	1	2
4	酉阳	0238001004	土家族	4	4	1	1	1	3	1	1	2	6	7	5	5	2	1	1
5	酉阳	0238001005	土家族	4	2	2	2	2	2	2	3	4	6	5	6	4	5	2	2
6	酉阳	0238001006	土家族	3	3	2	2	2	2	1	1	5	6	6	5	5	5	6	5
7	酉阳	0238001007	土家族	4	3	3	2	2	3	2	2	2	6	6	6	5	6	2	2
8	酉阳	0238001008	汉族	5	5	5	4	4	3	1	2	1	6	6	7	5	6	2	1
9	酉阳	0238001009	土家族	2	2	6	2	2	1	2	2	2	6	5	5	6	5	5	4
10	酉阳	0238001010	土家族	3	6	3	3	3	2	2	2	2	7	6	5	6	6	5	6
11	酉阳	0238001011	土家族	2	1	2	2	2	2	3	2	2	3	5	5	5	4	2	2
12	酉阳	0238001012	土家族	3	4	4	3	3	2	2	1	1	6	5	4	5	4	2	1

续表

样本序号	调查地区	问卷编号	民族	客源竞争影响了本地居民间关系感知	有接受旅游职业技能培训的机会感知	提高了当地风俗文化留存感知	传统文化资源开发商业化、庸俗化文化的留存感知	本地居民日常生活受到干扰感知	居民淳朴诚实的品质流失感知	犯罪现象增加感知	旅游引发居民与游客冲突感知	引发居民与旅游公司等外来经营者冲突感知	投资大大改善环境感知	自然环境得到有效开发和保护感知	旅游地交通条件改善感知	环境卫生状况改善感知	居民环保意识增强感知	交通和人口过度拥挤感知	噪声污染大幅增多感知
13	酉阳	0238001013	汉族	4	6	7	4	6	4	6	7	5	7	6	6	5	4	6	1
14	酉阳	0238001014	土家族	5	4	5	6	5	6	1	1	2	6	5	6	5	6	2	1
15	酉阳	0238001015	苗族	5	6	4	5	6	6	1	1	1	7	6	6	5	6	5	1
16	酉阳	0238001016	土家族	1	2	2	1	1	1	1	1	1	6	5	5	5	6	5	5
17	酉阳	0238001017	土家族	7	6	5	2	2	1	1	1	6	5	7	6	7	6	5	
18	酉阳	0238002001	土家族	1	1	6	1	7	2	1	1	2	6	6	6	5	6	1	1
19	酉阳	0238002002	土家族	1	1	3	1	3	1	1	1	1	6	7	5	6	6	4	1
20	酉阳	0238002003	土家族	5	1	5	2	1	2	2	2	1	6	5	6	6	6	1	1
21	酉阳	0238002004	土家族	6	5	7	1	7	1	1	1	1	7	7	7	7	7	5	3
22	酉阳	0238002005	土家族	6	5	7	1	7	1	1	1	1	7	7	7	7	7	5	3
23	酉阳	0238002006	汉族	5	1	7	1	7	1	1	1	1	7	7	7	7	6	4	2
24	酉阳	0238002007	土家族	4	1	6	2	2	7	1	1	2	6	6	5	6	6	3	1
25	酉阳	0238002008	土家族	1	5	6	2	2	7	1	1	2	6	6	6	5	6	4	1
26	酉阳	0238002009	土家族	5	5	5	6	6	7	2	6	4	4	6	6	5	6	5	6

续表

样本序号	调查地区	问卷编号	民族	客源竞争影响了本地居民间关系感知	有接受旅游职业技能培训的机会感知	旅游提高了当地地风俗文化的留传感知	传统文化资源开发商业化、庸俗化感知	本地居民淳朴诚实的品质流失感知	居民日常生活受到的干扰感知	犯罪和不良现象增加感知	旅游开发与居民同冲突感知	引发居民与旅游公司等外来经营者冲突感知	投资大大改善感知	自然环境得到有效发和保护感知	旅游开发当地交通条件感知	环境卫生状况改善感知	居民卫保意识增强感知	交通和人口过度拥挤感知	噪声污染大幅增多感知
27	酉阳	0238002010	土家族	6	5	6	5	6	2	2	1	1	7	6	6	7	6	4	4
28	酉阳	0238003001	土家族	2	3	4	5	4	2	3	5	6	5	3	7	4	5	6	5
29	酉阳	0238003002	土家族	1	3	2	1	2	7	6	1	2	7	6	7	6	7	4	2
30	酉阳	0238003003	土家族	1	5	2	3	1	6	2	1	2	6	5	6	7	6	2	2
31	酉阳	0238003004	土家族	2	2	1	3	1	2	1	3	2	6	6	5	7	6	3	2
32	酉阳	0238003005	土家族	2	2	1	3	1	3	1	3	2	6	5	6	6	6	2	2
33	酉阳	0238003006	土家族	3	4	7	7	3	3	3	3	3	5	5	7	6	7	4	4
34	酉阳	0238003007	土家族	4	3	5	5	5	4	5	4	5	5	6	5	6	4	5	2
35	酉阳	0238003008	土家族	4	5	7	5	5	5	6	1	1	6	5	6	6	5	6	5
36	酉阳	0238003009	土家族	7	3	7	5	5	7	1	1	7	7	7	7	7	7	7	6
37	酉阳	0238003010	土家族	7	7	7	6	6	6	2	2	2	7	7	7	7	7	3	3
38	酉阳	0238003011	土家族	6	6	5	6	6	5	6	6	3	6	6	6	6	6	5	6
39	酉阳	0238003012	土家族	6	5	5	6	6	5	6	5	5	5	6	5	5	5	6	5
40	酉阳	0238003013	土家族	4	4	4	3	5	2	1	3	3	7	3	5	7	7	3	7

续表

样本序号	调查地区	问卷编号	民族	客源竞争影响到本地居民间关系感知	有接受旅游职业技能培训的机会感知	旅游提高了当地居民的社会关系感知	传统文化资源开发商业化、庸俗化的感知	旅游使本地居民淳朴品质流失感知	本地居民日常生活受到的干扰感知	犯罪和不良现象增加感知	旅游引发居民与外来游客冲突感知	引发居民与旅游投资公司等外来经营者冲突感知	投资大大改善环境感知	自然环境得到有效开发和保护感知	旅游改善了当地交通条件感知	环境卫生状况改善感知	居民环保意识增强感知	交通和人口过度拥挤感知	噪声污染大幅增多感知
41	酉阳	0238003014	土家族	5	7	7	7	5	5	5	5	7	7	7	7	7	7	7	7
42	酉阳	0238003015	土家族	4	6	4	6	7	4	1	3	5	7	7	7	3	5	7	5
43	酉阳	0238003016	土家族	1	2	1	2	7	1	2	3	6	7	6	7	3	2	2	3
44	酉阳	0238003017	土家族	1	3	2	3	1	1	1	3	2	7	6	5	7	7	2	2
45	酉阳	0238003018	土家族	1	7	7	1	1	1	1	1	1	7	7	6	7	7	1	1
46	酉阳	0238003019	土家族	1	3	7	5	1	1	1	1	1	7	7	6	7	7	1	1
47	酉阳	0238003020	汉族	2	1	2	7	7	6	1	2	3	2	7	6	2	7	6	1
48	酉阳	0238003021	土家族	1	2	2	3	2	6	1	5	7	7	6	3	6	5	3	3
49	酉阳	0238003022	土家族	6	7	5	6	5	6	1	2	4	7	5	6	4	3	6	7
50	酉阳	0238003023	土家族	5	6	5	6	5	6	4	5	1	4	6	5	6	5	6	5
51	酉阳	0238004001	苗族	1	2	1	2	1	1	1	1	3	3	3	3	2	5	1	2
52	酉阳	0238004002	土家族	1	2	3	3	1	1	1	1	3	3	3	3	3	4	1	1
53	酉阳	0238004003	土家族	1	3	1	1	6	1	1	1	4	4	4	3	2	3	1	1
54	酉阳	0238004004	土家族	1	5	3	3	5	1	1	1	2	2	1	2	1	2	2	1

续表

样本序号	调查地区	问卷编号	民族	客源竞争影响了本地居民同居民间关系感知	有接受旅游职业技能培训的机会感知	旅游提高了当地居民职业技能培训的机会感知	传统文化资源开发风俗化的文化留传感知	旅游使本地居民淳朴民风、诚实的品质流失感知	居民日常生活受到干扰感知	犯罪和不良现象增加感知	旅游引发居民与游客冲突感知	引发居民与旅游公司等外来经营者冲突感知	投资环境大大改善感知	自然环境得到有效开发和保护感知	旅游改善了当地交通条件感知	环境卫生状况改善感知	居民环保意识增强感知	交通和人口过度拥挤感知	噪声污染大幅增多感知
55	酉阳	0238004005	土家族	2	2	3	1	6	1	1	1	1	6	6	5	5	5	6	5
56	酉阳	0238004006	土家族	3	3	2	2	1	1	2	1	2	5	6	5	4	4	4	4
57	酉阳	0238004007	土家族	1	3	1	1	6	1	1	2	2	6	5	6	6	6	2	2
58	酉阳	0238004008	土家族	3	3	2	2	6	2	1	2	1	3	3	5	5	5	2	2
59	酉阳	0238004009	土家族	1	3	1	2	6	1	1	1	1	6	6	5	6	5	1	1
60	酉阳	0238005001	土家族	1	6	5	5	1	6	1	1	1	5	5	5	5	5	1	1
61	酉阳	0238005002	土家族	4	4	5	6	6	6	7	6	6	6	5	6	6	5	6	5
62	酉阳	0238005003	土家族	2	5	5	5	1	1	1	6	1	5	5	5	5	5	2	2
63	酉阳	0238005004	土家族	1	4	5	5	5	6	1	1	1	5	5	5	5	4	1	1
64	酉阳	0238005005	土家族	4	4	4	4	2	2	2	2	2	5	5	5	6	4	2	2
65	酉阳	0238005006	土家族	3	5	6	2	2	2	2	2	2	6	6	6	6	5	4	3
66	酉阳	0238005007	土家族	1	4	5	5	1	6	1	1	1	5	5	5	5	4	1	1
67	酉阳	0238005008	土家族	3	3	3	3	4	2	2	2	2	2	2	2	1	3	2	2
68	酉阳	0238005009	土家族	6	7	5	2	4	5	4	5	4	4	6	6	6	6	7	6

续表

样本序号	调查地区	问卷编号	民族	客源地竞争影响了本地居民就业同关系感知	有接受旅游职业技能培训的机会感知	提高旅游业同本地居民收入感知	传统文化资源开发地风俗民化的文化的感知	旅游使本地居民淳朴诚实的文化品质庸俗化流失感知	本地居民日常生活受到实的干扰感知	犯罪和不良现象增加感知	旅游发与居民同冲突感知	引发居民与旅游公司等外来经营者同冲突感知	投资环境大大改善感知	自然环境得到有效开发和保护感知	旅游改善了当地交通条件感知	环境卫生状况改善感知	居民环保意识增强感知	交通和人口过挤度感知	噪声污染大幅增多感知
69	酉阳	0238005010	土家族	4	4	4	4	1	1	1	1	1	2	2	2	2	2	2	2
70	酉阳	0238005011	土家族	6	5	6	4	5	4	1	4	5	6	7	6	5	6	6	5
71	酉阳	0238005012	土家族	5	2	4	4	2	1	1	1	1	5	5	4	4	4	1	1
72	酉阳	0238005013	土家族	1	3	5	5	1	6	1	1	1	5	5	5	5	5	1	1
73	酉阳	0238005014	土家族	2	5	4	4	4	1	1	7	1	5	2	4	1	4	2	2
74	酉阳	0238005015	土家族	1	1	7	7	7	7	7	7	7	7	7	7	5	5	5	4
75	酉阳	0238005016	土家族	2	3	5	4	1	1	7	1	1	5	3	5	3	4	2	2
76	酉阳	0238006001	土家族	7	6	6	7	6	1	1	4	6	7	6	5	7	7	1	1
77	酉阳	0238006002	土家族	4	6	5	4	4	1	1	4	1	7	7	7	7	7	4	6
78	酉阳	0238006003	土家族	6	7	7	5	7	1	1	4	3	7	6	5	1	1	7	1
79	酉阳	0238006004	土家族	4	3	3	3	3	4	3	4	5	6	6	5	6	5	6	5
80	酉阳	0238006005	土家族	5	5	5	5	5	5	5	5	4	5	5	5	5	5	5	5
81	酉阳	0238006006	土家族	4	4	6	5	5	4	5	5	4	7	7	7	7	7	4	4
82	酉阳	0238006007	土家族	5	7	7	6	5	5	4	3	3	6	7	7	7	7	4	3

续表

样本序号	调查地区	问卷编号	民族	客源竞争影响了本地居民间关系感知	有接受旅游职业技能培训的社会机会感知	旅游提高了当地居民的文化留传感知	传统文化资源开发的商业化、庸俗化感知	旅游使本地居民淳朴民风受到的冲击感知	居民日常生活品质流失感知	犯罪和不良现象增加感知	旅游引发居民与游客间冲突感知	引发居民与旅游公司等外来经营者冲突感知	投资大大改善感知	自然环境得到有效发保护感知	旅游开发改善了当地交通条件感知	环境卫生状况改善感知	居民环保意识增强感知	交通和人口过度拥挤感知	噪声污染增多感知
83	酉阳	0238006008	土家族	4	4	3	4	2	2	2	2	2	4	4	4	4	4	2	2
84	酉阳	0238006009	土家族	5	6	6	1	1	1	1	1	1	6	6	4	6	6	5	3
85	酉阳	0238006010	土家族	5	5	5	5	2	2	2	2	2	5	5	5	5	4	1	1
86	酉阳	0238006011	土家族	2	5	2	2	6	2	1	1	1	2	6	5	5	5	2	2
87	酉阳	0238006012	土家族	6	6	5	4	5	4	5	3	3	7	6	5	5	6	4	3
88	酉阳	0238006013	土家族	4	6	5	3	3	2	2	2	4	7	6	6	3	4	4	3
89	酉阳	0238006014	土家族	5	4	4	4	5	2	4	5	4	3	4	4	3	4	4	3
90	酉阳	0238006015	汉族	1	4	7	4	7	7	1	1	7	7	7	7	7	7	1	6
91	酉阳	0238006016	土家族	4	6	5	4	5	2	2	2	2	5	4	4	5	5	4	4
92	酉阳	0238006017	土家族	3	2	1	2	2	2	2	3	3	4	4	4	3	3	3	3
93	酉阳	0238006018	土家族	6	6	5	4	6	3	4	5	1	1	7	6	6	5	4	1
94	酉阳	0238006019	土家族	4	4	4	5	4	4	4	4	3	5	4	6	5	6	4	4
95	酉阳	0238006020	土家族	4	7	7	4	4	4	4	4	4	7	7	7	6	6	5	4
96	酉阳	0238006021	土家族	5	5	2	2	2	3	2	3	2	7	6	6	6	6	7	6

续表

样本序号	调查地区	问卷编号	民族	客源竞争影响了本地居民同旅游者有接受旅游职业技能培训的机会关系感知	有接受旅游职业技能培训的机会感知	提高了当地技能风俗文化的留传机会感知	传统文化资源开发商业化、庸俗化感知	旅游使本地居民淳朴诚实的品质流失感知	居民日常生活的受到干扰感知	犯罪和不良现象增加感知	旅游与居民与旅游者冲突感知	引发居民与旅游公司等外来经营者冲突感知	投资大大改善感知	自然环境得到有效开发利保护感知	旅游改善了当地交通条件感知	环境卫生状况改善感知	居民保意识增强感知	交通和人口过度拥挤感知	噪声污染大幅增多感知
97	酉阳	0238006022	土家族	4	4	4	4	4	4	4	4	4	4	5	5	5	5	5	5
98	酉阳	0238006023	土家族	4	6	7	4	4	4	3	4	3	7	7	6	6	6	4	3
99	酉阳	0238006024	土家族	5	5	2	3	2	1	1	1	6	6	6	6	6	6	2	4
100	酉阳	0238006025	土家族	5	4	4	4	3	4	4	4	3	6	5	4	4	3	3	3
101	酉阳	0238006026	土家族	3	5	5	4	3	6	6	2	6	5	6	5	6	4	5	4
102	酉阳	0238006027	土家族	4	4	4	5	4	3	4	2	2	6	5	3	4	4	2	5
103	酉阳	0238006028	土家族	4	4	4	4	4	4	4	4	4	4	5	5	5	5	3	4
104	酉阳	0238006029	土家族	4	4	5	5	6	5	6	6	6	6	5	5	5	4	6	4
105	酉阳	0238006030	土家族	4	5	4	4	5	5	5	4	5	4	5	4	5	4	5	4
106	酉阳	0238006031	土家族	5	5	6	5	6	5	6	5	5	4	4	5	5	6	5	6
107	酉阳	0238006032	土家族	6	1	3	3	2	1	2	1	1	3	4	3	5	5	5	2
108	酉阳	0238006033	土家族	1	7	7	1	7	1	1	1	1	7	7	1	1	7	1	1
109	喜洲	0870104001	白族	4	4	5	6	1	1	1	1	1	6	7	6	7	6	4	6
110	喜洲	0870104002	白族	4	4	4	2	6	1	1	7	6	6	6	5	6	6	6	6
111	喜洲	0870104003	白族	1	1	1	1	2	1	7	7	7	5	4	1	5	7	5	1
112	喜洲	0870104004	白族	1	2	4	4	1	3	1	1	1	1	6	7	6	7	7	6

续表

样本序号	调查地区	问卷编号	民族	客源竞争影响了本地居民同居民间关系感知	有接受旅游职业技能培训的机会感知	旅游提高了当地居民风俗文化的留传感知	传统文化资源开发商业化，庸俗化感知	旅游使本地居民淳朴民风、诚实的品质流失感知	居民日常生活受到的干扰感知	犯罪和不良现象增加感知	旅游引发居民与游客与游客间冲突感知	引发居民与旅游公司等经营者冲突感知	投资与旅游业规模扩大感知	自然环境得到有效开发和保护感知	旅游改善了当地交通条件感知	环境卫生状况改善感知	居民环保意识增强感知	交通和人口过度拥挤感知	噪声污染大幅增多感知
113	喜洲	0870104005	白族	1	1	3	5	1	1	1	1	1	6	7	7	7	7	2	1
114	喜洲	0870104006	回族	1	4	1	2	1	1	1	1	1	6	6	6	6	6	1	1
115	喜洲	0870104007	汉族	3	2	6	2	6	2	2	2	1	6	6	7	7	5	2	1
116	喜洲	0870104008	白族	2	1	7	3	2	3	2	2	2	7	5	5	6	5	6	4
117	喜洲	0870104009	白族	3	2	4	3	1	1	1	1	1	6	4	5	4	4	1	1
118	喜洲	0870104010	白族	4	4	4	4	4	1	1	1	1	6	6	5	5	4	4	4
119	喜洲	0870104011	白族	1	2	3	3	1	1	1	1	1	6	6	6	6	6	1	1
120	喜洲	0870104012	白族	1	3	3	2	1	1	1	1	1	4	5	6	4	6	1	1
121	喜洲	0870104013	白族	1	3	3	3	1	1	1	1	1	6	6	6	6	6	1	1
122	喜洲	0870104014	汉族	1	6	5	6	1	1	1	1	1	7	5	5	4	4	3	5
123	喜洲	0870104015	汉族	2	5	4	5	1	2	2	1	1	7	7	7	7	4	5	4
124	喜洲	0870104016	白族	1	1	4	2	1	1	1	1	1	6	6	6	6	6	6	2
125	喜洲	0870104017	白族	1	2	4	2	1	1	1	1	5	5	6	6	6	6	2	2
126	喜洲	0870104018	白族	1	2	4	2	1	1	1	1	1	4	2	4	2	2	6	2
127	喜洲	0870104019	白族	1	1	5	2	1	1	1	1	1	4	4	4	4	4	1	1
128	喜洲	0870104020	回族	2	1	1	2	1	1	1	1	1	4	4	4	4	4	4	4

续表

样本序号	调查地区	问卷编号	民族	客源竞争影响了本地居民同居民关系感知	有接受旅游职业技能培训的机会感知	旅游提高了当地居风俗文化的留传机会感知	传统文化资源开发商业化、庸俗化感知	旅游使本地居民淳朴、诚实的品质流失感知	居民日常生活受到的干扰感知	犯罪和不良现象增加感知	旅游引发居民与游客之间冲突感知	引发居民与旅游公司等外来经营者冲突感知	投资环境大大改善感知	自然环境得到有效开发和保护感知	旅游改善了当地交通条件感知	环境卫生状况改善感知	居民环保意识增强感知	交通人口过度拥挤感知	噪声污染大幅增多感知
129	喜洲	0870104021	白族	4	4	5	5	5	4	3	3	3	6	6	6	6	6	3	3
130	喜洲	0870104022	白族	3	6	3	6	7	4	6	5	3	6	4	3	5	5	3	4
131	喜洲	0870104023	纳西族	7	4	7	7	6	3	3	4	5	7	7	7	7	6	5	3
132	喜洲	0870104024	白族	5	4	2	3	3	2	2	4	4	3	4	3	3	3	4	3
133	喜洲	0870104025	回族	3	4	5	3	5	3	3	4	6	6	4	4	5	6	5	4
134	喜洲	0870104026	白族	3	3	3	3	1	1	1	1	1	3	5	6	6	4	5	3
135	喜洲	0870104027	白族	2	2	6	4	3	3	1	1	2	7	7	7	7	7	5	1
136	喜洲	0870104028	白族	6	4	3	4	5	4	5	4	3	4	4	3	3	3	6	4
137	喜洲	0870104029	白族	1	2	7	5	4	1	3	1	1	7	7	7	7	6	2	4
138	喜洲	0870104030	白族	4	4	2	2	2	3	3	3	3	4	5	5	4	4	2	3
139	喜洲	0870109001	白族	3	4	5	6	7	6	5	4	3	4	5	6	7	6	5	4
140	喜洲	0870109002	白族	6	5	4	3	4	5	6	5	4	5	6	5	4	3	4	5
141	喜洲	0870109003	白族	4	5	4	4	3	4	4	4	4	5	4	4	4	4	4	4
142	喜洲	0870109004	白族	4	4	4	3	2	6	3	4	4	5	5	4	3	3	2	4
143	喜洲	0870109005	白族	3	4	3	3	5	4	4	4	4	5	4	5	4	4	5	4
144	喜洲	0870109006	白族	3	4	3	3	3	1	1	2	3	4	4	3	3	3	3	2

续表

样本序号	调查地区	问卷编号	民族	客源竞争影响了本地居民间关系感知	有接受旅游职业技能培训的机会感知	旅游提高了当地居民文化的感知	传统文化资源开发商业化、庸俗化感知	旅游使本地居民淳朴民风、诚实的品质流失感知	居民日常生活受到干扰感知	居民犯罪不良现象增加感知	旅游引发居民与游客间冲突感知	引发居民与旅游公司等外来经营者冲突感知	投资环境大大改善感知	自然环境得到有效开发和保护感知	旅游改善了当地交通条件感知	环境卫生状况改善感知	居民环保意识增强感知	交通和人口过度拥挤感知	噪声污染大幅增多感知
145	喜洲	0870109007	白族	6	5	6	5	4	3	3	3	3	5	5	5	5	6	6	6
146	喜洲	0870109008	白族	4	4	5	4	4	4	4	4	4	6	6	7	6	6	6	6
147	喜洲	0870109009	白族	1	1	7	1	2	1	1	1	4	7	7	7	7	4	1	3
148	喜洲	0870109010	白族	1	1	1	2	1	1	3	1	2	7	7	4	6	5	4	1
149	喜洲	0870109011	白族	1	4	7	6	3	1	2	6	2	7	4	7	7	7	5	5
150	喜洲	0870109012	白族	4	6	4	4	4	4	4	4	4	4	6	7	4	4	4	4
151	喜洲	0870109013	白族	2	2	7	6	6	3	2	2	1	7	6	6	7	7	3	2
152	喜洲	0870109014	白族	2	4	7	6	4	2	2	2	5	7	6	7	4	7	4	5
153	喜洲	0870109015	白族	4	3	4	3	2	6	3	4	2	5	4	4	4	3	2	4
154	喜洲	0870109016	白族	5	4	5	6	5	4	3	3	4	5	4	7	3	3	4	5
155	喜洲	0870109017	白族	5	5	4	3	3	3	4	3	2	5	5	3	3	4	4	3
156	喜洲	0870109018	白族	1	2	3	2	1	1	1	1	1	5	5	5	5	5	3	5
157	喜洲	0870109019	白族	4	3	4	3	2	6	3	4	2	4	5	4	4	3	2	4
158	喜洲	0870109020	白族	1	2	1	2	1	1	1	1	2	6	5	6	5	5	1	2
159	喜洲	0870102001	白族	7	7	7	7	7	7	7	7	7	7	7	7	7	7	7	7
160	喜洲	0870102002	白族	4	7	7	5	4	3	2	5	3	5	5	6	3	6	6	2

续表

样本序号	调查地区	问卷编号	民族	客源竞争影响了本地居民间关系感知	有接受旅游职业技能培训的机会感知	旅游提高了当地风俗文化的留传感知	传统文化资源开发商业化、庸俗化感知	旅游使本地居民淳朴诚实的品质流失感知	居民日常生活受到的干扰感知	犯罪和不良现象增加感知	旅游引发居民与游客间冲突感知	引发居民与旅游公司等外来经营者冲突感知	投资环境大大改善感知	自然环境得到有效保护感知	旅游开发改善了当地交通条件感知	环境卫生状况改善感知	居民环保意识增强感知	交通和人口过度拥挤感知	噪声和污染大幅增多感知
161	喜洲	0870102003	汉族	4	7	4	7	5	4	3	2	3	5	5	6	3	6	6	2
162	喜洲	0870102004	白族	7	6	7	3	1	2	1	1	1	4	7	5	7	7	2	1
163	喜洲	0870102005	白族	7	6	7	3	1	2	1	1	1	4	7	5	7	7	2	1
164	喜洲	0870102006	白族	4	3	6	4	5	5	3	3	4	6	6	6	6	4	4	3
165	喜洲	0870102007	白族	5	6	6	6	5	5	5	5	5	6	6	6	6	6	6	6
166	喜洲	0870102008	白族	1	1	7	1	1	1	1	1	1	7	1	7	1	1	1	1
167	喜洲	0870102009	白族	1	1	1	1	1	1	1	1	1	1	1	1	1	1	1	1
168	喜洲	0870102010	白族	1	1	1	1	1	1	1	1	1	1	1	1	1	2	1	1
169	喜洲	0870102011	白族	1	2	2	2	4	1	2	2	2	2	2	2	2	2	2	2
170	喜洲	0870102012	白族	2	2	2	4	1	2	2	1	1	6	7	7	7	6	6	2
171	喜洲	0870102013	白族	1	1	7	1	1	1	1	1	1	6	7	7	7	3	6	2
172	喜洲	0870102014	白族	1	7	1	1	1	2	6	5	6	7	7	7	7	1	1	1
173	喜洲	0870102015	汉族	6	6	6	6	3	3	1	1	3	6	5	6	5	6	6	6
174	喜洲	0870102016	白族	1	1	5	6	3	3	1	1	3	6	6	7	6	6	5	6
175	喜洲	0870102017	白族	1	1	5	6	3	3	2	2	3	6	6	7	6	6	5	6
176	喜洲	0870102018	白族	4	3	4	5	3	2	2	4	3	5	3	4	4	5	4	3

续表

样本序号	调查地区	问卷编号	民族	客源竞争影响了本地居民间关系感知	有接受旅游职业技能培训的机会感知	旅游提高了当地居民收入感知	传统文化资源开发商业化、庸俗化感知	旅游使本地居民淳朴、诚实的品质流失感知	居民日常生活受到干扰感知	犯罪和不良现象增加感知	旅游引发居民与游客间冲突感知	引发居民与旅游公司等客外来经营者冲突感知	投资旅游开发环境大大改善感知	自然环境得到有效开发和保护感知	旅游改善了当地交通条件感知	环境卫生状况改善感知	居民保意识增强感知	交通和人口过度拥挤感知	噪声和污染大增多感知
177	喜洲	0870102019	白族	4	3	2	3	2	3	2	3	2	4	3	2	3	5	4	5
178	喜洲	0870102020	白族	1	4	5	2	4	6	4	4	4	4	3	2	5	3	4	2
179	喜洲	0870102021	白族	1	1	4	7	7	2	1	1	1	5	6	6	6	6	3	6
180	喜洲	0870102022	白族	7	7	7	7	7	7	7	7	7	7	7	7	7	7	7	7
181	喜洲	0870102023	白族	5	4	3	5	4	3	5	4	3	4	3	4	4	3	5	6
182	喜洲	0870102024	白族	3	4	5	3	5	3	5	2	3	4	5	3	6	5	4	6
183	喜洲	0870102025	白族	7	7	7	7	7	7	7	7	7	7	7	7	7	7	7	7
184	喜洲	0870102026	白族	7	7	6	6	6	6	7	7	7	5	5	1	1	5	7	7
185	喜洲	0870102027	白族	7	7	2	4	7	4	3	1	1	1	1	1	1	2	3	2
186	喜洲	0870102028	白族	7	7	7	7	7	7	7	7	7	7	7	7	7	7	7	7
187	喜洲	0870102029	白族	6	4	7	5	4	6	5	6	6	5	7	5	6	5	5	6
188	喜洲	0870102030	白族	5	4	7	4	1	1	1	1	1	7	7	7	7	7	1	1
189	喜洲	0870102031	白族	5	5	6	4	3	2	4	4	3	5	5	5	5	3	3	5
190	喜洲	0870106001	回族	2	5	7	5	2	4	5	4	5	7	7	7	6	6	2	2
191	喜洲	0870106002	白族	4	4	4	5	7	4	2	7	6	1	7	3	1	2	1	4

续表

样本序号	调查地区	问卷编号	民族	客源竞争影响了本地居民间关系感知	有接受旅游职业技能培训的机会感知	旅游提高了当地居民文化社会感知	传统文化资源开发商业化、庸俗化感知	本地居民淳朴诚实的品质流失感知	旅游使本地居民日常生活受到的干扰感知	犯罪和不良现象增加感知	旅游引发居民与游客间冲突感知	引发居民与旅游公司等外来经营者间冲突感知	投资环境大大改善感知	自然环境得到有效开发和保护感知	旅游开发改善了当地交通条件感知	环境卫生状况改善感知	居民环保意识增强感知	交通和人口过度拥挤感知	噪声污染大幅增多感知
192	喜洲	0870106003	白族	6	5	5	7	7	7	5	5	5	5	6	5	4	4	5	7
193	喜洲	0870106004	白族	2	5	7	5	2	2	1	1	3	4	5	4	4	4	2	2
194	喜洲	0870106005	白族	5	5	6	6	6	6	5	6	5	4	6	6	5	4	6	5
195	喜洲	0870106006	白族	2	1	3	1	1	1	1	1	3	1	1	1	1	1	4	4
196	喜洲	0870106007	白族	4	4	5	5	5	5	1	1	1	1	1	1	7	1	1	1
197	喜洲	0870106008	汉族	5	5	7	5	5	5	6	6	5	4	5	7	7	7	7	7
198	喜洲	0870106009	汉族	5	5	7	5	5	5	6	6	5	4	5	7	7	7	7	7
199	喜洲	0870106010	汉族	5	5	7	7	5	5	6	6	5	4	5	7	7	7	7	7
200	喜洲	0870106011	汉族	5	5	7	7	7	5	6	6	5	4	5	7	7	7	7	7
201	喜洲	0870106012	黎族	7	6	7	7	7	7	3	7	6	7	7	7	7	7	5	5
202	喜洲	0870106013	汉族	5	5	7	5	5	5	6	6	5	4	5	7	7	7	5	7
203	喜洲	0870106014	白族	4	5	7	7	6	4	5	6	4	5	6	4	5	4	6	5
204	喜洲	0870106015	白族	7	7	7	4	1	1	1	1	2	7	7	7	7	7	4	1
205	喜洲	0870106016	汉族	2	4	7	5	3	3	1	2	2	5	7	7	7	7	4	5

续表

样本序号	调查地区	问卷编号	民族	客源竞争影响了本地居民间关系感知	有接受旅游职业技能培训的机会感知	旅游提高了当地风俗文化的留传感知	传统文化资源开发商业化感知	旅游使本地居民淳朴诚实的品质流失感知	居民日常生活受到的干扰感知	犯罪不良现象增加感知	旅游引发居民与游客间冲突感知	引发居民与旅游公司等外来经营者冲突感知	投资环境大大改善感知	自然环境得到有效开发和保护感知	旅游改善了当地交通条件感知	环境卫生状况改善感知	居民卫生保意识增强感知	交通拥挤度感知	人口过多感知	噪声污染大幅增多感知
206	喜洲	0870106017	白族	3	7	2	7	6	3	2	2	3	4	4	7	6	4	4	4	4
207	喜洲	0870106018	白族	6	6	6	6	6	6	6	6	6	6	6	6	6	5	6	6	6
208	喜洲	0870106019	白族	6	6	6	6	6	6	6	6	6	6	6	6	6	5	6	6	6
209	喜洲	0870106020	白族	4	4	5	4	6	3	2	3	4	6	7	6	6	7	3	3	3
210	喜洲	0870106021	白族	5	6	3	5	6	3	5	5	5	6	3	5	4	5	3	3	5
211	喜洲	0870106022	汉族	6	7	7	6	6	2	4	3	3	6	7	6	5	5	4	4	2
212	喜洲	0870106023	白族	7	7	6	1	7	6	7	7	4	5	7	7	5	7	7	7	7
213	喜洲	0870106024	白族	6	6	7	6	6	4	2	2	4	7	7	7	6	5	5	5	4
214	喜洲	0870106025	回族	6	5	6	5	5	6	7	5	6	5	6	7	6	7	5	5	5
215	喜洲	0870106026	白族	6	6	6	5	6	6	7	6	7	6	5	6	7	6	5	5	6
216	喜洲	0870106027	白族	6	6	5	6	1	4	1	1	1	7	7	7	7	7	7	7	7
217	喜洲	0870106028	白族	6	5	7	5	6	6	1	1	1	7	7	7	5	5	3	3	4
218	喜洲	0870106029	白族	3	7	7	4	3	2	2	2	2	7	6	5	6	5	6	6	5
219	喜洲	0870106030	白族	7	7	7	7	7	7	6	6	6	3	2	1	1	7	6	6	6

续表

样本序号	调查地区	问卷编号	民族	客源竞争影响了本地居民间关系感知	有接受旅游职业技能培训的机会感知	旅游提高了当地风俗文化的留存感知	传统文化资源开发的庸俗化、商业化感知	旅游使本地居民淳朴诚实的品质流失感知	居民日常生活受到的干扰感知	犯罪和不良现象增加感知	旅游引发居民与游客间冲突感知	引发居民与旅游公司等外来经营者冲突感知	投资大大改善感知	自然环境得到有效开发利保护感知	旅游改善了当地交通条件感知	环境卫生状况改善感知	居民环保意识增强感知	交通和人口过度拥挤感知	噪声污染大幅增多感知
220	喜洲	0870103001	白族	2	5	5	2	2	4	2	2	6	6	7	7	7	6	7	7
221	喜洲	0870103002	白族	2	2	2	3	6	7	7	6	7	6	7	6	7	6	7	6
222	喜洲	0870103003	白族	6	6	2	3	3	4	5	6	6	6	7	6	7	6	7	6
223	喜洲	0870103004	回族	7	2	6	5	6	2	2	2	2	2	5	6	5	6	3	6
224	喜洲	0870103005	白族	6	5	6	4	6	6	7	7	2	2	7	7	6	7	6	7
225	喜洲	0870103006	白族	7	5	7	6	7	6	7	6	2	6	7	6	6	6	2	2
226	喜洲	0870103007	白族	2	5	6	7	6	2	2	1	2	6	7	5	6	7	2	1
227	喜洲	0870103008	白族	7	6	7	2	7	7	6	2	2	6	7	6	6	7	2	4
228	喜洲	0870103009	白族	7	6	7	7	7	7	6	2	6	6	7	6	7	7	6	7
229	喜洲	0870103010	白族	2	2	3	1	1	6	7	6	6	6	7	6	6	7	6	2
230	喜洲	0870103011	白族	3	3	2	3	2	2	3	5	5	7	7	7	7	7	7	6
231	喜洲	0870103012	白族	6	7	6	5	6	7	6	5	6	6	7	6	7	6	7	6
232	喜洲	0870103013	白族	2	2	2	3	3	1	3	5	6	7	6	6	7	7	7	7
233	喜洲	0870103014	白族	6	6	7	3	3	4	4	4	5	6	6	7	7	7	7	7

续表

样本序号	调查地区	问卷编号	民族	客源竞争影响了本地居民同本地居民间关系感知	有接受旅游职业技能培训的机会感知	旅游提高了当地居民文化素质感知	传统文化资源开发商业化、庸俗化感知	旅游使本地居民淳朴、诚实的品质流失感知	居民日常生活受到的干扰感知	犯罪和不良现象增加感知	旅游引发居民与游客间冲突感知	引发居民与旅游公司等外来经营者冲突感知	投资环境大大改善感知	自然环境得到有效开发和保护感知	旅游改善了当地交通条件感知	环境卫生状况改善感知	居民卫生保意识增强感知	交通和人口过度拥挤感知	噪声污染大幅增多感知
234	喜洲	0870103015	白族	6	6	7	6	3	2	3	3	3	7	7	7	7	7	7	7
235	喜洲	0870103016	白族	7	7	2	3	2	7	2	2	7	6	6	7	7	6	7	7
236	喜洲	0870103017	白族	7	7	6	7	6	7	7	6	7	6	7	7	7	7	7	6
237	喜洲	0870103018	白族	6	5	4	6	5	7	1	7	7	6	7	7	7	7	7	7
238	喜洲	0870103019	白族	7	7	2	3	7	1	2	2	4	7	7	6	7	7	7	5
239	喜洲	0870103020	白族	6	6	7	6	7	6	7	6	7	6	7	6	7	6	7	7
240	喜洲	0870103021	白族	6	6	7	7	7	6	7	6	7	7	7	7	7	7	7	7
241	喜洲	0870103022	白族	7	6	7	3	3	4	4	5	5	6	6	7	5	6	5	4
242	喜洲	0870103023	白族	7	2	2	1	2	2	7	7	7	6	7	6	7	7	7	7
243	喜洲	0870103024	白族	2	2	1	1	2	6	7	7	6	6	6	7	7	7	7	7
244	喜洲	0870103025	白族	7	6	2	2	1	7	7	2	2	6	6	7	6	7	7	7
245	喜洲	0870103026	白族	2	2	1	1	2	6	7	2	2	7	7	7	6	7	7	7
246	喜洲	0870103027	白族	7	5	6	7	5	6	7	6	5	6	6	7	6	2	3	7
247	喜洲	0870103028	白族	3	3	3	2	6	7	6	7	7	6	7	6	7	2	2	7

续表

样本序号	调查地区	问卷编号	民族	客源竞争影响了本地居民间关系感知	有接受旅游职业技能培训的社会机会感知	旅游提高了当地居民的文化留存感知	传统文化资源开发的文化感知	旅游使本地居民淳朴民风商业化、庸俗化感知	居民日常生活受到的受扰感知	犯罪和不良现象增加感知	旅游引发居民与游客间冲突感知	引发居民与旅游公司等外来经营者冲突感知	投资规模大大增加感知	自然环境得到有效开发和保护感知	旅游改善了当地交通条件感知	环境卫生状况改善感知	居民环保意识增强感知	交通和人口过度拥挤感知	噪声污染大幅增多感知
248	喜洲	0870103029	白族	6	6	7	6	5	5	7	7	6	6	7	6	6	7	6	7
249	喜洲	0870103030	白族	2	3	3	2	3	7	6	3	3	7	7	6	6	7	7	7
250	喜洲	0870103031	汉族	2	5	6	2	2	4	5	2	2	7	7	7	7	6	2	2
251	喜洲	0870103032	白族	6	7	6	2	3	2	4	5	3	7	6	7	7	7	7	7
252	喜洲	0870103033	白族	5	6	5	6	6	7	6	7	6	6	5	6	5	6	6	7
253	喜洲	0870103034	白族	6	7	6	6	6	7	6	7	6	6	7	6	7	6	7	7
254	喜洲	0870103035	回族	7	6	6	7	6	7	2	2	2	7	7	7	6	7	6	7
255	喜洲	0870108001	白族	3	3	3	3	3	3	3	3	3	3	3	3	3	3	3	3
256	喜洲	0870108002	白族	4	6	6	6	6	6	6	6	6	6	5	5	5	5	4	4
257	喜洲	0870108003	白族	7	7	6	3	5	6	6	2	4	5	4	6	6	3	5	4
258	喜洲	0870108004	白族	6	6	1	1	1	1	1	1	1	7	7	7	7	7	7	7
259	喜洲	0870108005	白族	2	4	2	3	2	1	4	2	5	3	2	3	4	3	2	4
260	喜洲	0870108006	白族	6	5	4	3	3	5	4	3	5	4	4	5	6	5	4	4
261	喜洲	0870108007	白族	6	5	4	3	4	5	6	5	4	3	4	5	6	7	6	5

续表

样本序号	调查地区	问卷编号	民族	客源竞争影响了本地居民同旅游者之间的关系感知	有接受旅游职业技能培训的机会感知	旅游提高了本地居民商业化的社会机会感知	传统文化资源开发地风俗文化的留存感知	旅游使本地居民淳朴民风、诚实的品质流失感知	本地居民日常生活受到干扰感知	犯罪、不良现象增加感知	旅游引发居民与外来游客之间冲突感知	引发居民与旅游公司等经营者冲突感知	投资大大改善感知	自然环境得到有效开发和保护感知	旅游改善了当地交通条件感知	环境卫生状况改善感知	居民环保意识增强感知	交通和人口过度拥挤感知	噪声污染大幅增多感知
262	喜洲	0870108008	白族	4	3	4	5	6	7	6	5	4	5	6	7	6	5	4	3
263	喜洲	0870108009	汉族	4	3	4	5	6	5	4	3	4	5	6	5	4	3	4	5
264	喜洲	0870108010	白族	4	5	6	7	6	5	4	3	4	5	6	5	4	3	4	5
265	喜洲	0870107001	白族	3	3	2	7	4	4	5	2	4	3	3	7	2	7	5	5
266	喜洲	0870107002	白族	4	3	4	3	3	4	5	4	4	5	4	5	5	5	4	6
267	喜洲	0870107003	白族	6	5	4	3	6	3	2	2	2	4	4	4	4	5	5	6
268	喜洲	0870107004	白族	4	3	6	2	3	4	3	1	3	4	6	4	5	3	4	4
269	喜洲	0870107005	白族	2	1	6	3	5	2	3	1	2	4	4	4	5	3	2	3
270	喜洲	0870107006	白族	2	3	2	2	7	4	4	4	4	4	4	5	5	5	5	5
271	喜洲	0870107007	白族	4	5	5	5	5	5	6	6	6	4	4	4	4	5	6	6
272	喜洲	0870107008	白族	3	3	2	3	3	3	2	3	3	4	3	2	3	3	2	3
273	喜洲	0870107009	白族	4	3	2	4	3	4	3	4	3	4	3	5	3	2	3	2
274	喜洲	0870107010	白族	3	3	7	5	4	5	3	2	6	4	4	4	4	4	3	5
275	喜洲	0870107011	白族	4	5	4	4	5	4	5	4	4	4	4	4	5	4	4	4

续表

样本序号	调查地区	问卷编号	民族	客源竞争影响了本地居民间的社会关系感知	有接受旅游职业技能培训的机会感知	旅游提高了当地居民职业技能培训的机会感知	传统文化资源开发商业化、庸俗化感知	旅游使本地居民淳朴诚实的品质流失感知	居民日常生活受到干扰感知	犯罪和不良现象增加感知	旅游引发居民与游客冲突感知	引发居民与旅游公司等外来经营者冲突感知	投资大大改善感知	自然环境得到有效保护感知	旅游改善了当地交通条件感知	环境卫生状况改善感知	居民环保意识增强感知	交通和人口过度拥挤度感知	噪声污染大幅增多感知
276	喜洲	0870107012	白族	2	1	3	2	2	2	3	2	3	5	4	5	5	5	4	5
277	喜洲	0870107013	白族	5	7	5	7	7	7	3	2	3	7	7	7	4	3	2	2
278	喜洲	0870107014	白族	1	5	7	5	4	2	2	2	3	7	7	7	7	7	4	3
279	喜洲	0870107015	白族	1	4	7	3	3	2	1	1	3	5	6	6	5	5	3	4
280	喜洲	0870107016	白族	6	3	6	4	3	4	2	2	2	6	6	6	5	5	3	3
281	喜洲	0870107017	藏族	4	3	4	3	3	4	3	3	3	5	4	4	7	3	6	6
282	喜洲	0870107018	白族	6	5	4	5	6	6	5	4	5	6	5	4	3	5	6	5
283	喜洲	0870107019	白族	2	2	3	6	6	2	2	2	1	7	6	5	4	3	4	5
284	喜洲	0870101001	白族	3	3	4	4	3	3	2	5	5	2	2	6	5	4	3	2
285	喜洲	0870101002	白族	4	3	5	5	3	4	2	5	5	5	5	6	4	7	5	5
286	喜洲	0870101003	白族	5	5	5	5	5	5	6	6	6	6	6	5	6	5	6	6
287	喜洲	0870101004	白族	4	5	4	4	4	3	2	3	4	4	3	4	3	3	2	2
288	喜洲	0870101005	白族	2	1	3	4	4	5	3	4	4	3	2	6	4	2	6	7
289	喜洲	0870101006	白族	3	3	2	3	4	1	3	2	1	3	4	2	3	1	3	5

续表

样本序号	调查地区	问卷编号	民族	客源竞争影响了本地居民间关系感知	有接受旅游职业技能培训的机会感知	旅游提高了当地居民收入感知	传统文化资源得到保留感知	旅游使本地居民风俗商业化、庸俗化失感知	居民日常生活受到干扰感知	犯罪和不良现象增加感知	旅游引发居客与居民冲突感知	引发居民与旅游公司等外来经营者冲突感知	投资居民与旅游公司等外来经营者冲突感知	自然环境得到有效开发和保护感知	旅游改善了当地交通条件感知	环境卫生状况改善感知	居民环保意识增强感知	交通和人口过度拥挤感知	噪声污染大幅增多感知
290	喜洲	0870101007	白族	1	1	7	1	2	2	2	2	2	7	7	7	7	7	1	4
291	喜洲	0870101008	白族	4	4	6	6	5	4	3	3	3	5	5	6	6	5	4	4
292	喜洲	0870101009	白族	1	7	7	7	5	3	1	1	1	7	7	7	7	7	1	1
293	喜洲	0870101010	白族	7	7	6	6	4	5	5	5	5	7	7	7	6	6	5	5
294	喜洲	0870101011	白族	5	1	3	3	2	2	2	5	4	3	2	4	2	3	2	3
295	喜洲	0870101012	回族	2	6	6	6	3	2	1	1	2	7	6	5	7	7	4	3
296	喜洲	0870101013	白族	5	3	7	4	3	1	2	1	1	7	7	7	7	7	5	4
297	喜洲	0870101014	白族	1	5	7	7	5	2	4	3	2	7	7	7	6	6	5	4
298	喜洲	0870101015	白族	1	6	7	5	5	3	1	1	1	7	7	7	7	7	3	2
299	喜洲	0870101016	白族	1	6	7	5	5	3	1	1	2	7	7	7	7	7	3	2
300	喜洲	0870101017	白族	4	3	4	4	4	4	4	4	4	2	3	4	4	4	4	5
301	喜洲	0870101018	白族	2	2	2	2	2	2	1	1	1	6	5	4	4	4	2	2
302	喜洲	0870101019	白族	4	5	5	5	5	3	3	3	3	5	5	4	3	3	3	4
303	喜洲	0870101020	白族	5	7	6	6	5	7	7	7	7	6	6	7	6	6	7	5

续表

样本序号	调查地区	问卷编号	民族	客源竞争影响了本地居民间关系感知	有接受旅游职业技能培训的机会感知	提高了当地风俗文化的留传感知	传统文化资源开发商业化、庸俗化感知	旅游使本地居民淳朴诚实的品质流失感知	本地居民日常生活受到的干扰感知	犯罪日不良现象增加感知	旅游引发居民与游客同冲突感知	引发居民与旅游公司等外来经营者同冲突感知	投资环境大大改善感知	自然环境得到有效开发利保护感知	旅游改善了当地交通条件感知	环境卫生状况改善感知	居民环保意识增强感知	交通和人口过度拥挤感知	噪声污染大幅增多感知
304	喜洲	0870101021	白族	7	5	3	6	4	2	5	6	4	7	5	6	5	7	4	6
305	喜洲	0870101022	白族	5	6	7	4	2	5	6	1	3	7	7	7	7	7	2	1
306	喜洲	0870101023	白族	3	4	3	4	3	5	1	1	1	6	5	6	5	5	5	4
307	喜洲	0870101024	白族	6	6	7	7	5	3	4	3	5	6	6	6	7	7	5	2
308	喜洲	0870101025	白族	4	3	3	3	3	4	3	2	2	6	6	5	2	2	1	1
309	喜洲	0870101026	白族	3	3	3	2	3	2	2	2	2	6	6	5	5	5	1	1
310	喜洲	0870101027	白族	4	1	1	4	4	1	1	4	1	1	1	1	1	1	1	1
311	喜洲	0870101028	白族	2	4	2	3	3	3	2	2	2	5	4	5	5	4	2	2
312	喜洲	0870101029	白族	4	4	5	3	6	3	7	7	4	7	4	6	6	5	3	7
313	喜洲	0870101030	白族	3	3	3	3	3	2	2	2	2	6	5	4	4	3	2	2
314	喜洲	0870105001	白族	2	4	6	2	3	1	1	1	1	7	7	5	7	7	1	1
315	喜洲	0870105002	白族	3	6	7	4	3	2	2	2	2	7	7	7	6	6	3	3
316	喜洲	0870105003	白族	3	6	7	4	3	2	2	2	1	7	7	7	6	6	3	3
317	喜洲	0870105004	白族	7	7	6	6	6	7	6	6	6	5	6	7	6	6	6	7

续表

样本序号	调查地区	问卷编号	民族	客源竞争影响了本地居民间关系感知	有接受旅游职业技能培训的机会感知	旅游提高了当地居民开发商风俗文化的社会留恋感知	传统文化资源开发商业化的留恋感知	旅游使本地居民日常朴实诚实的品质流失感知	居民日常生活受到的干扰感知	犯罪和不良现象增加感知	旅游与居民同冲突感知	引发居民与旅游公司等外来经营者冲突感知	旅游投资大大改善感知	自然环境得到有效开发和保护感知	旅游改善了当地交通条件感知	环境卫生状况改善感知	居民环保意识增强感知	交通和人口过度拥挤感知	噪声污染大幅增多感知
318	喜洲	0870105005	白族	1	6	5	5	1	1	1	1	1	6	6	6	6	6	6	2
319	喜洲	0870105006	白族	1	1	1	1	1	1	1	1	7	7	7	7	7	3	2	7
320	喜洲	0870105007	白族	6	7	6	6	7	6	7	6	6	6	6	7	6	7	6	7
321	喜洲	0870105008	白族	6	6	6	6	7	6	6	7	6	6	7	6	7	7	7	7
322	喜洲	0870105009	白族	1	6	5	5	1	2	2	2	2	6	6	6	6	6	2	2
323	喜洲	0870105010	回族	6	1	1	1	1	1	1	1	7	7	7	7	7	3	2	7
324	喜洲	0870105011	白族	1	7	7	7	1	1	1	1	1	7	7	7	7	7	3	2
325	喜洲	0870105012	白族	1	6	7	7	1	1	1	1	1	6	7	7	7	7	4	2
326	喜洲	0870105013	白族	1	1	1	2	1	1	1	1	1	1	7	1	1	1	1	1
327	喜洲	0870105014	白族	1	6	2	2	2	2	1	1	1	7	7	7	6	7	2	2
328	喜洲	0870105015	白族	7	7	6	6	6	6	7	7	7	6	7	7	6	7	6	7
329	喜洲	0870105016	白族	7	7	6	6	5	5	6	6	6	6	7	6	7	6	4	5
330	喜洲	0870105017	白族	7	6	2	2	7	6	1	2	2	6	7	7	7	7	1	1
331	喜洲	0870105018	白族	7	6	5	5	7	6	6	7	7	7	7	7	7	7	7	6

续表

样本序号	调查地区	问卷编号	民族	客源竞争影响了本地居民同居民关系感知	有影响旅游职业技能培训的机会感知	旅游提高了当地居民开发地风俗文化的留传感知	传统文化资源开发商业化、庸俗化感知	旅游使本地居民淳朴诚实的品质流失感知	居民日常生活受到干扰感知	犯罪和不良现象增加感知	旅游引发居民与游客同冲突感知	引发居民与旅游公司等外来经营者同冲突感知	投资境大大改善感知	自然环境得到有效开发和保护感知	旅游改善了当地交通条件感知	环境卫生状况改善感知	居民环保意识增强感知	交通和人口过度拥挤感知	噪声污染大幅增多感知
332	喜洲	0870105019	汉族	5	5	7	6	3	2	1	1	1	5	7	7	7	7	6	4
333	喜洲	0870105020	白族	7	6	7	7	3	2	2	1	1	7	7	6	7	7	2	1
334	喜洲	0870105021	白族	6	6	7	6	5	6	6	6	7	5	6	7	6	7	6	7
335	喜洲	0870105022	白族	2	4	6	5	5	5	5	5	5	5	6	6	6	6	6	6
336	喜洲	0870105023	白族	7	7	6	6	6	7	6	7	6	6	6	6	7	7	7	6
337	喜洲	0870105024	白族	5	5	3	3	5	2	1	1	1	7	7	6	7	7	2	1
338	喜洲	0870105025	白族	6	6	7	3	7	3	1	2	5	7	7	7	7	7	4	3
339	喜洲	0870105026	白族	1	6	7	4	2	3	2	2	2	7	7	7	7	7	3	3
340	喜洲	0870105027	白族	7	7	5	6	5	4	5	5	5	5	5	4	5	5	4	4
341	喜洲	0870105028	白族	7	4	6	4	6	5	6	1	1	5	7	7	7	7	3	2
342	喜洲	0870105029	白族	1	7	7	1	1	1	1	1	1	7	7	7	7	7	3	2
343	喜洲	0870105030	白族	7	7	6	6	7	6	7	6	6	6	7	7	6	7	6	7

续表 5

样本序号	调查地区	问卷编号	民族	国家政策支持与资金支持感知	开发商着力打造旅游景区感知	政府鼓励旅游开发给予优惠感知	政府大力宣传感知	招商引资完善基础设施感知	居民对开发旅游的意识提高感知	政府为居民提供了旅游服务培训感知	政府的拆迁政策公平合理感知	政府开发商旅游公司居民利益分配合理感知	居民对景区主题与特色满意度	居民对景区风光满意度	居民对景区种类满意度	居民对景区布局满意度	居民对景区质量满意度	居民对景区规模满意度	居民对旅游公共设施满意度
1	酉阳	0238001001	土家族	4	5	6	5	6	4	5	6	6	4	5	6	5	6	5	5
2	酉阳	0238001002	土家族	6	5	5	4	4	3	2	2	2	6	7	4	4	6	3	5
3	酉阳	0238001003	苗族	6	5	4	1	5	7	4	3	2	7	6	6	6	4	3	4
4	酉阳	0238001004	土家族	4	5	4	3	4	4	3	2	2	6	5	4	6	4	2	5
5	酉阳	0238001005	土家族	6	5	4	5	4	5	4	4	2	6	5	5	6	6	6	5
6	酉阳	0238001006	土家族	5	6	6	6	5	5	6	5	5	7	5	4	6	6	6	6
7	酉阳	0238001007	土家族	6	5	4	4	5	5	3	5	4	3	2	5	4	5	2	6
8	酉阳	0238001008	汉族	6	5	5	4	6	6	3	5	4	7	7	6	6	6	2	4
9	酉阳	0238001009	土家族	6	4	5	3	2	3	3	5	3	6	5	4	4	5	4	5
10	酉阳	0238001010	土家族	7	7	6	5	5	6	5	4	6	5	5	6	5	5	5	6

续表

样本序号	调查地区	问卷编号	民族	国家政策支持与资金支持感知	开发商着力打造旅游景区感知	政府鼓励旅游开发给予优惠感知	政府大力宣传感知	招商引资完善基础设施感知	居民对开发旅游的意识提高感知	政府为居民提供了旅游服务培训感知	政府的拆迁政策公平合理感知	政府开发商旅游公司居民利益分配合理感知	居民对景区主题与特色满意度	居民对景区风光满意度	居民对景区种类满意度	居民对景区布局满意度	居民对景区质量满意度	居民对景区规模满意度	居民对旅游公共设施满意度
11	酉阳	0238001011	土家族	5	5	3	5	4	3	2	4	3	7	6	5	6	6	2	5
12	酉阳	0238001012	土家族	5	4	4	5	5	5	5	5	4	7	6	5	6	6	5	6
13	酉阳	0238001013	汉族	5	4	4	7	7	4	2	6	7	7	7	5	4	6	5	7
14	酉阳	0238001014	土家族	5	6	5	5	6	7	5	6	7	6	5	4	5	5	5	5
15	酉阳	0238001015	苗族	6	6	6	6	6	5	6	6	6	6	6	5	5	5	6	6
16	酉阳	0238001016	土家族	6	5	3	3	7	4	3	3	2	7	6	5	5	3	4	4
17	酉阳	0238001017	土家族	6	6	5	1	6	6	6	5	4	6	6	7	7	7	7	7
18	酉阳	0238002001	土家族	5	5	3	7	6	6	2	2	3	5	5	3	5	5	3	4
19	酉阳	0238002002	土家族	2	6	2	7	5	5	1	4	3	6	6	5	6	6	5	6
20	酉阳	0238002003	土家族	6	6	6	6	4	3	1	5	2	6	6	6	6	6	6	6
21	酉阳	0238002004	土家族	6	6	6	6	4	4	6	6	6	7	7	6	7	7	7	6

续表

样本序号	调查地区	问卷编号	民族	国家政策支持与资金支持感知	开发商着力打造旅游景区感知	政府鼓励旅游开发给予优惠感知	政府大力宣传感知	招商引资完善基础设施感知	居民对开发旅游的意识提高感知	政府为居民提供了旅游服务培训感知	政府的拆迁政策公平合理感知	政府开发商旅游公司居民利益充分配合理感知	居民对景区主题与特色满意度	居民对景区风光满意度	居民对景区种类满意度	居民对景区布局满意度	居民对景区质量满意度	居民对景区规模满意度	居民对旅游公共设施满意度
22	酉阳	0238002005	土家族	6	6	6	6	5	5	6	6	6	7	7	6	7	7	7	6
23	酉阳	0238002006	汉族	6	6	6	6	5	5	6	6	6	7	7	6	7	7	7	7
24	酉阳	0238002007	土家族	5	5	5	5	6	5	1	2	4	5	5	4	5	5	5	5
25	酉阳	0238002008	土家族	2	6	3	6	6	5	5	2	2	6	6	5	6	6	5	5
26	酉阳	0238002009	土家族	6	6	7	6	5	6	6	6	2	6	5	1	3	5	6	6
27	酉阳	0238002010	土家族	6	6	6	6	5	6	6	3	2	7	7	3	5	5	5	5
28	酉阳	0238003001	土家族	4	5	6	6	4	5	1	2	3	2	3	2	5	4	4	5
29	酉阳	0238003002	土家族	6	5	3	6	3	5	3	3	5	6	7	7	5	6	6	2
30	酉阳	0238003003	土家族	6	5	5	6	4	3	3	5	5	7	6	7	5	6	4	6
31	酉阳	0238003004	土家族	6	5	5	7	6	5	5	3	3	4	4	3	3	5	3	6
32	酉阳	0238003005	土家族	5	5	3	5	5	3	1	3	2	6	6	5	6	6	6	5

续表

样本序号	调查地区	问卷编号	民族	国家政策支持与资金支持感知	开发商着力打造旅游景区感知	政府鼓励旅游开发给予优惠感知	政府大力宣传感知	招商引资完善基础设施感知	居民对开发旅游的意识提高感知	政府为居民提供旅游服务培训感知	政府的拆迁政策公平合理感知	政府开发商旅游公司居民利益分配合理感知	居民对景区主题与特色满意度	居民对景区风光满意度	居民对景区种类满意度	居民对景区布局满意度	居民对景区质量满意度	居民对景区规模满意度	居民对旅游公共设施满意度
33	酉阳	0238003006	土家族	6	5	3	5	4	6	3	2	3	2	3	2	2	2	4	4
34	酉阳	0238003007	土家族	4	5	4	5	5	4	5	4	5	4	4	5	6	6	3	5
35	酉阳	0238003008	土家族	6	7	5	5	6	5	4	3	3	6	7	6	7	6	6	6
36	酉阳	0238003009	土家族	6	6	6	6	7	6	6	4	2	2	3	2	1	1	1	2
37	酉阳	0238003010	土家族	7	7	7	7	7	7	7	7	7	6	6	6	7	7	7	6
38	酉阳	0238003011	土家族	5	4	5	6	5	5	4	5	6	5	6	6	6	6	6	6
39	酉阳	0238003012	土家族	4	5	6	5	6	5	6	5	6	5	6	5	5	5	5	6
40	酉阳	0238003013	土家族	2	3	2	5	2	3	1	1	1	3	4	1	4	4	5	4
41	酉阳	0238003014	土家族	5	5	5	5	5	6	6	6	6	6	6	5	6	6	6	6
42	酉阳	0238003015	土家族	6	6	7	4	6	2	1	3	4	3	1	2	4	1	1	2
43	酉阳	0238003016	土家族	6	5	5	3	3	2	4	3	4	4	3	4	3	3	2	3

续表

样本序号	调查地区	问卷编号	民族	国家政策支持与资金支持感知	开发商着力打造旅游景区感知	政府鼓励旅游开发给予优惠感知	政府大力宣传感知	招商引资完善基础设施感知	居民对开发旅游的意识提高感知	政府为居民提供了旅游服务培训感知	政府的拆迁政策公平合理感知	政府开发商旅游公司居民利益分配合理感知	居民对景区主题与特色满意度	居民对景区风光满意度	居民对景区种类满意度	居民对景区布局满意度	居民对景区质量满意度	居民对景区规模满意度	居民对旅游公共设施满意度
44	酉阳	0238003017	土家族	6	4	5	3	2	3	2	2	3	4	2	3	3	5	5	3
45	酉阳	0238003018	土家族	1	5	7	7	7	7	7	5	5	7	7	4	4	6	7	7
46	酉阳	0238003019	土家族	7	7	7	7	5	5	5	5	5	7	7	6	5	7	7	7
47	酉阳	0238003020	汉族	2	2	3	6	2	2	3	3	2	5	5	4	4	3	5	5
48	酉阳	0238003021	土家族	6	5	6	5	2	5	3	3	3	3	7	5	7	5	3	6
49	酉阳	0238003022	土家族	6	5	7	7	7	7	6	6	6	6	6	7	7	6	7	6
50	酉阳	0238003023	土家族	6	5	6	5	6	5	6	5	6	7	6	7	7	5	6	7
51	酉阳	0238004001	苗族	2	2	1	6	1	2	2	3	1	6	5	3	5	5	5	4
52	酉阳	0238004002	土家族	2	2	2	4	2	2	2	1	1	6	5	6	6	5	5	3
53	酉阳	0238004003	土家族	2	5	6	6	5	4	3	5	5	5	6	2	5	6	6	1
54	酉阳	0238004004	土家族	3	2	2	2	2	3	3	1	1	3	3	3	2	2	4	3

续表

样本序号	调查地区	问卷编号	民族	国家政策支持与资金支持感知	开发商着力打造旅游景区感知	政府鼓励旅游开发给予优惠感知	政府大力宣传感知	招商引资完善基础设施感知	居民对开发旅游的意识提高感知	政府为居民提供了旅游服务培训感知	政府的拆迁政策公平合理感知	政府开发商旅游公司居民利益分配合理感知	居民对景区主题与特色满意度	居民对景区风光满意度	居民对景区种类满意度	居民对景区布局满意度	居民对景区质量满意度	居民对景区规模满意度	居民对旅游公共设施满意度
55	酉阳	0238004005	土家族	4	5	3	3	6	4	4	3	3	6	6	3	5	5	5	5
56	酉阳	0238004006	土家族	3	3	4	6	6	4	3	4	3	6	5	3	5	6	6	5
57	酉阳	0238004007	土家族	4	5	4	2	5	4	4	3	3	5	4	3	4	4	3	4
58	酉阳	0238004008	土家族	4	3	4	4	3	3	2	1	1	6	5	5	5	6	6	3
59	酉阳	0238004009	土家族	2	2	2	6	1	3	3	2	2	6	5	5	5	6	4	3
60	酉阳	0238005001	土家族	3	4	4	5	4	5	5	4	4	5	5	3	5	5	5	5
61	酉阳	0238005002	土家族	5	5	5	5	5	5	5	5	4	4	5	5	4	4	5	5
62	酉阳	0238005003	土家族	3	2	2	3	2	2	2	3	3	5	5	5	5	5	5	3
63	酉阳	0238005004	土家族	3	4	4	5	4	5	5	4	4	5	5	3	5	5	5	5
64	酉阳	0238005005	土家族	4	4	4	4	4	4	4	4	4	5	5	4	4	4	4	5
65	酉阳	0238005006	土家族	6	6	5	7	6	5	5	5	5	7	6	7	6	6	3	5

续表

样本序号	调查地区	问卷编号	民族	国家政策支持与资金支持感知	开发商着力打造旅游景区感知	政府鼓励旅游开发给予优惠感知	政府大力宣传感知	招商引资完善基础设施感知	居民对开发旅游的意识提高感知	政府为居民提供了旅游服务培训感知	政府的拆迁政策公平合理感知	开发商旅游公司居民利益分配合理感知	居民对景区主题与特色满意度	居民对景区风光满意度	居民对景区种类满意度	居民对景区布局满意度	居民对景区质量满意度	居民对景区规模满意度	居民对旅游公共设施满意度
66	酉阳	0238005007	土家族	3	4	4	5	4	5	5	4	4	5	5	3	5	5	5	5
67	酉阳	0238005008	土家族	2	2	2	2	2	2	2	2	2	4	4	4	4	4	6	3
68	酉阳	0238005009	土家族	6	6	7	6	7	6	6	6	7	3	4	6	7	6	4	5
69	酉阳	0238005010	土家族	1	1	1	3	2	2	2	2	2	4	4	4	4	4	4	5
70	酉阳	0238005011	土家族	4	5	4	5	6	6	4	4	5	5	5	6	5	6	4	2
71	酉阳	0238005012	土家族	4	4	4	4	4	4	3	3	3	4	4	4	4	4	4	4
72	酉阳	0238005013	土家族	3	4	4	5	4	5	5	4	4	5	5	3	5	5	5	5
73	酉阳	0238005014	土家族	4	4	4	4	4	4	4	4	4	5	5	5	5	5	5	5
74	酉阳	0238005015	土家族	4	5	5	7	7	5	6	7	6	6	3	3	3	3	3	4
75	酉阳	0238005016	土家族	3	5	5	4	4	4	2	4	5	5	5	4	5	5	5	5
76	酉阳	0238006001	土家族	7	7	7	7	5	7	7	6	6	7	7	7	7	7	7	7

续表

样本序号	调查地区	问卷编号	民族	国家政策支持与资金支持感知	开发商着力打造旅游景区感知	政府鼓励旅游开发给予优惠感知	政府大力宣传感知	招商引资完善基础设施感知	居民对开发旅游的意识提高感知	政府为居民提供了旅游服务培训感知	政府的拆迁政策公平合理感知	政府开发商旅游公司居民利益分配合理感知	居民对景区主题与特色满意度	居民对景区风光满意度	居民对景区种类满意度	居民对景区布局满意度	居民对景区质量满意度	居民对景区规模满意度	居民对旅游公共设施满意度
77	酉阳	0238006002	土家族	7	7	7	7	7	5	6	5	7	6	7	5	5	3	7	6
78	酉阳	0238006003	土家族	7	7	7	7	4	7	7	5	1	4	4	1	5	5	6	6
79	酉阳	0238006004	土家族	5	6	5	6	5	6	5	6	5	5	4	5	4	5	6	5
80	酉阳	0238006005	土家族	5	5	5	5	5	5	5	5	5	5	5	5	5	5	5	5
81	酉阳	0238006006	土家族	7	7	7	7	6	4	4	4	4	6	7	5	5	6	6	4
82	酉阳	0238006007	土家族	7	7	7	7	7	7	7	7	7	6	6	6	6	6	6	7
83	酉阳	0238006008	土家族	4	4	4	6	3	4	5	5	5	5	5	5	4	5	5	5
84	酉阳	0238006009	土家族	3	5	4	6	7	5	5	6	4	5	5	4	5	3	5	4
85	酉阳	0238006010	土家族	5	5	5	5	5	5	4	4	4	5	5	5	5	5	5	6
86	酉阳	0238006011	土家族	2	1	1	4	2	5	4	3	2	6	6	3	5	6	4	6
87	酉阳	0238006012	土家族	7	7	7	7	6	5	6	5	6	6	6	6	7	7	5	5

续表

样本序号	调查地区	问卷编号	民族	国家政策支持与资金支持感知	开发商着力打造旅游景区感知	政府鼓励旅游开发给予优惠感知	政府大力宣传感知	招商引资完善基础设施感知	居民对开发旅游的意识提高感知	政府为居民提供了旅游服务培训感知	政府的拆迁政策公平合理感知	政府开发商旅游公司居民利益合理分配感知	居民对景区主题与特色满意度	居民对景区风光满意度	居民对景区种类满意度	居民对景区布局满意度	居民对景区质量满意度	居民对景区规模满意度	居民对旅游公共设施满意度
88	酉阳	0238006013	土家族	6	5	4	4	5	5	5	4	5	7	5	6	5	5	6	6
89	酉阳	0238006014	土家族	3	4	3	3	4	4	4	4	4	5	4	5	4	5	4	4
90	酉阳	0238006015	汉族	7	7	7	7	7	7	7	1	1	6	6	6	5	4	2	5
91	酉阳	0238006016	土家族	2	4	4	5	5	4	5	6	4	5	5	5	1	4	4	6
92	酉阳	0238006017	土家族	5	5	6	6	6	6	6	6	6	3	3	1	1	1	1	2
93	酉阳	0238006018	土家族	1	6	3	4	6	5	5	4	3	2	6	5	3	4	3	5
94	酉阳	0238006019	土家族	4	5	5	4	5	4	5	4	4	5	5	5	5	4	4	4
95	酉阳	0238006020	土家族	6	6	6	7	6	6	6	4	4	7	7	5	5	5	5	5
96	酉阳	0238006021	土家族	5	5	5	4	4	4	5	5	7	6	6	7	6	6	4	4
97	酉阳	0238006022	土家族	5	5	5	1	4	4	4	1	1	4	4	2	2	2	3	4
98	酉阳	0238006023	土家族	6	7	6	6	7	6	6	5	5	4	3	5	6	5	5	5

续表

样本序号	调查地区	问卷编号	民族	国家政策支持与资金支持感知	开发商着力打造旅游景区感知	政府鼓励旅游开发给予优惠感知	政府大力宣传感知	招商引资完善基础设施感知	居民对开发旅游的意识提高感知	政府为居民提供旅游服务培训感知	政府的拆迁政策公平合理感知	政府开发商旅游公司居民利益分配配合理感知	居民对景区主题与特色满意度	居民对景区风光满意度	居民对景区种类满意度	居民对景区布局满意度	居民对景区质量满意度	居民对景区规模满意度	居民对旅游公共设施满意度
99	西阳	0238006024	土家族	6	6	4	3	2	4	2	2	2	4	4	3	3	3	3	3
100	西阳	0238006025	土家族	4	4	3	3	5	4	6	5	3	4	7	4	5	5	5	3
101	西阳	0238006026	土家族	5	3	3	4	5	6	4	2	2	4	6	5	4	5	5	4
102	西阳	0238006027	土家族	3	3	3	4	2	4	5	3	2	4	4	3	4	4	4	3
103	西阳	0238006028	土家族	5	4	4	4	4	4	3	5	3	4	4	4	4	4	4	4
104	西阳	0238006029	土家族	6	7	5	4	6	5	6	5	5	5	7	5	4	5	3	6
105	西阳	0238006030	土家族	4	4	5	6	4	5	4	5	4	5	4	4	5	6	4	5
106	西阳	0238006031	土家族	4	5	5	5	5	5	6	5	5	5	6	6	5	6	5	5
107	西阳	0238006032	土家族	5	5	4	5	5	5	3	3	4	5	4	4	3	3	3	4
108	西阳	0238006033	土家族	1	7	7	7	7	1	7	1	1	7	7	7	7	7	6	7
109	喜洲	0870104001	白族	4	3	4	6	4	4	5	3	3	6	6	4	3	4	5	7
110	喜洲	0870104002	白族	5	5	2	6	5	5	2	2	2	6	6	2	6	6	6	4

续表

样本序号	调查地区	问卷编号	民族	国家政策支持与资金支持感知	开发商着力打造旅游景区感知	政府鼓励旅游开发给予优惠感知	政府大力宣传感知	招商引资完善基础设施感知	居民对开发旅游的意识提高感知	政府为居民提供了旅游服务培训感知	政府的拆迁政策公平合理感知	政府开发商旅游公司居民利益分配合理感知	居民对景区主题与特色满意度	居民对景区风光满意度	居民对景区种类满意度	居民对景区布局满意度	居民对景区质量满意度	居民对景区规模满意度	居民对旅游公共设施满意度
111	喜洲	0870104003	白族	7	5	4	6	3	3	2	3	2	3	7	4	4	7	7	4
112	喜洲	0870104004	白族	6	6	6	6	6	5	2	2	2	7	7	2	7	7	6	6
113	喜洲	0870104005	白族	4	4	2	6	2	2	3	1	2	6	6	2	6	7	6	2
114	喜洲	0870104006	回族	5	3	2	6	2	4	4	4	2	6	6	2	6	6	6	6
115	喜洲	0870104007	汉族	4	4	3	4	5	6	4	6	2	7	7	5	6	7	6	5
116	喜洲	0870104008	白族	6	4	6	7	4	5	3	7	6	7	7	3	6	5	5	5
117	喜洲	0870104009	白族	4	4	4	2	2	3	2	2	6	6	6	5	6	6	6	1
118	喜洲	0870104010	白族	4	4	3	5	4	5	3	3	3	6	6	4	6	6	6	6
119	喜洲	0870104011	白族	3	3	3	5	3	2	3	3	2	6	6	2	6	6	6	2
120	喜洲	0870104012	白族	2	2	3	2	2	5	2	4	4	7	7	3	7	7	5	3
121	喜洲	0870104013	白族	3	3	3	6	3	5	3	2	2	6	6	3	6	6	6	2

续表

样本序号	调查地区	问卷编号	民族	国家政策支持与资金支持感知	开发商着力打造旅游景区感知	政府鼓励旅游开发给予优惠感知	政府大力宣传感知	招商引资完善基础设施感知	居民对开发旅游的意识提高感知	政府为居民提供旅游服务培训感知	政府的拆迁政策公平合理感知	政府开商旅游公司居民利益分配合理感知	居民对景区主题与特色满意度	居民对景区风光满意度	居民对景区种类满意度	居民对景区布局满意度	居民对景区质量满意度	居民对景区规模满意度	居民对旅游公共设施满意度
122	喜洲	0870104014	汉族	7	7	7	7	5	6	6	7	5	6	5	5	6	5	6	7
123	喜洲	0870104015	汉族	4	7	4	6	5	5	5	6	5	6	5	5	6	6	7	5
124	喜洲	0870104016	白族	3	2	2	6	2	3	2	2	2	7	7	2	7	7	6	3
125	喜洲	0870104017	白族	3	6	2	6	5	5	2	5	5	7	7	3	7	7	7	4
126	喜洲	0870104018	白族	2	2	2	2	2	6	2	2	2	1	1	1	1	1	6	2
127	喜洲	0870104019	白族	4	5	2	2	2	1	2	1	2	6	6	2	6	6	6	4
128	喜洲	0870104020	回族	4	5	4	5	5	2	2	2	2	6	6	2	6	6	6	4
129	喜洲	0870104021	白族	4	5	4	4	4	5	3	5	3	6	6	3	6	6	5	5
130	喜洲	0870104022	白族	5	6	5	7	7	5	6	4	5	7	6	5	6	6	6	7
131	喜洲	0870104023	纳西族	7	7	7	7	7	5	4	3	7	7	5	4	4	5	4	7
132	喜洲	0870104024	白族	4	2	3	2	2	4	2	2	4	2	4	5	4	4	4	3

续表

样本序号	调查地区	问卷编号	民族	国家政策支持与资金支持感知	开发商着力打造旅游景区感知	政府鼓励旅游开发给予优惠感知	政府大力宣传感知	招商引资完善基础设施感知	居民对开发旅游的意识提高感知	政府为居民提供了旅游服务培训感知	政府的拆迁政策公平合理感知	政府开发商旅游公司居民利益分配合理感知	居民对景区主题与特色满意度	居民对景区风光满意度	居民对景区种类满意度	居民对景区布局满意度	居民对景区质量满意度	居民对景区规模满意度	居民对旅游公共设施满意度
133	喜洲	0870104025	回族	7	6	7	7	7	6	6	6	7	7	7	6	5	5	6	7
134	喜洲	0870104026	白族	6	4	3	5	4	4	2	3	4	5	4	3	4	3	2	2
135	喜洲	0870104027	白族	2	2	4	2	2	4	3	2	1	4	6	4	5	4	4	1
136	喜洲	0870104028	白族	4	5	3	6	4	3	3	5	3	3	6	4	6	6	3	2
137	喜洲	0870104029	白族	6	5	6	7	6	6	2	7	2	7	7	4	7	7	6	6
138	喜洲	0870104030	白族	3	2	6	7	2	5	3	3	3	1	7	4	4	3	4	3
139	喜洲	0870109001	白族	3	4	5	6	7	6	5	4	3	4	5	6	7	6	7	6
140	喜洲	0870109002	白族	6	5	5	3	4	5	6	5	4	3	4	5	6	5	5	5
141	喜洲	0870109003	白族	4	3	2	4	4	5	4	3	3	5	4	4	5	5	5	4
142	喜洲	0870109004	白族	3	4	5	4	2	5	2	3	4	3	4	3	3	3	3	4
143	喜洲	0870109005	白族	4	4	5	4	5	4	5	3	5	3	4	4	4	3	3	4

续表

样本序号	调查地区	问卷编号	民族	国家政策支持与资金支持感知	开发商着力打造旅游景区感知	政府鼓励旅游开发给予优惠感知	政府大力宣传感知	招商引资完善基础设施感知	居民对开发旅游的意识提高感知	政府为居民提供了旅游服务培训感知	政府的拆迁政策公平合理感知	政府开发商旅游公司居民利益分配合理感知	居民对景区主题特色满意度	居民对景区风光满意度	居民对景区种类满意度	居民对景区布局满意度	居民对景区质量满意度	居民对景区规模满意度	居民对旅游公共设施满意度
144	喜洲	0870109006	白族	3	4	4	3	4	3	2	2	3	5	6	6	6	5	5	4
145	喜洲	0870109007	白族	5	5	5	5	5	5	5	5	6	5	6	6	5	5	5	5
146	喜洲	0870109008	白族	6	5	5	6	5	5	6	6	6	6	5	4	5	5	4	5
147	喜洲	0870109009	白族	5	4	5	6	7	4	1	7	5	6	5	7	5	7	7	3
148	喜洲	0870109010	白族	6	7	6	4	5	1	1	1	1	5	4	3	5	4	5	4
149	喜洲	0870109011	白族	7	7	7	7	7	7	7	6	3	6	7	7	5	5	6	4
150	喜洲	0870109012	白族	3	4	4	4	4	4	4	4	4	4	4	4	4	4	4	4
151	喜洲	0870109013	白族	7	7	6	7	7	7	4	3	2	6	7	5	6	6	6	6
152	喜洲	0870109014	白族	7	7	7	7	7	5	4	3	4	6	7	5	5	6	6	5
153	喜洲	0870109015	白族	3	4	2	4	2	5	2	3	4	3	4	3	4	3	3	4
154	喜洲	0870109016	白族	6	5	4	6	5	6	6	5	4	6	5	4	5	6	5	6

续表

样本序号	调查地区	问卷编号	民族	国家政策支持与资金支持感知	开发商着力打造旅游景区感知	政府鼓励旅游开发给予优惠感知	政府大力宣传感知	招商引资完善基础设施感知	居民对开发旅游的意识提高感知	政府为居民提供了旅游服务培训感知	政府的拆迁政策公平合理感知	政府开发商旅游公司居民利益分配配合理感知	居民对景区主题与特色满意度	居民对景区风光满意度	居民对景区种类满意度	居民对景区布局满意度	居民对景区质量满意度	居民对景区规模满意度	居民对旅游公共设施满意度
155	喜洲	0870109017	白族	4	3	3	4	4	3	3	4	5	6	5	5	6	5	5	6
156	喜洲	0870109018	白族	3	5	3	5	2	2	2	2	2	7	7	3	7	7	5	2
157	喜洲	0870109019	白族	3	4	2	4	2	5	2	3	4	4	4	3	4	3	3	4
158	喜洲	0870109020	白族	5	5	5	5	2	7	3	2	2	7	7	2	7	7	6	3
159	喜洲	0870102001	白族	7	7	7	7	7	7	7	7	7	7	7	7	7	7	7	7
160	喜洲	0870102002	白族	7	6	7	4	7	6	5	2	6	7	6	6	7	7	6	6
161	喜洲	0870102003	汉族	7	6	7	4	7	6	5	2	6	7	6	6	7	7	6	6
162	喜洲	0870102004	白族	2	5	5	6	6	7	7	5	4	4	3	4	6	4	3	6
163	喜洲	0870102005	白族	2	5	5	6	6	7	7	5	4	4	3	4	6	4	3	6
164	喜洲	0870102006	白族	6	5	4	5	5	6	1	4	4	4	4	3	3	3	4	1
165	喜洲	0870102007	白族	7	6	6	6	6	6	6	6	6	6	6	4	5	5	6	6

续表

样本序号	调查地区	问卷编号	民族	国家政策支持与资金支持感知	开发商着力打造旅游景区感知	政府鼓励旅游开发给予优惠感知	政府大力宣传感知	招商引资完善基础设施感知	居民对开发旅游的意识提高感知	政府为居民提供了旅游服务培训感知	政府的拆迁政策公平合理感知	政府开发商旅游公司居民利益分配合理感知	居民对景区主题与特色满意度	居民对景区风光满意度	居民对景区种类满意度	居民对景区布局满意度	居民对景区质量满意度	居民对景区规模满意度	居民对旅游公共设施满意度
166	喜洲	0870102008	白族	7	1	7	1	1	1	1	1	1	1	1	1	1	1	1	1
167	喜洲	0870102009	白族	7	1	1	1	1	1	1	1	1	1	1	1	1	1	1	1
168	喜洲	0870102010	白族	1	1	1	1	1	1	1	1	1	1	1	1	1	1	1	1
169	喜洲	0870102011	白族	3	3	2	1	2	1	1	7	2	1	1	1	1	1	1	1
170	喜洲	0870102012	白族	7	4	4	6	4	3	1	4	2	4	4	4	3	4	4	3
171	喜洲	0870102013	白族	7	4	4	6	4	3	1	4	2	4	4	4	3	4	4	3
172	喜洲	0870102014	白族	7	1	7	1	7	7	7	7	7	7	7	1	1	7	7	7
173	喜洲	0870102015	汉族	5	6	5	5	5	6	6	6	6	6	7	7	7	7	6	6
174	喜洲	0870102016	白族	1	6	1	1	6	6	2	1	1	6	6	4	6	6	4	6
175	喜洲	0870102017	白族	1	6	2	1	2	6	2	5	3	6	6	5	6	6	4	6
176	喜洲	0870102018	白族	4	3	2	2	4	3	3	5	3	4	3	2	3	2	3	2

续表

样本序号	调查地区	问卷编号	民族	国家政策支持与资金支持感知	开发商着力打造旅游景区感知	政府鼓励旅游开发给予优惠感知	政府大力宣传感知	招商引资完善基础设施感知	居民对开发旅游的意识提高感知	政府为居民提供了旅游服务培训感知	政府的拆迁政策公平合理感知	政府开发商旅游公司居民利益分配合理感知	居民对景区主题与特色满意度	居民对景区风光满意度	居民对景区种类满意度	居民对景区布局满意度	居民对景区质量满意度	居民对景区规模满意度	居民对旅游公共设施满意度
177	喜洲	0870102019	白族	3	2	4	2	3	2	4	3	2	4	3	4	3	4	4	3
178	喜洲	0870102020	白族	4	5	3	2	5	3	4	5	3	5	4	6	3	5	3	2
179	喜洲	0870102021	白族	4	7	1	3	6	6	1	2	3	6	6	3	4	6	5	6
180	喜洲	0870102022	白族	7	7	7	7	7	7	7	7	7	7	7	7	7	7	7	7
181	喜洲	0870102023	白族	4	3	3	2	3	5	2	4	3	5	6	3	3	2	3	2
182	喜洲	0870102024	白族	5	4	5	6	3	4	5	3	5	6	5	6	4	4	5	5
183	喜洲	0870102025	白族	7	7	7	7	7	7	7	7	7	7	7	7	7	7	7	7
184	喜洲	0870102026	白族	6	6	7	7	5	6	6	7	6	6	7	7	6	5	5	5
185	喜洲	0870102027	白族	1	2	3	7	7	2	1	2	2	7	2	1	7	2	5	3
186	喜洲	0870102028	白族	7	7	7	7	7	7	7	7	7	7	7	7	7	7	7	7
187	喜洲	0870102029	白族	5	6	6	6	6	5	4	3	4	6	6	6	6	6	4	4

续表

样本序号	调查地区	问卷编号	民族	国家政策支持与资金支持感知	开发商着力打造旅游景区感知	政府鼓励旅游开发给予优惠感知	政府大力宣传感知	招商引资完善基础设施感知	居民对开发旅游的意识提高感知	政府为居民提供工旅游服务培训感知	政府的拆迁政策公平合理感知	政府开发商旅游公司居民利益分配合理感知	居民对景区主题与特色满意度	居民对景区风光满意度	居民对景区种类满意度	居民对景区布局满意度	居民对景区质量满意度	居民对景区规模满意度	居民对旅游公共设施满意度
188	喜洲	0870102030	白族	7	7	7	7	7	7	7	3	7	7	7	7	7	7	7	7
189	喜洲	0870102031	白族	5	5	5	5	5	4	3	3	4	4	4	5	5	5	5	5
190	喜洲	0870106001	回族	6	6	5	7	5	5	5	2	2	4	4	5	5	7	6	6
191	喜洲	0870106002	白族	7	3	5	4	7	7	1	2	6	7	5	6	5	6	4	4
192	喜洲	0870106003	白族	6	7	7	7	5	4	7	5	5	5	7	5	5	5	4	5
193	喜洲	0870106004	白族	5	6	7	7	3	3	3	6	5	5	6	5	5	6	6	6
194	喜洲	0870106005	白族	2	3	4	4	7	3	3	2	1	4	3	3	4	4	4	4
195	喜洲	0870106006	白族	4	1	1	1	7	3	1	1	7	6	7	2	2	2	4	3
196	喜洲	0870106007	白族	1	1	1	1	7	7	1	1	7	7	7	1	1	1	1	1
197	喜洲	0870106008	汉族	5	5	6	7	7	7	6	7	7	7	7	7	7	7	6	7
198	喜洲	0870106009	汉族	5	5	6	7	7	7	6	7	7	7	7	7	7	7	6	7

续表

样本序号	调查地区	问卷编号	民族	国家政策支持与资金支持感知	开发商着力打造旅游景区感知	政府鼓励旅游开发给予优惠感知	政府大力宣传感知	招商引资完善基础设施感知	居民对开发旅游的意识提高感知	政府为居民提供了旅游服务培训感知	政府的拆迁政策公平合理感知	政府开发商旅游公司居民利益分配合理感知	居民对景区主题与特色满意度	居民对景区风光满意度	居民对景区种类满意度	居民对景区布局满意度	居民对景区质量满意度	居民对景区规模满意度	居民对旅游公共设施满意度
199	喜洲	0870106010	汉族	5	5	6	7	7	7	6	7	7	7	7	7	7	7	6	7
200	喜洲	0870106011	汉族	7	7	7	7	7	7	7	7	7	7	7	7	7	7	7	7
201	喜洲	0870106012	黎族	4	4	4	6	5	4	5	3	6	6	6	7	7	7	5	6
202	喜洲	0870106013	汉族	7	7	7	7	7	7	7	7	7	7	7	7	7	7	7	7
203	喜洲	0870106014	白族	6	5	6	4	5	6	5	6	5	5	5	6	5	4	4	4
204	喜洲	0870106015	白族	7	7	7	7	7	7	7	7	7	7	7	7	7	7	7	7
205	喜洲	0870106016	汉族	4	7	6	7	4	7	7	7	7	5	6	4	5	6	4	6
206	喜洲	0870106017	白族	4	3	3	3	2	1	1	2	1	4	6	3	3	3	4	3
207	喜洲	0870106018	白族	6	6	6	6	6	6	6	6	6	6	6	6	6	6	6	6
208	喜洲	0870106019	白族	6	6	6	6	6	6	6	6	6	6	6	6	6	6	6	5
209	喜洲	0870106020	白族	6	7	6	6	7	6	6	6	6	6	7	6	5	6	6	6

续表

样本序号	调查地区	问卷编号	民族	国家政策支持与资金支持感知	开发商着力打造旅游景区感知	政府鼓励旅游开发给予优惠感知	政府大力宣传感知	招商引资完善基础设施感知	居民对开发旅游的意识提高感知	政府为居民提供了旅游服务培训感知	政府的拆迁政策公平合理感知	政府开发商旅游公司居民利益分配配合理感知	居民对景区主题与特色满意度	居民对景区风光满意度	居民对景区种类满意度	居民对景区布局满意度	居民对景区质量满意度	居民对景区规模满意度	居民对旅游公共设施满意度
210	喜洲	0870106021	白族	3	4	6	3	5	4	5	3	5	5	3	2	4	7	4	6
211	喜洲	0870106022	白族	6	7	6	6	7	6	6	4	5	5	3	2	4	7	4	6
212	喜洲	0870106023	汉族	7	7	7	7	7	7	7	7	7	7	6	6	6	4	1	1
213	喜洲	0870106024	白族	5	3	7	7	6	6	6	6	4	7	7	6	5	6	5	6
214	喜洲	0870106025	回族	5	5	6	6	6	7	7	7	5	6	7	7	6	5	4	5
215	喜洲	0870106026	白族	6	5	7	5	6	5	7	4	5	6	7	5	4	5	6	7
216	喜洲	0870106027	白族	7	5	6	6	6	6	6	6	5	6	7	7	5	5	5	4
217	喜洲	0870106028	白族	5	5	5	4	6	5	5	7	7	5	7	7	7	7	7	7
218	喜洲	0870106029	白族	6	5	5	7	5	5	5	4	4	5	6	5	5	5	5	5
219	喜洲	0870106030	白族	6	7	7	6	6	5	5	7	3	6	3	7	1	7	5	5
220	喜洲	0870103001	白族	6	7	6	6	7	6	7	6	7	6	7	6	7	7	6	7

续表

样本序号	调查地区	问卷编号	民族	国家政策支持与资金支持感知	开发商着力打造旅游景区感知	政府鼓励旅游开发给予优惠感知	政府大力宣传感知	招商引资完善基础设施感知	居民对开发旅游的意识提高感知	政府为居民提供了旅游服务培训感知	政府的拆迁政策公平合理感知	政府开发商旅游公司居民利益分配合理感知	居民对景区主题与特色满意度	居民对景区风光满意度	居民对景区种类满意度	居民对景区布局满意度	居民对景区质量满意度	居民对景区规模满意度	居民对旅游公共设施满意度
221	喜洲	0870103002	白族	6	7	6	7	6	7	6	7	6	6	7	6	7	6	7	6
222	喜洲	0870103003	白族	7	6	7	6	6	7	7	7	7	6	7	6	7	7	7	7
223	喜洲	0870103004	回族	7	6	5	6	7	6	7	6	7	6	6	7	6	7	6	6
224	喜洲	0870103005	白族	7	6	7	5	7	7	7	7	7	6	6	7	6	7	6	5
225	喜洲	0870103006	白族	6	4	5	6	6	5	6	5	6	6	7	5	7	7	6	7
226	喜洲	0870103007	白族	6	7	5	6	7	5	7	2	3	6	5	6	7	6	6	6
227	喜洲	0870103008	白族	6	6	7	5	7	6	7	2	5	5	6	7	6	7	6	7
228	喜洲	0870103009	白族	6	6	6	7	7	6	7	7	7	7	6	7	7	7	6	7
229	喜洲	0870103010	白族	6	6	7	7	7	7	6	6	5	6	7	7	7	7	7	7
230	喜洲	0870103011	白族	7	6	6	6	6	7	6	5	6	6	7	7	7	6	7	7
231	喜洲	0870103012	白族	7	6	5	6	7	6	5	7	6	6	7	7	7	6	7	6

续表

样本序号	调查地区	问卷编号	民族	国家政策支持与资金支持感知	开发商着力打造旅游景区感知	政府鼓励旅游开发给予优惠感知	政府大力宣传感知	招商引资完善基础设施感知	居民对开发旅游的意识提高感知	政府为居民提供了旅游服务培训感知	政府的拆迁政策公平合理感知	政府开发商旅游公司居民利益分配合理感知	居民对景区主题与特色满意度	居民对景区风光满意度	居民对景区种类满意度	居民对景区布局满意度	居民对景区质量满意度	居民对景区规模满意度	居民对旅游公共设施满意度
232	喜洲	0870103013	白族	7	5	5	5	6	6	7	6	7	5	6	7	7	7	7	7
233	喜洲	0870103014	白族	7	7	7	6	6	6	6	7	5	5	7	6	7	6	6	7
234	喜洲	0870103015	白族	6	7	6	7	7	6	5	5	5	7	7	7	7	6	6	6
235	喜洲	0870103016	白族	7	7	7	6	7	7	7	6	6	6	7	7	7	7	6	6
236	喜洲	0870103017	白族	7	6	6	6	7	7	7	7	7	6	6	7	5	6	6	6
237	喜洲	0870103018	白族	6	7	7	7	7	7	7	7	6	6	7	7	7	7	7	7
238	喜洲	0870103019	白族	6	6	6	7	6	6	5	5	6	6	6	7	7	7	6	6
239	喜洲	0870103020	白族	6	6	6	7	7	7	6	6	6	6	6	7	7	7	6	6
240	喜洲	0870103021	白族	7	7	7	7	7	6	7	6	6	6	7	7	7	6	6	6
241	喜洲	0870103022	白族	5	7	7	6	7	6	7	6	6	7	7	6	7	7	7	7
242	喜洲	0870103023	白族	7	7	7	7	6	6	5	5	6	7	7	6	7	6	6	7

续表

样本序号	调查地区	问卷编号	民族	国家政策支持与资金支持感知	开发商着力打造旅游景区感知	政府鼓励旅游开发给予优惠感知	政府大力宣传感知	招商引资完善基础设施感知	居民对开发旅游的意识提高感知	政府为居民提供了旅游服务培训感知	政府的拆迁政策公平合理感知	政府开发商旅游公司居民利益分配合理感知	居民对景区主题与特色满意度	居民对景区风光满意度	居民对景区种类满意度	居民对景区布局满意度	居民对景区质量满意度	居民对景区规模满意度	居民对旅游公共设施满意度
243	喜洲	0870103024	白族	6	6	5	6	7	6	6	7	6	6	6	7	7	7	7	7
244	喜洲	0870103025	白族	6	7	7	7	7	6	6	5	5	6	7	7	7	7	7	7
245	喜洲	0870103026	白族	7	6	6	7	6	6	7	6	6	6	7	7	6	7	6	7
246	喜洲	0870103027	白族	7	7	6	6	5	4	4	4	6	6	5	5	4	7	7	7
247	喜洲	0870103028	白族	7	6	7	7	6	6	6	7	5	6	7	7	7	7	7	7
248	喜洲	0870103029	白族	7	7	7	6	7	6	7	7	6	6	6	7	7	7	6	7
249	喜洲	0870103030	白族	6	7	7	7	7	6	6	7	5	5	6	6	7	6	7	7
250	喜洲	0870103031	汉族	6	7	6	6	6	6	5	6	6	6	7	6	7	6	7	7
251	喜洲	0870103032	白族	6	7	6	6	6	6	7	6	6	6	7	7	7	7	5	6
252	喜洲	0870103033	白族	6	3	6	6	7	6	7	6	7	6	7	7	7	7	6	7
253	喜洲	0870103034	白族	6	7	7	6	7	6	6	5	6	6	6	7	6	7	6	6

续表

样本序号	调查地区	问卷编号	民族	国家政策支持与资金支持感知	开发商着力打造旅游景区感知	政府鼓励旅游开发给予景区优惠感知	政府大力宣传感知	招商引资完善基础设施感知	居民对开发旅游的意识提高感知	政府为居民提供的旅游服务培训感知	政府的拆迁政策公平合理感知	政府开发商旅游公司居民利益分配合理感知	居民对景区主题与特色满意度	居民对景区风光满意度	居民对景区种类满意度	居民对景区布局满意度	居民对景区质量满意度	居民对景区规模满意度	居民对旅游公共设施满意度
254	喜洲	0870103035	回族	6	7	5	6	7	6	6	7	7	7	7	6	7	7	6	7
255	喜洲	0870108001	白族	3	3	3	3	3	3	3	3	3	3	3	3	1	1	3	4
256	喜洲	0870108002	白族	4	4	5	5	5	5	5	5	5	5	5	5	5	6	6	6
257	喜洲	0870108003	白族	6	6	7	7	5	6	7	2	4	4	6	3	5	3	4	3
258	喜洲	0870108004	白族	6	5	5	5	5	5	5	5	5	6	5	4	5	5	6	5
259	喜洲	0870108005	白族	2	3	3	3	4	2	3	2	4	3	2	3	3	2	3	4
260	喜洲	0870108006	白族	3	3	3	5	6	4	5	5	5	3	3	5	5	4	5	5
261	喜洲	0870108007	白族	4	3	4	5	6	7	6	5	4	3	4	5	6	4	3	4
262	喜洲	0870108008	白族	4	5	6	7	4	5	4	3	4	5	6	7	6	5	6	5
263	喜洲	0870108009	汉族	6	5	4	3	4	5	6	5	4	3	4	5	6	7	6	7
264	喜洲	0870108010	白族	6	7	6	5	4	3	4	5	6	7	6	4	4	3	6	5

续表

样本序号	调查地区	问卷编号	民族	国家政策支持与资金支持感知	开发商着力打造旅游景区感知	政府鼓励旅游开发给予优惠感知	政府大力宣传感知	招商引资完善基础设施感知	居民对开发旅游的意识提高感知	政府为居民提供了旅游服务培训感知	政府的拆迁政策公平合理感知	政府开发商旅游公司居民利益分配合理感知	居民对景区主题与特色满意度	居民对景区风光满意度	居民对景区种类满意度	居民对景区布局满意度	居民对景区质量满意度	居民对景区规模满意度	居民对旅游公共设施满意度
265	喜洲	0870107001	白族	7	4	5	3	4	3	3	3	1	1	2	3	4	4	3	3
266	喜洲	0870107002	白族	5	4	6	1	1	1	1	1	1	1	2	4	1	2	3	2
267	喜洲	0870107003	白族	4	4	5	5	4	5	4	4	4	6	6	6	6	6	2	3
268	喜洲	0870107004	白族	4	3	4	3	3	5	4	3	3	5	6	5	6	5	4	4
269	喜洲	0870107005	白族	5	3	4	4	3	4	4	4	3	3	5	5	5	5	5	5
270	喜洲	0870107006	白族	2	2	2	2	2	2	2	2	2	3	3	3	5	3	5	5
271	喜洲	0870107007	白族	3	3	6	6	6	6	6	6	6	6	5	5	5	5	5	6
272	喜洲	0870107008	白族	2	4	2	3	2	2	2	2	2	3	3	3	2	2	3	4
273	喜洲	0870107009	白族	3	4	3	2	4	2	2	3	4	2	3	4	4	2	3	3
274	喜洲	0870107010	白族	5	5	5	5	4	4	2	3	3	7	4	4	4	4	4	4
275	喜洲	0870107011	白族	3	4	4	4	5	4	5	4	4	5	5	5	6	5	5	4

续表

样本序号	调查地区	问卷编号	民族	国家政策支持与资金支持感知	开发商着力打造旅游景区感知	政府鼓励旅游开发给予优惠感知	政府大力宣传感知	招商引资完善基础设施感知	居民对开发旅游的意识提高感知	政府为居民提供了旅游服务培训感知	政府的拆迁政策公平合理感知	政府开发商旅游公司居民利益分配合理感知	居民对景区主题与特色满意度	居民对景区风光满意度	居民对景区种类满意度	居民对景区布局满意度	居民对景区质量满意度	居民对景区规模满意度	居民对旅游公共设施满意度
276	喜洲	0870107012	白族	5	3	2	3	5	4	1	2	2	3	5	3	2	4	3	3
277	喜洲	0870107013	白族	7	7	6	6	7	7	4	1	2	4	6	3	3	3	5	5
278	喜洲	0870107014	白族	7	6	6	6	6	5	5	5	5	4	4	4	4	4	6	6
279	喜洲	0870107015	白族	5	6	4	6	4	5	3	6	4	7	6	3	5	5	5	5
280	喜洲	0870107016	白族	3	2	5	2	3	5	3	2	3	5	5	2	4	4	4	4
281	喜洲	0870107017	藏族	4	4	3	4	5	4	3	3	3	3	3	2	2	2	4	2
282	喜洲	0870107018	白族	4	4	5	6	7	6	5	4	5	6	7	6	5	4	5	6
283	喜洲	0870107019	白族	6	7	6	5	4	3	4	2	3	6	6	6	6	6	7	6
284	喜洲	0870101001	白族	1	1	3	2	1	2	1	1	1	5	5	5	4	4	3	2
285	喜洲	0870101002	白族	7	4	6	5	6	6	6	3	3	6	6	5	6	5	5	5
286	喜洲	0870101003	白族	6	6	6	6	6	6	5	6	6	6	6	6	5	5	5	5

续表

样本序号	调查地区	问卷编号	民族	国家政策支持与资金支持感知	开发商着力打造旅游景区感知	政府鼓励旅游开发给予优惠感知	政府大力宣传感知	招商引资完善基础设施感知	居民对开发旅游的意识提高感知	政府为居民提供了旅游服务培训感知	政府的拆迁政策公平合理感知	政府开发商旅游公司居民利益分配合理感知	居民对景区主题与特色满意度	居民对景区风光满意度	居民对景区种类满意度	居民对景区布局满意度	居民对景区质量满意度	居民对景区规模满意度	居民对旅游公共设施满意度
287	喜洲	0870101004	白族	2	3	2	3	3	3	3	2	2	3	3	2	3	3	4	2
288	喜洲	0870101005	白族	5	6	4	6	5	4	1	2	2	2	2	2	4	3	5	2
289	喜洲	0870101006	白族	2	3	2	3	4	1	3	2	2	3	1	3	2	4	2	3
290	喜洲	0870101007	白族	1	4	4	5	6	7	1	5	5	6	6	3	6	4	5	5
291	喜洲	0870101008	白族	5	6	6	5	4	5	4	3	3	5	6	6	6	5	5	5
292	喜洲	0870101009	白族	7	7	7	7	7	7	1	1	1	5	7	4	5	5	4	5
293	喜洲	0870101010	白族	6	6	7	7	6	6	7	6	6	6	7	6	6	6	6	6
294	喜洲	0870101011	白族	3	4	3	2	1	5	2	3	2	6	6	4	3	4	3	2
295	喜洲	0870101012	回族	7	6	6	7	6	6	6	5	5	6	7	6	6	6	5	6
296	喜洲	0870101013	白族	7	7	7	7	7	7	5	2	3	7	7	7	6	7	7	6
297	喜洲	0870101014	白族	3	4	7	7	7	7	3	1	1	7	7	7	7	7	7	5

续表

样本序号	调查地区	问卷编号	民族	国家政策支持与资金支持感知	开发商着力打造旅游景区感知	政府鼓励旅游开发给予优惠感知	政府大力宣传感知	招商引资完善基础设施感知	居民对开发旅游的意识提高感知	政府为居民提供的旅游服务培训感知	政府的拆迁政策公平合理感知	政府开发商旅游公司居民利益分配合理感知	居民对景区主题与特色满意度	居民对景区风光满意度	居民对景区种类满意度	居民对景区布局满意度	居民对景区质量满意度	居民对景区规模满意度	居民对旅游公共设施满意度
298	喜洲	0870101015	白族	7	7	7	7	7	7	7	5	6	7	7	7	7	7	7	7
299	喜洲	0870101016	白族	7	7	7	7	7	7	7	5	6	7	7	7	7	7	7	7
300	喜洲	0870101017	白族	4	5	2	2	3	4	2	2	2	4	4	4	4	4	4	4
301	喜洲	0870101018	白族	6	6	5	5	4	4	3	2	2	7	7	6	6	6	6	5
302	喜洲	0870101019	白族	5	4	4	5	4	4	3	3	3	3	3	2	3	3	4	3
303	喜洲	0870101020	白族	5	5	5	6	7	6	7	6	7	4	7	6	5	7	5	6
304	喜洲	0870101021	白族	7	5	6	7	5	6	5	7	5	7	5	4	6	5	7	5
305	喜洲	0870101022	白族	7	7	7	7	7	7	7	7	7	3	2	2	1	1	1	1
306	喜洲	0870101023	白族	7	3	5	5	4	4	3	5	2	5	5	4	5	5	4	4
307	喜洲	0870101024	白族	4	5	4	5	5	6	5	5	4	3	3	3	2	3	2	2
308	喜洲	0870101025	白族	7	6	6	6	4	4	4	3	3	7	7	7	7	7	7	5

续表

样本序号	调查地区	问卷编号	民族	国家政策支持与资金支持感知	开发商着力打造旅游景区感知	政府鼓励旅游开发给予优惠感知	政府大力宣传感知	招商引资完善基础设施感知	居民对开发旅游的意识提高感知	政府为居民提供旅游服务培训感知	政府的拆迁政策公平合理感知	政府开发商旅游公司居民利益分配合理感知	居民对景区主题与特色满意度	居民对景区风光满意度	居民对景区种类满意度	居民对景区布局满意度	居民对景区质量满意度	居民对景区规模满意度	居民对旅游公共设施满意度
309	喜洲	0870101026	白族	6	6	6	6	5	6	5	2	2	7	7	7	7	7	7	6
310	喜洲	0870101027	白族	1	4	1	1	1	4	4	1	1	1	1	1	1	1	1	1
311	喜洲	0870101028	白族	6	6	5	5	5	5	5	4	4	7	7	7	7	7	7	6
312	喜洲	0870101029	白族	7	4	6	6	3	7	3	6	5	7	6	6	6	7	5	7
313	喜洲	0870101030	白族	7	6	5	4	4	4	4	2	7	7	6	6	5	6	5	5
314	喜洲	0870105001	白族	7	7	7	6	6	6	5	6	7	6	6	6	5	6	4	6
315	喜洲	0870105002	白族	6	6	6	7	6	6	6	4	5	6	7	5	5	5	5	6
316	喜洲	0870105003	白族	6	6	6	7	7	6	4	4	5	6	7	5	5	5	5	6
317	喜洲	0870105004	白族	6	6	7	7	7	6	7	7	7	6	6	6	5	5	7	7
318	喜洲	0870105005	白族	4	5	4	5	4	5	4	5	4	6	6	6	6	6	6	6
319	喜洲	0870105006	白族	7	7	7	7	7	7	7	7	7	7	7	7	7	7	7	7

续表

样本序号	调查地区	问卷编号	民族	国家政策支持与资金支持感知	开发商着力打造旅游景区感知	政府鼓励旅游开发给予优惠感知	政府大力宣传感知	招商引资完善基础设施感知	居民对开发旅游的意识提高感知	政府为居民提供了旅游服务培训感知	政府的拆迁政策公平合理感知	开发商旅游公司居民利益分配合理感知	居民对景区主题与特色满意度	居民对景区风光满意度	居民对景区种类满意度	居民对景区布局满意度	居民对景区质量满意度	居民对景区规模满意度	居民对旅游公共设施满意度
320	喜洲	0870105007	白族	6	6	7	6	6	7	5	6	6	6	6	7	6	7	6	7
321	喜洲	0870105008	白族	6	6	7	7	6	6	7	7	7	7	6	7	6	6	7	7
322	喜洲	0870105009	白族	4	5	4	5	4	5	4	5	4	6	6	6	6	6	6	6
323	喜洲	0870105010	回族	7	7	7	7	7	7	7	7	7	7	7	7	7	7	7	7
324	喜洲	0870105011	白族	7	7	7	7	7	7	7	7	7	7	7	7	7	7	7	7
325	喜洲	0870105012	白族	7	7	7	7	7	7	6	7	7	6	7	7	7	7	7	6
326	喜洲	0870105013	白族	1	1	1	1	1	1	1	1	1	1	1	1	1	1	2	2
327	喜洲	0870105014	白族	7	6	7	5	6	5	7	7	6	6	7	6	7	6	6	7
328	喜洲	0870105015	白族	6	7	7	6	7	6	7	6	7	7	7	6	7	7	7	7
329	喜洲	0870105016	白族	5	6	4	6	5	6	5	6	5	7	7	6	7	7	7	3
330	喜洲	0870105017	白族	7	7	7	6	6	6	7	7	7	6	6	6	4	4	6	4

续表

样本序号	调查地区	问卷编号	民族	国家政策支持与资金支持感知	开发商着力打造旅游景区感知	政府鼓励旅游开发给予优惠感知	政府大力宣传感知	招商引资完善基础设施感知	居民对开发旅游的意识提高感知	政府为居民提供了旅游服务培训感知	政府的拆迁政策公平合理感知	政府开发商旅游公司居民利益配合理感知	居民对景区主题与特色满意度	居民对景区风光满意度	居民对景区种类满意度	居民对景区布局满意度	居民对景区质量满意度	居民对景区规模满意度	居民对旅游公共设施满意度
331	喜洲	0870105018	白族	6	7	6	7	7	7	6	6	5	7	7	6	7	6	6	6
332	喜洲	0870105019	汉族	7	7	6	6	7	7	5	4	3	7	7	7	7	6	6	6
333	喜洲	0870105020	白族	6	7	7	7	7	7	4	6	6	7	6	6	5	7	6	6
334	喜洲	0870105021	白族	6	6	6	7	6	6	6	6	5	6	6	7	7	6	6	6
335	喜洲	0870105022	白族	6	5	5	6	6	5	5	6	5	7	6	6	7	6	6	7
336	喜洲	0870105023	白族	6	6	6	6	7	5	5	6	7	7	6	6	7	7	6	7
337	喜洲	0870105024	白族	6	7	7	7	7	7	4	6	6	7	6	6	5	7	6	6
338	喜洲	0870105025	白族	6	6	6	7	7	7	4	6	6	7	6	6	5	7	6	6
339	喜洲	0870105026	白族	7	6	5	7	7	5	5	6	4	7	7	7	7	7	6	5
340	喜洲	0870105027	白族	5	4	5	5	3	5	4	3	4	5	4	5	5	4	3	3
341	喜洲	0870105028	白族	7	7	7	7	7	7	7	7	7	7	7	7	7	7	7	7

续表

样本序号	调查地区	问卷编号	民族	国家政策支持与资金支持感知	开发商着力打造旅游景区感知	政府鼓励旅游开发给予优惠感知	政府大力宣传感知	招商引资完善基础设施感知	居民对开发旅游的意识提高感知	政府为居民提供旅游服务培训感知	政府的拆迁政策公平合理感知	政府开发商旅游公司居民利益分配合理感知	居民对景区主题与特色满意度	居民对景区风光满意度	居民对景区种类满意度	居民对景区布局满意度	居民对景区质量满意度	居民对景区规模满意度	居民对旅游公共设施满意度
342	喜洲	0870105029	白族	7	7	7	7	7	7	7	7	7	7	7	7	7	7	7	7
343	喜洲	0870105030	白族	7	6	6	7	6	7	6	7	6	7	7	6	7	6	7	7

参考文献

[1] 保继刚、孙九霞：《社区参与旅游发展的中西差异》，《地理学报》2006 年第 4 期。

[2] 保继刚、孙九霞：《雨崩村社区旅游：社区参与方式及其增权意义》，《旅游论坛》2008 年第 1 期。

[3] 保继刚、钟新民：《桂林市旅游发展总体规划（2001—2020）》，中国旅游出版社 2002 年版。

[4] 陈晓艳：《农业旅游目的地居民满意度及其影响研究——以南京江心洲为例》，硕士学位论文，南京师范大学，2008 年。

[5] 陈岩峰：《基于利益相关者理论的旅游景区可持续发展研究》，博士学位论文，西南交通大学，2008 年。

[6] 陈永昶：《社区旅游发展中的问题及对策》，《桂林旅游高等专科学校学报》2006 年第 3 期。

[7] 陈志霞：《社会满意度的概念层次与结构》，《华中科技大学学报》（社会科学版）2004 年第 2 期。

[8] 戴斌、常俊娜、李薇等：《中国豪华饭店员工满意度研究——基于首批白金五星级饭店创建试点单位的调查报告》，《旅游科学》2007 年第 4 期。

[9] 董观志、杨凤影：《旅游景区游客满意度测评体系研究》，《旅游学刊》2005 年第 1 期。

[10] 段红艳：《旅行社员工满意度研究》，硕士学位论文，湖南师范大学，2007 年。

[11] 范英杰、赵玉宗、马晓芳：《基于员工维度的旅行社业绩评价体系研究》，《旅游学刊》2011 年第 2 期。

［12］符全胜：《旅游目的地游客满意理论研究综述》，《地理与地理信息科学》2005 年第 5 期。

［13］辜应康：《酒店员工满意度影响因素及其感知差异研究》，《企业经济》2012 年第 5 期。

［14］郭华：《国外旅游利益相关者研究综述与启示》，《人文地理》2008 年第 2 期。

［15］郭燕：《导游员满意度调查分析及对策研究——以江西为例》，硕士学位论文，江西财经大学，2006 年。

［16］郭贞：《旅游景区利益相关者利益分配研究》，硕士学位论文，四川大学，2007 年。

［17］胡蓓、陈建安：《脑力劳动者工作满意度实证研究》，《科研管理》2003 年第 4 期。

［18］黄昆：《利益相关者共同参与的景区环境管理模式研究》，《湖北社会科学》2003 年第 9 期。

［19］黄桐城等：《顾客满意度多层次模糊测评模型及其应用》，《系统工程理论方法应用》2002 年第 4 期。

［20］纪国明：《大连三星级饭店员工满意度提升对策探析》，《黑龙江对外经贸》2010 年第 10 期。

［21］江波、郑红花：《基于旅游目的地八要素的服务质量评价模型构建研究》，《商业研究》2007 年第 8 期。

［22］蒋丽娜：《饭店员工满意度研究》，硕士学位论文，南京师范大学，2008 年。

［23］敬丽丽、李晓东、邓方江：《导游工作满意度影响因素的排序研究》，《中国管理信息化》2009 年第 4 期。

［24］李炳宽：《试分析社区参与旅游发展的类型和层次》，《林业经济问题》2008 年第 4 期。

［25］李丹:《基于双因素理论的酒店员工满意度研究》，《科协论坛》（下半月）2012 年第 5 期。

［26］李慧新：《黑色旅游利益相关者探析》，《现代经济信息》2011 年第 12 期。

［27］李鹏、杨桂华：《社区参与旅游发展中公平与效率问题研究——以

云南梅里雪山雨崩藏族村为例》，《林业经济》2010 年第 8 期。

[28] 李倩：《自然灾害对旅游地社区满意度影响探究——以四川省九寨沟景区为例》，《江西农业学报》2012 年第 3 期。

[29] 李莎莎：《无锡市星级饭店员工满意度评价实证研究》，硕士学位论文，江南大学，2010 年。

[30] 李正欢、郑向敏：《国外旅游研究领域利益相关者的研究综述》，《旅游学刊》2006 年第 10 期。

[31] 李智虎：《谈旅游景区游客服务满意度的提升》，《企业活力》2003 年第 4 期。

[32] 连漪、汪侠：《旅游地顾客满意度测评指标体系的研究及应用》，《旅游学刊》2004 年第 5 期。

[33] 刘好强：《旅游公平对旅游社区居民社会排斥感与组织报复行为的影响》，《商业时代》2014 年第 13 期。

[34] 刘晖：《民族旅游开发与非物质文化遗产的保护和传承——以青海互助土族自治县小庄村为例》，《中南民族大学学报》（人文社会科学版）2013 年第 7 期。

[35] 刘三英：《基于利益相关者动态博弈的秦俑博物馆旅游开发实证研究》，硕士学位论文，西北大学，2010 年。

[36] 龙梅、张扬：《民族村寨社区参与旅游发展的扶贫效应研究》，《农业经济》2014 年第 5 期。

[37] 卢彦红：《民族村寨旅游开发社区居民满意战略研究》，硕士学位论文，桂林理工大学，2010 年。

[38] 鲁永祥：《南京饭店员工满意度实证研究》，硕士学位论文，大连海事大学，2011 年。

[39] 马珂：《旅行社员工满意度与心理契约的关系研究》，硕士学位论文，厦门大学，2008 年。

[40] 马明：《饭店员工满意度与努力度关系实证研究》，《旅游科学》2005 年第 12 期。

[41] 南剑飞、陈武、赵丽丽、熊志坚：《员工满意度模型研究》，《世界标准化与质量管理》2004 年第 2 期。

[42] 潘丽琴：《民族村寨旅游开发中居民满意度评价指标体系研究》，硕

士学位论文，桂林理工大学，2009 年。

[43] 裴飞汤、万金成、奎桐：《顾客满意度研究与应用综述》，《企业管理》2006 年第 10 期。

[44] 亓玲玲：《景区游客满意度研究》，硕士学位论文，重庆工商大学，2011 年。

[45] 任啸：《社区参与的理论与模式探讨——以九寨沟自然保护区为例》，《财经科学》2006 年第 6 期。

[46] 闫士芳：《河北省武术旅游发展现状及其开发研究》，硕士学位论文，河北师范大学，2011 年。

[47] 孙凤芝、许峰：《社区参与旅游发展研究评述与展望》，《中国人口·资源与环境》2013 年第 7 期。

[48] 唐官莹：《西部民族地区旅游业发展问题研究》，硕士学位论文，天津大学，2008 年。

[49] 唐晓云、吴忠军：《农村社区生态旅游开发的居民满意度及其影响——以广西桂林龙脊平安寨为例》，《经济地理》2006 年第 5 期。

[50] 田喜洲、蒲永健：《导游工作满意度分析与实证测评》，《旅游学刊》2006 年第 6 期。

[51] 田喜洲、蒲勇健：《饭店员工满意度及其影响因素实证研究》，《中国地质大学学报》（社会科学版）2007 年第 5 期。

[52] 万绪才、丁敏、宋平：《南京市国内游客满意度评估及其区域差异性研究》，《经济师》2004 年第 1 期。

[53] 汪侠、吴小根、章锦河等：《贫困地区旅游开发居民满意度：差异及其成因——以桂林市的 5 个贫困村落为例》，《旅游科学》2011 年第 3 期。

[54] 汪侠、甄峰、吴小根等：《旅游开发的居民满意度驱动因素——以广西阳朔县为例》，《地理研究》2010 年第 5 期。

[55] 王德刚、邢鹤龄：《旅游利益论》，《旅游科学》2011 年第 2 期。

[56] 王虹云：《旅游开发中社区利益问题研究》，硕士学位论文，山东师范大学，2006 年。

[57] 王敏娴：《乡村旅游社区参与机制研究》，硕士学位论文，浙江大学，2004 年。

[58] 王维艳:《跨界民族文化景区核心利益相关者的共生整合机制——以泸沽湖景区为例》,《地理研究》2007 年第 4 期。

[59] 王文杰:《导游工作满意度与离职倾向的关系研究》,硕士学位论文,山东大学,2010 年。

[60] 王兆峰、腾飞:《西部民族地区旅游利益相关者冲突及协调机制研究》,《江西社会科学》2012 年第 1 期。

[61] 翁丽玲:《饭店员工满意度影响因素的实证分析》,《商场现代化》2008 年第 34 期。

[62] 吴萍、苏勤:《饭店业员工满意度实证研究与对策分析——以芜湖市为例》,《安徽师范大学学报》(自然科学版) 2007 年第 4 期。

[63] 吴忠军、叶晔:《民族社区旅游利益分配与居民参与有效性探讨——以桂林龙胜龙脊梯田景区平安寨为例》,《广西经济管理干部学院学报》2005 年第 3 期。

[64] 谢彦君、吴凯:《期望与感受旅游体验质量的交互模型》,《旅游科学》2000 年第 2 期。

[65] 谢燕娜:《西部民族地区旅游资源开发格局优化研究》,硕士学位论文,西北师范大学,2010 年。

[66] 谢永珍、赵京玲:《企业员工满意度指标体系的建立与评价模型》,《技术经济与管理研究》2001 年第 5 期。

[67] 杨凯凯:《乡村旅游对目的地居民社区满意度的影响》,硕士学位论文,浙江大学,2008 年。

[68] 杨修发、许刚:《利益相关者理论及其治理机制》,《湖南商学院学报》2004 年第 5 期。

[69] 袁俊:《影响旅行社员工满意度的因子分析和对策——以武汉市旅行社为例》,《武汉船舶职业技术学院学报》2009 年第 6 期。

[70] 张大华、刘金龙、彭世揆:《中国和加拿大在发展中社区参与的比较》,《南京林业大学学报》(人文社会科学版) 2002 年第 1 期。

[71] 张芙华:《旅游活动中的伦理支撑点——正确处理旅游利益与旅游道德的关系》,《广西社会科学》2009 年第 1 期。

[72] 张平、崔永胜:《员工满意度影响因素的研究进展》,《企业研究》2005 年第 2 期。

［73］ 张素梅、王建梅：《旅游地游客满意度测评研究——以北戴河为例》，《市场论坛》2008 年第 12 期。

［74］ 张伟、吴必虎：《利益主体（Stakeholders）理论在区域旅游规划中的应用——以四川省乐山市为例》，《旅游学刊》2002 年第 4 期。

［75］ 张文:《旅游影响——理论与实践》，社会科学文献出版社 2007 年版。

［76］ 张祖群、方巧、杨新军：《基于文化景观的利益主体经济互动——荆州的旅游人类学实证研究》，《桂林旅游高等专科学校学报》2004 年第 1 期。

［77］ 赵东霞：《城市社区居民满意度模型与评价指标体系研究》，博士学位论文，大连理工大学，2010 年。

［78］ 赵良涛：《论提升饭店员工满意度》，《企业研究》2008 年第 12 期。

［79］ 周运瑜、尹华光、曾丽云：《旅游地社区居民满意度理论模型构建及其应用》，《中国旅游科学年会论文集》，2014 年。

［80］ 左冰、保继刚：《制度增权：社区参与旅游发展之土地权利变革》，《旅游学刊》2012 年第 2 期。

［81］ J. Ap, Residents, Perceptions on Tourism Impacts ［J］. *Annals of Tourism Research*, 1992, 19: 665—690.

［82］ L. M. Berry, *Psychology at Work: An Introclution to Industrial and Organizational Psychology* ［M］. San Francisco: Mc Graw Hill Companies Inc, 1997.

［83］ D. Bowen, Antecedents of Consumer Satisfaction and Dissatisfaction (CS/D) on Long-haul Inclusive Tours-A Reality Check on Theoretical Considerations ［J］., 2001, 22 (1): 49—61.

［84］ E. T. J. Byrd, *An Analysis of Variables that Influence Stakeholder Participation and Support for Sustainable Tourism Development in Rural North Carolina* ［D］. North Carolina State University, 2003.

［85］ K. S. Chon, M. D. Olsen, Functional Congruity and Self Congruity Approaches to Consumer Satisfaction/Dissatisfaction in Tourism ［J］. *Journal of the International Academy of Hospitality Research*, 1991, 3, 2—18.

［86］ P. J. Danaher, V. Haddrell, A Comparison of Question Scales Used for

Measuring Customer Satisfaction [J] . *International Journal of Service Industry Management*, 1996, 7 (4): 4 – 26.

[87] L. M. De Araujo, B. Bramwell, Partnership and Regional Tourism in Brazil [J] . *Annals of Tourism Research*, 2002 (4): 1138—1164.

[88] I. A. R. Del Bosque, H. S. Martin, J. Collado, The Role of Expectations in the Consumer Satisfaction Formation Process: Empirical Evidence in the Travel Agency Sector [J] . *Tourism Management*, 2006, 27 (3): 410—419.

[89] P. W. Dorfman, Measurement and Meaning of Recreation Satisfaction: A Case Study in Camping [J] . *Environmental and Behavior*, 1979, 11 (4): 483—510.

[90] P. F. J. Eagle, S. F. Mccool, C. D. Haynes, *Sustainable Tourism in Protected Areas: Guidelines for Planning and Management* [M] . UK: IUCN Gland, Switzerland and Cambridge, 2002.

[91] R. E. Freeman, *Strategic Management: A Stakeholder Approach* [M] . Boston: Pitman, 1984.

[92] E. A. Locke, The Nature and Causes of Job Satisfaction [A] . In: M. P. Dunnette, *Handbook of Industrial and Organizational Psychology* [C] . Chicago, IL: Rand McNally, 1976.

[93] D. C. Malloy, D. A. Fennell, Codes of Ethics and Tourism: An Exploratory Content Analysis [J] . *Tourism Management*, 1998 (5): 453—461.

[94] P. E. Murphy, *Tourism: A Community Approach* [M] . London: Metheuen, 1985.

[95] A. Parasuraman, V. A. Zeithaml, L. L. Berry, A Multiple-Item Scale for Measuring Customer Perceptions of Service Quality [J] . *Journal of Retailing*, 1988, 64: 5—6.

[96] A. Pizam, Neumann, A. Reichel, Dimensions of Tourist Satisfaction with a Destination Area [J] . *Annals of Tourism Research*, 1978, 5: 314—322.

[97] J. Robson, From Shareholders to Stakeholders: Critical Issues for Tourism Marketers [J] . *Tourism Management*, 1996 (7): 533—540.

［98］C. Ryan, Equity, Management, Power Sharing and Sustainability – Issues of the "New Tourism" ［J］. *Tourism Management*, 2002 (1): 17—26.

［99］D. P. Schultz, *Psychology and Industry Today* ［M］. New York: Macmillan, 1982.

［100］L. R. Sheehan, J. R. B. Ritchie, Destination Stakeholders Exploring Identity and Salience ［J］. *Annals of Tourism Research*, 2005 (3): 711—734.

［101］V. H. Vroom, *Work and Motivation* (Rev. . ed) ［M］. San Francisco, Calif: Jossey-Bass, 1994.

［102］S. M. Wang, C. C. Lin, Quality, Satisfaction and Behavioral Intensions ［J］. *Annals of Tourism Research*, 2000, 3 (27): 785—804.

［103］Y. Yoon, *Development of a Structural Model for Tourism Destination Competitiveness From Stakeholders Perspectives* ［D］. Virgin Polytechnic Institute and State University, 2002.